Selbstgesteuertes Lernen

Selbstgesteuertes Lernen

Psychologische und pädagogische Aspekte eines handlungsorientierten Lernens

Herausgegeben von Heinz Neber, Angelika C. Wagner
und Wolfgang Einsiedler
unter Mitarbeit von Wolfgang Mischke

Beltz Verlag · Weinheim und Basel 1978

CIP-Kurztitelaufnahme der Deutschen Bibliothek

Selbstgesteuertes Lernen : psycholog. u. pädag. Aspekte e. handlungsorientierten Lernens / hrsg. von Heinz Neber . . . unter Mitarb. von Wolfgang Mischke. – 1. Aufl. – Weinheim, Basel : Beltz, 1978.
(Beltz-Studienbuch)
ISBN 3-407-51136-1

NE: Neber, Heinz [Hrsg.]

Gesamtherstellung: Beltz, Offsetdruck, 6944 Hemsbach über Weinheim
Seriengestaltung des Umschlags: G. Stiller, Taunusstein
Printed in Germany

ISBN 3 407 51136 1

„Daß nicht im Wissen, sondern im Wollen und Handeln der allgemeine und eigentliche Wert des Menschen bestehe, das war es, was Kant nach seiner eigenen Erklärung von Rousseau gelernt hat.“

O. Külpe, Immanuel Kant, Leipzig, 1917

„Während sich das Tier seiner Umwelt anpaßt und nur in ganz geringem Ausmaß und ohne spezielle Absicht zu ihrer Veränderung beiträgt, verändert der Mensch die Natur durch aktive, bewußte, zielgerichtete Tätigkeit, entsprechend seinen Bedürfnissen und Absichten.“

J. Lompscher, Psychologie des Lernens in der Unterstufe, Berlin, 1972

„Life is essentially autoregulation.“

J. Piaget, Biology and knowledge, Edinburgh, 1971

„Selbststeuerung ist die Einwirkung des Menschen auf sein eigenes Handeln.“

E. Förster und *K. H. Wewetzer,* Selbststeuerung, Bern, 1973

„Das Ziel der Erziehung ist, von hier aus gesehen, die Schulung der Fähigkeit zur Selbstbeherrschung. Aber das bloße Entfernen der äußeren Kontrolle ist noch keine Garantie für das Erwachen der Selbstbeherrschung ... Antriebe und Wünsche, die nicht durch das Denken geordnet sind, werden durch zufällige äußere Unterschiede beherrscht... Ein Mensch, dessen Verhalten auf diese Weise bestimmt wird, hat höchstens die Illusion der Freiheit.“

J. Dewey, Psychologische Grundfragen der Erziehung, München, 1974 *i. m. Ascher und Erkmann*

Inhaltsverzeichnis

Ausgangspunkt

Wie bringt man Schüler dazu, lernaktiv zu werden? Durch Anweisung, Drohung, Schaffung von Interessen oder indem man sie mit dem Lernmaterial allein läßt? Stets handelt es sich um andere Lernursachen und Steuerungsbedingungen. Pädagogisch betrachtet ist das Ziel, äußere Determinanten des Lernprozesses durch vom Lernenden selbst bestimmte zu ersetzen.
Mit diesem Problem beschäftigte sich das *Colloquium „Selbstgesteuertes Lernen im Unterricht“*, das am 29. 10. 1976 an der Gesamthochschule Essen stattfand. Initiiert und organisiert durch H. Neber trafen sich Erziehungswissenschaftler, Schulpraktiker und Psychologen, um praktische und theoretische Aspekte selbstgesteuerten Lernens unter vier Gesichtspunkten, die sich auch in diesem Band wiederfinden, zu diskutieren:

- Realisierungen selbstgesteuerten Lernens im Unterricht (A. C. Wagner; H. Dolmetsch; E. Geil-Werneburg; G. Günther-Boemke; W. Mischke; J. Grell)
- Gestaltung der materialen Lernumwelt für ein selbstgesteuertes Lernen (W. Einsiedler; E. U. Heidt; N. Groeben; M. Hofer)
- Soziale Umweltaspekte selbstgesteuerten Lernens (H. J. Fenner; N. Boteram; W. Knörzer)
- Individuelle Voraussetzungen selbstgesteuerten Lernens (W. Belschner; I. Wagner; H. Neber)

Der Verwaltung der Gesamthochschule Essen – Universität und dem Dekan des Fachbereichs 2, Herrn Prof. Dr. R. Wegner sei für die großzügige Unterstützung, Dr. J. Engels, Dr. F. Mertesdorf und Prof. Dr. E. Timaeus für Anregungen und Beteiligung gedankt; Frau Prof. Dr. E. Lucker und den organisatorisch beteiligten Damen J. Grigoleit, G. Habicht und L. Schürmann für ihre freundlichen Bemühungen.

Essen und San Diego 1977
H. Neber

Einleitung: Konzeptionen

W. Einsiedler, H. Neber, A. C. Wagner

Selbstgesteuertes Lernen im Unterricht – Einleitung und Überblick

I. Einleitende Gesichtspunkte

Einige Bekannte, die professionell nichts mit Pädagogik und Psychologie zu tun haben, stellten auf Befragung übereinstimmend fest, daß Lernen etwas sei, das vor allem in der Schule stattfindet. Dort lernt man für Prüfungen, lernt Vokabeln, Definitionen und historische Zusammenhänge. Die Anstrengung dabei ist meist beträchtlich, trotzdem erscheint das ganze oft wenig sinnvoll. Erstaunlicher noch war die Ansicht darüber, was Lernen nicht ist: nämlich wenn man etwas selbst herausfindet, eigene Erfahrungen macht, wenn man sich persönlich verändert und dies auch noch Spaß macht!

So gesehen, klingt „selbstgesteuertes Lernen" wie ein Widerspruch in sich: entweder man lernt etwas, und das ist dann wie in der Schule fremdgesteuert, oder man entdeckt etwas von sich aus, und das ist nach dieser alltagstheoretischen Definition kein „Lernen" mehr.

Daß Lernen im Alltag so einseitig gesehen wird, spiegelt die Wirklichkeit in der Lern-Institution Schule wider, wo Lernen meist fremdgesteuert verläuft.

Wenn in diesem Band die Rede von „selbstgesteuertem Lernen" ist, wird der Begriff des „Lernens" jedoch weiter gefaßt.

Der Titel dieses Buches soll deutlich machen, daß Lernen überhaupt als aktiver Prozeß des Lerners zu verstehen ist, dessen vielfältige Bedingungen und Aspekte aus psychologischer und pädagogischer Sicht analysiert werden. Dazu werden Möglichkeiten für eine stärkere Selbststeuerung des Lernens im Unterricht aufgezeigt und praktische Realisierungsmodelle vorgestellt.

Selbststeuerung des Lernens wird mindestens in vierfacher Hinsicht gesehen:

1. Selbststeuerung *als Dimension des Lernens* („selbstgesteuert im Gegensatz zu fremdgesteuert")
2. Selbstgesteuertes Lernen *als Bezeichnung für neuere lerntheoretische Ansätze* („Lernen als interaktiver Prozeß")
3. Selbstgesteuertes Lernen *als Zielvorstellung* (ein „selbständiger Mensch")
4. Selbstgesteuertes Lernen *als Forderung an die Schule* („mehr selbstgesteuertes Lernen, um das Ziel (3.) zu erreichen").

Diese vier Ansatzpunkte beeinflussen sich gegenseitig. Wenn z. B. die Lernpsychologie den Lernenden nicht mehr als passives Gefäß begreift (in das Wissen à

la Nürnberger Trichter „eingegossen“ wird), sondern ihn als aktiven „Steuerer“ seines eigenen Lernens sieht, so bedingt dies mehr selbstgesteuertes Lernen in der Schule.
Andererseits genügt es nicht, programmatisch mehr selbstgesteuertes Lernen zu fordern, sondern in diesem Band sollen die Möglichkeiten der Realisierung von mehr selbstgesteuertem Lernen auf dem Hintergrund neuerer theoretischer Ansätze analysiert werden.
Die Gefahr besteht jedoch, daß sich der Begriff des selbstgesteuerten Lernens für den Leser zu weit ausdehnt. Um dem vorzubeugen sollen im folgenden die obigen Aspekte des Begriffs ‚Selbststeuerung‘ skizziert und im folgenden Beitrag die lern- und handlungspsychologischen Aspekte im engeren Sinn dargestellt werden. Die einzelnen Beiträge lassen sich in dieses Gerüst *einordnen,* werden *relativiert* und erhalten einen klaren *Stellenwert.*

1. Selbststeuerung statt Fremdsteuerung als Dimension des Lernens

Daß Lernen mehr oder weniger stark selbstgesteuert sein kann, entspricht unserer Alltagserfahrung. Es macht subjektiv gesehen einen großen Unterschied, ob man zum Beispiel etwas über Pflanzen nachliest, weil ein merkwürdig aussehendes Gewächs neugierig macht oder weil der Lehrer es als Hausaufgabe „aufgegeben“ hat.
Schaut man jedoch näher hin, so wird es immer schwieriger zu entscheiden, wo Selbststeuerung aufhört und Fremdsteuerung beginnt.

Damit diese Frage für Sie nicht nur „fremdgesteuert“ diskutiert wird, sollten Sie sich ein Blatt Papier und etwas Zeit nehmen, um sich einmal zu überlegen: „Was heißt für mich selbstgesteuertes Lernen?“ – „Weshalb ist es notwendig?“
Falls Sie diese Aufgabe bearbeitet haben, sind Sie ziemlich selbstgesteuert vorgegangen – Sie haben *Ihre* Gedanken versucht zu klären und sie auf Ihre eigene Art und Weise verarbeitet. Andererseits war diese Aufgabe von uns gestellt worden – also doch fremdgesteuert?
Oder aber Sie haben überhaupt darauf verzichtet, eine solche Aufgabe zu bearbeiten (obwohl das schade ist, weil nach einer solchen eigenen Strukturierung der Lerngewinn in der Regel größer ist; Naef 1971). Dann haben Sie von sich aus entschieden („selbstgesteuert“), gleich weiterzulesen („fremdgesteuert lernen“), weil Sie erst einmal herausfinden wollen, ob Ihnen das Buch überhaupt etwas bringt („selbstgesteuert“).

In den meisten Fällen ist Lernen sowohl selbst- als auch fremdgesteuert. Versteht man „Selbststeuerung des Lernens“ als Maximalforderung (im Sinne von : überhaupt nicht fremdgesteuert), dann ist selbstgesteuertes Lernen wohl eher Utopie. Ebenso ist es mit der Fremdsteuerung des Lernens; streng genommen gibt es kein Lernen, das ausschließlich fremdgesteuert ist.

Selbststeuerung und Fremdsteuerung können deshalb eigentlich nur Schwerpunkte bezeichnen. Viele Autoren dieses Bandes sehen sie als Endpunkte eines Kontinuums, auf dem sich Lernen bewegen kann, von „überwiegend selbstgesteuert" bis zu „überwiegend fremdgesteuert".
Noch aussagekräftiger ist es, wenn jeweils angegeben wird, in welcher Beziehung Lernen eher selbst- oder fremdgesteuert ist – wenn die Komponenten dieses Vorgangs spezifiziert werden.

Bei der oben aufgeführten Aufgabe war das *Ziel* vorgegeben, während das *Vorgehen* und das *Produkt* offen blieben. Wäre die Aufgabe allerdings gewesen, „Schreiben Sie alle Definitionen von selbstgesteuertem Lernen in diesem Band heraus", so würden auch Vorgehen und Ergebnis nicht mehr viele Möglichkeiten zur Selbststeuerung offen lassen.

Ausführliche Klassifizierungen der verschiedenen Aspekte, hinsichtlich derer Lernen eher selbst- oder fremdgesteuert sein kann, finden sich in verschiedenen Beiträgen.
Selbststeuerung hat darüber hinaus auch eine sozialpsychologische Komponente.

Wenn Sie sich vorhin bevormundet fühlten („Wir sind doch hier nicht in der Schule!"), so betrifft dies die Ebene der Beziehung (Watzlawick et al. 1969) zwischen Ihnen und uns.

Fremdsteuerung hat oft etwas mit Macht zu tun, mit Druck („gegen meinen Willen") und Abhängigkeit. Abbau von Fremdsteuerung heißt deshalb zugleich auch eine Zunahme an Selbstbestimmung und Emanzipation, wie vor allem die Beiträge des ersten Teils betonen, und besitzt damit eine gesellschaftlich-politische Dimension.

2. Selbstgesteuertes Lernen als Bezeichnung für neuere lernpsychologische Ansätze („Lernen als aktiver Prozeß")

In den letzten 20 Jahren zeichnete sich in der amerikanischen Psychologie eine ‚kognitive Wende' ab (1955 erstes kognitionspsychologisches Symposium; Bruner u. a., 1957). Diese wirkte sich auf das Gebiet der Persönlichkeitstheorien (Mischel, 1973), des Lernens (Bandura, 1976), der Allgemeinen Psychologie (Lindsay u. Norman, 1972), der Sozialpsychologie (Wyer, 1974) oder der Pädagogischen Psychologie (Ausubel, 1974) aus. Stets werden dabei person-interne Steuerungskomponenten des Verhaltens betont.
In älteren Modellen des Verhaltens und deren pädagogischen Realisierungen wurde angenommen, daß Individuen von primären Bedürfnissen wie Hunger und Durst angetrieben, durch externe Ereignisse wie Fremdverstärkung und -bestrafung zum Lernen gebracht, also fremdgesteuert werden. Gegen diese

Sichtweise opponierten erstmals die Würzburger Schule der Psychologie, die Gestaltpsychologen und Piaget als allgemeine Richtungen, aber auch Persönlichkeitspsychologen, die die Bedeutung der Ichsteuerung durch bewußte und unbewußte Prozesse nachwiesen (vgl. Teil 4), und auf soziale Organisationen bezogene Sozialpsychologen, die selbststeuernde Faktoren in Gruppen untersuchten (Lewin u. a., 1939; Timaneus u. Lück 1976; Heller u. a., 1976). Inzwischen hat auch die klinische Richtung der Verhaltenstherapie – ursprünglich aus rein behavioristischen Richtungen entstanden – die Selbststeuerung des Verhaltens entdeckt (Beiträge in Teil 2).

3. Selbstgesteuertes Lernen als Zielvorstellung („der mündige Mensch")

Alle Autoren scheinen sich darin einig zu sein, daß das Ziel der Erziehung und des Unterrichts das sich selbststeuernde Individuum ist. Diese Forderung ist inzwischen in der Pädagogik so vielfach diskutiert und begründet worden (demokratisches Selbstverständnis, rascher technologischer Fortschritt, Fähigkeit des „Lernen lernens" etc.), daß sie als selbstverständlich erscheint.
Bei genauerem Hinsehen wird der Begriff der Selbststeuerung als Zielvorstellung jedoch unversehens wieder komplizierter, denn: was heißt das, „Selbst"-Steuerung? Wer oder was ist dieses Selbst, das da steuert? Inwieweit ist das Selbst nicht wieder extern beeinflußt?
Vasquez et al. (1976) formulieren dieses Unbehagen im Zusammenhang mit dem „freien Schreiben", bei dem die Kinder schreiben sollen, was sie möchten.

„Das eine Kind, mit audiovisuellen Reizen überfüttert, reproduziert bruchstückhaft das Gehörte und Gesehene; ein anderes Kind ... wiederholt uns die tausendmal gehörten Moralpredigten. Können wir da noch mit gefalteten Händen zuhören, entzückt über die kindliche Spontaneität und Kreativität? In welcher Sprache sprechen sie?" (1976, S. 66)

Statt zu fragen, *wer* eigentlich steuert, die Gesellschaft oder das Individuum, ist es sinnvoller zu analysieren, *wie* diese Steuerung, z.B. im Falle eines selbstgesteuerten Lernens aussieht, denn je nach Analyseebene lassen sich individuelle oder externe, einschließlich gesellschaftlicher Steuerungselemente ausmachen.

Nehmen wir das Beispiel eines Individuums, das vor einem weißen Blatt Papier sitzt und etwas schreiben möchte, einen Brief z.B. oder einen Aufsatz, aber trotz allen guten Willens und ohne äußeren Druck nichts auf das Papier bringt.

Psychologisch gesehen ist es wahrscheinlich die Angst vor dem Versagen, die es blockiert (Watzlawick et al., 1974; Ellis 1976). Wenn man es fragen würde, würde es zwiespältig antworten:

Es „wolle“ schon, aber „könne“ nicht, weil seine Schreibangst es daran hindert. Das heißt, es identifiziert sich nur mit einem Teil der es steuernden Prozesse, die es als „Ich“ definiert, während ein anderer (und in diesem Fall stärkerer) Teil („Angst vor dem Versagen“) abgelehnt und als „Nicht-eigentlich-ich-selbst“ empfunden wird. Nach Watts (1961) ist dies der eigentliche Ursprung psychischer Krankheiten; der Mensch versucht das Unmögliche, nämlich einen Teil von sich selbst loszuwerden, und verfängt sich in diesem Paradox.
Nach Rogers (1969) ist das Ziel der Therapie wie der Erziehung die „fully functioning person“, die offen ist für *alle* Erfahrungen und Wahrnehmungen, von „innen“ wie von „außen“, die sie verarbeitet und denen sie in ihrer Gesamtheit vertraut.

4. Selbstgesteuertes Lernen als Forderung an die Schule

Aus all dem bisher Gesagten ergibt sich die Forderung nach mehr selbstgesteuertem Lernen in Schule und Hochschule. Diese Forderung ist Ausgangspunkt jedes Beitrags. Die meisten Autoren unterscheiden jedoch zwischen Ziel und Realisierungsmethode und weisen darauf hin, daß selbstgesteuertes Lernen nur durch ein gewisses Ausmaß an Fremdsteuerung zu erreichen ist (vor allem Beiträge in Teil 3).
Ein allgemeines Modell des Zusammenhangs zwischen Lenkung und Selbststeuerung beim Lernen wird unten dargestellt. Insgesamt machen alle Beiträge Vorschläge für verschiedene praktische Realisierungsmöglichkeiten oder begründen solche theoretisch.

II. Pädagogisch-psychologische Ableitungen für ein selbstgesteuertes Lernen

„Die Fähigkeit zur Selbststeuerung wird eigentlich immer dann offenbar, wenn sie fehlt...“ (Lempp, 1973, S. 15). Ihr Mangel läßt sich besonders beim Fortfall gewohnter Fremdsteuerungen registrieren – so beim Eintritt in das Berufsleben oder bei Entscheidungen für eine bestimmte Studienrichtung. Gewohnte Fremdsteuerungen, etwa die der Eltern, können auch einfach abgelehnt werden und zu ‚Reifekrisen‘ führen. Kommt es in solchen Fällen zu *Steuerungsunfähigkeiten,* so wurden durch vorherige Erziehung und den Unterricht keine entsprechenden Fertigkeiten entwickelt und einige der wesentlichsten Bildungsziele verfehlt: die der Selbstbestimmung, Mündigkeit oder auch Emanzipation. *Auf Lernen bezogen* heißt dies, daß Individuen Lernziele, -wege und -kontrollen nicht selbst festlegen und durchführen können – ein Defizit, das die Bewältigung einer offenen Gesellschaft oder gar produktive Beiträge in einer solchen verhindert und zu Isolationen in einer eigentlich manipulierbaren Umwelt führt (Hawkins u. Vinton, 1973).

Gewiß ist die Forderung nach selbstgesteuertem Lernen keineswegs ein neu entdecktes *Ziel* des Unterrichts. Angefangen mit Ableitungen aus dem klassisch-humanistischen Persönlichkeitsideal über die Argumente der Kultur- und Bildungskritiker des 19. Jahrhunderts, bis zu neueren Feststellungen einer Entfremdung zwischen Wissensaneignung in der Schule und dessen Anwendungsrelevanz etwa zur Bewältigung physikalischer, psychischer, technischer und sozialer Probleme. Doch, wie läßt sich die Problemlösungsfunktion – letzten Endes die biologische Funktion – des Wissens wieder herstellen? Eine generelle Antwort ist, es bereits via Problemlösungstätigkeit zu erwerben. Sie wurde *realisiert* in den „echten“ Begegnungen der Reformpädagogik, die die Eigenaktivität von Lernern ins Zentrum rückte. So propagierte Gaudig die ‚Selbsttätigkeit‘ des Schülers: „Der freitätige Schüler bedarf keiner Fremdeinwirkung ... keiner Erregung der Kraft von außen“ (1922, S. 93). Entfaltungsvorstellungen wie diese finden sich auch bei Montessori oder Dewey und in neueren Ausprägungen der ‚humanistischen Psychologie‘ (Bühler, 1969). All diese geforderten Konzeptionen fanden ihren Niederschlag in pädagogischen Realisierungen etwa der Reformpädagogen, der Entwicklung von Montessori-Materialien, schulischen Innovationen à la Dewey oder dem Entfaltungskonzept adäquaten Unterrichtsmethoden und Verhaltensweisen des Lehrers. Neu ist nun, daß man nicht nur bei anthropologischen Vorstellungen und deren unmittelbaren Konkretisierungen im Unterricht stehenbleiben muß, sondern wie eine UNESCO-Kommission (Faure u.a., 1972, S. 138) feststellt: „Progress in the biological, psychological and social sciences has given the great traditional humanist movement a new scientific foundation.“

Bezogen auf *Selbststeuerung* entstanden sowohl technisch/mathematische Modelle, die diesen Vorgang beschreiben, als auch Untersuchungen über reale Selbststeuerungsprozesse, etwa beim Blutdruck, in sozialen Organisationen oder bei emotionalen Erregungen. Störungen solcher Regulationen wurden auf mangelhafte Steuerungskomponenten zurückgeführt. Diese konnten beispielsweise bei der Regulation des Blutzuckerspiegels mittels Medikamenten wieder hergestellt werden, zusätzliche Steuerungskomponenten wurden zur Aufrechterhaltung des monetären Gleichgewichts erfunden, schließlich trainierte man kognitive Faktoren des Individuums, um ihm die Selbstregulation physiologischer und emotionaler Reaktionen zu ermöglichen (Meichenbaum, 1976; vgl. Teil 2).

Steuerungskomponenten zu ermitteln, einzurichten oder zu verändern kennzeichnen auch die Bemühungen in den *Erziehungswissenschaften* (Klahr, 1976). Denn längst wurde zwar akzeptiert, daß die Selbsttätigkeit von Individuen ein reales Faktum ist, daß sie aber oft in pädagogisch unerwünschte Richtungen geht. Ein ausschließlich selbstgesteuertes schulisches Lernen zu fordern ist zweifellos Illusion. Doch Lernen ist wie jeder andere gesteuerte Prozeß von bestimmten Komponenten abhängig; es selbstgesteuert durchführen zu wollen, ergibt die realistische Aufgabe, solche Komponenten durch die *Gestaltung des Unterrichts* zu entwickeln oder aber durch schulische Zusatzprogramme und therapeutische Verfahren wieder herzustellen. Neuere pädagogische Innovationen verfolgen genau den Zweck; auf einige von ihnen wird in diesem Abschnitt verwiesen, andere finden sich in den weiteren *pädagogisch orientierten Beiträgen* des Bandes.

Lernen selbstgesteuert durchzuführen, setzt nicht nur eine bestimmte didaktische Gestaltung der Lernumwelt, des Unterrichts voraus, sondern auch Selbststeuerungsfertigkeiten des Lerners, und das Problem ist, solche individuellen Voraussetzungen zu bestimmen. Dies ist eine wesentlich *psychologische Aufgabe,* deren Lösungen zu pädagogisch relevanten Konzeptionen beitragen. Entsprechende Ergebnisse finden sich in den *psychologisch orientierten Beiträgen* dieses Bandes.

1. Pädagogisch-didaktische Entwicklungstendenzen und selbstgesteuertes Lernen

In den „*Unterrichtslehren*" der herkömmlichen Didaktik gab es zwar – vor allem bei einer stärkeren Adaption reformpädagogischer Ideen – Ansätze zu selbstgesteuertem Lernen („Vorhaben", „aufgebende Lehrform", Gruppenunterricht), jedoch überwog die Lehrersteuerung (vgl. das „didaktische Dreieck" mit dem Lehrer an der Spitze; s. auch Grzesik, 1976).

Die *zweckrationale Didaktik,* die die „Unterrichtslehren" und die „bildungstheoretische Didaktik" teilweise ablöste, verlor das selbstgesteuerte Lernen noch weitgehender aus dem Blick, wahrscheinlich wegen des modellimmanenten Systemzwangs, daß jemand (meist der Lehrer) die „Mittel" auswählt und ergreift, die zum Erreichen der „Zwecke" notwendig sind. Die „Zweifel am Monopol des zweckrationalen Unterrichtskonzepts" (Rumpf, 1971) machten deutlich, daß Lernende in diesem Konzept zu Objekten, subjektive Erfahrungen ausgeklammert (Rumpf, 1976) und dadurch übergeordnete Ziele wie Mündigkeit korrumpiert werden. Die Entwicklung zu offenem Unterricht strebte danach, subjektive und situative Belange miteinander zu vereinbaren, eine Verständigung zwischen den am Unterricht Beteiligten über Ziele und Wege zu erreichen (‚kommunikative Didaktik', Schäfer u. Schaller, 1976; Hiller-Ketterer u. Hiller, 1974; Popp, 1976; Kokemohr u. Uhle, 1976; Loser, 1975).

Selbststeuerungsfördernde Tendenzen sind auch in der *Curriculumdiskussion* zu beobachten (Curriculumdiskussion, 1974). Ursprünglich erhoffte man sich vom

Curriculum – im Vergleich zum alten Lehrplan – eine wissenschaftlich gesicherte Abstimmung zwischen den allgemeinen, abstrakten Lernzielen und den konkreten Feinzielen sowie zwischen den Zielen/Inhalten und den Methoden/Medien. Dieses Konzept impliziert jedoch eine starke fremdsteuernde Curriculumerstellung: nur Experten in zentralen Instituten sind nach dieser Vorstellung in der Lage, die genannten Ansprüche einzulösen; Lehrer und Schüler sind nur Ausführungsorgane. Das Gegenmodell, das ‚offene Curriculum' läßt Entscheidungsfreiräume für die konkrete unterrichtliche Situation; Lehrer, Schüler und Eltern bestimmen wesentlich mehr über den Lehr-Lernprozeß mit. Im Mittelpunkt stehen nicht Lern-Endprodukte, sondern Prozeßerfahrungen; ob selbstgesteuertes Lernen, entdeckendes Lernen, Erproben, aktives Lernen, Experimentieren oder offener Unterricht, stets findet das ‚Wie' des Lernens stärkere Beachtung (Brügelmann, 1972, S. 105; Loser, 1975; Breuer u. a., 1976; Foster, 1974).
In ganz ähnlicher Weise wird auch die Abkehr vom produktorientierten Leistungsbegriff gefordert: „Es bedarf der Entwicklung von Leistungskriterien, die sich auf geistige *Prozesse* beziehen, z. B. den Vollzug von Kommunikation im Unterricht, die Entwicklung einer Kritik..., den *Vorgang* einer mathematischen oder naturwissenschaftlichen Problemlösung" (Klafki, 1974, S. 91).
Doch lassen sich kommunikativer Unterricht, offene Curricula und prozeßorientierte Leistungsmessung in der Schulwirklichkeit nur selten registrieren. Das hängt u. a. mit dem hierarchischen Verordnungssystem der staatlichen Regelschule zusammen, das Entscheidungsfreiräume an der Basis nur schwer verkraftet. Trotzdem oder gerade deswegen wächst das Unbehagen über die Schule, über die Tatsache, daß lernfreudige Schulanfänger nach wenigen Jahren Schulunterricht apathisch und schulaversiv sind. Die Unzufriedenheit mit dem lehrerzentrierten Unterricht, mit zweckmittelbestimmten, geschlossenen Curricula und mit dem produktorientierten Leistungsdruck führte zu *Alternativschulen.* In „Free Schools" in den USA (Ramseger, 1975; Winkel, 1974) in englischen und skandinavischen Reformgrundschulen und in einigen Versuchsschulen der Bundesrepublik (z. B. Glockseeschule in Hannover, vgl. Negt, 1975; Bielefelder Laborschule, von Hentig, 1971) haben die Schüler die Chance, ihre Arbeitsschwerpunkte auszuwählen und Lernwege, -tempo, Lernmaterialien usw. selbst zu bestimmen. Dazu sind umfangreiche äußere Voraussetzungen erforderlich. Es ist fraglich, ob in der „Normalschule", in der häufig Organisationszwecke überwiegen (Stundenplan, Schulbusplan, Fachlehrerwechsel, Fachraumbelegung usw.), selbstgesteuertes Lernen extensiv möglich ist. Nicht umsonst entstammen die heutigen Schulverwaltungsregelungen obrigkeitsstaatlichen Zeiten und sind damit Leitideen, die der Selbststeuerung und Selbstbestimmung diametral entgegenstehen.
Auch die *Unterrichtsmethoden* sind in Abhängigkeit von den faktisch vorrangingen Schulzwecken (z. B. Selektion) und von der Schulorganisation zu sehen.

Zwar sind in Anlehnung an amerikanische (Shulman u. Keislar, 1966; Nuthall u. Snook, 1973) und russische Diskussionen auch im deutschen Sprachraum Vorschläge für entdeckendes Lernen (Neber, 1975; Faust u. Hrussanow, 1976; Soostmayer, 1977; Neff, 1977) und Anregungen für einen nondirektiven, schülerzentrierten Unterricht (Wagner, 1976; Einsiedler u. Härle, 1976) gemacht worden; meist überwiegen in den Schulen jedoch wegen der (angeblichen?) Stoffülle, aufgrund gängiger Lehrereinstellungen und durch systembedingte Erwartungen und Interaktionsformen reproduzierendes Lernen, direktive Verfahren und lehrerzentrierter Unterricht. Erst allmählich werden behavioristisch lerntheoretische Begründungszusammenhänge für fremdsteuernde Unterrichtsmethoden durch Theorien sozial-kognitiven Lernens erweitert, die die zentrale Rolle des selbständigen Strukturierens betonen. Vor allem im Mathematikunterricht hatten auf Piagetschen Annahmen basierende, „aktive" und „operative" Unterrichtsmethoden seit längerem Eingang in den Schulunterricht gefunden. Die Piaget-Adaption in den USA (z. B. Furth, 1972), die Behaviorismus-Kritik (z. B. Bolles, 1975) und andere, eigenständige Forschungen haben zu überraschend ähnlichen Befunden geführt: Der Lernende abstrahiert nach diesen Theorien aus dem beobachteten Verhalten Handlungsstrukturen und entwickelt Regeln, mit Hilfe derer er ähnliche Verhaltensmuster *selbsttätig* generieren kann (Bandura, 1971, S. 34). Individuen photokopieren nicht, sondern *konstruieren* interne Realitäten aktiv mittels kognitiver Transformations- und Kategorisierungsstrategien (Piaget, 1973; Mischel, 1973). Dies gilt unabhängig davon, ob schulisches Lernen lehrer- oder lernergesteuert erfolgt – allerdings müssen didaktische Konzeptionen auf diese Erkenntnisse der psychologischen Grundlagenforschung stärker abgestimmt werden.

2. Pädagogisch-didaktische Paradigmen und selbstgesteuertes Lernen

In der geisteswissenschaftlichen Pädagogik wurde als zentrale Kategorie des Erziehungsvorgangs der „pädagogische Bezug" (Nohl, 1949) zwischen Erzieher und Zögling angesehen. Es ging zunächst nur um personale Faktoren, wobei durchaus interaktive Momente insofern enthalten waren, als der „pädagogische Bezug" durch gegenseitige Anerkennung und wechselseitiges Vertrauen gekennzeichnet sein sollte (Abb. 1).

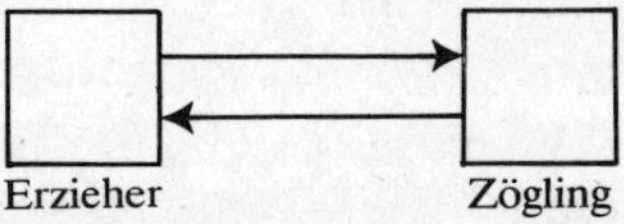

Abbildung 1: Der „pädagogische Bezug" der geisteswissenschaftlichen Pädagogik

Der Anspruch, daß der „pädagogische Bezug" zur Selbstverantwortlichkeit und Selbstbestimmung führen müsse, wurde zwar erhoben; jedoch dadurch, daß der Weg dorthin über eine personale Dyade mit einer starken Betonung der Autorität und des „Reifegefälles" führt, bleiben Selbststeuerungskompetenzen im Hinblick auf die soziale (Gruppe!) und materiale Umwelt weitgehend unbeachtet. „Der Emanzipationsanspruch der geisteswissenschaftlichen Theorie des pädagogischen Bezugs bleibt letztlich abstrakt und uneingelöst" (Ulich, 1976, S. 70).

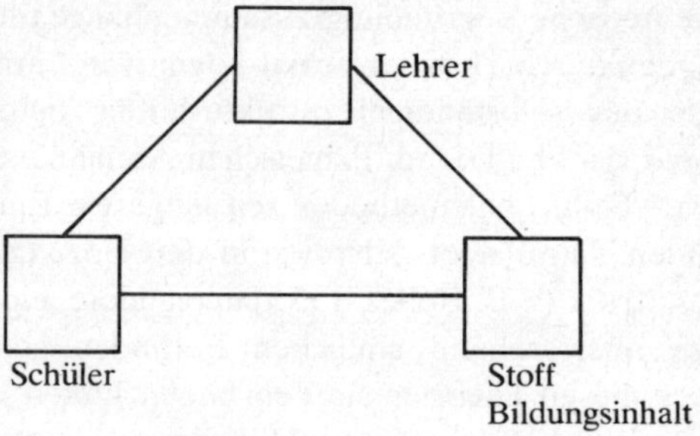

Abbildung 2: Das „didaktische Dreieck" der „Unterrichtslehren" und der „bildungstheoretischen Didaktik"

In den Paradigmen der traditionellen „Unterrichtslehren" wie auch der „bildungstheoretischen Didaktik" wird die Umweltkomponente als „Stoff" oder als „Bildungsinhalt" eingeführt (Abb. 2). Dabei ist es vor allem der Lehrer, der den Kontakt Schüler–Stoff arrangiert. In der „Didaktischen Analyse" (Klafki, 1963) begründet der Lehrer die Auswahl des Themas im Hinblick darauf, ob es allgemeinere Sachzusammenhänge vertritt und ob es dem Schüler grundlegende Kategorien erschließt, also „kategoriale Bildung" vermittelt.

Wie die meisten Modellvorstellungen der deutschen Pädagogik/Didaktik sind auch die Paradigmen der amerikanischen Unterrichtsforschung lehrerzentriert. Das Schülerverhalten wird fast durchgängig als Reaktion auf das auslösende Lehrerverhalten betrachtet, wie z. B. in den „Lehrzyklen" von Smith (1960) (Abb. 3).

Smith bezeichnet die Beziehung als „nonsymmetrisch". Einige Forscher versuchen sich zwar in symmetrischen Modellen (z. B. Runkel, vgl. Koskennie-

$$|| P_t \rightarrow D_t \rightarrow R_t \mid \rightarrow P_p \rightarrow D_p \rightarrow R_p \mid| \rightarrow P_t \rightarrow D_t \rightarrow R_t$$

Abbildung 3: Nonsymmetrische Lehrzyklen nach Smith (1960) (P_t = perception teacher, D_t = diagnosis teacher, R_t = reaction teacher, P_p = perception pupil usw.)

mi, 1971, S. 123), die gemeinsame behavioristische Grundausrichtung dieses Typs von Unterrichtsforschung führt aber immer wieder zur Vorstellung vom Schüler als abhängiger Variablen (vgl. auch Gage, 1970, Sp. 315 ff.). Am deutlichsten wird die Fremdsteuerung des Schülers in kybernetischen Modellen in Form von „Regelung"; der Lernende nimmt im Regelkreis als „Erziehungsobjekt" den Platz der „Regelgröße" ein (vgl. von Cube, 1970, S. 82; Stolurow in Gage, 1970).

Selbststeuerungsorientierte didaktische Modelle gehen davon aus, daß selbstgesteuertes Lernen wegen der globalen Erziehungsziele Selbständigkeit, Selbstbestimmung, Mündigkeit *notwendig* und wegen der Eigenart der menschlichen Lernfähigkeit und Informationsverarbeitung *möglich* ist. Da das Ziel die eigenständige Auseinandersetzung mit Um- und Mitwelt ist, wird versucht, diese Polarität Individuum–Umwelt als Grundmodell des Lernens zu konstituieren und auf *direkte* Beeinflussung des Lernenden durch „Darbietung" oder „Erarbeitung" am Gängelband des Lehrers zu verzichten. Es wird *nicht* – wie in der antiautoritären Pädagogik – angenommen, daß Lernen ohne jegliche Beeinflussung erfolgt. Vielmehr glaubt man, Erziehungs- und Lernzielen sowie Lernprozessen am ehesten gerecht zu werden durch eine Gestaltung der Lernumwelt, bei der der Lernende mit ihr selbständig in Interaktion treten kann (vgl. Abb. 4b).

Zur näheren Kennzeichnung der Modelle in Abb. 4 ist die Unterscheidung zwischen produkt- und prozeßorientiertem Lernen bzw. zwischen output- und inputorientierten Lernhilfen nützlich (Huber, 1976, S. 120). Beim produkt- oder outputorientierten Lernen (Abb. 4a) ist die Beziehung zwischen Lernsystem und Outputs einlinig und unidirektional. Beobachtbare Wissens- und Fähigkeits*ergebnisse* stehen hier im Mittelpunkt. Durch meist personale Lehre soll Wissen umgesetzt und beim Lernenden gespeichert werden („Kübeltheorie" des Lernens). Beim selbstgesteuerten Lernen (Abb. 4b) besteht die Beziehung nicht zwischen Lernendem und Lehrer, sondern zwischen Lernendem und Lernumwelt; diese Beziehung ist nicht einlinig, sondern wechselseitig.

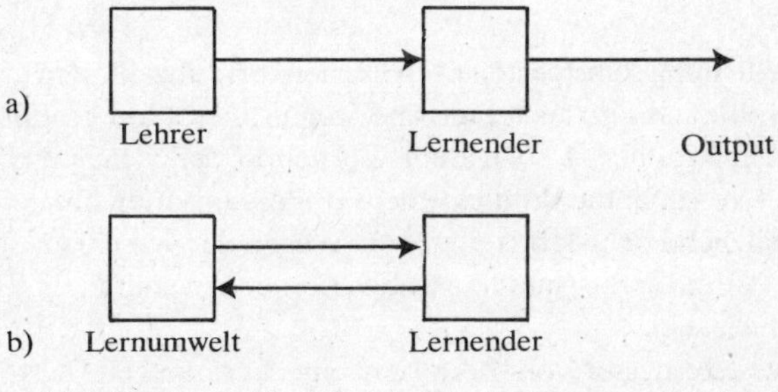

Abbildung 4a und b: Modelle des fremd- (a) und selbstgesteuerten (b) Lernens

Die Lernumwelt ist vor allem material; je besser sie für das Lernen strukturiert ist (wobei „besser" nicht heißt „problemlos" aufbereitet), desto weniger personale Beeinflussung ist erforderlich. Der Lernende wird nicht als passiver Speicher, sondern als aktiv Eingreifender betrachtet. Er konstruiert die Strukturen (Piaget), er besitzt die Strategien zur Kodierung, Kategorisierung und Gruppierung (Mischel, 1973; Ausubel, 1974), er hat Erwartungen hinsichtlich der Lernaufgaben und der Konsequenzen (Rotter, 1972) usw. Im Mittelpunkt steht nicht das Lernprodukt, sondern der Lernprozeß. Die Inputs (Lernhilfen) beziehen sich auf die Arrangierung der Lernumwelt und auf die Informations*verarbeitung* (vgl. Beitrag von Einsiedler). Bei der Modellierung von selbstgesteuertem Lernen sind also vor allem Lehraktivitäten angebracht, die die Umwelt strukturieren und die die kognitiven Prozesse des Lernenden beeinflussen, nicht so sehr die Wissensstrukturen, sondern das operative, aktiv verarbeitende Prozeßsystem (Strategien, Pläne, Programme, Regelbildungen, Algorithmen usw.). Die Aktivitäten des Lernenden und die Veränderungen der kognitiven Operationsstruktur bewirken auf bestimmten Stufen der kognitiven Entwicklung auch Veränderungen der Umweltstrukturen. D. h. eine gestaltbare, behandelbare Umwelt ist Voraussetzung für selbstgesteuertes Lernen. Eine sinnvolle Umwelt kann auch die Funktion der Lernkontrolle übernehmen, externe Verstärkungen können zurücktreten („immanente Fehlerkontrolle" durch das Material bei Maria Montessori).
Allerdings darf neben den kognitiven Vorgängen nicht die soziale Seite im Sinne von Erwartung eigener Leistung, Antizipation fremder Erwartungen und Konsequenzen sowie Situationsdefinition auf der Grundlage früherer Interaktionen übersehen werden (vgl. Ulich, 1976, S. 171ff.). Sie bilden den Ausgangspunkt für emotionale Prozesse, die zur Lernbereitschaft beitragen (Fenner, 1976; Oerter u. Weber, 1975; Bottenberg, 1972).

3. Schwierigkeiten für selbstgesteuertes Lernen in der Institution Schule

Die Verwirklichung selbstgesteuerten Lernens als Einzellernen (z. B. zu Hause) ist schon problematisch, auch hier sind fremdsteuernde Lernhilfen notwendig (Hofer, 1976; Weltner, 1976). Beim Lernen in der Schule, besonders in der Gruppe, treten – über die Probleme der Großorganisation hinaus (Stundenplan usw.) – zusätzliche Schwierigkeiten auf: Wegen der verschiedenen Interessen, Lernzeiten, Verarbeitungsmodi usw. der Lernenden sollten die Lernumwelten unterschiedlich sein.
Die Aussage „Je besser vorstrukturiert eine Lernumwelt, desto eher kommt selbstgesteuertes Lernen in Gang" ist zu pauschal. Einzelnen Schülern kann es

vielleicht Spaß machen, komplizierte, unstrukturierte Sachverhalte aufzuschlüsseln, aber eben nur einzelnen. Mischel (1973, S. 276) weist ausdrücklich auf die Wechselwirkung von Strukturiertheit der Situation und individuellen Charakteristika hin.
Besonders in Situationen mit nur einer Lösung werden Lerner mit gerade nicht angemessenen Charakteristika wegselegiert – ihre individuellen Fähigkeiten würden in einer anderen Lernumwelt möglicherweise zu Lerneffekten führen. In offenen Situationen, in denen unterschiedliche Aufgaben und Materialien für selbstgesteuertes Lernen offeriert werden, können die Schüler ihre unterschiedlichen Fähigkeiten, Interessen, Strategien möglicherweise eher zur Geltung bringen. Die Schwierigkeit besteht darin, dieses differenzierte Lernangebot in der Schule zu realisieren (Probleme der Gruppengröße, Räumlichkeiten, Betreuerzahl usw.). Wo die Differenzierung nicht möglich ist, dürfte ein mittlerer Strukturiertheitsgrad der Lernumwelt vorteilhafter sein als völlig unstrukturierte („Befaßt euch einmal in diesen Atlanten und Büchern mit Afrika.“) oder völlig vorstrukturierte Situationen („Ich nenne euch jetzt die Hauptfaktoren der wirtschaftlichen Entwicklung Zentralafrikas.“
Ein weiteres Realisierungsproblem ist das der Vorbereitung selbstgesteuerten Lernens: „Je freier und flexibler Unterrichtsprozesse ablaufen sollen, umso komplexer und anstrengender werden die Vorüberlegungen und didaktischen Konstruktionen“ (Ramseger, 1977, S. 43). Auf diese Art von Unterrichtsplanung (Bereitstellung problemhaltiger konkreter Lernmaterialien, Alternativangebote, flexible Lernziel- und Methodenwahl) wird in der gegenwärtigen Lehrerausbildung noch zu wenig vorbereitet (Grell, 1977). Schwierigkeiten werfen dabei die Professionalisierungskonzeptionen des Lehrerverhaltens auf, die stark an Techniken der (Fremd-)Steuerung orientiert waren. Für Situationen selbstgesteuerten Lernens ist das Eingehen auf Schülerinteressen, die Bereitschaft zu Divergenz, das Respektieren personaler und emotionaler Bedürfnisse und die Entwicklung individueller Selbststeuerungsvoraussetzungen unverzichtbar. Daß Lehrer eine solche Konzeption bisher nur ungenügend internalisierten, darin sehen Klewitz und Mitzkat (1976) ein Haupthindernis für die Einführung des offenen Unterrichts.
Nun könnte der Akzent auf *Prozessen* beim selbstgesteuerten Lernen vermuten lassen, hier werde auf Outputs, auf Lernergebnisse gänzlich verzichtet; doch führt auch selbstgesteuertes Lernen zu genau definierbaren Outputs. Allerdings lassen sich wohl manche Lernziele (z.B. Rechtschreiben) nicht ausschließlich selbstgesteuert erreichen und wenn, so wäre das zu zeitaufwendig. Eine kurzgeschlossene Zweck-Mittel-Didaktik könnte nun zu dem Ergebnis kommen, daß selbstgesteuertes Lernen generell unangebracht sei. Demgegenüber ist zu betonen, daß es auch ein *Lernziel* ist, das übergeordnete Erziehungsziele erreichen hilft. Entsprechend unterscheidet Klafki (1976, S. 86) zwischen potentiell emanzipatorischen und ziel- oder wertambivalenten instrumentellen

Inhalten. Wegen der Ziel-Methoden-Implikation gilt dann: „Unterrichtsmethoden müssen auch dort, wo die Thematik instrumenteller Art ist, an emanzipatorischen Zielen, vor allem der zu entwickelnden Selbst- und Mitbestimmungsfähigkeit der Schüler, orientiert werden" (S. 92) (vgl. auch den „intentionalen Eigenwert der Methode" Einsiedler, 1974, S. 74). Für selbstgesteuertes Lernen heißt das: Es hat auch dann Bedeutung, wenn es – technologisch ausgedrückt – nicht unmittelbar „den Output optimiert".

Die institutionellen Bedingungen selbstgesteuerten Lernens sind in größerem Kontext zu sehen. Gegenüber der engeren psychologisch-didaktischen Fragestellung muß hier schultheoretisch oder soziologisch analysiert werden. Es ist leicht einsichtig, daß das zentralistisch steuernde und auf Einheitlichkeit bedachte System der Schuladministration selbstgesteuertes Lernen erschwert. Unter der Fragestellung, welches Interesse Curriculum-beeinflussende gesellschaftliche Gruppen an selbstgesteuertem Lernen haben, wird aus dem ursprünglich didaktischen Problem ein politisches (Hurrelmann, 1973; Bohnsack, 1976).

Politisch-institutionelle Voraussetzung für selbstgesteuertes Lernen ist zweifellos eine Schule unter dem Primat des Förderns, der Hilfe zur Persönlichkeitsentwicklung, nicht des Selegierens. Beispiele aus Großbritannien und Skandinavien bestätigen diese These (z.B. besteht ein Zusammenhang zwischen der Verbreitung offenen Unterrichts und der Abschaffung der Übertrittsprüfung „Eleven plus" in England). In der Bundesrepublik gibt es häufig nur kosmetische Korrekturen am Übertrittsverfahren; selbstgesteuertes Lernen erfordert aber eine „Schülerschule" (Ramseger, 1977) und eine „verstärkte Selbständigkeit der Schule" (Deutscher Bildungsrat, 1973).

4. Realisierungsgesichtspunkte

Schulisches Lernen läßt sich zwar unter das prinzipielle Ziel der Selbststeuerung stellen, doch ist das reale Lernen keineswegs ausschließlich selbstgesteuert. Durch Anweisungen, Gestaltung der materialen Umgebung oder gesonderte Trainingsprogramme, kurzum, durch lenkende Lernhilfen wird Lernen prozessual und inhaltlich *durch externe Instanzen mitgesteuert.* Nun gilt nach Oerter (1973, S. 57): „Im Wesentlichen ist diese Steuerung mit der Selbststeuerung – also der Exekutive – des Individuums verzahnt." Das Problem dieser Verzahnung ist für schulisches Lernen grundlegend.

In der Praxis, aber auch in der Forschung zeigt sich immer wieder, daß Lerner ihre Lernprozesse keineswegs völlig selbst determinieren können. Fry (1972), der Lernsituationen so gestaltete, daß Schüler ihr Wissen selbstgesteuert (durch Fragen) erwerben konnten, und dies mit lehrergesteuertem Unterricht verglich, kommt zu dem negativen Schluß: „This suggests that lack of experience with self-directed learning environments prevented these learners from making full use of self-direction possibilities" (S. 469). Eine Konsequenz wäre, mehr Fremdsteuerung zu fordern, bzw. diese beizubehalten – doch würde damit das Unterrichtsprinzip ‚Selbststeuerung' mißachtet, ein Prinzip, das sich nur stufenweise realisieren läßt. Unter dem Aspekt selbstgesteuerten Lernens ist Unterricht daher als Sequenz, als *dynamischer Ablauf zu diesem prinzipiellen Ziel* hin aufzufassen – eine Sichtweise, wie sie auch bezüglich der Entwicklung von Individuen gängig ist. Danach wird die relativ situationsunabhängige Selbstregulation eigenen Handelns durch Denkprozesse durch eine stufenweise Ablösung bzw. Überformung biologischer und externer Regulationssysteme erreicht (Peters, 1971). Schulisch heißt das, Ziele, inhaltliches Wissen, Fertigkeiten und Denkmethoden, etwa in Geographie, zunächst extern zu vermitteln und Lerner so schrittweise für die selbstgesteuerte Auseinandersetzung mit diesem Sachbereich vorzubereiten, Selbststeuerung also *als Fähigkeit aufzubauen* (Vgl. Beiträge in Neff, 1977).

Unter diesem *genetischen Aspekt* entwickelte Lompscher (1972) ein Spiralmodell des Zusammenhangs selbst- und fremdgesteuerten Lernens im Unterricht. Ausgangspunkt ist, daß Lernen stets durch Widersprüche vorangetrieben wird, daß es dazu dient, Widersprüche oder Schwierigkeiten zu überwinden (vgl. Neber). Wygotski (1969) und Galperin (Lompscher, 1973) entwickelten von hier aus ein *Modell über das Erlernen von Handlungen,* das sich auch auf zu spezifizierende schulische Sachverhalte anwenden läßt. Danach ist jeder Lern- und Entwicklungsstand durch 2 Ebenen (Zonen) gekennzeichnet:

– a) *Zone der aktuellen Leistung;* dies sind Kenntnisse und Fertigkeiten, die vom Lerner bereits beherrscht und selbständig eingesetzt werden.

– b) *Zone der nächsten Entwicklung;* darunter fallen Kenntnisse und Fertigkeiten, die der Lerner als Möglichkeiten zur Verfügung hat, die er aber nur angeleitet einsetzen kann. Bezogen auf den Unterricht kommt es hier zu einem *‚Stadium der Zusammenarbeit';* der Lehrer belehrt und korrigiert den Lerner bei der Ausbildung neuer Fertigkeiten, bis er diese schließlich selbständig beherrscht, d.h. in die Zone der aktuellen Leistung überführt hat.

Lompscher (1972, S. 25) folgert daraus: „Führung, Anleitung ist kein absoluter Gegensatz zur Selbständigkeit ... sondern hat, richtig verstanden, gerade die Entwicklung der Selbständigkeit zum Ziel." Der Unterricht wird so geplant, daß die an den Lerner gestellten Anforderungen zunächst stets die Zone der aktuellen Leistung übersteigen – sie können daher nur mit Lernhilfen, in Zusammenarbeit mit dem Lehrer bewältigt werden. Im folgenden das entsprechende *Spiralmodell* (in Anlehnung an Lompscher, 1972, S. 25).

Die Anleitung des Lehrers wird stets weiter abgebaut (AdV) und die *Selbständigkeit des Lerners* erreicht dadurch ein immer höheres Niveau der Selbstplanung, -organisation und -kontrolle. Lompscher (1972, S. 26)

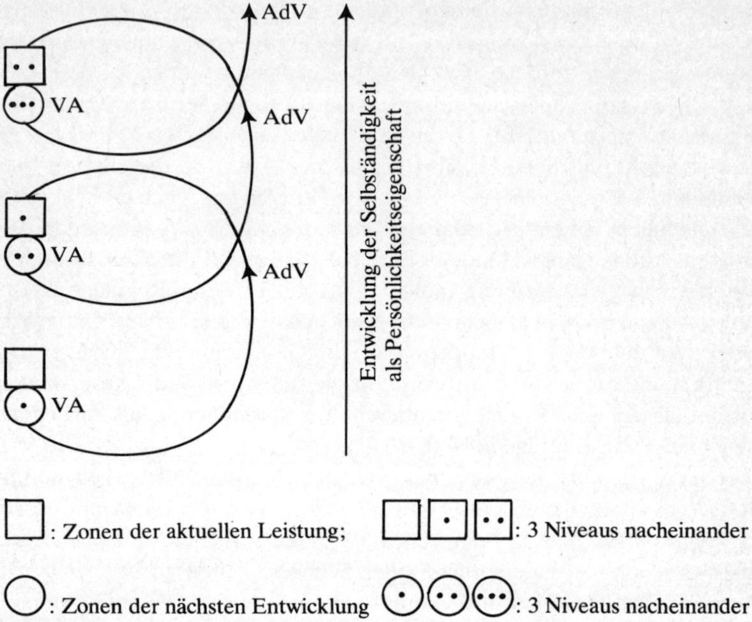

Abbildung 5: ‚Modell der Entwicklung der Selbständigkeit im Lernprozeß'

schlußfolgert daraus: „Entscheidend ist, daß die pädagogische Führung nicht unverändert bleibt, sondern so gestaltet wird, daß sich die Selbständigkeit, die Innensteuerung entwickelt und damit die Anleitung und Kontrolle in der bisherigen Form überflüssig wird."

III. Kurzer Überblick

Lernen ist ein interaktives Geschehen, das sich durch die Unterrichtsgestaltung zugunsten eines größeren Selbststeuerungsanteils beeinflussen läßt. Der *erste Teil* stellt solche Möglichkeiten des Unterrichtens in der Grundschule (A. C. Wagner), der Sekundarstufe II (E. Geil-Werneburg und G. Günther-Boemke) und für den Bereich der Lehrerausbildung (W. Mischke) dar. Die tatsächliche Realisierung eines selbststeuerungsorientierten Unterrichtens wird jedoch durch gültige kulturelle Faktoren erschwert (J. Grell und W. Pallasch).
Die drei folgenden Teile analysieren wichtige bestimmende Komponenten des interaktiven Lernprozesses. Individuelle Determinanten und deren Förderung

sind Thema des *zweiten Teils.* Nach einem an neueren Persönlichkeitskonzeptionen orientierten Überblick (H. Neber) werden Techniken zur Selbstkontrolle der Verhaltensänderung dargestellt (B. Neber u. R. Wegner) und konkrete Möglichkeiten zur selbstgesteuerten Überwindung schulischer Lernprobleme aufgezeigt (W. Belschner).
Die beiden letzten Teile des Bandes beschäftigen sich mit externen Einflüssen auf Lernprozesse. Der *dritte Teil* konzentriert sich dabei auf einen relativ gut erforschten Teilbereich der Ökologie schulischen Lernens: Auf die Rolle der Lernhilfen (W. Einsiedler) und die Selbststeuerungsrelevanz von Unterrichtsmedien (E. U. Heidt). Schließlich wird das Problem der materialen Einflüsse auf selbstgesteuerte Lernprozesse am Beispiel der Gestaltung von Unterrichtstexten demonstriert (N. Groeben und M. Hofer).
Der *vierte Teil* ist sozialen Einflüssen gewidmet. Drei Beiträge greifen einen neuen Aspekt auf: Wie wirkt sich die Interaktion mit anderen – auch mit dem Lehrer – auf interne selbststeuerungsrelevante Prozesse aus? Lernbereitschaftshemmende Interaktionsbedingungen werden ausführlich dargestellt (W. Knörzer), Förderungsmöglichkeiten durch den Lehrer konkret erarbeitet (N. Boteram) und allgemeine Aspekte der sozialen Beeinflussung interner Selbststeuerungsprozesse diskutiert (U. Laucken).

Literaturverzeichnis

Ausubel, D. P.: Psychologie des Unterrichts. Bd. 1 und 2. Weinheim 1974

Bandura, A.: Analysis of modeling processes. In: Bandura A. (ed.): Psychological modeling: Conflicting theories. Chicago 1971.

Bandura, A.: Lernen am Modell. Ansätze zu einer sozial-kognitiven Lerntheorie. Stuttgart 1976

Bohnsack, F.: Erziehung zur Demokratie, Ravensburg 1976

Bolles, R. C.: Learning, motivation, and cognition. In: Estes, W. K. (ed.): Handbook of learning and cognitive processes. Vol. 1. New York 1975, 249–280

Bottenberg, E. H.: Emotionspsychologie, München 1972

Breuer, F. u.a.: Psychologie des wissenschaftlichen Lernens, Münster 1975

Brügelmann, H.: Offene Curricula. Zeitschrift für Pädagogik 18, 95–118, 1972

Bruner, J. S. u.a.: Contemporary approaches to cognition – a symposium held at the University of Colorado, Cambridge 1957

Bühler, Ch.: Humanistic psychology as an educational program, American Psychologist, 24, 736–742, 1969

von Cube, F.: Technik des Lebendigen. Stuttgart 1970

Curriculumdiskussion, Weinheim 1974

Deutscher Bildungsrat: Zur Reform von Organisation und Verwaltung im Bildungswesen. Teil I: Verstärkte Selbständigkeit der Schule und Partizipation der Lehrer, Schüler und Eltern. Stuttgart 1973

Einsiedler, W.: Schulpädagogischer Grundkurs. Donauwörth 1974
Einsiedler, W./Härle, H. (Hrsg.): Schülerorientierter Unterricht. Donauwörth 1976
Ellis, A.: A new guide to rational living. Hollywood 1975
Faure, E. u. a. (Eds.): Learning to be. Paris: Unesco, 1972
Faust, H. u. G. Hrussanow (Hrsg.): Zur Erhöhung der geistigen Aktivität der Schüler im Unterrichtsprozeß. Berlin 1976
Fenner, H. J.: Die emotionale Dimension im Lehrer-Schülerverhalten, in: Lehrer- und Schülerverhalten in wechselseitiger Bezogenheit. Donauwörth 1976
Foster, J.: Aktives Lernen. Ravensburg 1974
Fry, J. P.: Interactive relationship between inquisitiveness and student control of instruction, J. Educ. Psychol., 63, 459–465, 1972
Furth, H. G.: Intelligenz und Erkennen. Die Grundlagen der genetischen Erkenntnistheorie Piagets. Frankfurt 1972
Gage, N. L.: Paradigmen für die Unterrichtsforschung. In: Ingenkamp, K. (Hrsg.): Handbuch der Unterrichtsforschung, Teil I. Weinheim, 269–366, 1970
Gaudig, H.: Die Schule im Dienste der werdenden Persönlichkeit. Leipzig 1922 (2. Aufl.)
Grell, J.: Techniken des Lehrerverhaltens. Weinheim 1977
Grzesik, J.: Die Steuerung von Lernprozessen im Unterricht. Heidelberg 1976
Hawkins, D. E. u. Vinton, D. A.: The environmental classroom. Englewood Cliffs 1973
Heller, K., H. Nickel, W. Neubauer: Verhalten im sozialen Kontext. Stuttgart 1976
von Hentig, H.: Die Bielefelder Laborschule. Stuttgart 1971
Hiller-Ketterer, I./Hiller, G. G.: Unterricht über Unterricht und pädagogische Verständigung, Bildung und Erziehung 27, S. 268–277, 1974
Hofer, M.: Textverständlichkeit: Zwischen Theorie und Praxeologie, Unterrichtswissenschaft, 2, 143–150, 1976
Huber, G. L.: Selbstbestimmung und Fremdbestimmung in Lernprozessen. München 1976
Hurrelmann, K.: Unterrichtsorganisation und schulische Sozialisation. Weinheim 1973, 2. Aufl.
Klafki, W.: Studien zur Bildungstheorie und Didaktik. Weinheim 1963
Klafki, W.: Sinn und Unsinn des Leistungsprinzips in der Erziehung. In: Gehlen, A. u. a.: Sinn und Unsinn des Leistungsprinzips. Ein Symposion. München, 73–110, 1974
Klafki, W.: Zum Verhältnis von Didaktik und Methodik, Zeitschrift für Pädagogik 22, 77–94, 1976
Klahr, D. (Ed.): Cognition and instruction. Hillsdale 1976
Klewitz, E. u. H. Mitzkat: Erfahrungen mit offenem Unterricht, Die Grundschule, 12, 675–681, 1976
Kokemohr, R./Uhle, R.: Themenkonstitution und reflexive Legitimation in Lehr-Lern-Prozessen, Zeitschrift für Pädagogik, 22, 857–879, 1976
Koskenniemi, M.: Elemente der Unterrichtstheorie. München 1971
Lempp, R.: Das Problem der Selbststeuerung aus psychopathologischer Sicht, in: E. Förster u. K. H. Wewetzer (Hrsg.): Selbststeuerung. Bern, 15–29, 1973
Lewin, K., Lippitt, R., White, R. K.: Patterns of aggressive behavior in experimentally created social climates. Journal of Social Psychology, 10, 271–299, 1939
Lindsay, P. H. u. D. A. Norman: Human information processing. New York 1972
Lompscher, J.: Das Lernen als Grundvorgang der Persönlichkeitsentwicklung, in: J. Lompscher u. a. (Hrsg.): Psychologie des Lernens in der Unterstufe. Berlin, 13–76, 1972
Lompscher, J. (Hrsg.): Sowjetische Beiträge zur Lerntheorie – Die Schule P. J. Galperins. Köln 1973

Loser, F.: Aspekte einer offenen Unterrichtsplanung, Bildung und Erziehung, 28, 241–257, 1975
Meichenbaum, D.: Cognitive factors in biofeedback therapy, Biofeedback and Self-Regulation, 2, 201–216, 1976
Minsel, W. R. u.a.: Lehrerverhalten 1: Unterrichtsziele, Selbstkontrolle, Lenkung. München 1976
Mischel, W.: Toward a cognitive social learning reconceptualization of personality. Psychological Review, 80, 252–283, 1973
Naef, R.: Rationeller lernen lernen. Weinheim 1971
Neber, H. (Hrsg.): Entdeckendes Lernen. Weinheim 1973, 1975, 2. Aufl.
Neber, H.: Kognitionspsychologische Aspekte der Planung selbstgesteuerten Lernens im Unterricht, Pädagogische Welt, 1978 (im Druck)
Neff, G. (Hrsg.): Praxis des entdeckenden Lernens in der Grundschule. Kronberg 1977
Negt, O.: Schule als Erfahrungsprozeß. Gesellschaftliche Aspekte des Glocksee-Projekts. In: Ästhetik und Kommunikation, 6, 22/23, 36ff., 1975
Neisser, U.: Kognitive Psychologie. Stuttgart 1974
Nohl, H.: Pädagogik aus dreißig Jahren. Frankfurt 1949
Nuthall, G. u. F. Snook: Contemporary models of teaching, 1973; (dt. in: F. Loser u. E. Terhart, Hrsg.: Theorien des Lehrens. Stuttgart, 1977, 50–97)
Oerter, R.: Steuerungskomponenten bei kognitiven Prozessen im Bereich schulischen Lernens, in: K. Frey u. M. Lang (Hrsg.): Kognitionspsychologie und naturwissenschaftlicher Unterricht. Bern, 56–77, 1973
Oerter, R. u. E. Weber (Hrsg.): Der Aspekt des Emotionalen in Unterricht und Erziehung. Donauwörth 1975
Peters, D. L.: The development of self-regulatory mechanisms: epilog, in: D. N. Walcher u. D. L. Peters (Eds.): Early childhood: The development of self-regulatory mechanisms. New York, 231–239, 1971
Piaget, J.: To understand is to invent – the future of education. New York 1973.
Piaget, J.: Der Aufbau der Wirklichkeit beim Kinde. Stuttgart 1975
Popp, W. (Hrsg.): Kommunikative Didaktik. Weinheim 1976
Ramseger, J.: Gegenschulen – radikale Reformschulen in der Praxis. Bad Heilbrunn 1975
Ramseger, J.: Schülerorientierter Unterricht? Schülerschulen! Pädagogische Welt, 31, 40–46, 1977
Rogers, C. R.: The goal: the fully functioning person. In: Rogers, C. R.: Freedom to Learn. Columbus, 279–300, 1969. Deutsch: Lernen in Freiheit. München 1974
Rotter, J. B.: Generalized expectancies for internal versus external control of reinforcement. In: Rotter, J. B./Chance, J. E./Phares, E. J.: Applications of a social learning theory of personality. New York, 260–295, 1972
Rumpf, H.: Zweifel am Monopol des zweckrationalen Unterrichtskonzepts, Neue Sammlung, 11, 393–411, 1971
Rumpf, H.: Unterricht und Identität. München 1976
Schäfer, K. H./Schaller, K.: Kritische Erziehungswissenschaft und kommunikative Didaktik. Heidelberg 1976 (3. Aufl.)
Shulman, L. S. u. Keislar, E. R. (Eds.): Learning by discovery: a critical appraisal. Chicago 1966
Smith, B. O.: A concept of teaching. Teachers College Record 61, 229–241, 1960
Soostmeyer, M.: Das entdeckende und forschende Lernen als Ansatzpunkt einer Didaktik der Denkerziehung im naturwissenschaftlich-technischen Sachunterricht der Grundschule/Fachperspektive Physik – Versuch einer Grundlegung; Dissertation an der Gesamthochschule Essen, 1977
Timaeus, E. u. H. E. Lück: Sozialpsychologie der Erziehung. Neuwied 1976

Ulich, D.: Pädagogische Interaktion. Weinheim 1976
Vasquez, A. et al.: Vorschläge für die Arbeit im Klassenzimmer. Reinbek 1976
Wagner, A. C. (Hrsg.): Schülerzentrierter Unterricht. München 1976
Watts, A.: Psychotherapy East and West. New York 1961
Watzlawick, P. et al.: Menschliche Kommunikation. Bern 1969
Watzlawick, P. et al.: Lösungen. Bern 1974
Weltner, K.: Förderung des autonomen Lernens, Unterrichtswissenschaft, 2, 114–117, 1976
Winkel, R.: Das Ende der Schule oder: Alternativprogramm im Spätkapitalismus. München 1974
Wyer, R. S., jr.: Cognitive organization and change: an information processing approach. Potomac 1974
Wygotski, L. S.: Denken und Sprechen. Frankfurt 1969

Heinz Neber

Selbstgesteuertes Lernen (lern- und handlungspsychologische Aspekte)

Richtungen

Die Erde drehte sich schon immer um die Sonne, jedoch nicht in den astronomischen Theorien. So auch die Selbststeuerung beim Lernen – real keine Frage, doch pädagogische und psychologische Theorien akzentuierten Lernen und Lehren nicht immer unter diesem Aspekt. Manche Modelle schlossen „Selbst"-Einflüsse des Lerners zugunsten eines ausschließlichen Situationismus aus (Skinner, 1968). Andererseits sind exklusive, vitalistische Selbstkräfte annehmende Innensteuerungstheorien des Lernens, wie man sie etwa in der Pädagogischen Bewegung (Scheibe, 1974) oder der humanistischen Psychologie (Rogers und Skinner, 1975) findet, ebenso einseitig.

Selbstgesteuertes Lernen wird so zu einem *Problem der Richtung* der Determination, und die Frage heißt: Wodurch werden Lernprozesse in Gang gesetzt, die Lernzielerreichung kontrolliert und das Lernprodukt als solches bestimmt?

Dieses Richtungsproblem scheint nicht nur in der Biologie (Ballmer u. v. Weizsäcker, 1975) und Psychologie (Berlyne, 1965) zentral zu sein – gerade die Curriculumdiskussion in den Erziehungswissenschaften, die sich um Lernziele, -wege und -kontrollen konzentriert (Frey, 1971) läßt es als pädagogisches Kernproblem erscheinen. Die Frage ist: Wodurch bestimmen sich Richtungen in einer als offen erscheinenden (Lern)-Welt? Etwa durch den Lerner selbst? Die Antwort darauf setzt komplexe Modelle über die Richtungsdetermination des Lernens voraus.

Nun beschäftigen sich psychologische Forschungen mit Psychischem, doch ist dies nicht gleichbedeutend mit Innerpsychischem – schließlich laufen psychische Aktivitäten stets in einer Umwelt ab, die durch diese bewältigt wird. Die Funktion solcher Aktivitäten ist zweifach: Einmal wird die Umwelt erfaßt, intern abgebildet ohne sie zu verändern – andererseits verändern Individuen durch ihre Aktivität Umwelten, sie schaffen diese neu, stellen ihre Umwelt und damit ihre Lernbedingungen selbst her.

Bezogen auf die Schule hat „Umwelt" materiale, soziale und ideelle Aspekte – durch Lernaktivitäten werden sie intern abgebildet (und gespeichert) und zugleich vom Lerner selbst verändert, bestimmt. Psychologische Erkenntnisse tragen nun zur Klärung der Frage bei, wie Menschen sich in schulischen Umwelten anpassen, sie verwenden, umgestalten oder – entsprechende Kompetenzen und situative Bedingungen vorausgesetzt – sie neu schaffen. Lernen ist dabei ein Spezialfall dieser interaktiven Regulationstätigkeit zwischen Individuen und Umwelt, ein besonderer Fall der gesteuerten Tätigkeit.

Regulationen

Die generelle Funktion von Verhaltensweisen ist, Störungen der Interaktion zwischen Individuum und Umwelt zu beseitigen – sie sind Teil von Regulationsmechanismen, deren biologische Funktion das Überleben ist. Psychologische Modelle definieren „Störung" immer wieder anders: als Veränderung eines gewohnten Optimums an Verstärkungen, Verdrängung von Triebregungen oder als kognitives Ungleichgewicht. Unabhängig von der theoretischen Konzeption registriert das Individuum solche Situationen als Problem, Widerspruch, (dosiertes) Diskrepanzerlebnis, Konflikt, Angst oder Streß. Die Beseitigung solcher Störungen kann auf verschiedene Weise erfolgen: Ein Lehrer kann etwa seinen von einer bestimmten Schulklasse bedrohten Machtstatus durch Machtausübung (Strafen) auf das frühere Niveau bringen; er kann aber auch eine für ihn neue demokratische Einstellung den Schülern gegenüber entwickeln, d.h. die Störung intern anders verarbeiten und nicht mehr als solche betrachten; schließlich kann er aufgrund seiner neuen Einstellung die Struktur der Schulklasse – etwa durch den Vorschlag einer neuen Sitzordnung – verändern. Damit sind *drei Arten interaktiver Regulationstätigkeit* dieses Lehrers gekennzeichnet:

1. *Homöostatisch,* d.h. der ursprüngliche Zustand wird genau wiederhergestellt; ein Vorgang, der sich als einfache kybernetische Rückkopplungsschleife darstellen läßt:

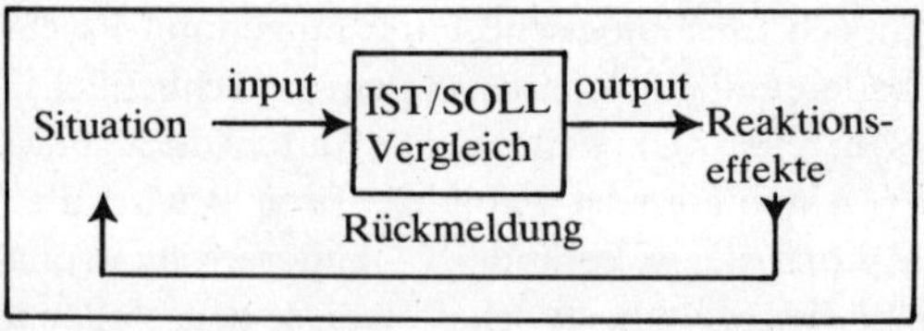

Das SOLL ist hier der gewünschte Machtstatus; die Effekte der statuserhöhenden Handlungsweisen (R) werden via Rückmeldung wieder registriert (input) und bilden intern den IST-Zustand, der mit SOLL verglichen wird. Schließlich erfolgen weitere Handlungen (R), bis IST und SOLL deckungsgleich sind. Diese Form der Regelungsvorgänge beschreibt das TOTE-Modell von Miller u.a. (1960): Die interne (kognitive) Vergleichstätigkeit wird dabei durch die Auswertung der Rückmeldungsinformation möglich; deren verarbeitetes Ergebnis wird zum Steuerungsfaktor für das sichtbare Verhalten. Das interne Kriterium (SOLL) verändert sich durch diesen selbstgesteuerten Regelungsvorgang nicht – es wird lediglich wieder hergestellt. Der im ersten Beispiel erwähnte Lehrer veränderte seine interne Struktur nicht, *lernte nicht* selbstgesteuert, sondern *regelte lediglich* selbstgesteuert – ein Problemlösungs-, kein Lernvorgang.

2. Anders im zweiten Beispiel. Hier führt die Interaktion mit den Schülern zu einer Veränderung der Einstellungsstruktur. Der Störungsausgleich erfolgte nicht homöostatisch, sondern in Form der *Selbstorganisation* (Sayers, 1962); ein Vorgang, durch den sich Systeme (z.B. Individuen) durch progressive Differenzierung von Zuständen niedriger zu solchen höherer Komplexität selbst organisieren – etwa wenn der Organismus Aminosäuren zu Proteinen verarbeitet, oder wie in obigem Beispiel die rückgemeldeten sozialen Informationen zu interdependenten Einstellungen, die die vorher egozentrischen ablösen. Dieser Prozeß kennzeichnet die wesentlichste Form menschlicher Regulationstätigkeit: Störungsausgleich durch Höherentwicklung. Lern- und Entwicklungsprozesse lassen sich so kennzeichnen (v. Bertalanffy, 1972; Lompscher, 1972; Kern, 1975).
Diese Prozesse besitzen sowohl interne als auch externe Aspekte. Intern betrachtet konstruiert ein Lerner eine Repräsentation, ein umgebungsanaloges Modell (z.B. Steiner, 1973); durch weitere Interaktionen mit der Umwelt (Handeln) oder mit dem Modell selbst (Denken) wird es zunehmend optimiert.

3. Das erwähnte dritte Beispiel kennzeichnet den externen Aspekt selbstorganisatorischer Tätigkeit: Durch die Lernaktivität wird nicht nur die interne Struktur (z.B. die Einstellungen) *verändert,* sondern *auch die Struktur der Umwelt* (z.B. Sozialstruktur), die via Rückmeldung zu erneuten Erfahrungsbildungen führt. Dies ist die Essenz der sogenannten „social learning theory“: „Behavior partly creates the environment and the resultant environment, in turn, influences the behavior. In this two way causal process the environment is just as influencable as the behavior it controls“ (Bandura, 1971, S. 40) – analog dazu bilden schließlich Sonne und Erde ebenfalls ein reziprokes System.
In diesen drei Formen der Regulationstätigkeit – *homöostatische, selbst-* und *umweltorganisierende* – läßt sich Lernen terminologisch einordnen. Übereinstimmend wird es als dynamischer Veränderungsprozeß im Sinne eines Aufbaus definiert. Je nach lerntheoretischer Orientierung verändert sich die Verhaltensorganisation (Skinner, 1953) oder die interne (kognitive) Organisation

(Schroder u. a., 1968). Diese Konzeptionen werden ausgeweitet, ordnet man auch die Komplexitätssteigerung externer Organisationen (wie oben) unter den Begriff des Lernens.

Die bisherigen Aspekte lassen sich nun *zusammenfassen:* Interne und externe Aktivitäten von Individuen werden als Störungsausgleich – oder auch als Problemlösungstätigkeit aufgefaßt. Dies gilt für alle, nicht nur wie bei Scandura (1976) auf Lernen eingeschränkte Verhaltensweisen. Werden die Störungen durch einfaches Wiederherstellen eines Gleichgewichts beseitigt, so ist dies noch kein Lernen. Zu diesem wird der Prozeß dann, wenn sich dabei die Verhaltensstruktur des Individuums oder seine internen Strukturen (Einstellungen, Emotionen, Wissen u. a.) höher organisieren. Als Lernen wird ferner der Prozeß bezeichnet, bei dem durch die Aktivität des Individuums externe Strukturen höher organisiert werden – wenn das Individuum ordnend oder erfindend in der Umwelt tätig wird. Letzteres weitet manche herkömmliche Lernbegriffe aus, entspricht aber den Intentionen der kognitiven Lernforschung, die nach Estes (1975) allgemein die Funktionsweisen von Organismen in Umwelten möglichst interdisziplinär zu erforschen hat, eine Piaget entsprechende Perspektive mit allerdings anderen Lösungen, neuen pädagogischen Anforderungen an eine ausgeweitete Lernpsychologie (Symposium, 1976) und der Tatsache, daß schulische Lernprozesse mehr und mehr in offenen Umwelten ablaufen, in denen Lerner als integraler Bestandteil ihres Lernprozesses ordnend tätig werden müssen (Karlins u. Schroder, 1975; Moore u. Anderson, 1976). All diese Konzeptionen setzen Aktivitäten des Lerners dem Lernobjekt gegenüber voraus, die die genannten Strukturveränderungen durch Auswertung der Rückmeldungen zur Folge haben. Solche Prozesse lassen sich nicht wie homöostatische geometrisch einfach als Kreis darstellen, sondern nur als Spirale – ein Modell, das bereits verschiedentlich pädagogisch expliziert wurde. So von Bruner am Beispiel des Literaturunterrichts: „Es kommt darauf an, daß das spätere Lehren an die frühere Begegnung mit der Literatur anknüpft, daß es versucht, ein umfassenderes und reiferes Verständnis der Tragödienliteratur zu schaffen (1968, S. 117).

Komponenten des Lernens als gesteuertes Handeln

Lernen als strukturbildende oder gängiger als Informationsverarbeitungstätigkeit, die zu einer längerfristigen Speicherung des Verarbeiteten führt, erfaßt wie dargestellt das wesentliche Charakteristikum des Lernens als Produkt.

Der pädagogisch fruchtbare Ausgangspunkt ist jedoch Lernen als *Prozeß,* als *Eigenaktivität* des Lernenden (Hofer, 1974). Piaget's Forschungen zeigen, daß das Gelernte – das Wissen – als organisierte Form von zunächst motorischen

Eigenaktivitäten aufzufassen ist: „... knowledge at all levels is linked to action ... Actions are not, in fact, haphazard occurences, but repeat themselves whenever similar situations arise" (1972, S. 7). Ähnlich betont Sintschenko (1962), daß die Ausgliederung von Wahrnehmungsobjekten – eine Elementarstufe des Wissenserwerbs – die Funktion des Umgangs mit diesen Objekten ist. Lompscher formuliert dies pädagogisch relevant: „Nur über die eigene aktive Tätigkeit des Kindes werden Erziehungs- und Bildungsmaßnahmen der Umwelt erziehungswirksam" (1972, S. 13).
Lernprozesse bestehen danach im Aufbau von Aktivitätsmustern. Dies bedeutet, daß die Aktivitäten zunehmend koordinierter und geordneter verlaufen, daß sie immer gesteuerter werden. Pädagogische Realisierungen können daher nicht nur auf dem Aktivitätsprinzip basieren, sondern sollten in erster Linie auf die Steuerungsfaktoren bzw. -fähigkeiten abzielen. Diese scheinen für schulische Lerneffekte – etwa für Leistungen, die unter den Erwartungen liegen (Wahl, 1975) – von größerer Bedeutung zu sein als lediglich das Aktivitätsausmaß von Lernern (Neber, 1974).
Lernen wurde schon immer als gesteuerter Prozeß konzipiert – entsprechende Modelle variieren jedoch ebenso wie die angenommenen Steuerungsdeterminaten. Hier lassen sich die bekannteren Verstärkungsmodelle, die Lernen als Verhaltensmodifikation beschreiben, ebenso einordnen wie gestaltpsychologische Lernmodelle, die es als Modifikation kognitiver Organisationen beschreiben. Neuere, dem komplexen Prozeß und methodischen Anforderungen eher angemessene Modelle beschreiben es als Informationsverarbeitungsvorgang, als Aufbau von Informationsstrukturen in einem Gedächtnis. Der Prozeß selbst wird kybernetisch beschrieben. Er läuft über eine Anzahl von Stufen – oder als Flußdiagramm konzipiert über Entscheidungspunkte. Diese Stufen lassen sich als Komponenten gesteuerten Lernens auffassen, sie bilden die strukturelle Grundlage der Steuerung. Das sichtbare Lernverhalten ist dabei stets als zielbestimmte Handlungstätigkeit aufzufassen, die auf internen Planungen und der Auswertung rückgemeldeter Handlungsergebnisse beruht.
Jede einzelne Stufe ist durch eine spezifische Operation gekennzeichnet. Das Resultat – etwa neues Wissen in Form einer Verhaltens- oder Gedächtnisorganisation – ist jeweils ein Endprodukt solcher Prozesse. Im erziehungswissenschaftlichen Kontext werden neuerdings entsprechend Prozeß- statt Produkttheorien des Lehrens und Lernens betont, d.h. auch hier werden erreichte Lernziele als Funktion bestimmter Herstellungsmechanismen betrachtet. Kognitionspsychologen entwickelten verschiedene *Typen solcher Informationsverarbeitungsmodelle:*

- Wahrnehmungsmodelle
- Problemlösungs-(Denk)-modelle (Klix, 1976; Dörner, 1976)
- Gedächtnis-(Lern)-modelle (Norman, 1973; Lompscher, 1972)

– Handlungsmodelle (Kossakowski, 1974; Kaminski 1977) als umfassendste Ansätze; dazu gehört letztlich auch das Prozeßmodell der Motivation, das Handlungsweisen generell – nicht nur den Motivierungsprozeß – zu erklären versucht (Heckhausen, 1974); schließlich ist auch Schroder's u. a. (1968) Ansatz hier einzuordnen.

Sie werden meist als Flußdiagramm dargestellt. In Anlehnung an Newell und Simon (1972, S. 20) im folgenden ein einfaches Informationsverarbeitungssystem:

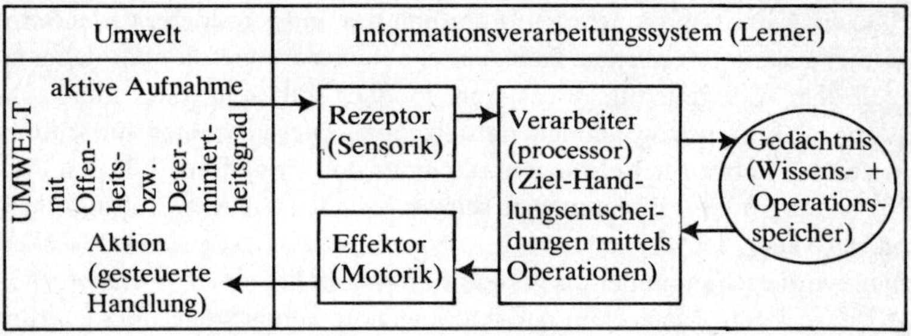

Eine erste Aussage ist nun, daß das Lernprodukt (Gedächtnis) eine Funktion der *internen Verarbeitungsprozesse* (Verarbeiter) ist – solche sind etwa die Bildung abstrakter Begriffe aus Einzelbeispielen beim induktiven oder Entdekkenden Lernen oder das mehrmalige innere Wiederholen eines Gedichts. Doch genügt diese funktionale Aussage, um reales Lernverhalten zu erklären? Entscheidend ist, ob verfügbare Operationen vom Lerner überhaupt eingesetzt werden! Entsprechend ergibt sich der reale Weinkonsum einer Person nicht aus der in 15 Minuten gemessenen maximalen Weintrinkkapazität.
Entscheidend für den Einsatz der Lernoperationen oder -strategien ist, wie bereits dargestellt, die Richtung, das *Ziel* des Lerners. Entsprechend nehmen Newell und Simon (1972) einen übergreifenden finalen Aspekt von Informationsverarbeitungssystemen an. Lernaktivitäten sind so stets zielgerichtet - pädagogische Maßnahmen müssen daran ansetzen.
Die Bedeutung solcher Zielsetzungen für das schulische Lernen wurde schon sehr früh in der Psychologie untersucht – etwa von Ach (1913), der pädagogisch eindeutige Zielvorstellungen im Unterricht fordert, die Fähigkeit zur eigenen Zieldetermination als „Wille" bezeichnet und mit diesem Konzept selbstgesteuertes Lernen erklärt. Neuere, auch pädagogisch relevante Arbeiten zur Zielbildung stammen von Heckhausen (1974), Wasna (1973) (vgl. Teil 4). Auch Kossakowski (1974) hebt als wesentliche psychische Komponente der eigenständigen Handlungsregulation die Fähigkeit zur Bestimmung von Zielen und Plänen hervor und bezeichnet dies als „Orientierungsregulation".

Eine dritte Aussage geht von der Tatsache aus, daß zielgerichtete Lernaktivitäten von der Lernumwelt beeinflußt werden, daß interne Aktivitäten Informationen aus der jeweils spezifischen Umwelt verarbeiten – es handelt sich also um interaktive zielgerichtete Aktivitäten. Besteht das Lernziel etwa in „Textaufgaben lösen können“, so wird dazu eine Reihe einzelner Kenntnisse notwendig und Informationen aus verschiedenen Quellen müssen zuvor verarbeitet worden sein. Ob diese Kenntnisse ausreichen, erfährt der Lerner durch seine eigene Tätigkeit, die zu richtigen oder zunächst falschen Lösungen führen kann; mit den Resultaten seiner eigenen Lernhandlungen muß er sich auseinandersetzen, d.h. in Interaktion mit seinen eigenen Handlungsergebnissen treten. Durch interne Operationen werden die zielgerichteten Lernhandlungen mit dem Lernziel verglichen, weitere Lerntätigkeiten erfolgen schließlich, bis die Handlung dem Ziel entspricht. Die Interaktionen mit der Lernumwelt dienen also einer *zielorientierten Kontrolle* (Steuerung). Der Vorgang selbst wurde bereits als einfaches homöostatisches Regelungsmodell dargestellt. Kossakowski (1974) bezeichnet diese Komponente der eigenständigen Handlungsregulation als Ausführungsregulation, die im wesentlichen auf der Auswertung von Rückmeldungen beruht, und bezeichnet dies als Voraussetzung der Selbstkontrolle anhand eines internen Handlungs- oder Sanktionskonzepts. Halisch u.a. (1976) sprechen in Anlehnung an Heckhausen von Selbstbewertung. Dies ist ein erneuter Ausdruck dafür, daß nicht nur externe Bedingungen das Lernverhalten steuern, sondern interne kognitive Prozesse, die zwar in der kognitiven Lern- und Gedächtnispsychologie und den neueren interaktiven Persönlichkeitstheorien immer wieder anders bezeichnet werden, aber übergreifend und als gemeinsames Fazit *Vergleichstätigkeiten* darstellen.
Neben diesen psychischen Komponenten, die die Interaktion und Lernproduktherstellung determinieren, ist die Lernumwelt eine weitere – allerdings externe – Komponente (vgl. Teil 3 u. 4). Psychologischen Informationsverarbeitungstheorien gelang es bisher nur schwer, lernrelevante Determinanten vor allem komplexer Umwelten – etwa des Unterrichts – zu klassifizieren. Nach der dargestellten Konzeption beschränkt sich Lernen nicht nur auf die Herstellung von Gedächtnis- oder Verhaltensorganisationen, sondern schließt auch Strukturbildungen in der Umwelt ein – es setzt die *Manipulierbarkeit der Umwelt* durch den Lerner definitiv voraus. Dabei zeigen neuere Forschungen, daß nicht nur im Offenen, sondern auch im traditionell lehrergesteuerten Unterricht das Lehrerverhalten – als Umweltkomponente aufgefaßt – durch die als Lerner definierten Schüler manipuliert wird (z.B. Noble u. Nolan, 1976). Im Offenen Unterricht wird darüber hinaus (vgl. Teil 1) eine Steigerung der Manipulierbarkeit der Lernumwelt angestrebt. Beim Offenen Unterricht gilt dies besonders für die Lernziele und die materialen Umweltkomponenten; beim Entdeckenden Lernen wird häufig die soziale Manipulierbarkeit des Unterrichts gesteigert, etwa wenn epistemisches Fragen ermöglicht wird (Suchman, 1975;

Neber, 1975). Anders formuliert heißt dies, interne, lernerspezifische Komponenten des Lernprozesses durch die Lernumweltgestaltung mehr oder weniger zu determinieren, d.h. Ziele, Operationen und Strategien, sowie die zielorientierte Kontrolltätigkeit festzulegen oder freizugeben (vgl. Teil 3).

Damit sind *4 Komponenten gesteuerten Lernens* unterschieden:

1. Ziele (Standards)
2. Operationen und Strategien der Informationsverarbeitung
3. Zielorientierte Kontrollprozesse (Vergleich, Bewertung; Auswertung von Rückmeldungen)
4. Manipulierbarkeit-(Offenheits)-grad der Lernumwelt oder negativ formuliert, das Determinationsausmaß von 1.–3. durch die Umwelt.

Diese können vom Lerner selbst bestimmt werden und bilden dann die Fähigkeiten (oder Möglichkeiten) selbstgesteuerten Lernens. Werden sie extern (Lehrer, Schulverwaltung) bestimmt, so wird der Selbststeuerungsgrad des Lernens verringert – beide Bestimmungsformen stehen in einem dialektischen Zusammenhang (Huber, 1976).
Jede dieser Komponenten faßt ihrerseits eine große Zahl von Subkomponenten zusammen, die teilweise unzureichend erforscht sind (etwa Ziel- und Standardsetzungsmechanismen, Operations- und Strategiesysteme, Determinanten von Kontrollprozessen und Verstärkungspläne externer Instanzen im real-life-Kontext). Aufschlüsselungen und Klassifikationen finden sich in der angegebenen Literatur. Wobei neuere Arbeiten – wie auch diese – Integrationen anstreben und versuchen, über eine reine Rattentechnologie ebenso hinauszugehen wie über eine auf ausschließlich interne Verarbeitungsvorgänge eingeschränkte Kognitionsforschung. Dies entspricht konvergierenden Tendenzen, Ansätze der Verhaltensmodifikation mit den „processes-in-the-head“ (Kanfer, 1976) einerseits und die experimentalpsychologische Kognitionsforschung mit Theorien sozialen Lernens andererseits zu kombinieren (Bower, 1975).

Selbstgesteuertes Lernen

Selbstgesteuert ist Lernen dann, wenn diese Steuerungskomponenten vom Lerner selbst erzeugt oder als Möglichkeit ausgedrückt, von der Lernumwelt nicht vollständig determiniert werden. Als Konsequenz ergeben sich verschiedene Selbststeuerungsgrade aktueller Lernprozesse. Der Selbststeuerungsanteil wird schon wegen des interaktiven Charakters des Lernens und der kulturell vorhandenen und vermittelten Ziele, Operationen, Strategien und Regelungstechniken (vgl. Teil 1) nie die gesamte Varianz der Determinanten umfassen.

Auf Unterricht bezogen ist der tatsächliche Selbststeuerungsgrad abhängig von den Unterrichtszielen, den methodischen Konzeptionen und den individuellen Selbststeuerungsfähigkeiten, die ihrerseits vom allgemeinen und lernmaterialspezifischen Entwicklungsstand abhängen (Teil 2).
Bezeichnet man daher ein Lernen als selbstgesteuert, so ist diese Aussage zu allgemein – zumindest ist anzugeben, welche der intern-kognitiven *Komponenten* vom Lerner selbst bestimmt werden (können), welche situativen *Bedingungen* dies ermöglichen und durch welche *Verhaltensweisen* sie vom Lerner realisiert werden. Stets gilt es, das „Verhältnis von Spontaneität und Rezeptivität des Näheren zu bestimmen" (W. Stern, 1903, S. 393).

Unterricht und selbstgesteuertes Lernen

Lernprozesse sind stets gesteuert. Bei der Realisierung schulischen Lernens ergibt sich daraus eines der didaktischen Grundprobleme: „Das heutige pädagogische Denken wird weithin von zwei divergierenden Strömungen bestimmt. Auf der einen Seite werden geistige Selbständigkeit und Mündigkeit als wichtigste Ziele der Erziehung und Bildung betrachtet – so vor allem in der Kreativitäts- und discovery-learning-Forschung –, auf der anderen Seite fordert man vorwiegend im Zusammenhang mit der Curriculum-Theorie und -Revision exakte Zielformulierungen, reflektierte, optimale Lernstrategien und deren Effektivitätskontrolle" (Louis, 1974, S. 13).
Dieser Zielkonflikt wurde immer wieder anders – und mit den jeweils zur Verfügung stehenden wissenschaftlichen Mitteln gelöst. Oft kam dabei die Komplexität schulischen Lernens aus dem Blick; mit der Folge der Überbetonung entweder des Lehrens als Lehrertätigkeit oder des Lernens als Schülertätigkeit. Beide stehen jedoch bezüglich der Steuerung des Lernprozesses in Interaktion. So sind nach Andrejew (1976) die pädagogischen Bedingungen Hilfen für den Wissenserwerbsprozeß des Schülers. Ebenso hält Einsiedler (1975) zusätzliche Hilfen als für pädagogisches Lernen charakteristisch. Heidt (Teil 3) betont, daß Unterrichtsmedien auf die Lernprozesse der Schüler zu beziehen und klassifizieren sind. Weltner (1976) bietet solche Hilfen beim Lernen aus Lehrbüchern in Form eines Leitprogramms zusätzlich an und berücksichtigt dadurch die auch durch Forschungen über fragengesteuertes Entdeckendes Lernen gestützte Tatsache, daß Lerner keineswegs und vor allem nicht in Anfangsphasen eines Lernprozesses über alle dazu notwendigen Steuerungskomponenten selbst verfügen – auch wenn selbstgesteuertes Lernen Ziel des Unterrichts ist. Einen ähnlichen Ausgangspunkt nehmen die Arbeiten von Groeben und Hofer (Beitrag i.d. Band). Auch Campbells (1964)

Untersuchungen zeigten schon früh, daß Schülern neunter Klassen selbstgesteuertes Lernen erst nach einem ausgiebigen Training in Lerntechniken möglich war.
Strebt man also wie in verbreiteten Bildungsplänen und aktuellen Persönlichkeitstheorien selbstgesteuertes Lernen an, so bedeutet dies einerseits, die dazu notwendigen *Fertigkeiten* von Lernern zu bestimmen und diese durch *Unterricht* zu entwickeln; *Trainingsprogramme* für intern kognitive und Verhaltenselemente der Lernsteuerung sollten dies ergänzen (Brickenkamp, 1973; Neber, 1976; Teil 3).
Für die Lehrertätigkeit bedeutet dies: „If teachers view freedom of choice and self-direction as skills to be learned in small, sequential, reinforced steps... they find the path to creating and maintaining an open classroom much easier" (Madden, 1972). Ähnlich kommentiert Heinze (1976) ein „Beispiel für einen von Schülern selbst gesteuerten Unterricht": „Es ist notwendig, Schüler allmählich durch Beteiligung an der Planung und Durchführung von Unterricht auf das Problem der Balancierung von Ziel- und Prozeßorientiertheit von Unterricht hinzuführen. Schritte dazu wären verschiedene Formen der Selbstbeobachtung bzw. Selbstbewertung (Selbstevaluation) von Unterrichtsprozessen durch die Schüler" (S. 118; vgl. Teil 2). Selbstgesteuertes Lernen im Unterricht bedeutet also nicht: „... daß nur bei einer freiwilligen, spontanen Auseinandersetzung mit einem Sachgebiet die Energien in vollem Umfang zur Verfügung stehen, während bei einer starken Lenkung von Seiten Außenstehender wertvolle Kräfte benötigt werden, um sich den Anordnungen und Befehlen zu widersetzen" (Mietzel, 1975, S. 422). Dies würde eine Dichotomisierung in fremd- versus selbstgesteuert nahelegen und käme der Simplifizierung eines komplexen Problems gleich.

Literaturverzeichnis

Ach, N.: Willensuntersuchungen in ihrer Bedeutung für die Pädagogik. Z. f. Päd. Psychol., 14, 1–11, 1913

Andrejew, M.: Zur Spezifik des Unterrichtsprozesses. In: H. Faust u. G. Hrussanow (Hrsg.): Zur Erhöhung der geistigen Aktivität der Schüler im Unterrichtsprozeß. Berlin 1976, 46–75

Ballmer, T. T. u. E. v. Weizsäcker: Biogenese und Selbstorganisation. In: E. v. Weizsäcker (Hrsg.): Offene Systeme I. Stuttgart 1975

Bandura, A.: Social learning theory. Morristown 1971

Berlyne, D. E.: Structure and direction in thinking. New York 1965

von Bertalanffy, L.: General system theory – a critical review. In: J. Beishon u. G. Peters (Eds.): Systems Behavior. London 1972, 29–49

Bower, G. H.: Cognitive psychology: an introduction. In: W. K. Estes (Ed.): Handbook of learning and cognitive processes. Vol. I, Hillsdale 1975, 25–80

Brickenkamp, R.: Kreativität und Kreativitätstraining in der Schule. In: H. Nickel (Hrsg.): Brennpunkte der Pädagogischen Psychologie. Stuttgart 1973, 79–88
Bruner, J. S.: Bereitschaft zum Lernen. In: F. Weinert (Hrsg.): Pädagogische Psychologie. Köln 1968, 105–117
Campbell, V. N.: Self-direction and programmed instruction for five different types of learning objectives. Psychol. in the Schools, 1, 348–359, 1964
Dörner, D.: Problemlösen als Informationsverarbeitung. Stuttgart 1976
Einsiedler, W.: Entdeckungslernen und Konzeptlernen. Die Grundschule, 646–659, 1975
Estes, W. K.: The state of the field: general problems and issues of theory and metatheory. In: W. K. Estes (Ed.): Handbook of learning and cognitive processes. Vol. 1, Hillsdale 1975, 1–24
Frey, K.: Theorien des Curriculums, Weinheim 1971
Halisch, F., J. Butzkamm, N. Posse: Selbstbekräftigung I. Theoretische und experimentelle Erfordernisse. Z. f. Entw. u. Päd. Psychol., 8, 145–164, 1976
Heckhausen, H.: Bessere Lernmotivation und neue Lernziele. In: F. E. Weinert u. a. (Hrsg.): Pädagogische Psychologie 1 – Funkkolleg 14. Frankfurt 1974, 575–601
Heinze, T.: Unterricht als soziale Situation. München 1976
Hofer, M.: Instruktion als Optimierung von Lernprozessen. In: F. E. Weinert u. a. (Hrsg.): Pädagogische Psychologie 2-Funkkolleg 15. Frankfurt 1974, 827–849
Huber, G. L.: Selbstbestimmung und Fremdbestimmung in Lernprozessen. München 1976
Kaminski, G.: Studieren als Handeln und Trauern. In: U. Laucken u. a. (Hrsg.): Didaktik der Psychologie. Stuttgart 1977
Kanfer, F. H.: The many faces of self-control, or behavior-modification changes its focus; Paper at 8th Intern. Banff Confer., 1976
Karlins, M. u. H. M. Schroder: Entdeckungslernen, Kreativität und das induktive Lehrprogramm. In: H. Neber (Hrsg.): Entdeckendes Lernen. Weinheim 1975
Kern, U.: Erkenntnisfortschritt als Veränderung kognitiver Strukturen – zu Piagets psychologischer Erkenntnistheorie. RUB-Dissertation. Bochum 1975
Klix, F.: Psychologische Beiträge zur Analyse kognitiver Prozesse. München 1976
Kossakowski, A.: Psychologische Fragen der Entwicklung selbständig handelnder sozialistischer Persönlichkeiten. In: G. Clauß u. A. Kossakowski (Hrsg.): Pädagogisch-psychologische Beiträge zur Entwicklung sozialistischer Persönlichkeiten. Berlin 1974, 13–30
Lompscher, J.: Das Lernen als Grundvorgang der Persönlichkeitsentwicklung. In: J. Lompscher (Hrsg.): Psychologie des Lernens in der Unterstufe. Berlin 1972, 13–76
Louis, B.: Unterrichtliche Steuerung und Selbständigkeit des Denkens. München 1974
Madden, P. C.: Skinner and the open classroom. School Review, 81, 100–107, 1972
Mietzel, G.: Pädagogische Psychologie. Göttingen 1975
Miller, G. A., Galanter, E., Pribram, K. H.: Plans and the structure of behavior. New York 1960
(dt.: Strategien des Handelns. Stuttgart 1973)
Moore, O. K. u. A. R. Anderson: Einige Prinzipien zur Gestaltung von Erziehungsumwelten selbstgesteuerten Lernens. In: J. Lehmann u. G. Portele (Hrsg.): Simulationsspiele in der Erziehung. Weinheim 1976, 29–73
Neber, H.: Struktur und Intensität spontaner Lernaktivitäten von Under- und Overachievern. Psychol. i. Erz. u. Unterr., 21, 335–344, 1974
Neber, H.: Fragen und kognitives Lernen. Bildung und Erziehung, 28, 1975
Neber, H.: Ein Training des epistemischen Frageverhaltens von Grundschülern. In: W. R. Minsel u. a. (Hrsg.): Verhaltenstraining. München 1976
Newell, A. u. H. A. Simon: Human problem solving. New York 1972

Noble, C. G. u. J. D. Nolan: Effect of student verbal behavior on classroom teacher behavior. J. of Educ. Psychol., 68, 342–346, 1976
Norman, D. A.: Aufmerksamkeit und Gedächtnis, Weinheim 1973
Piaget, J.: Biology and knowledge. Edinburgh 1972
Rogers, C. R. u. B. F. Skinner: Strittige Fragen zur Kontrolle menschlichen Verhaltens: ein Symposium. In: D. H. Rost u.a. (Hrsg.): Pädagogische Verhaltensmodifikation. Weinheim 1975, 23–52
Sayers, B. McA.: Self-organizing systems. In: J. H. Westcott (Ed.): An exposition of adaptive control. Oxford 1962
Scandura, J. M.: Deterministic theorizing in structural learning, three levels of empiricism. In: J. M. Scandura (Ed.): Structural learning II. Issues and approaches. New York 1976, 251–273
Scheibe, W.: Die reformpädagogische Bewegung. Weinheim 1974, 4. Aufl.
Schroder, H. M., Driver, M. J., Streufert, S.: Human information processing – individuals and groups in complex social situations. New York 1968
(dt.: Menschliche Informationsverarbeitung. Weinheim 1975)
Sintschenko, W. P.: Das Prinzip der Tätigkeit in der psychologischen Forschung. Probl. u. Erg. d. Psychol., 3, 57–64, 1962
Skinner, B. F.: Die Wissenschaft vom Lernen und die Kunst des Lehrens. In: F. Weinert (Hrsg.): Pädagogische Psychologie. Köln 1968, 247–258, 3. Aufl.
Skinner, B. F.: Science and human behavior. New York 1953 (dt.: Wissenschaft und menschliches Verhalten. München 1973)
Steiner, G.: Mathematik als Denkerziehung. Stuttgart 1973
Stern, W.: Die Kinderpsychologie als theoretische Wissenschaft. Vortrag d. Psycholog. Gesellschaft zu Breslau. Z. f. Päd. Psychol., 5, 391–394, 1903
Suchman, J. R.: Fragetraining: Aufbau von Fertigkeiten zur selbständigen Entdeckung. In: H. Neber (Hrsg.): Entdeckendes Lernen. Weinheim 1975
Symposium: Learning processes and strategies – I. Editorial introduction. Brit. J. of Educ. Psychol., 46, 1–3, 1976
Wahl, D.: Erwartungswidrige Schulleistungen. Weinheim 1975
Wasna, M.: Leistungsmotivation. München 1973
Weltner, K.: Förderung des autonomen Lernens. Unterrichtswissenschaft, 2, 114–117, 1976

Teil 1

Realisierungen im Unterricht

Einleitung

Von A. C. Wagner

Auf die Forderung nach mehr selbstgesteuertem Lernen in der Schule reagieren viele Lehrer mit großer Skepsis. Nicht daß sie es nicht für wünschenswert hielten, aber sie haben damit schlechte Erfahrungen gemacht oder halten es von vorneherein für „utopisch". Und inzwischen hat diese Resignation bereits auf die erste Phase der Lehrerausbildung übergegriffen; der berühmte „Praxisschock", der vor einigen Jahren erst den Junglehrer recht unvermittelt traf, scheint inzwischen die Studenten bereits in ihren ersten Semestern zu lähmen. Hinzu kommt, daß viele Studenten und Schüler selbst frustrierende Erfahrungen mit „selbstgesteuertem Lernen" gemacht haben. Die (in der Pädagogik vielgepriesene) Gruppenarbeit hat mittlerweile vielerorts einen schlechten Ruf bekommen, „weil da doch nichts herauskommt". Das Unbehagen an der Forderung nach mehr selbstgesteuertem Lernen läßt sich vielleicht am treffendsten karikieren durch ein Cartoon, dessen Spruch in den USA berühmt geworden ist: „Herr Lehrer, müssen wir heute wieder tun, was wir tun wollen, oder dürfen wir tun, was wir tun müssen?"

Dieses Unbehagen ist Teil eines längerfristigen gemeinsamen Lernprozesses bei dem Bemühen, mehr selbstgesteuerten, schülerzentrierten, offenen Unterricht zu verwirklichen. Die ersten Versuche haben schnell gezeigt, daß es nicht genügt, einfach die Fremdsteuerung durch den Lehrer abzubauen und dann zu erwarten, daß alles von alleine läuft (Wagner, 1976). Meist „läuft" nämlich nichts, sondern es entsteht Chaos, Verwirrung oder Langeweile, vor allem dann, wenn der Übergang sehr drastisch ist.

Die Veränderung des Unterrichts erfordert die Veränderung aller Beteiligten, der Lehrer wie der Schüler. Sie müssen neue Fähigkeiten erwerben, ihre Rolle neu bestimmen lernen und vor allem ihr „Bild" von dem, was „sinnvolles Lernen" (s. Einleitung) und „guter Unterricht" sind (s. Grell/Pallasch), ändern. Das gemeinsame Thema der Beiträge in diesem ersten Teil sind die Schwierigkeiten aber auch Chancen eines solchen Veränderungsprozesses. Die ersten beiden Beiträge berichten über praktische Unterrichtsversuche mit selbstgesteuertem Lernen in der Grundschule und Sekundarstufe II, wobei die Auswirkungen auf Schüler und Lehrer ausführlich reflektiert werden.

Die beiden nächsten Aufsätze befassen sich dann in allgemeiner Form mit der Rolle des selbstgesteuerten Lernens in der Schule und mit der Änderung von Lehrerverhalten.

Wagner (Kap. 1) berichtet über einen Versuch mit „offenem Unterricht" im Fach Mathematik in der Grundschule, der im Rahmen eines Pflichttagespraktikums mit Studenten durchgeführt wurde. Dabei wurden vielfältige Arbeitsmaterialien bereitgestellt, so daß die Schüler zum gleichen Zeitpunkt an verschiedenen, selbstgewählten Aufgaben und „Projekten" arbeiten konnten. Selbststeuerung wurde also in erster Linie durch eine Veränderung der Unterrichtsorganisation ermöglicht.

Geil-Werneburg und Günther-Boemke (Kap. 2) hielten demgegenüber bei ihrem Unterrichtsversuch im Oberstufenkolleg im Fach Psychologie an der Großgruppe fest. Das Ziel der Selbststeuerung wurde von ihnen auf zwei Ebenen gleichzeitig angepeilt; zum einen wählten sie als Thema „Auseinandersetzung in Diskussionen" als eine wichtige Voraussetzung für selbstgesteuertes Handeln, und zum anderen wirkten die Schüler gleichberechtigt bei Planung, Durchführung und Lernkontrolle der Unterrichtseinheit mit.

Die Schwierigkeiten, von denen sowohl Geil-Werneburg/Günther-Boemke als auch Wagner berichten, interpretieren Grell/Pallasch in Kap. 3 als Ergebnisse der „Kultur der Fremdsteuerung" in der Schule. Diese Fremdsteuerung schlägt sich in schulischen „Sitten und Gebräuchen" nieder und bestimmt auch die „inneren Bilder", die es dem Lehrer fast unmöglich machen, den vorhandenen Freiraum auszunutzen. Auf der anderen Seite sperren sich die Schüler gegen zuviel Fremdsteuerung durch Disziplinschwierigkeiten u. ä., worauf der Lehrer mit noch mehr Fremdsteuerung reagiert – ein Spiralprozeß, den Grell/Pallasch mit der Reaktanztheorie erklären.

Alle drei Aufsätze enthalten die Forderung nach einer Veränderung von Lehrerverhalten. Mischke versucht in Kap. 4, diesen Prozeß der Verhaltensänderung durch Erfahrungsbildung aufzuschlüsseln. Er entwirft dazu ein komplexes Modell, das die einzelnen Komponenten eines solchen Lernprozesses aufzeigt und sie miteinander verbindet. Damit beschreibt dieses Modell die Selbststeuerung des Lernens bei Lehrern in der alltäglichen Schulpraxis und planvolles Verhaltenstraining mit Lehrern.

Angelika C. Wagner

Selbstgesteuertes Lernen im offenen Unterricht – Erfahrungen mit einem Unterrichtsversuch in der Grundschule

Spricht man mit Lehrern über offenen Unterricht, so gibt es zwei typische Reaktionen: „So etwas machen wir schon längst", und „das ist unmöglich".
Diese beiden widersprüchlichen Äußerungen weisen auf eine generelle Ambivalenz gegen den offenen Unterricht hin. Einerseits sind die Ziele des offenen Unterrichts, so wie er z. B. in England praktiziert wird, schon seit langem auch in unseren pädagogischen Lehrbüchern zu finden. Förderung der Selbständigkeit, kindzentrierter Unterricht, Berücksichtigung individueller Unterschiede, Eingehen auf die Bedürfnisse der Schüler sind altvertraute pädagogische Forderungen, und die Bestandteile eines „offenen Unterrichtstages", wie z. B. Gruppenarbeit, Einzelarbeit an selbstgewählten bzw. vom Lehrer gestellten Aufgaben und Projektunterricht, sind ebenfalls nichts umwerfend Neues mehr.
Auf der anderen Seite haben wir als Lehrer diesen Forderungen und Vorschlägen gegenüber ein schlechtes Gewissen. Wir fühlen uns durch „heimliche" wie offizielle Lehrpläne eingeengt und wir haben mit gelegentlichen kleinen Versuchen, den Schülern mehr Freiheit zu geben, schlechte Erfahrungen gemacht, so daß wir nur zu schnell bereit sind, offenen Unterricht im gleichen Atemzug als „utopisch" abzulehnen.
Offener Unterricht ist demgegenüber weniger und mehr: er ist weniger als DIE Patentlösung für alle unsere pädagogischen Probleme, und er ist mehr als eine theoretische Spinnerei.
Offener Unterricht bedeutet vielmehr einen Prozeß des pädagogischen Umdenkens, so wie er in verschiedenen Ländern in den letzten Jahrzehnten stattgefunden hat (z. B. „informal education" in England, „Freinet-Pädagogik" in Frankreich, „open education" in den USA). Trotz unterschiedlicher Ausprägungen ging dieser Prozeß des Umdenkens jeweils *von der Praxis* und von den Praktikern, den Lehrern, aus. Offener Unterricht ist zudem stets ein langsamer Prozeß gewesen, eine „Evolution – keine Revolution" (Hennig, 1976). Allererste Ansätze dazu gibt es auch in der Bundesrepublik (z. B. Klewitz/Mitzkat, 1976; Negt, 1975).

„Offener Unterricht ist ein pädagogischer Ansatz, der offen ist für Veränderung, für neue Ideen zum Curriculum, zur Zeiteinteilung, zum Gebrauch von Raum, offen für den ehrlichen Ausdruck von Gefühlen zwischen Lehrer und Schüler und zwischen Schüler und Schüler und offen für die Beteiligung der Schüler in wichtigen Entscheidungsprozessen in der Klasse" (Stephens, 1974, S. 27).

Hinzu kommt, daß offener Unterricht in hohem Maße auch offen ist für die Umwelt, die Welt außerhalb der Schule (Pluckrose, 1975, S. 3; Marschelke, 1975).

Offener Unterricht ermöglicht in viel höherem Maße selbstgesteuertes Lernen als es der herkömmliche Unterricht vermag.

Am auffallendsten ist am offenen Unterricht vermutlich die *andere Organisation* von Unterricht.

Ein Beispiel für offenen Unterricht könnte so aussehen:

Das Klassenzimmer ist voller Aktivität. Einige Kinder messen die Länge von Türen und Fenster aus, andere bearbeiten einzeln und zu zweit Arbeitsblätter mit Rechenaufgaben. Drei Jungen haben sich in eine Ecke zurückgezogen und studieren ein Buch über Tiere. Andere Schüler schreiben einen Bericht über ihre mehrwöchigen Beobachtungen an Pflanzen auf dem Schulhof. Mehrere Schüler bearbeiten Rechtschreibtrainingsmaterialien...

Eine ausführliche Beschreibung findet sich z. B. bei Callies (1976).

Statt daß alle Schüler wie im herkömmlichen Unterricht zu einem bestimmten Zeitpunkt mehr oder weniger das gleiche machen, ist für offenen Unterricht typisch, daß einen großen Teil der Zeit verschiedene Schüler gleichzeitig Unterschiedliches tun und dabei auch in mehr oder weniger großem Umfang bestimmen können, wie lange sie sich mit etwas beschäftigen.

Dadurch erledigt sich die leidige Frage der Disziplin weitgehend von selbst (z. B. Stephens, 1974, S. 5). Zwar gibt es auch im offenen Unterricht Disziplinprobleme, aber ein großer Teil des Drucks entfällt, wenn Schüler nicht mehr ständig dazu angehalten werden müssen, still zu sitzen und sich nur mit dem gerade behandelten Stoff zu befassen. Eigentlich ist es ja absurd, wenn im herkömmlichen Unterricht verlangt wird, daß sich 35 Köpfe zur gleichen Zeit und gleich lange für dasselbe interessieren sollen, und dies mehrere Stunden hintereinander. Aber wir sind so gewohnt, daß Unterricht „im Gleichschritt" zu erfolgen hat, daß oft Unterrichtsversuche, die die Annahmen von traditionellem Unterricht infrage stellen, dennoch an dieser Prämisse festhalten. Offener Unterricht macht andererseits aus dieser offenen Unterrichtsorganisation kein Dogma (Richardson, 1973), sondern die meisten Autoren (z. B. Stephens, 1974; Pluckrose, 1975; Silberman, 1973) plädieren durchaus für die Beibehaltung auch des Frontalunterrichts, allerdings in wesentlich geringerem Umfang. Neben gelegentlichen Frontalphasen gibt es im offenen Unterricht auch viel direkten Kleingruppenunterricht sowie individuelle Betreuung von einzelnen Schülern durch den Lehrer.

Eine offene Unterrichtsorganisation allein macht umgekehrt auch noch keinen offenen Unterricht aus (Stephens, 1974; Pluckrose, 1975). Den Schülern einfach eine Menge Material hinzustellen und dann zu sagen, „macht damit was ihr wollt", wäre schlichtes laissez-faire. Offener Unterricht ist demgegenüber nach Silberman

„kein Modell, und noch weniger eine Anzahl von Techniken, die sklavisch nachgemacht oder befolgt werden müßten. Es ist vielmehr ein Ansatz des Unterrichtens und Lernens – geprägt durch gemeinsame Einstellungen und Überzeugungen über die Natur und Ziele des Lehrens und Lernens, über die Natur der Kindheit und des Jugendalters und schließlich über das Wesen des Menschen" (1973, S. XIX, in der Übersetzung durch die Verf.).

In dem vorliegenden Aufsatz geht es zunächst darum, diesen „gemeinsamen Einstellungen" nachzugehen und die Frage des selbstgesteuerten Lernens im offenen Unterricht zu untersuchen. Den zweiten Teil bildet dann ein ausführlicher Bericht über einen Versuch mit offenem Unterricht in einer dritten, später vierten Klasse im Rahmen eines Tagespraktikums. Dabei sollen auch Auswirkungen dieses offenen Unterrichts auf die Schüler wie auf Lehrer und Studenten untersucht werden, denn offener Unterricht bedeutet einen Prozeß des Umlernens für alle Beteiligten.

I. Offener Unterricht und selbstgesteuertes Lernen

Beide Bezeichnungen, „offener Unterricht" wie „selbstgesteuertes Lernen" sind insofern irreführend, als jeder Unterricht, auch der traditionellste, sowohl offen (der Schüler kann etwas ganz anderes lernen als der Lehrer ihm beibringen möchte) als auch geschlossen ist, ebenso wie Lernen immer auch ein Stück weit selbstgesteuert (auch einen Vortrag muß der Schüler aktiv verarbeiten, wenn er etwas davon behalten soll (s. Grell in diesem Band)) wie auch fremdgesteuert ist. Wenn im folgenden trotzdem von „offenem Unterricht" und „selbstgesteuertem Lernen" die Rede ist, so sollen diese Begriffe eigentlich nur deutlich machen, daß der betreffende Unterricht relativ offen*er* ist als der herkömmliche, und daß bestimmtes Lernen relativ stärker selbstgesteuert ist als herkömmliches.
Ein in diesem Sinne offener Unterricht ermöglicht in größerem Umfang selbstgesteuertes Lernen. Umgekehrt macht selbstgesteuertes Lernen eine offene Unterrichtsorganisation notwendig.

Merkmale eines offenen Unterrichts

Offener Unterricht ist keine Alles-oder-Nichts-Angelegenheit, sondern ein Prozeß, bei dem eine Klasse langsam und ungleichmäßig auf vielen Ebenen und über mehrere Phasen von traditionellen zu zunehmend offeneren Formen fortschreitet (Andreae, 1973).
Stephens (1974) stellt folgende Merkmale für einen offenen Unterricht auf:

- ein Minimum an Frontalunterricht, dafür Kleingruppen- und Individualunterricht,
- eine Vielfalt verschiedener Aktivitäten ist gleichzeitig im Gange,
- flexibler Stundenplan, so daß Kinder mit verschiedenen Aktivitäten unterschiedlich lange Zeit verbringen können,
- eine Lernumgebung, die reich ist an anregenden Lernmaterialien,
- die Kinder dürfen sich im Raum frei bewegen, miteinander reden und zusammenarbeiten,
- Mitbestimmung der Kinder über ihre eigene Arbeit und Mitverantwortung für das Aufstellen und Erreichen von Lernzielen,
- Möglichkeiten für die Kinder, sich mit für sie wichtigen Dingen zu beschäftigen,
- in gewissem Umfang fächerübergreifender Unterricht,
- Experimentieren und sich aktiv mit der Umwelt und mit konkreten Materialien auseinandersetzen wird betont,
- flexible Lerngruppen, die sich sowohl nach Interessen als auch nach Leistungsstand bilden und deren Zusammensetzung teils vom Lehrer, teils von den Schülern bestimmt wird,
- eine Atmosphäre des Vertrauens, gegenseitiges Akzeptieren und Respekt vor individuellen Unterschieden,
- Eingehen auf intellektuelle, emotionale, physische und soziale Bedürfnisse,
- Förderung der Kreativität,
- ein Minimum an Notengebung und Zensuren,
- offene und ehrliche Beziehungen zwischen Lehrer und Schüler und der Schüler untereinander; der Lehrer vermeidet es, seine Autorität auszubeuten (nach Stephens, 1974, S. 26).

In vielen offenen Schulen werden außerdem die Eltern als Hilfskräfte mit einbezogen (z. B. Pluckrose, 1975); mehrere Lehrer sind nach dem Prinzip des team teachings für mehrere Klassen gemeinsam verantwortlich. Außerdem gibt es in vielen Schulen das „family grouping“, d. h. die Auflösung der Jahrgangsklasse (Kasper/Strobel, 1973) und schließlich hat der offene Unterricht auch nachhaltig die Architektur des Schulgebäudes beeinflußt („open plan schools“), wobei die herkömmlichen Klassenzimmerboxen aufgelöst werden zugunsten größerer und kleinerer, meist ineinander übergehender Arbeitsbereiche (z. B. Kasper, 1976; Department of Education and Science, 1972).

Der offene Unterricht, so wie er in England, Holland, Dänemark, den USA und auch – unter geringfügig anderen Vorzeichen – in Frankreich (Eliade, 1975; Vasquez, 1976) praktiziert wird, ist kein von Theoretikern ausgearbeitetes komplexes Modell, sondern eher eine in die Praxis umgesetzte Erziehungsphilosophie (Callies, 1976), deren Wurzeln weit in die Geschichte der Pädagogik hineinreichen.

Die wichtigsten Ziele wie Selbstbestimmung, Selbständigkeit in der Auseinandersetzung mit der Umwelt, Kritikfähigkeit, Kreativität, Selbstvertrauen, Kommunikationsfähigkeit und undogmatisches Denken lassen sich zusammenfassen in der Zielvorstellung eines Menschen, der sein Lernen und Handeln selbständig zu steuern vermag (Silberman, 1973, S. XIX). Dabei wird die Kindheit nicht nur als ein Durchgangsstadium gesehen, sondern als eine für sich

wichtige Zeit (Plowden, 1967). Schule muß deshalb auch ein Ort sein, an dem Kinder sich wohl fühlen und mit Hilfe von anderen lernen, ihre Umwelt zu erforschen und ihren eigenen Lernprozeß zu organisieren. Neben kognitiven Lernprozessen sind soziale und emotionale Prozesse gleichermaßen wichtig. Deshalb muß die Schule auch die sozialen Verhältnisse, aus denen die Schüler kommen, mit berücksichtigen und mit einbeziehen (Sharp, 1973).
Kinder sind von sich aus lernbegierig, und dieses Lernen ist ein kontinuierlicher, zielgerichteter, persönlicher Prozeß der aktiven Auseinandersetzung mit der Umwelt (Piaget).
Dabei muß das Individuum auf dem Hintergrund seiner gesellschaftlichen Position (z.B. Schicht, Geschlecht) gesehen werden. Offener Unterricht kann und muß auch emanzipatorischer Unterricht sein, der neben intellektuellem auch soziales Lernen mit einbezieht.
Ziel des selbstgesteuerten Lernens im offenen Unterricht ist die Kritikfähigkeit, das Durchsichtigmachen der eigenen Sozialisation und das Infragestellen von kognitiven Autoritäten: Nicht das Ergebnis (DIE richtige Antwort), sondern der Prozeß (wie kommt man zu dieser Antwort) ist wichtig (Postman & Weingartner, 1975).

Dimensionen der Offenheit

Der Begriff eines offeneren Unterrichts ist vielschichtig und bezieht sich auf mehrere Ebenen des Unterrichts gleichzeitig, wobei die Unterrichtspraxis dann durchaus unterschiedlich aussehen kann. Analog zur Differenzierung verschiedener Kommunikationsebenen im Unterricht (Wagner, 1976, S. 84–90) lassen sich aus den vorliegenden Berichten über offenen Unterricht und aus den eigenen Erfahrungen heraus fünf verschiedene Dimensionen einer größeren Offenheit von Unterricht herausdestillieren. Diese Dimensionen können als Frageraster zur begrifflichen Einordnung einzelner Unterrichtsversuche dienen. Zugleich beschreiben sie verschiedene Aspekte, hinsichtlich derer Lernen in größerem oder kleinerem Umfang selbstgesteuert sein kann. Diese Dimensionen implizieren jedoch keine Wertung. Nicht „je offener, desto besser", sondern der Grad von Offenheit, der jeweils angemessen ist, hängt stets von den Zielen und von der jeweiligen Situation ab und wird deshalb von Fall zu Fall unterschiedlich aussehen.

1. Offenheit in der Organisationsform

- *wann?* Inwieweit kann der Schüler wählen, wann er etwas tut? (Ein zeitlich offener Unterricht wäre es, wenn alle Schüler im Laufe eines Tages oder einer Woche dasselbe machen, aber wählen können, wann sie es tun.)

- *wie lange?* Kann der Schüler so viel Zeit verwenden, wie er braucht? Muß er jeweils ein Minimum an Zeit aufwenden? (Manche Lehrer greifen ein, wenn der Schüler tagelang dasselbe tut oder wenn er alle fünf Minuten etwas Neues anfängt.)
- *mit wem?* Wahl der Arbeitsform, Wahl der Gruppenmitglieder, zeitliche Dauer der Gruppe (bei Eliade z. B. (1975) sind die Gruppen über längere Zeit hinweg festgelegt.)

Ein nur in der Organisationsform offener Unterricht könnte ein Unterricht sein, wo, überspitzt gesagt, die Schüler nur wählen können, wann sie mit wem wie lange dieselben langweiligen Arbeitsblätter bearbeiten.

2. Offenheit im inhaltlichen Bereich

- *Was ist verpflichtend?* Dies ist bei Diskussionen über offenen Unterricht meist der zentrale Punkt: wieweit kann man Kindern die Wahl dessen, was sie machen und was sie nicht machen, überlassen? In den allermeisten englischen Schulen gibt es durchaus Regeln darüber, wieviel Zeit z. B. für ein Fach pro Woche verwandt werden soll, und welche Aufgaben unbedingt bearbeitet werden müssen. Auf der anderen Seite enthalten auch die Lehrpläne an deutschen Schulen genügend Spielraum, um innerhalb gewisser Grenzen die gegebenen Wahlmöglichkeiten auszunutzen.
- *Wer wählt aus?* Mitbestimmung der Schüler als ganze Gruppe? Können einzelne Schüler für sich selbst Aufgaben und Projekte auswählen? (Wichtiges Hilfsmittel ist dabei Veröffentlichung des Lehrplans.)
- *wie relevant* ist das Ausgewählte für die Schüler? Eliade (1975) z. B. betont die Bedeutung der Auseinandersetzung mit Presseinformationen und dem Zeitgeschehen. Wie stark betrifft der Inhalt die Schüler selbst?

Offenheit im inhaltlichen Bereich ohne entsprechende Offenheit in der Organisationsform würde so aussehen, daß jeweils die ganze Klasse sich mit für sie wichtigen und selbstgewählten inhaltlichen Themen im Frontalunterricht beschäftigen würden.

3. Offenheit im kognitiven Bereich

- *Wie festgelegt ist das Vorgehen?* Ist jeder Schritt vorgegeben? In welchem Umfang kann bzw. muß der Schüler sein eigenes Vorgehen bestimmen? Hier wäre die Diskussion zum entdeckenden Lernen einzuordnen (vgl. Einsiedler in diesem Band).
- *Welche kognitiven Ebenen sind angesprochen?* Geht es um „bloßes Wissen“ oder um komplexere kognitive Fähigkeiten? (Vgl. z. B. die Bloom'sche Taxonomie); Betonung auch der Kreativität.
- *Wie eng oder wie weit bzw. fächerübergreifend ist das bearbeitete Thema?* Offener Unterricht in England wird vielfach auch als „integrated day“ verstanden, der fächerübergreifend angelegt ist.
- *Wie autoritätsgebunden bzw. kritisch ist das Vorgehen?* Geht es um die unkritische Übernahme des Vorgegebenen (und sei es auch der „kritischen“ Einstellung des Lehrers bzw. eines Fachbuchs)? Offenheit als undogmatisches Denken.

Ein nur in der kognitiven Ebene offener Unterricht wäre ein intellektuell anregender, „entdeckender“ Unterricht, dessen Inhalte jedoch vom Lehrer vorgegeben und für die Bedürfnisse der Schüler als Individuum selbst nicht besonders relevant wären.

4. Offenheit im sozioemotionalen Bereich

- *Wie autoritär bzw. demokratisch* gehen Schüler miteinander und mit dem Lehrer um? Inwieweit nützt der Lehrer seine Autorität aus? Abbau von Angst, Befähigung zur Gruppenarbeit, Einüben demokratischer Verhaltensweisen, Einrichtung eines Klassenrats (Hennig, 1976), soziales Lernen, Akzeptieren, individueller Unterschied usw.
- *Wieweit werden auch soziale und emotionale Bedürfnisse mit berücksichtigt?* Pluckrose (1975) betont, daß es im offenen Unterricht um das „ganze Kind" ginge, nicht nur um die Ausbildung intellektueller Fähigkeiten. Offenheit gegenüber Gefühlen, Gespräche über die Beziehungen der Gruppenmitglieder untereinander, Unterricht über Unterricht (Uttendorfer-Marek, 1976) gehört dazu.

Ein nur sozioemotional offener Unterricht wäre ein Unterricht, in dem die Schüler in einer angstfreien, demokratischen Atmosphäre zu inhaltlich-langweiligen Themen im Frontalunterricht Wissen eingetrichtert bekommen.

5. Offenheit gegenüber der Welt außerhalb der Schule

- *Inwieweit holt die Schule die Umwelt mit herein?* Lerngegenstände von draußen hereinholen, Experten einladen, Elternmitarbeit erbitten und fördern, bei der Auswahl der Inhalte die soziale Herkunft der Schüler berücksichtigen.
- *Inwieweit geht die Schule von sich aus auf die Umwelt und die Gemeinde zu?* Einbeziehen der Eltern bei der Einführung von offenem Unterricht, Öffnen der Schule außerhalb der Schulstunden als ‚Community Center' (Sharp, 1973), Angebote und Hilfeleistungen für Erwachsene, Herausverlagern des Unterrichts in die Gemeinde, Exkursionen und Projekte außerhalb der Schulmauern.

Eine Schule, die in allen vier Dimensionen offen aber gegenüber der Umwelt verschlossen wäre, wäre z.B. eine Eliteschule, die in sich sehr anspruchsvoll wäre, aber die Umwelt und die soziale Herkunft der Schüler zu ignorieren sucht. Eine Öffnung von Unterricht wird meist zunächst nur eine oder zwei Dimensionen betreffen und sich im Laufe der Zeit auch auf die übrigen Dimensionen ausdehnen. Bei unserem Versuch mit offenerem Unterricht gingen wir von der Offenheit in der Unterrichtsorganisation aus. In welchem Umfang dann auch eine stärkere Öffnung in anderen Dimensionen gelang, soll der folgende Bericht zeigen.

II. Der Unterrichtsversuch: Einführung des offenen Unterrichts in einem dritten Schuljahr

Ausgangspunkt

Die Einführung offenen Unterrichts kann unterschiedlich schnell vor sich gehen; meist wird jedoch zu einem sehr langsamen Vorgehen geraten (Pluckrose, 1975; Eliade, 1975; Stephens, 1974; Silberman, 1973; Kohl, 1971), das sich über Monate und Jahre erstreckt, weil sowohl Lehrer als auch Schüler erst lernen müssen, mit dieser neuen Situation umzugehen. Ansatzpunkte für eine Einführung sind z. B. eine bestimmte Zeitperiode (zehn Minuten pro Tag – Kohl, 1971 – oder zwei Schulstunden pro Woche – Stephens, 1974), in denen die Kinder unter mehreren möglichen Aktivitäten frei wählen können, die sie mit dem Lehrer zusammen planen. Ein zweiter Ausgangspunkt ist ein bestimmtes Ereignis oder ein Gegenstand (z. B. die Anschaffung einer eigenen Druckpresse in der Freinet-Pädagogik (Vasquez, 1976)), der eine Vielzahl stärker selbstgesteuerter Aktivitäten nach sich zieht. Als drittes kann man schließlich fachgebunden vorgehen (Stephens, 1974), indem man in einem speziellen Fach offeneren Unterricht einführt. Diesen Ansatz wählten wir in unserem Unterrichtsversuch, und zwar gingen wir vom Fach Mathematik aus; seit Beginn des vierten Schuljahres ist auch „Deutsch" hinzugekommen.

Der äußere Rahmen des Unterrichtsversuchs

Der hier beschriebene Unterrichtsversuch lief im Rahmen eines Tagespraktikums seit Herbst 1975, anderthalb Jahre lang, in einem dritten, inzwischen vierten Schuljahr.
Ausgangspunkt dafür waren entmutigende Erfahrungen mit den Schulpraktika, wo trotz verbal anderslautender Bekenntnisse in der Regel der herkömmliche Unterricht reproduziert wird. Die größte Hemmschwelle für Veränderungen scheint mir – vor allem in Deutschland – darin zu liegen, überhaupt anzufangen.
So beschlossen wir im Herbst 1975, im Rahmen des normalen Pflicht-Tagespraktikums offenen Unterricht zwei Stunden pro Woche einzuführen. Daß es dabei um das Fach Mathematik ging, ergab sich aus der Organisation des Praktikums, das laut Studienordnung fachbezogen sein muß. Außer einigen theoretischen Kenntnissen verfügte niemand von den Beteiligten über eigene Erfahrungen mit offenem Unterricht.
Die Klasse besteht aus 35 Schülern, die aus sozial recht unterschiedlichen Wohngebieten kommen. Die Schüler hatten vorher nur in sehr begrenztem Umfang Gruppen- oder Partnerarbeit kennengelernt, so daß sie auch von ihren Vorerfahrungen als „normale" Klasse angesehen werden können.
Für den Versuch standen uns keinerlei besondere Mittel zur Verfügung. Wir haben auch bewußt vermieden, überhaupt von „Versuch" oder „Projekt" zu sprechen. Uns erschien es wichtiger zu zeigen, wie offener Unterricht unter ganz normalen Bedingungen praktiziert werden kann. Die Einbeziehung von Studenten (das einzige „Unnormale") hatte dabei sowohl Vorteile (vor allem bei der Erstellung von Material) als auch Nachteile (weil eine Studentengruppe nicht wie der Klassenlehrer eine Idee aufgreifen und in anderen Stunden weiterführen kann und zudem die Schüler viel schlechter kennt). Seit Beginn des Praktikums sind drei Gruppen mit jeweils 8–10 Studenten am Unterrichtsver-

such beteiligt gewesen; durch die Organisation dieser Praktika gerieten die Studenten mehr oder weniger zufällig in dieses Praktikum; sie waren jedenfalls keineswegs besonders ausgewählt oder zu Beginn speziell an der Erprobung offenen Unterrichts interessiert.

Vorbereitung der ersten offeneren Unterrichtsstunde

Nachdem in vielen Versuchen zum schülerzentrierten und emanzipatorischen Unterricht die organisatorische Öffnung von Unterricht vernachlässigt worden ist, erschien es uns wichtig, zunächst einmal eine stärkere organisatorische (und teilweise inhaltliche) Öffnung des Unterrichts zu erproben. Wir beschlossen, einfach „ins kalte Wasser zu springen" und die Schüler an einem Freitagmorgen mit einer offenen Unterrichtssituation zu konfrontieren, die ihnen möglichst vielfältige, aber dennoch lehrplanbezogene Lernmöglichkeiten bot.
Aus dem Lehrplan für das dritte Schuljahr ergab sich als übergreifendes Thema „Addition und Subtraktion im Zahlenbereich bis 1000", was zunächst nicht sonderlich inspirierend klang. Gemeinsam versuchten wir, möglichst viele Sachbereiche, Probleme und Materialien zu finden, die für dieses Thema relevant sind. Insgesamt ergaben sich für den Anfang vier „Ecken", nämlich „Messen und Wiegen", „Geld", „Rechnen" und „Spiele". Jede dieser „Ecken" oder besser Bereiche wurde im Klassenzimmer durch unterschiedlich zusammengestellte Tischflächen und Plakate markiert und enthielt eine Fülle von Materialien, Arbeitskärtchen und Arbeitsblätter. Zum Beispiel

„Messen und Wiegen": Waagen verschiedenster Art, Brief-, Küchen-, Personen-, Balkenwaage, Gewichte, Metermaß und -stäbe, Meßlatte, Reis, Weizenkörner, Bohnen, Haushaltspackungen mit Mehl, Zucker usw., Teppichfliese, Glasbehälter, Schachbrett usw.; dazu Aufgabenkärtchen (z.B. wieviele Teppichfliesen braucht man, um das Klassenzimmer auszulegen? Wie groß/schwer sind die Kinder dieser Klasse? Was kann man alles im Klassenzimmer messen? Wieviele Dinge findet ihr, mit denen man etwas messen kann?), Arbeitsblätter (zum Umrechnen in verschiedene Maßeinheiten) usw.
Dazu waren Wandzeitungen angebracht, auf denen die Schüler ihre Ergebnisse festhalten konnten (z.B. eine Liste mit Größen und Gewicht – in verschiedenen Schreibformen – der Schüler und der Lehrer).

Die erste Unterrichtsstunde

Mit klopfendem Herzen (was ist, wenn es ein Chaos gibt?) bauten wir die Ecken an einem Freitagmorgen auf und warteten auf die Schüler. Nach einer kurzen Einführungsrede (in der wir darauf achteten, *nicht* zu sagen „Ihr könnt machen was ihr wollt", sondern stattdessen das zielbezogene Lernen betonten), schauten sich die Schüler zunächst die einzelnen „Ecken“ mit großer Begeisterung an. In kurzer Zeit hatte jeder Schüler einen Platz gefunden und die meisten machten sich mit Feuereifer an die Arbeit. Auch unsere Begeisterung wuchs sichtlich, als wir sahen, mit wieviel Spaß und Ausdauer die Schüler sich mit den Materialien beschäftigten, wieviel und intensiv gerechnet, und wie begeistert in dem Zusammenhang auch schwierigere mathematische Situationen bewältigt wurden.

Am gleichen Nachmittag noch rief die Elternvertreterin den Klassenlehrer an und berichtete, daß ihre Tochter von diesem neuen Unterricht begeistert sei.

In den nächsten Wochen ließ die erste Begeisterung natürlich etwas nach (was auch zur Folge hatte, daß sich der Lärmpegel, der am Anfang wegen der allgemeinen Aufgeregtheit relativ hoch war, auf ein angenehmes Mittelmaß reduzierte). Dennoch kann man sagen, daß bei allem Auf und Ab bis heute die Schüler deutlich größeres Engagement und eine höhere Arbeitsintensität zeigen als im normalen Frontalunterricht.

Analyse

Unser „Sprung ins kalte Wasser“ war ein voller Erfolg, wenn man davon ausgeht, wie sehr die Begeisterung der Schüler auch Lehrer und Studenten ansteckte, und alle waren sich einig, daß diese Form des Unterrichts viel entlastender und humaner, zugleich auch effektiver ist als der herkömmliche Frontalunterricht. Unsere Art des Vorgehens wirkte sich auch auf Lehrer und Studenten sehr motivierend aus.

Nachträglich gesehen muß man jedoch kritisch vermerken, daß es gleichzeitig so etwas wie einen „Weihnachtsmann-Effekt“ gab, der die Schüler vor vollendete Tatsachen stellte und sie in ihrer Konsumhaltung („der Lehrer wird's schon machen“) bestärkte. Es wäre sicher „offener“ (im sozioemotionalen Sinne) gewesen, wenn die Schüler von Anfang an an der Planung mitbeteiligt worden wären. Später wurde das dann nachgeholt; der Lehrer ließ es sich angelegen sein, mit den Schülern häufig informell schon auf dem Schulhof darüber zu sprechen, was sie für heute geplant hätten, wie sie den Unterricht insgesamt beurteilen usw. Außerdem wurden immer wieder Klassengespräche über Konflikte und Verbesserungsvorschläge geführt.

Ein zweiter (und potentiell gefährlicherer) Fehler von uns war, daß die Eltern nicht von Anfang an miteinbezogen waren. Zwar hatten wir Glück, daß die Begeisterung der Schüler sich auch auf die Eltern übertrug, aber es hätte auch anders kommen können. Deshalb ist es wichtig, von Anfang an die wichtigen Personen (Eltern, Rektor, Hausmeister, Schüler) zu informieren und sie beratend mit einzubeziehen.

Weiterführung des offenen Unterrichts

Der offene Unterricht wurde seither regelmäßig weitergeführt und inzwischen vom Lehrer auch auf andere Stunden (etwa 6–10 von 17 Stunden pro Woche) ausgedehnt. Jedoch gibt es auch im Mathematikunterricht weiterhin Frontalphasen, etwa zur Einführung neuer Verfahren; also – nach Bennett, 1976 – ein „mixed model". Die Unterrichtsmaterialien bleiben monatelang und jahrelang im Klassenzimmer, solange, bis sie „überholt" sind. Dazu werden von Zeit zu Zeit neue Materialien und neue Ecken eingeführt (Geometrie, Mengen, Knobelaufgaben, „Zeit" usw.). Wir haben mit verschiedenen Formen der Leistungskontrolle und des „Arbeitskontraktes" experimentiert, zum Beispiel:

- individuelle Ordner, in denen jedes Kind seine eigenen „Produkte" abheftet (damit Schüler wie Eltern und Lehrer Fortschritte handgreiflich vor Augen haben)
- individuelle Arbeitskontrakte, auf denen ein Schüler zu Beginn einer Stunde festlegt, was er machen möchte (nur zeitweise durchgeführt)
- ein in einzelne Aufgabentypen aufgelöster „Lehrplan", auf dem die Schüler angesichts der Probearbeiten festhalten sollen, in welchem Aufgabenbereich sie jeweils gearbeitet haben (seit kurzem erprobt)
- Kontrollarbeitsblätter für jede Ecke mit einem repräsentativen Querschnitt durch die zu lernenden Aufgabentypen; diese Arbeitsblätter waren bei den Kindern sehr beliebt, weil man sie „machen" und dann abheften kann (nur zeitweise eingesetzt).

So wichtig es ist, daß nicht nur der Lehrer, sondern auch der Schüler ein Gefühl für sein eigenes „Fortschreiten" bekommt, so groß ist gleichzeitig die Gefahr, daß sie formalisiertes und im kognitiven Sinne „geschlossenes" Lernen fördern. Wir haben deshalb immer wieder versucht, auch „offenere" projektähnliche Lernsituationen zu schaffen und auch die Schüler dazu ermutigt; dann wird jedoch die Lernzielkontrolle sehr viel schwieriger. Dieses Dilemma ist typisch für offenen Unterricht (Andreae, 1973).

Wir hatten zu Beginn gehofft, daß es möglich sei, den Unterricht so zu strukturieren, daß die Schüler weitgehend selbständig ständig neue Aufgaben und Projekte entwickeln würden. Dies war jedoch vermutlich eine Überforderung der Schüler, jedenfalls ist uns das nicht recht gelungen. Die Schüler haben allerdings von sich aus Rechenspiele mitgebracht, z.T. neue Spielregeln erfunden, bei vielen Materialien überraschend neue Möglichkeiten des damit Umgehens erfunden und auch gemeinsam ein eigenes „Rechenbuch" mit selbstgestellten Aufgaben erstellt. Während der Semesterferien beschlossen sie, den offenen Unterricht auch ohne Hilfe der Studenten weiterzuführen (einige wollten sogar freiwillig am Nachmittag für einen solchen Unterricht in die Schule kommen).

Relativ bald stellte sich heraus, daß offener Unterricht umso besser gelingt, je vielfältiger und diverser die Lernmöglichkeiten sind. Nach zaghaften Versuchen mit einer „Bücherecke" (wobei uns und den Schülern lange unklar war, wie legitim es ist, wenn jemand längere Zeit „nur" liest), stellte es sich dann – nicht

zuletzt unter dem Druck der Probearbeiten im vierten Schuljahr – als zweckmäßig heraus, die Stunden am Freitag zusätzlich auch formal für „Deutsch“ zu öffnen, vor allem für Aufsatz- und Rechtschreibtrainingsspiele. Auch vorher wurden bereits im „offenen Mathematikunterricht“ durch das vielfältige Aufschreiben, durch die ständige Kommunikation der Schüler untereinander, und das gegenseitige Aushandeln von Spielregeln usw. eine Reihe von normalerweise dem Deutschunterricht zugewiesenen Lernzielen gefördert. So haben die Schüler zu Beginn des vierten Schuljahrs die Tafel „erobert“ und monatelang mit wahrer Begeisterung „Lehrer“ gespielt. Jeder „Lehrer“ hatte zwei bis fünf „Schüler“, mit denen er Aufgaben (selbstgefundene oder solche aus dem Rechenbuch) übte, bis ihn der nächste ablöste. Dieses Spiel hatte neben kognitiven Lerneffekten auch sehr positive sozialpsychologische Auswirkungen, denn auch die schüchternen oder von anderen abgelehnten Schüler kamen einmal in die begehrte Rolle des „Lehrers“; gleichzeitig war der „Lehrer“ nur solange von den „Schülern“ geduldet, wie er sich einigermaßen demokratisch und gerecht verhielt.
Insgesamt läßt sich der Freitagmorgen entsprechend der oben entwickelten Kriterienliste charakterisieren als ein vor allem organisatorisch offener Unterricht (die Schüler können selber bestimmen, was sie wie lange mit wem tun; der Lehrer oder ein Student greifen nur in seltenen Ausnahmefällen ein, wenn Schüler durch zu großen Lärm andere stören oder ganz gelegentlich auch dann, wenn jemand eine ganze Stunde offenkundig vertrödelt). Inhaltlich ist zwar keine spezielle Aufgabe für alle verpflichtend, aber die Schüler wissen, daß von ihnen erwartet wird, daß sie im Laufe der Zeit in allen „Ecken“ gewesen sind. Im kognitiv-inhaltlichen Bereich haben wir uns außerdem stets bemüht, möglichst konkrete, für die Schüler relevante Aufgaben und Projekte zu finden, die die Schüler auf möglichst vielen Ebenen ansprechen, allerdings mit unterschiedlichem Erfolg. Im sozioemotionalen Bereich wird die Mitbestimmung der Schüler durch gemeinsame Gespräche im Kreis über den offenen Unterricht gefördert; außerdem haben wir im letzten Semester begonnen, bestimmte Interaktionsverhaltensweisen (Loben, Kritik) durch Rollenspiel zu thematisieren.

III. Auswirkungen des Unterrichtsversuchs auf Schüler und Lehrer

Auswirkungen auf die Schüler

Ergebnisse einer Befragung

Bei einer Befragung im Januar 1976, also drei Monate nach Beginn, wurden die Schüler einzeln durch eine andere unabhängige Studentengruppe zu ihrer Einstellung zum offenen Unterricht interviewt. Dabei wurde deutlich, daß die

Schüler überraschend gut darüber orientiert waren, was an Lernmöglichkeiten vorhanden waren; mehr als die Hälfte von ihnen konnte außerdem bereits genau angeben, was sie in der nächsten Woche machen wollten. Bei der Frage nach der Beurteilung des offenen Unterrichts kamen fast nur positive Äußerungen. Frage: „Was ist gut an diesem Unterricht?“

- man muß nicht immer sitzenbleiben, sondern man kann hingehen, wo man will,
- man kann das machen, was man will,
- man kann soviel machen, wie an einem Fest,
- viel Auswahl,
- man kann schwerere Aufgaben machen,
- man kann mehr lernen als normal,
- man kann rechnen, spielen und mit Freunden reden,
- der Unterricht ist nicht so stur,
- es kommen Studenten,
- es gibt mehr Lehrer, die helfen können,
- man muß nicht andauernd rechnen,
- man spielt mehr, als man rechnet,
- alles ist gut,
- man muß nicht immer das Gleiche machen,
- die Studenten helfen, wenn man nicht mehr weiter weiß,
- die Zusammenarbeit ist gut.

Kritisch wurde geäußert:

- zu große Auswahl, man kann sich nicht entscheiden,
- manche machen nicht mit,
- es stehen zu viele Schüler im Wege,
- die gewünschte Ecke ist oft schon besetzt,
- die Jungen hauen einen,
- es sind zu wenig Waagen da,
- alles hat mit Mathe zu tun,
- die Steckwürfel sind blöd, die werden mir immer weggenommen,
- man lernt nichts, man spielt nur,
- bei schweren Aufgaben ist es mir zu laut.

Beobachtungen zum sozialen Verhalten

Im sozioemotionalen Bereich zeigten sich allmählich wichtige Auswirkungen des offeneren Unterrichts: die Kooperationsbereitschaft der Schüler nahm zu, „gute“ und „schlechte“ Schüler, die sonst wenig Kontakt zueinander hatten, halfen einander, sehr schüchterne Schüler wurden langsam aufgeschlossener und zwei „Außenseiter“ wurden allmählich in einzelne Gruppen integriert. Zwar sind die sozialen Probleme nicht völlig gelöst, aber durch die vielfältigen Möglichkeiten für Kommunikation und Kooperation in einem offen organisierten Unterricht haben das Selbstvertrauen und die soziale Kompetenz der

Schüler deutlich zugenommen. (Empirische Ergebnisse zu dieser Frage finden sich bei Bell et al., 1976; Silberman, 1973; Bennett, 1976; Wright, 1975).

Beobachtungen zum kognitiven Lernen

Auch im kognitiven Bereich haben sich deutliche Veränderungen ergeben, wenn auch schwerer abzuschätzen ist, wieviel davon speziell auf die offene Unterrichtsform zurückzuführen ist. Einige Schüler sind überzeugt, daß sich durch den offenen Unterricht ihre Mathematikleistungen verbessert haben, und es ist wohl teilweise gelungen, durch einen stärker auf die Handlungsebene bezogenen Unterricht größeres Verständnis für mathematisches Denken und komplexere Problemlösungsstrategien zu fördern. Die empirischen Ergebnisse zu dieser Frage (Bennett, 1976; Wright, 1975; Bell et al., 1976) lassen jedoch offen, inwieweit sich das auch in formalisierten Leistungstests gleichermaßen niederschlägt.

Ein Problem in der Einschätzung des offenen Unterrichts durch die Schüler liegt darin, daß für sie alles, was Spaß macht, Spiel und kein Lernen ist. Ein Junge, der in der Geldecke an der Kasse stand und innerhalb einer Viertelstunde mehr komplizierte Additions- und Substraktionsaufgaben gerechnet hatte als sonst in mehreren Stunden Frontalunterricht, war fest überzeugt, er habe „nur" gespielt. Diese Interpretation wird dann problematisch, wenn die Schüler das Bedürfnis haben, jetzt einmal wirklich „etwas zu arbeiten". „Immer nur Spielen" beeinträchtigt das Selbstwertgefühl, denn erst Arbeiten ist ernsthaft und „erwachsen".

Eines unserer nächsten Ziele wird deshalb sein, mit den Schülern darüber zu sprechen (und auch ggf. Unterricht über Unterricht darüber zu machen), was man denn bei den verschiedenen Aktivitäten „lernt". Die Fähigkeit, einschätzen zu können, was eine bestimmte Tätigkeit an Lernzuwachs bringt, ist eine wichtige Voraussetzung für selbstgesteuertes Lernen.

Auswirkungen auf Lehrer

Wir hatten jedoch manchmal den Eindruck, daß sich insgesamt die Schüler besser an den offenen Unterricht gewöhnten als die Lehrer. Vieles von dem, was wir zunächst an Problemen bei den Schülern zu sehen meinten, war in Wirklichkeit vor allem unser Problem. Offener Unterricht erfordert deshalb auch die Re-Sozialisation des Lehrers (und letztlich der pädagogischen Wissenschaft), weil wir vieles erst einmal verlernen müssen.

Im folgenden soll dieser Re-Sozialisationsprozeß, den dieser offene Unterricht für uns bedeutet hat, an drei Punkten (Lehrerängste, veränderte Rolle des Lehrers und Entwicklung von Materialien) deutlich gemacht werden.

Angst, daß die Schüler „nichts tun“

Die allererste Angst, die bei der Einführung des offenen Unterrichts auftauchte, war die, daß die Schüler in diesem Unterricht „nichts“ oder zu wenig machen würden. Diese Angst war hartnäckig, und sie brachte uns dazu, nicht *die* Schülerin zu sehen, die sonst im Unterricht nie mitgemacht hatte und nun zum ersten Mal überhaupt im Unterricht mitmachte, sondern vielmehr mit schreckerfüllten Augen all diejenigen zu verfolgen, die scheinbar ziellos durch die Gegend liefen oder untätig herumsaßen. Erst beim zweiten Blick stellte sich dann oft heraus, daß dieses Hin- und Herlaufen durchaus zweckgebunden war (z.B. um eine Arbeitsgruppe zu organisieren). Auch wurde uns allmählich bewußt, daß wir im Grunde völlig überzogene Leistungsnormen hatten; mit welchem Recht kann man eigentlich von einem achtjährigen Kind verlangen, daß es 90 Minuten hintereinander ohne Pause immer nur arbeitet? Wieviel wird im Vergleich dazu eigentlich im Frontalunterricht mit den vielen Leerlaufphasen und der heimlichen Unaufmerksamkeit gelernt? Dort ist das jedoch vertraut und deshalb „normal“, während auf uns im offenen Unterricht jedes kurzfristig müßig erscheinende Kind bedrohlich wirkte (klappt es vielleicht doch nicht?).
Manche Lehrer legen deshalb zunächst auch ein Minimum an Arbeit fest, das ein Schüler leisten muß, um dieser Gefahr des „Nichts-Tuns“ vorzubeugen.
Aber nicht jede Beobachtung von Schülern, die „nichts“ taten, war nur unserer überängstlichen Wahrnehmung zuzuschreiben. Es gab und gibt durchaus Schüler, die phasenweise anscheinend „nichts tun“. Am längsten hielten es wohl zwei Jungen aus, die später neu in die Klasse kamen und ganze Wochen lang sehr wenig Aktivitäten entwickelten. In solchen Fällen gibt es kein Patentrezept, sondern es kommt auf die Diagnose des Lehrers an (Ist es Langeweile? Ein belastendes häusliches Problem? Angst vor Mißerfolg? Schwierigkeiten mit anderen Schülern? Physische Erschöpfung?), ob und wann er eingreift. Besonders unsichere Schüler sind durch eine offene Unterrichtssituation evtl. überfordert und brauchen ggf. die stärkere Strukturierung durch den Lehrer (Rogers, 1974). In unserem Fall haben wir uns im Zweifelsfall eher zurückgehalten, und die beiden Jungen, die vorher sehr schlechte Erfahrungen mit einem Mathematiklehrer gemacht hatten und außerdem wohl auch Schwierigkeiten hatten, sich sozial und kognitiv in dieser Klasse zurechtzufinden, sind inzwischen ebenso aktiv wie die meisten anderen Schüler.
In jedem Fall scheint es jedoch wichtig zu sein, den Schülern das Gefühl zu vermitteln, daß dies ein Ort ist, wo man lernen kann und auch lernen soll. Durch Zurückhaltung des Lehrers darf nicht der Eindruck der Gleichgültigkeit entstehen, sondern der Schüler sollte wissen, daß dem Lehrer daran liegt, ob und was er tut und welche Fortschritte er dabei macht.

Die veränderte Rolle des Lehrers

Ein zweites Problem ist, wieweit der Lehrer aktiv in Lernprozesse eingreift. Bei uns wurde die Frage noch dadurch verkompliziert, weil es nicht einen, sondern elf „Lehrer“ gab.
Zunächst beschlossen wir, uns möglichst zurückzuhalten, um zu sehen, ob der offene Unterricht auch ohne die Mithilfe von weiteren „Hilfslehrern“ möglich wäre, weil später ja nur *ein* Lehrer im Klassenzimmer sein würde.
Diese Ausgangsposition hatte zunächst den gewünschten Erfolg, weil deutlich wurde, daß offener Unterricht „klappt“, auch ohne daß Studenten spezielle Unterrichtsfunktionen übernahmen. Leider hat sie zugleich auch eine Tendenz des eher passiven Zuschauens begünstigt, statt des aktiven Förderns von Lernprozessen. Nach Silberman (1973) scheint dies auch ohne die Praktikumssituation eine häufige Anfangsschwierigkeit zu sein, daß der Lehrer – in dem verständlichen Bestreben, nicht direktiv sein zu wollen – gleichzeitig auch die Funktion eines aktiven „Facilitators“ aufgibt.
Auch im offenen Unterricht ist es die Aufgabe des Lehrers, das Lernen der Schüler auf jede Weise zu fördern (Barth, 1973; Pluckrose, 1975, S. 58). Dazu gehören

- Anregungen geben, Fragen, Aktivitäten, Gedanken, Lernprozesse aktiv anregen, Fragen, Aktivitäten, Gedanken aufzeigen, weiterhelfen, Ideen fortführen
- Fähigkeiten und Bedürfnisse der einzelnen Schüler diagnostizieren
- Materialien etc. entwickeln und bereitstellen
- sich in Ressourcen in und außerhalb des Klassenzimmers auskennen
- mit Schülern über ihre Erfahrungen und Ergebnisse sprechen
- einzelne Schüler, kleine Gruppen und gelegentlich die ganze Klasse direkt unterrichten
- Management des Klassenzimmers.

Die Entwicklung von Materialien

Daß Schüler Schwierigkeiten damit haben herauszufinden, was sie nun eigentlich gelernt haben, kommt nicht von ungefähr: auch Lehrer (und dabei sind jetzt die Studenten stets mit eingeschlossen) haben diese Schwierigkeiten (s. auch Klewitz/Mitzkat, 1976), wenn es um eine Unterrichtssituation geht, in der nicht sie erst die Lernziele aufstellen und dann die Schüler zu bewegen versuchen, diese Lernziele zu erreichen, sondern umgekehrt eine Situation entsteht, in der aus bestimmten Materialien und Situationen heraus der Lehrer diagnostizieren können muß, welche Lernziele da „drinstecken“. Und im offenen Unterricht muß der Lehrer zudem nicht nur „Tagesziele“, sondern auch längerfristige Ziele im Kopf haben, um das, was verschiedene Schüler zu verschiedenen Zeiten tun, einordnen und Anregungen geben zu können.
Für die Planung von offenem Unterricht ist es deshalb ebenso notwendig, von Lernzielen auf Aktivitäten und Materialien, wie von Materialien und Aktivitä-

ten auf Lernziele schließen zu können. Das fiel vor allem den Studenten jedoch außerordentlich schwer, weil dies eine didaktische Phantasie erfordert, die in der Regel ausgetrocknet zu sein scheint. Überhaupt bereitete die Entwicklung von Materialien Schwierigkeiten, weil ein kognitiv offener Unterricht statt der herkömmlichen „Häppchen-Pädagogik“, die zu säuberlich parzellierten Aufgaben in Rechenbüchern führt, wieder zusammenhängende Problemstellungen und vielfältig anregende Materialien erfordert. Wenn dies gelingt, so sprengt ein ursprünglich nur organisatorisch offener Unterricht sehr schnell die konventionellen Fächergrenzen und greift auf andere Bereiche (Sachkunde, Deutsch) über.

Hierin liegt jedoch auch eine Stärke des offenen Unterrichts, weil viele Aktivitäten eine ganze Fülle von kognitiven, inhaltlichen und sozialen Lernzielen gleichzeitig verfolgen, und dabei oft über das, was von ihnen lehrplanmäßig gefordert wird, weit hinausgehen. Gelegentlich wurde sichtbar, wie stark herkömmlicher Unterricht Schüler auch kognitiv unterfordert. Wir hatten öfter den Eindruck, daß der vorgeschriebene Stoff Kinder unterfordert; auch „schwache“ Schüler waren gelegentlich zu Leistungen fähig, die weit über den Lehrplan hinausgingen.

Im übrigen hängt die Arbeitsintensität entscheidend von dem Umfang und Anregungsgrad des Materials ab. Bei unserem Versuch kam es ein einziges Mal zu halbchaotischen Zuständen, als kurz vor Weihnachten der Klassenlehrer krank und die Materialien inzwischen altbekannt und langweilig geworden waren. Glücklicherweise ließen wir uns nicht allzusehr entmutigen; und nach Weihnachten mit neuen Materialien wurde der „offene“ Unterricht wieder sehr produktiv.

Offener Unterricht ist lehrer- und schülerzentriert

Offener Unterricht ist dabei eigentlich nicht nur schülerzentriert, sondern zugleich auch lehrerzentriert – oder besser personenzentriert. Denn nicht nur die Schüler, sondern auch der Lehrer kann und soll sich als Person aktiv einbringen. Bussis und Chittenden (1973, S. 214) schreiben dazu, der Lehrer solle „kein unauffälliger Diener sein, der versucht, jedermanns Bedürfnisse zu erahnen“, sondern sich in gleicher Weise aktiv bei der Gestaltung der Lernumgebung beteiligen – als Individuum, nicht als Lehrmaschine. In diesem Sinne fördert offener Unterricht auch die Selbststeuerung des Lehrers, der herkömmliche Unterrichtstraditionen in Frage stellt und seine Interessen ebenfalls einbringt. Schließlich sei noch angemerkt, daß die Studenten als Lernende die Situation des offenen Unterrichts als sehr viel entlasteter als die übliche Praktikumssituation empfanden. Die meisten von ihnen waren entschlossen, später auf ihre Weise eine stärkere Öffnung des Unterrichts zu versuchen. Inzwischen haben in acht weiteren Klassen in Grund-, Haupt-, Real- und Sonderschulen Lehrer zusammen mit Studenten eines Seminars in ähnlicher Weise mit der Einführung offenen Unterrichts begonnen und sehr positive Erfahrungen gemacht, und auch in der Praktikumsschule haben einzelne Lehrer angefangen, mehr Offenheit auszuprobieren.

Offener Unterricht – dies sei noch einmal betont – ist kein Allheilmittel und auch kein „Modell", das sich fix und fertig übernehmen läßt, sondern eine Chance, für Lehrer und Schüler, ganz allmählich mehr Selbststeuerung des Lernens zu wagen und herauszufinden, daß man so viel entlasteter und mit mehr Spaß miteinander umgehen kann. „Die wichtigste Lernerfahrung aber war für uns", so meinten die Studenten am Ende des Semesters, „zu sehen, daß Schüler ohne Druck wirklich lernen *wollen.*" Daß diese Einsicht ein ganzes Semester an praktischer Erfahrung braucht, um sich durchzusetzen, zeigt, wie wenig selbstgesteuertes Lernen wir bisher erfahren haben.

Literaturverzeichnis

Andreae, J.: The three stages of opening a classroom. In: Silberman, C. (Ed.): The Open Classroom Reader. New York, 1973, 462–467

Barth, R. S.: The teacher as facilitator of learning. In: Silberman, C. (Ed.): The Open Classroom Reader. New York 1973, 266–288

Bell, Anne E., A. Zipurski, and F. Switzer: Informal or open-area education in relation to achievement and personality. British Journal of Educational Psychology, 46, 235–243, 1976

Bennett, N.: Teaching Styles and Pupil Progress. London 1976

Bussis, A. M. u. E. Chittenden: The Teacher's Manifold Roles. In: Silberman, C. (Ed.): The Open Classroom Reader. New York 1973, 213–231

Callies, E.: Open Education – eine Alternative. Die Grundschule, 5, 240–243, 1976

Department of Education and Science. Open Plan Primary Schools. Education Survey 16. London 1972

Eliade, B.: Offener Unterricht. Weinheim 1975

Hennig, C.: Freinet-Pädagogik: eine konkrete Alternative für die Schule. In: Vasquez et al.: Vorschläge für die Arbeit im Klassenzimmer. Reinbek 1976, 9–36

Holt, J.: Wozu ist die Schule da? Ravensburg 1975

Issing, L.-J.: Individualisiertes Lernen. Neue Unterrichtspraxis 1975

Kasper, H. u. H. Strobel: Alternativen zur Grundschule. Die Schulwarte, 26, 43–58, 1973

Kasper, H.: Erfahrung und Lernen im Raum, in: Halbfas/Maurer/Popp (Hrsg.): Neuorientierung des Primarbereichs, Bd. 5.: Lernumwelten und Medien, 1976, 164–194

Klewitz, E. u. H. Mitzkat: Erfahrungen mit offenem Unterricht. Die Grundschule, 5, 675–681, 1976

Kohl, H.: Antiautoritärer Unterricht in der Schule von heute. Reinbek 1971

Marschelke, E.: Einleitung, in: Eliade, B.: Offener Unterricht. Weinheim 1975, 7–20

Negt, O.: Schule als Erfahrungsprozeß. Gesellschaftliche Aspekte des Glocksee-Projekts. Ästhetik und Kommunikation, 6, 36ff., 1975

Nuber, F. (Hrsg.): Informeller Unterricht – Modell für die Grundschule. München 1977
Plowden Report: Children and their primary schools. Reports of the Central Advisory Council. London 1967. Bd. 1, deutsch in: Belser, H. u. a.: Kinder-Schule-Elternhaus (Plowden Report) Frankfurt 1973
Pluckrose, H. u. Retter, H.: Offene Schule (open plan schools) dargestellt am Beispiel der Prior Weston Primary School. Die Schulwarte, 12, 55, 1974
Pluckrose, H.: Open school – open society. London 1975
Postman, N. u. C. Weingartner: Fragen und Lernen. Die Schule als kritische Anstalt. Frankfurt 1975
Ramseger, J.: Gegenschulen. Radikale Reformschulen in der Praxis. Bad Heilbrunn 1975
Richardson, E. S.: Don't abandon the virtues for formal teaching. In: Silberman, C. (Ed.): The Open Classroom Reader. New York 1973, 450–456
Rogers, C.: Lernen in Freiheit. München 1974
Sharp, J.: Open School. London 1973
Silberman, C.: Introduction. In: Silberman, C. (Ed.): The Open Classroom Reader. New York 1973
Silberman, C. (Ed.): The open classroom reader. New York 1973
Stephens, L. S.: The Teacher's Guide to Open Education. New York 1974
Uttendorfer-Marek, I.: Unterricht über Unterricht, in: Wagner, A. C. (Hrsg.): Schülerzentrierter Unterricht. München 1976, 221–255
Vasquez, A. et al.: Vorschläge für die Arbeit im Klassenzimmer. Die Freinet-Pädagogik. Reinbek 1976
Wagner, A. C.: Mikroanalyse schülerzentrierten Unterrichts. In: Wagner, A. C. (Hrsg.): Schülerzentrierter Unterricht. München 1976, 83–134
Wright, Robert J.: The Affective and Cognitive Consequences of an Open Education Elementary School. American Educational Research Journal, 12, 449–468, 1975

Elke Geil-Werneburg, Gerlinde Günther-Boemke

Auseinandersetzung in Diskussionen – eine Lerneinheit zur Entwicklung der eigenständigen Handlungsregulation im Psychologieunterricht der Sekundarstufe II

I. Didaktisch-methodische Begründung der Lerneinheit „Auseinandersetzung in Diskussionen"

1. Ziel des Lernprozesses

Zwischenmenschliche Beziehungsprobleme stehen im Zentrum pädagogischer Diskussion – etwa in Form von Anleitungen zum sozialen Lernen (Schwäbisch u. Siems, 1974) oder des Kommunikationstrainings (Zöchbauer u. Hoekstra, 1974). Um so erstaunlicher ist es, daß es kaum Ansätze gibt, solche Lernprozesse in die Schule zu tragen und im sozialwissenschaftlichen Unterricht zu verwerten. Zum einen mag es daran liegen, daß Prozesse der Verhaltensänderung gleichgesetzt werden mit Verhaltenstechnologie (Barkey u. Rost, 1976) und daher für politische Bildung als ungeeignet erscheinen. Zum anderen sind Lehrer unsicher über die Sachauseinandersetzung hinaus auch Probleme der Gruppenstruktur, der emotionalen Beziehungen und der eigenen Lehrerrolle zu thematisieren. Soziale Lernprozesse spielen sich deshalb ‚nebenbei' ab, werden nicht geplant, meist von den an der Interaktion Beteiligten nicht bewußt empfunden und deshalb auch nicht kontrolliert (Charlton u.a., 1975). Ein Versuch, solche Prozesse systematisch zu erfassen, gelang nur durch externe Unterstützung von Fachleuten (Teichler u.a., 1976).
Den meisten Lehrern stehen solche Möglichkeiten nicht offen. Separate Kommunikationstrainingskurse sind auch keine Lösung, vielmehr ist die Aufarbeitung der Kommunikationssituation im Unterricht selbst notwendig. Da soziale Lernprozesse nicht bei isolierten Individuen stattfinden, sondern zwischen gesellschaftlich handelnden Menschen in konkreten Situationen, muß soziales Lernen ein artikuliertes Lernziel sein. Es besteht darin, Schüler politisch handlungsfähig im Sinne von Mitbestimmungsfähigkeit zu machen. Als Ziel formuliert heißt soziales Lernen demnach Mitbestimmungskompetenz. Sie muß vom Lehrer curricular erarbeitet und durch selbstgesteuerte Lernprozesse der Schüler erreicht werden.
Mit der Lerneinheit ‚Auseinandersetzung in Diskussionen' soll nun ein Teilziel der Mitbestimmungsfähigkeit erreicht werden (Autorengruppe, 1976). Unsere

Darstellung beschreibt zunächst Bedingungen, die Schüler hindern, den Unterricht durch Diskussion mitzubestimmen. Daraus wird das Ziel ‚demokratische Auseinandersetzung‘ abgeleitet, ein didaktisches Konzept zur Entwicklung der eigenständigen Handlungsregulation entwickelt und dessen Durchführung diskutiert.

2. Die Ableitung des Ziels der Lerneinheit

Lehrer, die Schüler an Entscheidungsprozessen beteiligen wollen, scheitern häufig daran, daß Schüler von den gebotenen Möglichkeiten zur Mitbestimmung keinen Gebrauch machen und sich auf eine Auseinandersetzung mit dem Lehrer nicht einlassen. Die Ursachen für dieses Verhalten liegen sowohl in institutionellen Bedingungen der Schule als auch im spezifischen Sozialisationsprozeß von Schülern und Lehrern. Sie sind oft genannt worden (Combe, 1971; Wellendorf, 1973; Gamm, 1970; Charlton u. a., 1975). Wesentliche Aussagen sind:

- Unsichere Berufsperspektiven und der numerus clausus wirken sich verschärfend auf das Konkurrenzverhalten der Schüler aus; die Schüler werden unfähig miteinander zu reden, und der Lehrer wird zum exponierten Kommunikationspartner (Autorenkollektiv, 1976; Bönner, 1976).
- Tests und Prüfungen sind Mittel zur Disziplinierung und Kontrolle, statt Instrumente zur Rückmeldung und Selbstkontrolle; sie sind externe Anreize zur Mitarbeit und zum Streben nach guten Zensuren (Kvale, 1972). Die Folge ist eine opportunistische Bereitschaft zu lehrerangemessenen Äußerungen und das Akzeptieren der Fremdbestimmtheit des eigenen Leistungsverhaltens.
- Mangelnde finanzielle und personelle Ausstattung bewirkt zu große Lerngruppen in zu kleinen Räumen; die Folge sind überlastete Lehrer mit zu großem Stundendeputat, deren Bereitschaft zum Dialog ab-, zum Monolog zunimmt (Goehrke, 1975).
- Gleichzeitig wirkt sich die politische Disziplinierung durch Angst auf das Lehrer- und Schülerverhalten aus. Gegenseitiges Mißtrauen verhindert politische Meinungsäußerung und Diskussion. In diesem Klima der Verunsicherung wird es schwer, ein Vertrauensverhältnis aufzubauen, das Kooperation und Solidarität, gemeinsame Ziele und konstruktive Kritik ermöglicht.
- Schließlich verhindert der hierarchische Aufbau der Schule selbst die Mitbestimmung der Schüler, deren Rechte durch Gesetze eingeschränkt sind (Auernheimer u. a., 1971). Entscheidungen setzen sich von oben nach unten durch, ohne daß die jeweils Betroffenen in den Prozeß einbezogen wären. Auch im Unterricht selbst reproduziert sich diese Struktur: Das Informationsmonopol liegt beim Lehrer; er bestimmt, wer was zur gemeinsamen Arbeit

beiträgt, wer gerade etwas zu sagen hat und wer nicht. Er hat den Plan im Kopf, der sich ohne das Zutun der Schüler – quasi hinter deren Rücken – durchsetzt. Er regelt den Lernprozeß nach Zielen, die er gesetzt hat und kontrolliert.

Die skizzierten Bedingungen führen zu undemokratischem Verhalten bei Lehrern und Schülern. Mitbestimmung bleibt unmöglich, auch wenn dazu aufgefordert wird, und die Meinung wird bestätigt, daß Schüler nicht fähig sind, mitzubestimmen. So wird die undemokratische Praxis durch Phänomene, die sie selbst hervorgebracht hat, legitimiert.
Unterricht, der diese Erscheinungen zu verändern sucht, trägt einen Teil zur Veränderung dieser Bedingungen bei, indem er die Schüler handlungsfähig macht. Handlungsfähigkeit bedeutet hier, sich demokratisch auseinanderzusetzen und an gemeinsamen Entscheidungen im Diskussionsprozeß teilhaben zu können.
Eine demokratische Form der Auseinandersetzung wird nur dann erreicht, wenn alle an der Diskussion Beteiligten ihre Arbeits- und Sympathiebeziehungen optimal entfalten können. Dies hat wiederum zur Voraussetzung, daß alle Beteiligten die notwendigen Interaktionen herstellen können und sich inhaltlich an der Sachauseinandersetzung beteiligen. Auf sozialer Ebene soll eine ‚Reziprozität von Verhaltenserwartungen' (Habermas, 1971) entstehen, die Vertrauen und damit stabile zwischenmenschliche Beziehungen schafft.
Jede Diskussion hängt von der Kommunikationsstruktur der Gruppe ab. Sie bestimmt Positionen, Entscheidungsverläufe und Informationskanäle (Rosenstiel u. a., 1972). Geltende Normen, etwa die Rolle des Lehrers als Beurteilungsexperte, spiegeln sich in den Kommunikationsstrukturen und schaffen Verhaltensregeln, die die Macht- und Entscheidungsrolle der Kommunikationspartner bestimmen (Watzlawick et al., 1971). Im Unterricht sollten deshalb vorhandene Strukturen analysiert werden, um eine Situation zu schaffen, in der die Schüler mit dem Lehrer die für das Lernziel geeignete Interaktionsstruktur bestimmen.
Durch Diskussion als Unterrichtsmethode wird zweierlei bewirkt (Gramsamer, 1974): erstens eine realitätsgerechte Wahrnehmung der eigenen Situation durch die gemeinsame Auseinandersetzung, und zweitens eine zielgerichtete Veränderung der Arbeits- und Sympathiebeziehungen durch gemeinsame Erkenntnisprozesse, die schließlich die Arbeitsbedingungen verändern.

3. Der selbstgesteuerte Lernprozeß

Emanzipatorische Zielsetzung von Unterricht bleibt für die Schüler relativ folgenlos, wenn sich ihr Verhalten bloß im schulischen „Freiraum" (kurzfristig) ändert, sie aber nicht in der Lage sind, das erworbene Verhalten auf

„Gesellschaft“ zu übertragen. Gleiches gilt, wenn sich Unterricht auf die (bloße) Veränderung von Bewußtsein beschränkt, aber Handlungskompetenzen nicht entwickelt werden. In diesem Sinne muß die Lerneinheit „Auseinandersetzung in Diskussionen“ so konzipiert werden, daß Schüler Ursachen für eigene Diskussionsunfähigkeit erkennen und entsprechend handeln lernen; daß Schüler in die Lage versetzt werden, Voraussetzungen zu konstruktiver Kommunikation in außerschulischen Situationen zu schaffen. Sie leistet damit einen Beitrag zur Verwirklichung des pädagogischen Ziels, das wir als „eigenständige Handlungsregulation“ (EH) (Kossakowski/Ettrich, 1973) der Schüler bezeichnen.

Wir verstehen darunter die Fähigkeit der Schüler, sich in schulischen und außerschulischen Situationen für bestimmte Handlungen bewußt zu entscheiden und durchzuführen. Die EH bezieht sich auf einen Tätigkeitsprozeß, in dem einzelne Handlungsakte jeweils aufeinander aufbauen. „Regulation“ bedeutet allgemein Reflexion über die Ziele eigenen Handelns und Entscheidung für bestimmte Ziele, im besonderen die begründete Entscheidung für einzelne Teilhandlungen, durch die das Ziel erreicht werden soll, und die darauf basierenden Handlungsausführungen, sowie die Überprüfung des Handlungsergebnisses und seine Beurteilung. Sich bewußt entscheiden heißt, aus der Fülle möglich erscheinender Handlungen mit Sachkenntnis eine bestimmte auszuwählen. In diese Entscheidung muß die Bewertung des Zwecks des eigenen Tuns, d.h. die Einschätzung der Verwertbarkeit des Handlungsergebnisses eingehen, ebenso wie die Antizipation der Handlungserfolge durch die zu erwartenden Handlungskonsequenzen. Maßstab für die Beurteilung eigener Handlungen kann nur deren persönliche und gesellschaftliche Relevanz sein.

Die Fähigkeit zur eigenständigen Handlungsregulation wird nicht spontan erworben. Die einzelnen Bestandteile und die jeweils zu ihrer Ausführung notwendige Bewußtheit müssen vielmehr sukzessiv im Unterricht erlernt werden. Der Lernprozeß wird nun einerseits durch die planende und organisierende Tätigkeit des Lehrers initiiert, andererseits findet aber die Aneignung von Kenntnissen und bestimmten Handlungsweisen nur dann statt, wenn die Schüler diesen Prozeß selbst steuern. Das heißt: Die Fähigkeit zur eigenständigen Handlungsregulation läßt sich bei den Schülern nur in einem selbstgesteuerten Lernprozeß erreichen, allerdings unter Anleitung des Lehrers.

Denn Handlungskompetenz können die Schüler nur erwerben, wenn sie Sinn und Zweck der Tätigkeit des Lehrers erkennen können (Unterrichtsaufbau, Planung und Durchführung). Das setzt voraus, daß der Lehrer bei der Planung des Unterrichts von den individuellen Bedürfnissen und Interessen der Schüler ausgeht, damit die Schüler befähigt werden, ihre Interessen selbst zu erkennen, zu artikulieren und in eigenes Handeln umzusetzen.

Der hier skizzierte selbstgesteuerte Lernprozeß der Schüler geht davon aus, daß die Schülertätigkeit sich *qualitativ* verändert, sich also die Selbststeuerung durch die Tätigkeit selbst, insbesondere durch die Auseinandersetzung mit der

Fremdsteuerung des Lehrers, ständig weiterentwickelt, bis zur eigenständigen Handlungsregulation, der dann ein neuer Bewußtseinsstand zugrundeliegt.
Die Fremdsteuerung (Anleitung) des Lehrers muß sich u.a. darin realisieren, daß er die vorgefundenen Lernvoraussetzungen (inneren und äußeren Bedingungen) der Schüler analysiert, ein mögliches Ziel für die Veränderung des Schülerverhaltens bestimmt, Wege der Zielerreichung sucht und die Ergebnisse seiner Überlegungen in Form von Beispielen oder Anregungen in die gemeinsame Entscheidung über den tatsächlichen Plan und Ablauf im Unterricht eingibt. In den Lerneinheiten muß gleichzeitig den Schülern die Möglichkeit gegeben werden, sich die Fähigkeit zur Unterrichtsplanung und zur Durchführung von Unterricht durch Reflexion und Übung selbst anzueignen, wenn ihnen ihre objektiven, d.h. für die Mitbestimmung der Schüler notwendigen Interessen bewußt werden sollen.
In diesem Sinne setzt das Ziel „Auseinandersetzung in Diskussionen" ein didaktisches Vorgehen voraus, das keinem vorfixierten Ablauf unterworfen sein kann. Denn in jeder Lerngruppe muß das aktuelle Verhalten der Schüler Ausgangspunkt der Lehrertätigkeit sein. Die Realisierung des skizzierten Konzeptes ist unter derzeitigen schulpolitischen Bedingungen stark von dem subjektiven Wollen des einzelnen Lehrers abhängig. Das hat Konsequenzen für das EH-Konzept selbst. Solange aufgrund fehlender gesetzlicher Festlegung die Mitbestimmungsmöglichkeiten der Schüler jederzeit wieder beseitigt werden können, müssen Lehrer mit Schülern im Unterricht verbindliche Vereinbarungen treffen. Darin muß festgelegt sein, daß Unterrichtsziele, Inhalte und Methoden gemeinsam bestimmt werden, und die Schüler müssen sich darauf berufen können.
Dasselbe gilt dann für die Lehrer. Diese können sich darauf berufen, daß ausgemacht wurde, den Unterricht zu protokollieren, zu kritisieren, usw.

4. Der Zusammenhang von Unterrichtsinhalten und Verhaltensaufbau

Die didaktische Zielkategorie „Entwicklung der eigenständigen Handlungsregulation" fordert die Einheit von Fremd- und Selbststeuerung und macht deshalb eine besondere organisatorische und inhaltliche Gestaltung des Unterrichts notwendig. Denn die „Auseinandersetzung in Diskussionen" ist einerseits ein Handlungsziel, das nur durch die selbstgesteuerte Tätigkeit der Schüler erreicht wird. Andererseits enthält es eine kognitive Dimension (die Schüler sollen Einstellungen für eine demokratische Auseinandersetzung erwerben), die nur durch Aneignung spezifischer, vom Lehrer bestimmter Kenntnisse zu entwickeln ist.
Die Frage, welche Handlungen die Schüler beherrschen müssen, um diskutieren

zu können, impliziert bereits die weitere Frage, welche Kenntnisse Schüler benötigen, um solche Handlungen zu lernen. Denn kognitive Prozesse („Warum bin ich in Diskussionen so gehemmt?“) und äußere Tätigkeiten (Einen Beitrag liefern in einer Diskussion über „Ängste beim Reden“) durchdringen sich als Anwendung von Kenntnissen im Tun ständig gegenseitig, wirken aufeinander zurück und können sich im Prozeß der wechselseitigen Beeinflussung verändern. So wird das Handeln mit Hilfe der gewonnenen Erkenntnisse überprüft, und die Praxis als Kriterium richtiger Erkenntnis kann kontrollieren, ob die angestrebten Ziele erreicht worden sind (Schorochowa, 1974).
Die Unterrichtsinhalte beziehen sich sowohl auf die für das Handlungsziel notwendigen kognitiven Inhalte, als auch auf die Tätigkeit, d. h. die notwendigen Verhaltensweisen des Schülers.
Diese Unterrichtsinhalte konkretisieren sich in der gemeinsamen Planung von Lehrer und Schülern. Die aktuellen Schwierigkeiten der Schülergruppe geben dem Lehrer Anhaltspunkte für die Feststellung eines psychischen oder sozialen Sachverhalts (z. B. „Angst und Leistung“) dessen Aufarbeitung helfen soll, die Schwierigkeiten zu bewältigen und alternatives Verhalten aufzubauen. Dabei können grundlegende pädagogische, psychische und soziale Zusammenhänge an verschiedensten „Gegenständen“ im Unterricht erarbeitet werden. Der „Unterrichtsstoff“ beschränkt sich folglich nicht nur auf die Vermittlung von Lehrbuchwissen, sondern bezieht sich auf den spezifischen Gegenstand der Unterrichtsstunde, durch den die Inhalte des Unterrichts (i. e. Kognitionen und Verhaltensweisen) angeeignet und eingeübt werden.
Im folgenden Kapitel sollen die praktischen Konsequenzen, die diesen theoretischen Überlegungen folgen, dargestellt werden.

II. Aufbau des Unterrichts und exemplarische Beispiele

Die Lerneinheit „Auseinandersetzung in Diskussionen“ ist für 16–19jährige Schüler entwickelt worden und erstreckt sich über ein Semester bei 5–6 Stunden pro Woche. Der Unterrichtsverlauf wird in drei sukzessive Einheiten, die *Planungs-*, *Arbeits-* und *Kontrollphase* unterteilt, in denen die Schüler nach und nach einzelne Teilhandlungen erlernen, die für das Erreichen der eigenständigen Handlungsregulation notwendig sind.

A. Planungsphase

Da „Planung“ ein Element der eigenständigen Handlungsregulation ist, erfolgt die Planung dieser Lerneinheit mit den Schülern im Unterricht. Die in 3–4 Wochen zu erreichenden Lernziele sind:

1. Bestimmung des Handlungsziels (Lernziels)
2. Bestimmung der Teilziele (Lernzielschritte)
3. Bestimmung der Beurteilungskriterien
4. Bestimmung der Unterrichtsthemen

Zu 1.: Lernzielbestimmung:
Durch die gemeinsame Bestimmung des Handlungsziels sollen die Schüler lernen, sich Ziele für ihre Arbeit im Unterricht zu setzen. Sie sollen dadurch befähigt werden, sich über Sinn und Zweck ihres Handelns in der Schule Gedanken zu machen, *bevor* sie handeln, sie sollen sich überlegen, was sie lernen und wofür sie eigene Erkenntnisse verwerten wollen.
Zur Umsetzung des allgemeinen Lernziels in konkrete Zielbestimmungen der Gruppe ist folgendes Vorgehen geeignet:

- der Lehrer begründet das Kursziel, indem er darauf hinweist, daß es für die Persönlichkeitsentwicklung der Schüler nützlich ist
- die Schüler konstruieren innerhalb dieses Rahmens ein für die Kursgruppe optimales Ziel
- Lehrer und Schüler entscheiden gemeinsam über ein realistisches, in einem Semester zu erreichendes Ziel.

Skizzierung des Unterrichtsverlaufs zur Lernzielbestimmung:
Der Kursleiter (KL) begründet das Lernziel „Auseinandersetzung in Diskussionen"

a) mit der gesellschaftlichen Anforderung einen eigenverantwortlichen Beitrag in gemeinsamen (demokratischen) Entscheidungsprozessen leisten zu können,
b) mit der Erkenntnis, daß individuelles Lernen und Arbeiten im Kommunikationsprozeß effektiver verläuft und
c) damit, daß die Schülergruppe noch nicht fähig ist, sich konstruktiv auseinanderzusetzen.
Da einige Schüler das Argument c) bezweifeln, wird folgendes „Experiment" gemacht: 5 Kursmitglieder versuchen, sich in einer Diskussionsrunde auf ein gemeinsames Arbeitsthema zu einigen. Die restlichen Kursteilnehmer beobachten das Diskussionsverhalten. In der anschließenden Einschätzung wird das Verhalten der Diskussionsgruppe massiv kritisiert, auch die Gruppe selbst ist äußerst unzufrieden mit ihrer Leistung: es herrschten Spannungen in der Gesprächssituation, weil sich ein Schüler „als Leiter" aufgespielt habe, die verschiedenen Meinungen seien nicht integriert worden, etc.

Die Kursgruppe stellt übereinstimmend fest, daß sie sich noch nicht in Diskussionen auseinandersetzen kann.
Die Schüler beschreiben daraufhin ihre Vorstellungen über eine gute Diskussion:
Eine Diskussion sollte vorbereitet sein. Es müsse ebenso Informationsvermittlung stattfinden wie ein Meinungsaustausch. Dazu sollte die Diskussion strukturiert werden, und die Gruppe müsse entscheiden, wer die Diskussion

leitet: Einige Schüler sind der Meinung, daß jeder seine Emotionen ausdrücken sollte, andere sind dagegen.
Nach längerer Auseinandersetzung stellen die Schüler fest, daß die Konsequenzen dieses Verhaltens schlecht eingeschätzt werden können. Emotionale Reaktionen sollten dann angesprochen werden, wenn sie den individuellen Lernprozeß behindern.

Zu 2.: Teilzielbestimmung:
Die Schüler sollen aus den gemeinsam bestimmten Kurszielen kurzfristig erreichbare Zwischenziele ableiten können. Dies soll sie anregen, über den Gesamtzusammenhang des eigenen Lernprozesses und ihre einzelnen Teilaktivitäten nachzudenken.
Im Unterricht läßt sich die Bestimmung der Teilziele durch folgende gemeinsame Tätigkeit von Lehrern und Schülern erreichen:

- Der Lehrer erklärt Sinn und Zweck der Operationalisierung von Verhalten
- die Schüler analysieren das eigene Verhalten hinsichtlich des gemeinsam gesetzten Ziels, indem sie *Verhaltensdefizite* bei sich selbst und den Mitschülern feststellen
- der Lehrer beobachtet und kontrolliert seinerseits das Verhalten der Gruppe und gibt nach seiner Einschätzung der Defizite Anregungen
- Lehrer und Schüler entscheiden gemeinsam über den endgültigen Soll-Zustand der Gruppe, indem sie die für alle Schüler wesentlichen Defizite des Diskussionsverhaltens ermitteln. In einem weiteren Schritt bestimmen sie den Schwierigkeitsgrad der einzelnen Handlungen und legen eine Reihenfolge (Lernzielhierarchie) für den Unterricht fest.

Skizzierung des Unterrichtsverlaufs zur Teilzielbestimmung:
Nachdem den Schülern die Operationalisierung von Verhaltensweisen erläutert worden war (nach Meyer, 1975) beobachteten sie ihr Diskussionsverhalten und versuchten, ihre Verhaltensdefizite einzuschätzen.
Nach einem brain-storming wurden drei Problembereiche festgehalten:

1. die Vorbereitung auf die Diskussion
2. die sachliche Auseinandersetzung in der Gruppe
3. die interpersonellen Beziehungen in der Gruppe

Zu diesen Bereichen nannten die Schüler spontan Handlungsweisen, die sie für das Lernziel als wünschenswert ansahen:

Zu 1. Vorbereitung
- sich informieren, Literatur lesen,
- Diskussionsthesen aufstellen, Argumente für/gegen sammeln...

Zu 2. Sachliche Auseinandersetzung
– Diskussionsregeln beachten
– Reaktionen zeigen: zustimmen, ablehnen, Vorschläge machen und verlangen, Auskunft geben und verlangen, provozieren,
– Widersprüche formulieren,
– Zeiteinteilung beachten
– mit Zusammenfassung schließen etc.

Zu 3. Interpersonelle Beziehungen
– Aufeinander eingehen, Personen akzeptieren,
– Spannungen erkennen und ansprechen,
– andere motivieren,
– aufmerksam und konzentriert zuhören, etc.

Da nicht alle genannten Ziele im Unterricht erarbeitet werden konnten, mußten die Schüler eine Auswahl treffen, die schwer fiel, da individuelle Interessen gegeneinander abgewogen werden mußten.
Die Kursgruppe akzeptierte schließlich folgenden Vorschlag:
Drei Teilziele sollten erreicht werden:

1. Vorbereitung auf die Diskussion
2. Sachliche Auseinandersetzung
3. Verbesserung der persönlichen Beziehungen

zu 1.: Jeder Schüler kann sich auf verschiedene Art und Weise auf den Unterricht vorbereiten. Seine Vorbereitung zeigt sich im Unterricht an Beiträgen wie
– Informationsvermittlung (knappe Darstellung)
– fundierter Unterrichtskritik
– Thesen zur Diskussion
– Referatvortrag
zu 2.: Die sachliche Auseinandersetzung zeigt sich durch:
– Diskussionsbeiträge
– Diskussionsleitung
– Schreiben eines Protokolls
– aufmerksam und konzentriert zuhören
zu 3.: Die Verbesserung der persönlichen Beziehungen kann vor allem durch folgende Verhaltensweisen geschehen
– Unklarheiten ansprechen
– zwischen Standpunkten vermitteln
– Spannungen ansprechen
– die eigenen Gefühle zum Ausdruck bringen.

Diese Teilziele und die sie charakterisierenden Handlungen sollten nacheinander während des Semesters an bestimmten Themen erarbeitet werden.

Zu 3.: Beurteilungskriterien bestimmen:
Die Schüler sollen befähigt werden, das eigene Verhalten und das der Mitschüler im Hinblick auf das Lernziel zu bewerten (Autorengruppe, 1976). Einerseits soll die Leistungsforderung der Schule bewußt werden; andererseits sollen die Schüler eigene Lernansprüche entgegensetzen und sich im Lernprozeß daran orientieren. Anhand dieser Kriterien soll schließlich das eigene Verhalten überprüft werden.
Die Entwicklung der Beurteilungsfähigkeit kann im Unterricht nur durch folgende Schritte perspektivisch erreicht werden:

- der Lehrer thematisiert das Problem der ‚Beurteilung von Verhalten'
- die Schüler operationalisieren die Teilziele und überlegen, wie sie die einzelnen Operationen im Unterricht beobachten und protokollieren können
- der Lehrer informiert die Schüler über Leistungsanforderungen der Schule und schätzt die Leistungsmöglichkeit der Gruppe ab
- die Schüler entwickeln einen eigenen Beurteilungsmaßstab
- Lehrer und Schüler entscheiden gemeinsam über diesen Maßstab und entwickeln einen Beobachtungsbogen für die Selbst- und Fremdbeobachtung in der Arbeitsphase.

Beispiele aus dem Unterricht:
Die Lernzielkontrolle besteht aus zwei Komponenten:
a) Verhaltensbeurteilung:
Für das Teilziel ‚eine Diskussion leiten können' werden etwa folgende Verhaltensanforderungen aufgestellt:
Ein Diskussionsleiter soll

- das Diskussionsziel im Auge behalten, um ein gegenstandszentriertes Diskussionsergebnis zu erreichen;
- die Diskussion strukturieren, d. h. bei lösungs- und entscheidungsorientierten Diskussionen die Teilnehmer mehr am Thema halten und die Inhalte zusammenfassen; bei gegenstandszentrierten Diskussionen vor allem kreative und divergierende Tendenzen unterstützen und die Argumente ordnen
- formale Diskussionsregeln und den Zeitplan einhalten, d. h. eine Rednerliste führen, Wortmeldungen zu einem Aspekt gemeinsam aufrufen.

Ob der Diskussionsleiter die Teilziele erreicht hat, wird mit Hilfe von Beurteilungskriterien überprüft, die gleichzeitig den Leistungsstandard darstellen.

b) Kenntnisbeurteilung:
Sie erfolgt erst nach Erarbeitung des Unterrichtsstoffes. Für die von den Schülern anzufertigenden Kursarbeiten werden die Leistungsstandards im Kurs vorher festgelegt. Aufgrund eines Schüler- oder Lehrervorschlags einigt man sich auf ein gemeinsames Kriterienpapier. Anforderungen an eine Kursarbeit sind z. B.:

- die Diskussionsstruktur mittels eines Soziogramms darstellen
- erlernte psychologische Kenntnisse auf dieses Verhalten anwenden
  Kriterien der Beurteilung sind z. B.:
- richtige Darstellung des Zusammenhangs der durch das Soziogramm erfaßten Einstellungen und des beobachteten Verhaltens, und richtige Darstellung
- der Abhängigkeit des Diskussionsverhaltens vom Diskussionsleiter, der Kommunikationsstruktur und dem Gruppenziel.

Zu 4.: Unterrichtsthemen bestimmen:
Dadurch, daß Schüler und Lehrer die Themen für die Arbeitsphase gemeinsam bestimmen, erkennen die Schüler, daß ein Zusammenhang besteht zwischen angeeigneten Kenntnissen und eigenen Handlungsweisen. Die Schüler sollen lernen, daß für das Erreichen eines Lernziels bestimmte Kenntnisse notwendig sind, z. B. für das Lernziel ‚Auseinandersetzung in Diskussionen' Kenntnisse über Kommunikation. Mit solchen Kenntnissen sollen sie ihre Situation durch Handeln verändern können.
Schüler sollen aber nicht nur lernen, *daß* Kenntnisse notwendig sind, sondern auch entscheiden, *welche* notwendig sind. Das setzt voraus, daß:

- die Schüler mögliche Ursachen und Wirkungen der eigenen Verhaltensdefizite untersuchen und so auf relevante psychologische Sachverhalte stoßen,
- der Lehrer den Schülern die zur Analyse notwendigen Informationen vermittelt,
- die Schüler dann entscheiden, welche Kenntnisse für das Lernziel nötig sind und entsprechende Themen und deren Reihenfolge ausarbeiten.

Skizzierung des Unterrichtsverlaufs zur Bestimmung der Themen: Die Schüler ermittelten folgende Ursachen für ihre Verhaltensdefizite:

- fehlendes Interesse für die schulische Arbeit,
- fehlendes Wissen, wie man sich auf die Kursarbeit vorbereitet.

Für die Unfähigkeit der Schüler, sachlich diskutieren zu können, gab es viele Gründe: Man wisse nicht wie eine Diskussion geleitet würde, welche Diskussionsregeln beachtet werden müssen, warum ein Schüler einen Beitrag leistet, ein anderer nicht. Auch fehlten Sympathiebeziehungen innerhalb der Gruppe, so daß für offene Äußerungen das Vertrauen fehle.

Nach diesen Beschreibungen formulierte der Lehrer die relevanten psychologischen Lösungsaspekte für jedes Problem (Ziel):

Ziel	Schülerproblem	Psychologischer Sachverhalt	Notwendige Kenntnisse
Vorbereitung auf die Diskussion	Unlust, kein Interesse, keine Technik um sich vorzubereiten	Unklare Motive und fehlende Leistungsmotivation; Desinteresse; keine Lerntechnik	Motivationstheorien; Entstehung der Leistungsmotivation; Selbständigkeitserziehung; Interessenentwicklung; Aufmerksamkeit und Gedächtnis; Lerntechniken;
Sachliche Auseinandersetzung	Nicht ausreden lassen; Sprechhemmung; Formulierungsschwierigkeit	Keine Kenntnis der Diskussionsregeln; kein Verbalisierungsvermögen; keine Selbstkontrolle	Führungsstile; Sprachentwicklung; Denken und Sprechen; Gruppennormen; Konformität; Selbstkontrolltechniken
Verbesserung persönlicher Beziehungen	egozentrisches Verhalten lehrerfixiert reden Mitschüler nicht beachten;	nicht zuhören können; sich als Gesprächspartner nicht ernst nehmen; Mißtrauen, Versagensängste; Unfähig, Gruppenstrukturen zu analysieren;	Soziale Wahrnehmung; Vorurteile; emotionale Beziehungen Interaktionsstörungen; Konflikt, Angst, Frustration, Aggression; Kommunikationsstrukturen;

Der Lehrer gibt Kurzinformationen, dann entscheidet die Gruppe über die zu behandelnden Themen. Konkret wurden folgende Themen festgelegt:
1. Motivationstheorien; 2. Führungsstil und Diskussionsleitung; 3. Kommunikationsstrukturen; 4. Vorurteile und emotionale Beziehungen zwischen den Kursteilnehmern.

B. Arbeitsphase

Sie erstreckt sich über $^2/_3$ des Semesters. Die Schüler sollen sich die Kenntnisse aneignen und diese in praktischem Tun ‚vergegenständlichen' (Holzkamp, 1973). Die Probleme der Auseinandersetzung in Diskussionen werden thematisiert. Um die Kenntnisse dann praktisch anwenden zu können sind Fragen an das Material zu stellen, die die Relevanz des Lernstoffs erkennen lassen.
Für das Erlernen dieser Fragefähigkeit sind folgende Schritte im Unterricht notwendig:

- der Lehrer erläutert die praxisrelevante Funktion des Unterrichtsmaterials, der angestrebten Kenntnisse;
- die Schüler prüfen, ob die Darstellung der psychologischen Sachverhalte im Material den von ihnen registrierten psychologischen Sachverhalten entspricht;
- die Schüler beurteilen, ob die Aussagen für eine zielgerichtete selbständige Veränderung des Verhaltens geeignet und für die besonderen Ziele der Gruppe brauchbar sind;
- Schüler und Lehrer entscheiden gemeinsam, welche Aussagen in der Schulwirklichkeit verwertet werden können – zur Veränderung der Schülerpersönlichkeit und externer Bedingungen. Sie legen auch den Veränderungsprozeß fest.

Skizzierung des Unterrichtsverlaufs in der Arbeitsphase:

1. Beurteilung psychologischer Aussagen – Thema: Motivation
Der psychoanalytische, der verstärkungstheoretische, sowie Rosenfeld's (1972) widerspruchstheoretischer Ansatz wurden als Thema gewählt. Nachdem die Schüler Grundkenntnisse (Rosemann, 1974) erarbeitet hatten, wurden die 3 Konzeptionen analysiert, ob sie Motive und Motiviertheit erklären können. Der Grundgedanke der Widerspruchstheorie war am schwersten verständlich. Die Gruppe teilte sich in zwei Gruppen, die Vertreter der Widerspruchstheorie und die Anhänger der Verstärkungstheorie. Der psychoanalytische Ansatz wurde in diesem Zusammenhang nicht mehr erörtert, weil er nach Meinung der Schüler Lösungsmöglichkeiten nur außerhalb des schulischen Erfahrungsraumes anbietet.
Der Hauptstreitpunkt betraf eine von zwei Schülern aufgestellte These: Die Widerspruchstheorie behauptet, daß sich Motive durch Überwindung widerspruchsvoller Situationen entwickeln. Indem der Mensch die Konflikte in seiner Umwelt bewältigt, trägt er zu ihrer Lösung dadurch bei, daß er nicht nur sich selbst, sondern auch die Realität verändern könne. Die Verstärkungstheorie sagt dagegen nur aus, daß der Mensch anpassungsfähig sei – Motive werden nur je nach positiver Verstärkung entwickelt. Dagegen behaupten die Anhänger der Verstärkungstheorie, daß diese das Problem der Strafe vollständig aufklärt und somit richtig sei. Letztlich fanden beide Gruppen zu einem Kompromiß, der Forderungen an die Schulpraxis enthielt: Lehrer sollten Schüler mit widerspruchsvollen Situationen konfrontieren und so Lernmotivation entwickeln. Die übliche Bestrafung durch schlechte Noten bei nicht ausreichenden Leistungen behindere diese Entwicklung und verursache Versagensängste und Passivität.

2. Verwertung psychologischer Aussagen – Thema: Fühungsverhalten
Das Thema ‚Führungsverhalten in Diskussionsgruppen' wurde nach Rosenstiel u.a. (1972) erarbeitet. Zu der gestellten Frage, wie man möglichst viele stille

Schüler in das Gespräch mit einbeziehen könne, wurden besonders die Ergebnisse über sachaufgaben- und mitarbeiterorientiertes Führungsverhalten besprochen. Danach leitete ein Schüler zwei Thesen aus dem Text ab:

1. Führung ist intendierte Einflußnahme auf das Verhalten der Teilnehmer einer Gruppe. Führung muß nicht von einer Person ausgehen, sondern kann auch von mehreren Personen ausgeübt werden. Führer sind die, die auf das Erreichen des Gruppenziels stark Einfluß nehmen.
2. Das Einflußverhalten wirkt sich auf das Erreichen des Gruppenziels aus. Mitarbeiterzentriertes Verhalten und sachaufgabenorientiertes Verhalten sind in ausgewogenem Verhältnis wichtig – dadurch steigt Zufriedenheit und Leistung.

Das Schülerprotokoll verdeutlicht, wie versucht wurde, die erarbeiteten Kenntnisse auf die eigene Gruppe zu beziehen. Drei Schüler wurden als Führer eingeschätzt. Ihr Einfluß wird je nach ihrem Verhalten beurteilt: „P. hat anfangs mit ihrer Meinung einen Einfluß auf die Teilnehmer ausgeübt. R. hat den Unterricht oft weitergeführt, wenn Leerlauf herrschte und durch inhaltliche Aussagen das Erreichen des Lernziels begünstigt. W. ist auf sachaufgabenorientiertes Verhalten aus, er führt den Unterricht weiter und strebt das Lernziel an, zeigt aber kein mitarbeiterorientiertes Verhalten, so daß die anderen nicht zufrieden sind, obwohl er die Gruppe und sich selbst leistungsfähiger machen will.“ In einem weiteren Schritt überlegte die Gruppe, wie die Situation verändert werden kann. Tonbandprotokolle wurden analysiert und problematische Gesprächssituationen mit alternativen Verhaltensweisen im Rollenspiel neu praktiziert.

C. Kontrollphase

Skizzierung des Unterrichtsverlaufs:
Die Lernzielkontrolle begann bereits in der Planungsphase. Lehrer und Schüler hatten einen Beobachtungsbogen entwickelt, der wöchentlich verwendet werden konnte und in je einer Stunde besprochen wurde. Die Beurteilungskriterien wurden auf einem Extrabogen genau beschrieben. Die Leistungen der Schüler wurden an diesen Kriterien gemessen. Für jeden Schüler wurde festgelegt, was er zur Erreichung des Lernziels noch leisten muß. Der Kenntnisstand wurde in zwei Kursarbeiten pro Semester kontrolliert. Auch für diese Kursarbeiten waren die Beurteilungskriterien vorher gemeinsam festgelegt worden. Eine Kursarbeit zum Thema ‚Vorurteile‘ bestehend aus Aufgaben, Protokoll und Text findet sich im Anhang (s. S. 87).

III. Abschließende Einschätzung der Unterrichtspraxis

Das Beispiel im Anhang verdeutlicht, daß die Teilziele der Lerneinheit noch nicht erreicht werden konnten. Die sichtbar werdenden Vorurteile lassen sich nur durch einen längeren Prozeß der Auseinandersetzung abbauen. Jedoch ergaben sich Einstellungs- und Verhaltensänderungen in Richtung auf das Lernziel. So beschlossen die Schüler eines Kurses z.B. Arbeitsgruppenmitglieder und Sitzordnung während der Diskussionen durch das Los zusammenzustellen, um sich gegenseitig besser kennenzulernen und so Vorurteile abzubauen. Die neue Kommunikationsstruktur wirkte sich bald positiv auf die Beziehungen aus. Oft fiel es allerdings schwer zu beurteilen, ob einzelne Handlungen als Schritte auf das Lernziel hin anzusehen waren. Entsprechende Lehrerentscheidungen wurden von den Schülern in Frage gestellt. Ursache waren die an die neue Lehrerrolle geknüpften z.T. widersprüchlichen Verhaltenserwartungen (Anleitung versus Zurückhaltung); auch die von den Schülern geforderte Selbständigkeit war Quelle von Konflikten, die gemeinsam bearbeitet werden mußten.
Diese Kritik der Schüler am Verhalten des Lehrers ist u.E. charakteristisch. Denn normalerweise stehen sie dem Unterricht distanziert und gleichgültig gegenüber, weil ihnen der Gegenstand fremd ist und die Unterrichtsmethode sie scheinbar nicht betrifft. So tangiert der Unterricht die Schüler nur durch seine negativen Begleiterscheinungen – die Intentionen des Lehrers bleiben unerkannt. In dieser Unterrichtseinheit müssen sie sich nun mit den Intentionen des Lehrers auseinandersetzen, denn der Lehrer legt seine eigenen Ziele offen und stellt sein didaktisches Konzept zur Diskussion – den Schülern wird so seine Rolle als Erzieher plötzlich bewußt. Sensibilisiert durch die dadurch ausgelöste persönliche Betroffenheit – ihr eigenes Verhalten wird ja zum Unterrichtsgegenstand gemacht – fühlen sie sich in der „freien" Entfaltung ihrer Persönlichkeit beeinträchtigt, die ihnen bisher garantiert schien. So kommt es vor, daß Vorschläge, Hilfestellungen und Anregungen des Lehrers von den Schülern solange abgelehnt werden, bis dieser Konflikt durch Erneuerung der Vertrauensbasis gelöst wird.
Hier wird auch die skeptische Haltung der Schüler verständlich, wenn der Lehrer sie auffordert, ihre eigenen Ansprüche an den Unterricht zu artikulieren und sich selbst Maßstäbe zu setzen; denn sie gehen davon aus, daß Lehrer und Schüler keine gemeinsamen Interessen am Unterricht haben können, sondern der Lehrer als Vertreter der Institution Schule Leistungen fordert, die ihnen uneinsichtig sind. So fällt es den Schülern schwer, zwischen selbst- und fremdgeforderter Leistung zu unterscheiden. Auch Lehrerforderungen, die die Interessen der Schüler berücksichtigen, werden als Fremdforderungen abgelehnt; sie bezeichnen nur solche Ziele als selbstgesetzt, die angenehm und leicht zu erreichen sind. Wird dieses Verhalten angesprochen und kritisiert, denunzie-

ren sie die Forderung nach Schülermitbestimmung als Farce und rechtfertigen sich damit, daß der Lehrer nur seine eigenen Forderungen durchsetzen wolle. Dieses Problem resultiert aus der – durch die gesellschaftlichen Verhältnisse bedingten – verzerrten Wahrnehmung der individuellen Bedürfnisse, die scheinbar losgelöst von gesellschaftlichen Interessen zu befriedigen sind. Die im Unterricht postulierte Einheit von subjektiven und objektiven Interessen, kann sich im Schülerbewußtsein nur perspektivisch herstellen. So nehmen sie das Verhältnis von subjektiven und objektiven Interessen zunächst als Widerspruch zwischen eigenen und fremden Interessen wahr; sie können aber im Verlaufe des Unterrichts zunehmend besser einschätzen, in wessen Interesse bestimmte Forderungen aufgestellt und durchgesetzt werden. Besonders deutlich wird dieser Widerspruch bei der Beurteilung des Diskussionsverhaltens. Die eigenständige Beurteilung wird von den meisten abgelehnt, weil die Aufgabe als unlösbar angesehen wird. In einer Schule, in der die Schüler lernen zu konkurrieren statt zu kooperieren, können sie auch kaum daran interessiert sein, ihr Verhalten gegenseitig einzuschätzen.

Die Leistungsbeurteilung wird deshalb zu Beginn des Unterrichts als Sache des Lehrers angesehen; was verständlich ist, denn in der gegenwärtigen Schulpraxis bleibt die Ratio der Beurteilung den Schülern verborgen: Leistungen werden als „gut" oder „schlecht" beurteilt, ohne daß die Kriterien dieser Beurteilung bekannt sind.

Die Schüler sind erst dann von der Notwendigkeit kriterienorientierter Beurteilungen zu überzeugen, wenn sie konkret erfahren haben, daß sie erst durch die bewußte Antizipation der Lernziele, durch die Mitarbeit bei der Entwicklung der Beurteilungskriterien und durch die Mitbestimmung bei der Leistungsbeurteilung objektiv in die Lage versetzt werden, ihre Leistungen auf das Lernziel hin zu verbessern.

Für die Schüler ist schwer akzeptierbar, daß ihr Diskussionsverhalten, z.B. ihre subjektive Meinung oder die Form der Äußerung, zum Gegenstand des Unterrichts werden kann und den gleichen Stellenwert wie die Arbeiten mit gegenständlichen Themen haben soll. Die Analyse und Beurteilung des konkreten Verhaltens durch eine Metadiskussion oder die Beobachtung der Diskussionsleitung, wird von den Schülern deshalb solange als „Spielerei" abgetan, wie es ihnen nicht gelingt, neu erworbene Kenntnisse auf die Unterrichtsrealität zu übertragen und für sich selbst zu verwerten.

Hinzukommt, daß den Schülern die Arbeit während der Planungsphase sehr ungewohnt ist, so daß der Lehrer schon frühzeitig mit der Forderung nach „Stoff" konfrontiert wird. Er muß in dieser Situation den Stellenwert des Problems selbst einschätzen, um zu entscheiden, ob und wie er in den Unterricht eingreifen soll. Ob es z.B. richtig ist, sich einfach zu „verweigern" und die Planungsphase zu einem schnellen Abschluß zu bringen, hängt davon ab, ob den Schülern bereits Vertrauen in ihre Fähigkeit vermittelt wurde, den Lernprozeß

selbst zu gestalten, so daß sie in der Lage sind, solche Frustrationen zu verarbeiten. Wird die Situation für Lehrer und Schüler allerdings zu belastend, so daß keine weitere Auseinandersetzung möglich ist, sollte der Konflikt mit den Schülern bearbeitet werden. Wesentlich ist hierbei, daß der Lehrer den Schülern genügend Raum läßt, ihr Verhalten selbst zu steuern, damit sie gerade in derartigen Situationen selbstbewußt handeln lernen.
Die oben dargestellten Probleme sollten in eigens dafür eingerichteten „Reflexionsstunden“ vom Lehrer thematisiert werden. Den Schülern soll damit Gelegenheit gegeben werden, den Prozeß zu reflektieren, der bisher in der Lerneinheit abgelaufen ist. Sie sollen seine Faktoren und Bedingungen analysieren und selbst nach den Ursachen für die Probleme suchen. Durch die Entwicklung von Lösungsmöglichkeiten und die Veränderung des Unterrichts erkennen sie, daß sie umso fähiger sind, ihr Handeln eigenständig zu regulieren, je näher sie dem Lernziel des Unterrichts gekommen sind. Es muß ihnen aber auch einsichtig gemacht werden, daß die Fähigkeit, sich in Diskussionen auseinandersetzen zu können, nur eine notwendige Voraussetzung, aber noch keine hinreichende Bedingung ist, um in Schule und Gesellschaft mitbestimmen zu können.

Literaturverzeichnis

Auernheimer, G. u. a.: Mitbestimmung in der Schule. München 1971

Autorengruppe Psychologie: Forschende Unterrichtsplanung. Weinheim und Basel 1976

Barkey, P. u. Rost, D. H.: Was ist, was kann, was soll pädagogische Verhaltensmodifikation? In: Berichte und Arbeiten aus dem Institut für Grundschulforschung. Nürnberg 1976

Bönner, K. H.: Streß, Überforderung, Angst. Demokratische Erziehung. 1976, 301–306

Charlton, M. u. a.: Innovation im Schulalltag. Reinbek 1975

Combe, A.: Kritik der Lehrerrolle. München 1971

Gamm, H. J.: Kritische Schule. München 1970

Goehrke, K. u. Theis, J.: Erster Bericht über Gesamtschulen in NW. Neue deutsche Schule, 20, 365–373, 1975

Gramsamer, G.: Die Diskussion in der Hauptschule. München 1974

Habermas, J. u. Luhmann, N.: Theorie der Gesellschaft o. Sozialtechnologie. Frankfurt 1971

Holzkamp, K.: Sinnliche Erkenntnis – Historischer Ursprung und gesellschaftliche Funktion der Wahrnehmung. Frankfurt 1973

Kossakowski, A., Ettrich, K. U.: Psychologische Untersuchung zur Entwicklung der eigenständigen Handlungsregulation. Berlin 1973

Kvale, S.: Prüfung und Herrschaft. Weinheim und Basel 1972

Meyer, H. L.: Trainingsprogramm zur Lernzielanalyse. Frankfurt 1975

Rosemann, H.: Motivation. Arbeitshefte für Psychologie, Bd. 6, Berlin 1974

Rosenfeld, G.: Theorie und Praxis der Lernmotivation. Berlin 1972

Rosenstiel, L. von, u. a.: Organisationspsychologie. Stuttgart 1972

Rubinstein, S. L.: Grundlagen der allgemeinen Psychologie. Berlin 1968
Schorochowa, E. W.: Methodische und theoretische Probleme der Psychologie. Berlin 1974
Schulverfassung der Ernst-Reuter-Schule. Material Gesamtschule, 14, Frankfurt; Verv. Maschinen-Skript der Ernst-Reuter-Schule, 1976
Schwäbisch, L. u. Siems, M.: Anleitung zum sozialen Lernen für Paare, Gruppen und Erzieher. Reinbek 1974
Skinner, B. F.: Wissenschaft und menschliches Verhalten. München 1973
Teichler, K., u. a.: Lehrerkooperation. Material Gesamtschule, Heft 11. Frankfurt: Verv. Maschinen-Skript, 1976
Unterrichtsausfall, Lehrerarbeitslosigkeit, Sparmaßnahmen. Neue deutsche Schule, 23/24, 1975
Watzlawick, P. et al.: Menschliche Kommunikation. Bern 1971[2]
Wellendorf, F.: Schulische Sozialisation und Identität. Weinheim und Basel 1973
Zöchbauer, F. u. Hoekstra, H.: Kommunikationstraining. Ein Erfahrungsbericht. Heidelberg 1974

Anhang

Thema der Kursarbeit: Beurteilung einer Diskussion

Ziel: Anwendung der erarbeiteten Kenntnisse auf einen Diskussionsausschnitt (Tonbandprotokoll einer Diskussion über „Vorurteile bei der Gruppenarbeit" in einem anderen Kurs)

Material: Tonbandmitschnitt und -abschrift

Aufgaben und Kriterien:

1. Kurze Darstellung der Diskussion: Funktion, Form, Verlauf.
2. Beschreibung des Verhaltens der Disk.-Teilnehmer
   - wer war vorbereitet?
   - sachliche Auseinandersetzung?
   - Konstruktive Kommunikation?
3. Versuch der Erklärung von Verhalten mit Hilfe der Kenntnisse aus der Vorurteilsforschung
   - richtige Verwendung wesentlicher Begriffe?
   - Einschätzung der Erklärungsmöglichkeit des Verhaltens
4. Formulieren von mindestens 3 Lernzielen für die Diskussions-Teilnehmer unter Beachtung von wenigstens 3 Aspekten der Lernzielformulierung und -operationalisierung
5. Angaben machen über die Kenntnisse oder Fähigkeiten, die die Psychologie für die Lernziele vermitteln sollte (mindestens 2 Themen oder Stoffgebiete).

Tonbandprotokoll:

Teilnehmer: 15
(Nach der allgemeinen Diskussion über Vorurteile und Abbau von Vorurteilen)

KL: Ich würde gern von hier eine Verbindung ziehen zur Gruppenarbeit. Wir hatten gesagt, Vor- und Nachteile der Gruppenarbeit, ich meine, das hängt ganz eng mit dem zusammen (husten), was wir jetzt besprechen.
Seht Ihr die Verbindung auch, oder nicht?

Mo.: ... Bei den, bei den Gruppenbildungen hat sich doch eigentlich wieder gezeigt, daß hier eben bestimmte Gruppen sich immer nur zusammensetzen, und das zeigt doch, daß man die Vorurteile oder die Sympathie, Antipathie und so, überhaupt nicht abbauen kann, weil man eben nie mit Leuten zusammenkommen will ...
Wir müssen irgendwie mal vielleicht einfach in Gruppen gesteckt werden, nicht, und sich dann da auseinandersetzen ... (Gemurmel im Hintergrund) ... und die Vorteile wären, daß eben, äh, auch Leute reden könnten, die in der Großgruppe nicht so gut reden könnten. (Gemurmel von Eberhard und anderen, Husten) ...

A.: Also ich möcht erst mal was sagen zu dem Vorwurf, den Du uns gemacht hast, ich kann mich also noch erinnern, das letzte Mal hieß es, die eine Gruppe war also der Eberhard und der Olaf, und wenn Du gesagt hättest, ich möcht rein, hättest Du genauso gut sagen können, ich möchte aus der Gruppe raus, ich geh lieber da rein.

Mo.: Ne, ich mach Dir da keinen Vorwurf, sondern ...
... ich hab z.B. grad bei Dir hab ich gemerkt, ich weiß jetzt nicht, ob das wirklich am Thema hing, ich glaub nicht, Du hast gesehen, da ist der Eberhard und da ist der Olaf, gehst in die Gruppe, gell? Ich glaub, daß das mehr so war, anstatt das Thema...

A.: Ne, ich kann mich an den Montag noch sehr wohl erinnern.

R.: (nicht laut) Du wirst ja nicht persönlich angegriffen...

Mo.: Ja, es ist irgendwie komisch, daß meistens die Leute, die eben sonst auch immer zusammen sind in einer Gruppe, daß die dann auch immer zusammen sind.

E.: Ich find das recht verständlich, Monika, wie sollen die...

Mo.: Wieso, wenn das Thema verschieden ist, find ich das nicht verständlich.

E.: Entschuldige, entschuldige

A.: Na ich hätt genausogut sagen können...

KL: (dazwischen) Die Monika...

A.: ... Ich hab mich mit dem Eberhard in der letzten Gruppenarbeit – hatten wir also eine Auseinandersetzung gehabt, und ich hab gar keine Lust dahin zu gehen. Warum sollt ich auch.

N.: Ne, ich wollte doch was zu Dir sagen. Bei mir – ich gehe jetzt mal von mir aus – bei mir ist das nämlich so, weil ich auch in anderen Kursen oft mit Eberhard zusammen bin und weil ich weiß, daß ich mit ihm gut zusammenarbeiten kann oder z.B. mit anderen Leuten hier, wenn ich zweimal mit denen in der gleichen Gruppe war und dann weiß, daß sie effektiv was bringen können, und daß ich besser mit diesen arbeiten kann, wie z.B. mit anderen Leuten, da ist ganz klar, daß ich dann lieber in eine Gruppe geh, wo ich eben mehr bringen kann als wenn ich in 'ne Gruppe geh, wo mir zwar das Thema paßt, wo ich aber die Leute nicht einschätzen kann.

Mo.: Das ist ja grad das Falsche.

N.: Ja, das ist ja das Falsche, aber trotzdem, das ist ja irgendwie verständlich, daß ich so reagiere. (Gemurmel)

KL: Genau. Die Mo. hat schon gesagt, das ist genau das Vorurteil, daß man meint, man könnte mit anderen nicht so produktiv arbeiten, wie mit bestimmten Leuten ... und ... (Gemurmel)

Mi.: Ja, aber warum ist das ein Vorurteil, wenn man mit anderen besser arbeiten kann?

KL: Das ist ein Vorurteil gegenüber denen, weil Du weder Informationen hast über die Zusammenarbeit, ja, noch willst Du sie gewinnen, und da bleibt das Vorurteil bestehen. Das ist das Problem.

Beispiel: Textauszug aus einer Kursarbeit (Aufgabe 1 + 2)

Die Diskussion soll das allgemeine Thema des Kurses „Vorurteile" auf den Kurs selber beziehen. Die Schüler sollen das Thema auf ihre eigene Situation übertragen und dort beginnen, die Vorurteile abzubauen im Kurs, in der Gruppenarbeit, wodurch die Vorurteile dort entstehen mögen, weshalb man die eine oder andere Gruppe bevorzugt. Eine kurze Zusammenfassung und Aufgabenstellung wird wohl vom Kursleiter gegeben, aber die Unterstützung von abgegebenen Beiträgen ist nicht vorhanden. Auch fehlt eine Diskussionsleitung, die dringend notwendig gewesen wäre. Eigentlich ist gar keine Form vorhanden, manchmal wird einfach nur durcheinander geredet, keiner achtet richtig auf den anderen und versucht entweder sich mit Gewalt durchzusetzen oder gibt sich geschlagen. Die Diskussion verläuft gleichmäßig durcheinander. Heidrun (KL) bringt am Anfang zwar ziemlich klar das Thema und es wird auch gleich darauf eingegangen, aber großes Interesse scheint trotzdem nicht dafür vorhanden zu sein. Im Hintergrund taucht immer wieder Gemurmel auf, Privatgespräche, die sehr störend wirken. Außerdem beteiligen sich auch immer wieder dieselben Leute an der Diskussion. Durch das ständige Hintergrundgemurmel ist die Artikulation der Teilnehmer auch sehr unsicher. Vorbereitet war sicher niemand auf die Diskussion, da das Thema ja auch spontan gestellt wurde und nicht in der letzten Stunde gestellt wurde, aber jeder hätte die Grundkenntnisse, die vor der Diskussion erläutert wurden, wissen müssen und anwenden können. Es wurde aber absolut kein Fachwissen verwendet, sondern es wurden erst die Vorurteile, die bei Gruppenarbeit vorhanden sind, herausgesucht, doch als es an den Punkt der Bekämpfung der Vorurteile geht, da wird irgendwie abgeschweift und dann ist auch die Stunde zu Ende.

Jochen Grell, Waldemar Pallasch

Selbstgesteuertes Lernen in einer Kultur der Fremdsteuerung

1. Ein von den Lerntheorien vernachlässigtes Problem: Jeder Lernprozeß hat eine Selbststeuerungskomponente

Studiert man die gängigen Theorien über menschliches Lernen, so gewinnt man den Eindruck, daß hier von einem Wesen die Rede ist, dessen Lernprozesse vollkommen „von außen" steuerbar sind. Es sieht so aus, als könnte man Menschen nahezu alles beibringen, wenn man ihnen nur die richtigen Verstärker im richtigen Augenblick verabreicht, sie genügend motiviert, hinreichend verständlich informiert oder ihnen geeignete Rückmeldungsinformationen gibt. Das Paradigma der Lerntheorien scheint der lernende Automat zu sein, der optimierte Serien von Lernreizen schluckt und dessen Verhalten dadurch in der Richtung verändert wird, die die operationalisierten Lernziele vorschreiben. Natürlich ist dieses Bild falsch, und es wird von den Erfahrungen in der Praxis tagtäglich widerlegt:

- Eltern begreifen nicht, wieso ihr Kind nicht lernt, sein Zimmer aufzuräumen, obwohl sie sich täglich darum bemühen, ihm dies beizubringen;
- Lehrer erleben täglich, wie sehr ihre Arbeit davon abhängig ist, daß in den Schülern selbstgesteuerte Prozesse stattfinden, etwa wenn alle Erklärungen einen oder mehrere Schüler einfach nicht zu erreichen scheinen;
- Psychotherapeuten erfahren, daß sie einem Klienten nicht helfen können, weil er sich allen therapeutischen Strategien entzieht.

Nicht weniger rätselhaft und zufällig erscheint es dem Beobachter aber auch, wenn die Bemühungen, Lernprozesse anzuregen, um Lerneffekte zu bewirken, erfolgreich sind:

- Plötzlich kann Jens ganze Wörter selbst erlesen, obwohl er lange Zeit nicht den geringsten Fortschritt zu machen schien;
- über Nacht ist Barbara wie verwandelt. Sie pflegt ihr Äußeres überaus peinlich, obwohl es vorher Kämpfe kostete, sie überhaupt zum Waschen anzuhalten;
- Peter bastelt leidenschaftlich mit seinem Techniker-Kasten, den er vorher monatelang unbeachtet ließ.

In der praktischen Erziehungs- und Instruktionsarbeit erweist es sich als schier unmöglich, vorherzusagen, welche Reize die einzelnen Lernenden aus dem komplexen Reizangebot auswählen werden. Letztlich ist es immer der Lernende selbst, der aufgrund rätselhafter Kriterien darüber entscheidet, was er wann und wie aufnimmt und was er nicht in sich „hineinläßt".
Die so schön eindeutigen und überzeugenden Ergebnisse, von denen in den wissenschaftlichen Aufsätzen über Lernexperimente berichtet wird, lassen sich in der Praxis nicht exakt replizieren. Und dies vor allem darum, weil die Selbststeuerung des Lernprozesses durch den Lernenden im Experiment durch geeignete treatments zwar kunstvoll ausgeblendet werden kann, im praktischen Leben aber immer als entscheidende Variable wirksam bleibt und den Lernprozeß „stört". Je mehr ein Lernexperiment oder eine Lehrmethode die Selbststeuerung des Lernenden zu unterlaufen oder zu umgehen trachtet, je perfekter also die Fremdsteuerung des Lernens gemacht werden soll, desto wahrscheinlicher wird es sein, daß bei Versuchen, die Forschungsergebnisse unter Praxisbedingungen nachzubilden, Selbststeuerungsprozesse als Störungen auftreten werden.
Denn menschliches Lernen ist zu einem beträchtlichen Teil immer selbstgesteuert. „Lernen bleibt ein *subjektiver* Vorgang und zwar ein subjektiv *regulierter* Vorgang..." (Flammer, 1975, S. 359). Zwar lassen sich bei jedem Lernprozeß eine große Auswahl von Faktoren identifizieren, die außerhalb des Lernenden liegen und die den Lernvorgang und sein Ergebnis beeinflussen. Aber *was der Lernende an neuen oder modifizierten Verhaltensweisen erwirbt oder welche neuen Bedeutungsstrukturen sich in seinem Kopf bilden, das ist bis heute von außen nicht exakt steuerbar.* Alle Fremdsteuerung von Lernprozssen, alles Vorordnen externer Bedingungen zum Anregen spezifischer Lernprozesse und zum Vorprogrammieren spezifischer Lerneffekte, trifft hier auf eine Barriere: *Die Wahrnehmung, die Verarbeitung und Integration all dieser Außenreize und die Koordinierung und Ausführung neuer Handlungen müssen vom Organismus selbstgesteuert geleistet werden und können ihm weder abgenommen werden noch sind sie zu erzwingen.*
Obwohl es kaum ein psychisches Phänomen gibt, das theoretisch und experimentell intensiver erforscht worden ist, und eine unübersehbare Fülle von Daten und Theorien zusammengetragen wurde, ist es verfehlt, wenn man annimmt, in diesem Bereich sei alles geklärt. Man kann auch heute noch, ohne sich vor einem Wissenschaftler-Publikum lächerlich zu machen, behaupten:
„Lernen" ist der Name für Prozesse, die in Menschen ablaufen und die das Ergebnis haben, daß sich das Verhalten dieser Menschen mehr oder weniger dauerhaft ändert. Wie diese Prozesse im einzelnen ablaufen, darüber gibt es viele Vermutungen, aber Genaueres weiß man darüber eigentlich noch nicht.
Die Bemühungen, den Selbststeuerungsanteil bei Lernprozessen theoretisch und empirisch aufzuklären, also zu untersuchen, was in einem Menschen eigentlich

vorgeht, der lernt, sind über erste tastende Schritte bisher nicht hinausgekommen. Zwar gibt es viele Ansätze zu Modellen, aber die bisher vorgeschlagenen Modell-Ideen bieten weder ein geschlossenes Bild noch wurden sie in wesentlichen Teilen experimentell überprüft. Die selbstgesteuerten Anteile von Lernprozessen sind noch weitgehend unbekannt.

Inadäquat sind die existierenden Lerntheorien noch in einer anderen Hinsicht. Gewöhnlich hört die psychologische Lernforschung da auf, wo im praktischen Leben die wichtigste Problematik eigentlich erst beginnt, nämlich bei der Anwendung und Übertragung des Gelernten. Der typische Lernpsychologe schließt seine Datenerhebung ab und publiziert seine Ergebnisse, sobald die Versuchspersonen das neue Verhalten im Sinne des Forschungsdesigns häufig genug gezeigt haben. Was dann weiter mit diesen Lerneffekten geschieht, ob und wie die Vpn das neue Verhalten in ihr Verhaltensrepertoire aufnehmen, wie es im Alltag angewendet wird, ob es eine instrumentelle Funktion für das Individuum bekommt und wie lange, welche Modifikationen das neue Verhalten durch die Übernahme und Benutzung durch einen individuellen Lerner erfährt, welche eigenen Erfindungen das Individuum etwa hinzufügt, um das neue Verhalten verwenden zu können, welche bereits vorher verfügbaren Verhaltensweisen durch das neue Verhalten beeinträchtigt oder gefördert werden, solche Fragen interessieren die Lernpsychologie weniger. Ihre Behandlung wird den Transfer-Experten überlassen oder unterbleibt völlig.

Dieser Zustand von Forschung und Theorie hat seine Parallele in der Praxis. Hier bleibt die Aufgabe, das vom Lehrer „auf Vorrat“ vermittelte Wissen und Können für das eigene Leben relevant zu machen und es in instrumentelles Wissen zu verwandeln, dem einzelnen Schüler zur gefälligen Selbststeuerung überlassen. Lehrer interessiert gewöhnlich die Frage wenig, was ihre Schüler für sich aus den schulischen Inhalten machen, wieweit sie den Lernstoff anwenden und übertragen. Wenn der Test oder die Klassenarbeit erst einmal geschrieben wurden und die Zensuren ermittelt sind, können die Schüler den Lernstoff darum auch ruhig wieder vergessen.

Zukünftige Lerntheorien müßten diese ökonomische Trennung der Aspekte von Lernprozessen aufheben, indem sie sowohl die Prozesse erklären, die zum Erwerb neuen Verhaltens führen, wie auch die Prozesse, die die Anwendung des neuen Verhaltens beeinflussen.

Wie wenig wir wirklich über menschliches Lernen und den Anteil der Selbststeuerung durch den Lernenden wissen, merkt man, wenn man versucht, im Alltag beobachtete Lernvorgänge lerntheoretisch zu erklären. Diese Aufgabe erweist sich als unlösbar, weil es einfach keine Kriterien gibt, die eine Entscheidung darüber erlauben, welche der miteinander konkurrierenden oder sich ergänzenden Lerntheorien der Lernende wirklich „befolgt“ hat. Da wir nicht wissen, welche Steuerungsprozesse im Lernenden ablaufen, bleibt es

lediglich eine Vermutung, wenn ein Lehrer etwa annimmt, ein Schüler habe ein bestimmtes Verhalten etwa über den Prozeß des Modellernens erworben.
Zu den Autoren, die den Anteil der Selbststeuerung bei Lernprozessen richtig einschätzen, gehört C. R. Rogers. Er schreibt: „We cannot teach another person directly; we can only facilitate his learning“ (Rogers, 1951, S. 389). Rogers weist an vielen Stellen implizit darauf hin, daß die Mißachtung der Selbststeuerungskomponente von Lernprozessen durch ausgeklügelte Fremdsteuerungstechniken das Lernen blockieren kann. Einen ähnlichen Gedanken äußert Flammer (1975, S. 358f.), wenn er zu bedenken gibt, daß durch „didaktisch-technologische Versuche, das individuelle Lernen ‚von außen' zu optimieren“ und durch „zu weitgehende Übernahme von individuellen Lernentscheidungen durch den Lehrer“ beim Lernenden „selbstregulatorische Prozesse zum Ausfall“ gebracht werden könnten, die „mindestens beim gegenwärtigen wissenschaftlichen Stand nur sehr ungenügend durch Außendetermination ersetzbar sind“. (Bei diesen Zitaten haben wir die Orthographie geringfügig verändert.) Das heißt im Klartext: *Lernprozesse haben eine Selbststeuerungskomponente, die theoretisch und empirisch wenig geklärt ist. Durch ungeeignete Formen von Fremdsteuerung werden vermutlich die für erfolgreiches Lernen unerläßlichen Selbststeuerungsprozesse irritiert oder blockiert.* Man kann das auch so formulieren: Ein ausreichendes Ausmaß an Selbststeuerung durch den Lernenden ist eine kritische Bedingung für erfolgreiches Lernen. Wenn diese Annahme stimmt, muß man daraus folgern, daß die Schule den Schülern beim Lernen einen angemessenen Spielraum für selbstgesteuerte Lernaktivitäten bieten muß.

2. Lernen ohne Lernauftrag: Selbstgesteuertes Lernen im Alltagsleben

Es sieht so aus, als ob wir dann am effektivsten lernen, wenn unser Lernen selbstgesteuert ist, d.h. wenn wir unabhängig von direkter zielorientierter Fremdsteuerung durch andere Personen lernen. In der Tat erwerben wir den weitaus größten Teil unseres Wissens und Könnens über selbstgesteuerte Lernaktivitäten im Alltagsleben, zu denen uns niemand einen direkten Lernauftrag gegeben hat.
Am besten läßt sich selbstgesteuertes Lernen bei Kleinkindern beobachten, die noch nicht den Regulativen institutionalisierten Lernens (Vorschule, Schule) ausgesetzt sind. Kinder lernen spielend, oder: Kinder spielen lernend. In ihrem Verhalten wird die Selbststeuerung besonders augenfällig, wenn sie sich ihr eigenes Spiel-Lern-Arrangement schaffen, d.h. die zur Verfügung stehenden Spiel-Lern-Reize aufgreifen und verarbeiten, aber auf Interventionen von außen abwehrend reagieren. Von außen gesteuerte Einwirkungen auf ihr eigenes Arrangement führen oft zum abrupten Abbruch ihres Tuns.

Kinder üben und lernen so eigentlich ununterbrochen von sich aus, weitgehend ohne Anleitung, ohne direkt von anderen Personen motiviert zu werden, ohne von außen gesetzte Lernziele. Sie entscheiden sich selbst, auf welche Reize ihrer Umwelt sie reagieren, mit welchen Tätigkeiten sie reagieren, wie lange und wie oft sie sich bestimmten Reizen zuwenden und ihre verschiedenen Lernaktivitäten ausführen, wann sie sich neuen Reizen zuwenden, welche Hilfsmittel sie benutzen, ob sie Reizsituationen aktiv aufsuchen oder sie vermeiden.
Es ist schwierig, sich klarzumachen, in welchem Ausmaß wir von diesen selbstgesteuerten Lernaktivitäten unser Leben lang abhängig sind. Eine kleine Vorstellung von der Wichtigkeit und Effektivität dieses Lernens bekommt man, wenn man sich einmal überlegt, was uns in der Schule alles beigebracht werden müßte, wenn wir nicht die selbständige Fähigkeit besäßen, fortwährend in Interaktion mit unserer sozialen und physischen Umwelt selbstgesteuert zu lernen. *Eine Schule, die ohne diese Basis kontinuierlich ablaufender selbstgesteuerter Lernprozesse auskommen müßte, hätte in der Tat keine Ähnlichkeit mit der uns bekannten Institution, sie ist eigentlich unvorstellbar.*
Natürlich ist dieses Lernen im Alltag nicht selbstgesteuert im strengen Sinne des Wortes. Die Personen, mit denen wir interagieren, wirken steuernd auf unsere Lernaktivitäten ein, und wir selbst wiederum beeinflussen ihre Lernaktivitäten. Dazu kommt, daß das Alltagslernen gesellschaftlichen Steuerungsmechanismen unterworfen ist: sozial-kulturelle Normen und Werte und die aus den materiellen Bedingungen resultierenden Selbstverständlichkeiten der Gesellschaft steuern weitgehend die Lernaktivitäten im Alltag und ihre Effekte. Insofern wäre es exakter, von „diffus" gesteuerten Lernprozessen zu sprechen. *Trotzdem ist es richtig, diesen diffus gesteuerten Lernprozessen das Merkmal Selbststeuerung zuzuschreiben, und zwar deswegen, weil sie in der Regel in das selbstgesteuerte Handeln des Individuums eingebettet sind und von ihm daher auch als selbstgesteuert erlebt werden.*
Neben diesem selbstgesteuerten Alltagslernen ohne Lernauftrag und ohne eigene Lernabsicht gibt es bei Kindern und Erwachsenen auch selbstgesteuertes Lernen *mit* Lernabsicht. Kinder oder Erwachsene, die sich für ein besonderes Sachgebiet interessieren und die ihr Hobby pflegen, indem sie alle verfügbaren Informationen sammeln, sich in fachlichen Fähigkeiten üben, mit Experten kommunizieren u. ä., lernen selbstgesteuert und absichtsvoll. Schüler zu dieser Art selbstgesteuerten Lernens zu befähigen bzw. sie nicht daran zu hindern, die dazu nötigen Fähigkeiten zu entwickeln, ist sicher eine wichtige Aufgabe, die die Schule sich stellen sollte. Zusammenfassend: *Wir sprechen von „selbstgesteuertem Lernen", wenn der Lernende, ohne einen Lernauftrag erhalten zu haben, mit oder ohne Lernabsicht Lernaktivitäten ausführt, die er als selbstgesteuert erlebt.* Selbstgesteuertes Lernen ist sehr effektiv. Trotzdem ist es – jedenfalls in Gesellschaften wie der unseren – nicht möglich, auf die Fremdsteuerung von Lernprozessen zu verzichten. Warum nicht?

3. Grenzen des selbstgesteuerten Lernens: Die Notwendigkeit fremdgesteuerten Lernens

Das selbstgesteuerte bzw. diffus gesteuerte Alltagslernen hat seine Grenzen. Zwar lernen wir auf diesem Wege sehr viel, und was wir einmal gelernt haben, das behalten wir in der Regel sehr gut und wenden es auch in unserem Leben an, aber *wir lernen nicht alles, was wir lernen müßten, und wir lernen vieles, was wir lieber nicht lernen sollten.*

Viele Menschen könnten weder richtig lesen noch schreiben, wären wir allein auf das Lernen im Alltag angewiesen. Und über selbstgesteuerte Lernprozesse erwerben wir Vorurteile, quälende Ängste, disfunktionale Verhaltensmuster, mit denen wir uns selbst oder anderen Schaden zufügen. *Das so effektive selbstgesteuerte Alltagslernen hat den Nachteil, daß es ungenügend an gesellschaftlichen Zielen orientiert ist.*

Die Schule ist eine Antwort auf diesen Nachteil. Sie ist eine Institution zur zielorientierten Fremdsteuerung von Lernprozessen. Die Durchführung dieser Fremdsteuerung ist die Aufgabe der Lehrer. Sie erteilen den Schülern Lernaufträge und lassen sie bestimmte Lernaktivitäten ausführen, die sie steuern und überwachen. Auf diese Weise versuchen sie Lernprozesse auszulösen, die dazu führen sollen, daß die Schüler die vorgegebenen Ziele erreichen. In der Schule wird gleichsam versucht, das selbstgesteuerte Alltagslernen zu domestizieren. Es scheint, daß bei diesem Vorgang von der Selbststeuerung des Lernens nicht viel übrigbleibt. Selbstgesteuertes und fremdgesteuertes Lernen scheinen unvereinbar zu sein. Und die Fremdsteuerung von Lernprozessen erzeugt darüber hinaus neue Schwierigkeiten, die den Vorteil der besseren Zielorientiertheit in Frage stellen.

4. Sperrigkeitsphänomene im Unterricht: Symptome eines zu geringen Spielraumes für Selbststeuerung

Unterrichten und Erziehen wären ziemlich einfache Aufgaben, wenn diejenigen, die belehrt und erzogen werden sollen, nicht Menschen mit einem eigenen Willen wären. Der oft zitierte Praxisschock, den junge Lehrer erleben, wenn sie beginnen, ihre theoretischen Kenntnisse in der Praxis zu erproben, beruht zum Teil darauf, daß die Lehrer die Erfahrung verarbeiten müssen, daß die Schüler der Fremdsteuerung ihres Verhaltens im Unterricht mit mehr oder weniger massivem Widerstand begegnen.

In der Hochschule haben die Lehrer zum Beispiel gelernt, daß die Selbständigkeit und Kooperationsfähigkeit der Schüler durch Gruppenarbeit gefördert wird. Sobald sie aber in der Schule den Versuch machen, solche Lehren in

unterrichtliche Taten umzusetzen, erfahren sie, daß die Schüler bereits selbständig genug sind, einfach nicht tun zu wollen, was sie tun sollen. In solchen Situationen neigen Lehrer verständlicherweise dazu, solche Ideen als praxisfern und „zu theoretisch“ abzulehnen.
Die „Sperrigkeit“ des „Menschenmaterials“ gegenüber Beeinflussungsversuchen mit Erziehungsabsicht äußert sich in der Schule in vielfältigen Formen. Jeder Lehrer kann ein Lied davon singen. Oft drücken Schüler ihren Unwillen oder ihr Unbehagen direkt mit Worten aus, indem sie das Unterrichtsthema kritisieren oder die Lernaufgabe ablehnen, indem sie den Lehrer angreifen und ihn beschimpfen, indem sie aggressive Kommentare geben, die ihr Mißvergnügen schildern. Häufiger wird die Ablehnung indirekt und verschlüsselt signalisiert, etwa wenn Schüler verkünden, sie könnten eine Aufgabe nicht lösen, noch bevor sie den kleinsten Versuch dazu gemacht haben oder wenn sie erklären, daß sie ihre Hausaufgaben vergessen hätten. In vielen Stunden spürt man ein diffuses Widerstreben, und erst, wenn man genauer beobachtet, bemerkt man uninteressierte Mienen, träge Bewegungen, lustloses Melden, knappe Antworten, die manchmal leicht ironisch klingen, zögerndes Befolgen von Arbeitsanweisungen, unbeteiligtes Ausführen von Aufgaben.
Auch die Intensität dieser Sperrigkeitsphänomene variiert beträchtlich. Manchmal sind es wenige Schüler, manchmal ganze Klassen, deren Widerstreben dem Lehrer auffällt; manchmal handelt es sich eher um Zurückhaltung und Passivität, dann wieder um aktiven Protest, Aggression, absichtliches Stören des Unterrichts.
So vielfältig wie die Formen dieses Sperrigkeitsverhaltens sind auch die Namen und Erklärungen, die es dafür gibt. Man spricht von Disziplinlosigkeit, Interessenlosigkeit, Leistungsversagen, Faulheit, Mangel an Motivation, Konzentrationsstörungen, Anpassungsschwierigkeiten, Aggressivität usw.
Am einfachsten ist es, wenn sich die Lehrer mit ihren Kollegen darauf einigen können, daß es sich um einzelne „schwierige Schüler“ mit „Verhaltensstörungen“ handelt oder daß die ganze Klasse „schwierig“ ist. Oft werden Sperrigkeitsphänomene auch mit dem Hinweis auf besondere Charaktereigenschaften von Schülern oder auf ihre ungünstigen Familienverhältnisse „erklärt“. Beliebt sind weiter entwicklungspsychologische Deutungen, z. B. werden viele Verhaltensweisen von Schülern, die im Unterricht als störend empfunden werden, gern als typische Pubertätserscheinungen dargestellt. Oder man greift in die kulturkritische Mottenkiste und weist darauf hin, daß die Schüler früher, als es noch klare Verhaltensrichtlinien gab und die Lehrer sie noch durchsetzen durften, sich nicht so benommen hätten wie heute.
Recht oft glauben Lehrer auch, daß das Problem vor allem darin bestünde, daß die Schüler nicht genügend motiviert seien und geben die Hoffnung nicht auf, daß sie eines Tages doch noch lernen könnten, die Schüler richtig zu motivieren.
Was folgern Lehrer nun aus diesen Erklärungen? Und welche Maßnahmen

ergreifen sie, um den Konflikt zu lösen und die Sperrigkeitsmauer zu überwinden?
Die Lösungen, die Lehrern in den Sinn kommen, haben gewöhnlich eines gemeinsam: sie gehen alle davon aus, daß es darauf ankommt, die Fremdsteuerung des Schülerverhaltens zu verfeinern oder zu intensivieren. Eine Verfeinerung der Steuerung wird versucht, wenn Lehrer sich noch bessere Methoden überlegen, die Schüler zu motivieren. Da diese Versuche nur selten erfolgreich sind, gehen viele Lehrer bald zum zweiten Verfahren über und verschärfen die Fremdsteuerung, indem sie ihr Lenkungsverhalten autokratischer gestalten.
Auf den Gedanken, daß das Sperrigkeitsverhalten von Schülern gerade durch zuviel Fremdsteuerung bewirkt worden sein könnte und am besten dadurch „behandelt" oder beantwortet wird, daß man das Ausmaß der Fremdsteuerung verringert und den Schülern in größerem Umfang als bisher Selbststeuerung zugesteht, kommen Lehrer entweder gar nicht oder sie können ihn nicht umsetzen. Und doch ist dies eine sehr plausible Erklärung für das Sperrigkeitsverhalten, die sich sowohl auf Alltagserfahrungen wie auf eine ausgearbeitete Theorie stützen kann.
Wir können täglich am eigenen Leib erfahren, daß wir es als unangenehm erleben, wenn unsere Handlungsfreiheit eingeschränkt wird. Dies ist auch der Grundgedanke der von J. W. Brehm formulierten Reaktanztheorie. Diese Theorie geht davon aus, daß Menschen den Wunsch haben, ihr Handeln selbst zu initiieren und zu steuern. Wird dieses Bedürfnis nach Selbststeuerung frustriert, etwa wenn jemand uns zwingen will, eine ganz bestimmte Handlung auszuführen, dann werden durch diese Reduzierung unserer Handlungsfreiheit bei uns Reaktanzeffekte ausgelöst:

- wir fühlen uns in die Opposition gedrängt,
- wir finden die erzwungene Handlung mehr oder weniger unattraktiv,
- wir erleben Unbehagen und Unzufriedenheit,
- wir haben Schwierigkeiten, uns mit der Aufgabe zu identifizieren und führen sie weniger sorgfältig aus, wenn es uns nicht gelingt, die Ausführung zu vermeiden.

(Zur Reaktanztheorie vgl. Middlebrook, 1974; Grabitz-Gniech, 1975.)
Die Reaktanztheorie sagt voraus, daß Lehrer, die auf das Sperrigkeitsverhalten von Schülern (= Reaktanzeffekte) mit der Intensivierung der Fremdsteuerung reagieren, dadurch nur noch mehr Sperrigkeit (Reaktanz) erzeugen. Natürlich geht in dieser Eskalation von Fremdsteuerung und Sperrigkeit die Zielorientiertheit der Lernprozesse weitgehend verloren. An die Stelle der ursprünglich vom Lehrer angestrebten Lern- und Erziehungsziele treten die unkontrollierten, nicht formulierten Ziele des heimlichen Lehrplans.

Wenn wir hier vorschlagen, die geschilderten Sperrigkeitsphänomene, die bisher in der Literatur und in der Schulpraxis mit einer Vielzahl von Begriffen bezeichnet und mit den verschiedensten Theorien erklärt werden, als Reaktanzeffekte aufzufassen, dann haben wir zwar die in diesem Forschungsbereich zur Zeit herrschende Mehrheitsmeinung gegen uns, die man so zusammenfassen kann, daß es gefährlich und unwissenschaftlich sei, für komplizierte Phänomene einfache Erklärungen anzubieten; wir können uns aber andererseits darauf berufen, daß wir damit einem ehrwürdigen Prinzip der Wissenschaftlichkeit folgen, nämlich dem Ockham'schen Ökonomieprinzip, das verlangt, gerade solche Erklärungen vorzuziehen, die mit den wenigsten Begriffen und Annahmen auskommen, um einen problematischen Sachverhalt zu erklären. Wir halten unsere reaktanztheoretische Erklärung der Sperrigkeitsphänomene aus den folgenden Gründen für einfacher als die vielen konkurrierenden Erklärungsversuche:

1. Sperrigkeitsphänomene treten im Unterricht auf und werden deswegen am einfachsten erklärt, wenn man sie als Effekte von Wirkungen interpretiert, die im Unterricht selbst vorkommen, statt etwa auf Faktoren zurückzugehen, die außerhalb der Unterrichtssituation angesiedelt sind oder die bis in die frühe Kindheit der beteiligten Personen zurückreichen.
2. Die Reaktanztheorie kommt mit wenigen Annahmen und Begriffen aus. Sie braucht nicht auf „Eigenschaften" von Personen zurückzugreifen (jedenfalls solange sie nicht erklären will, warum Individuen unterschiedliches Sperrigkeitsverhalten zeigen), sie benötigt keine komplizierten Modelle von hintergründigen Triebstrukturen, angeborenen Motivationen usw.
3. Die Reaktanztheorie hat einen großen Geltungsbereich, denn sie erklärt sehr viele verschiedene Verhaltensmuster und Interaktionsereignisse. Sie erklärt nicht nur das Sperrigkeitsverhalten von Schülern im Unterricht, sondern ebenso die Sperrigkeit von Erwachsenen, die sofort besonders massiv auftritt, wenn man versucht, Erwachsene ebenso zu unterrichten wie Schüler. Sie gilt nicht nur für Lernsituationen, sondern auch für Interaktionssituationen, in denen kein Teilnehmer eine Lern- oder Lehrabsicht verfolgt.
4. Die Reaktanztheorie ist geeignet, viele empirische Befunde über die Auswirkungen von Lenkung (Fremdsteuerung) zusammenfassend zu erklären, beispielsweise Ergebnisse der klassischen Führungsstilforschung oder die von Tausch/Tausch (1970) zusammengestellten Befunde zur Lenkungsdimension des Verhaltens von Erziehern.
5. Die Erklärung des Sperrigkeitsverhaltens als Reaktanz ist auch in dem Sinne einfacher als andere Erklärungen, weil Reaktanz (Sperrigkeit) experimentell einfach ausgelöst werden kann und weil sich aus der Reaktanztheorie, wenn man sie auf die Bedingungen des Lernens in der Schule bezieht, einfache Folgerungen ableiten lassen, die in einfachen Versuchsanordnungen wider-

legt werden können, wenn sie falsch sein sollten (vgl. Popper, 1973, S. 100f.). Dies kann nur dem Fortschritt der Wissenschaft dienen.

Der wichtigste Grund, warum wir es für vertretbar und sogar geboten halten, eine einfache monokausale Erklärung für das Auftreten der vielfältigen Sperrigkeitsphänomene anzubieten, liegt jedoch auf einem anderen Gebiet. Wir glauben nämlich, daß allgemeinere und einfachere Theorien für praktizierende Lehrer, aber auch für Wissenschaftler, nützlicher sind als die heute so beliebten, überkomplizierten „theoretischen Modelle", die oft nur noch den Zweck zu haben scheinen, alles zusammenzustellen, was irgendwie eine Rolle spielen könnte. Solche Modelle sind dann häufig nichts weiter als ziemlich wertlose Stoffsammlungen, weil sich aus ihnen keine überprüfbaren Aussagen mehr ableiten lassen, schon gar nicht solche, die als Prinzipien für die Konstruktion praktischen Handelns brauchbar wären. Auch mit Darstellungen, die als Theorien verkauft werden, in Wirklichkeit aber nur Zusammenstellungen von Fakten, Annahmen, Theoriebruchstücken sind (als Beispiele können viele Texte über das Gebiet der Lernschwierigkeiten gelten, die im wesentlichen nur aus der ermüdenden Aufzählung möglicher „Ursachen" bestehen), können Lehrer praktisch nichts anfangen, weil sie ihnen die Aufgabe, für die konkreten Fälle und Situationen, mit denen sie es im Unterricht zu tun haben, gesicherte Schlüsse zu ziehen oder gar Handlungsprogramme zu entwerfen und durchzuführen, nicht erleichtern, sondern im Gegenteil erschweren. Und Theorien und Befunde der differentiellen Psychologie, die etwas darüber aussagen, wie unterschiedlich Schüler mit unterschiedlichen Persönlichkeitsmerkmalen auf die verschiedenen unterrichtlichen treatments reagieren, mögen als Grundlagenforschung wichtig sein – obwohl man zur Zeit den Eindruck hat, daß diese Forschungsrichtung sich in einer Sackgasse befindet, aus der sie nicht heil herauskommen wird – für Lehrer werden diese Ergebnisse aller Voraussicht nach unbrauchbar bleiben, weil sie einfach ihre Kapazität überfordern. Denn es ist einem einzelnen Lehrer schlicht unmöglich, den Unterricht für 20 bis 40 verschiedene Schülerpersönlichkeiten optimal zu planen. Er kann nicht mehr leisten, als sich nach Prinzipien zu richten, die darüber Auskunft geben, was *im allgemeinen* das Lernen von Menschen günstig beeinflußt, und darauf vertrauen, daß die einzelnen Schüler mit Hilfe ihrer Selbststeuerung den Rest leisten werden. Wenn man die Reaktanztheorie auf die Schule überträgt, erhält man ein Werkzeug, mit dem man Elemente des Unterrichtsgeschehens identifizieren kann, die sich systematisch variieren lassen. Man kann dann als Lehrer oder als Wissenschaftler durch Experimente herausfinden, welche Kombinationen methodischer Strategien sich im Sinne der Förderung selbstgesteuerten Lernens im Unterricht positiv auswirken. Bisher gibt es vor allem darüber einigermaßen gesicherte wissenschaftliche Ergebnisse, wie sich bestimmte Dimensionen des Erzieherverhaltens auf Schüler auswirken. Weniger klar ist, welche Effekte komplexere Strategien im Unterricht haben. Die Arbeit von Kounin (1976) ist ein erster Schritt in diese Richtung. Arbeiten, die zeigen würden, welche methodischen Strategien es im allgemeinen sind, die das Sperrigkeitsverhalten von Schülern stärken oder schwächen und wie Formen des Unterrichts aussehen, die Schülern das Gefühl geben, einen ausreichend großen Spielraum für selbstgesteuertes Handeln zu haben, könnten von großer praktischer Bedeutung sein. Ein Lehrer könnte die theoretischen Aussagen daraufhin überprüfen, wie weit sie auf seine individuelle unterrichtliche Situation zutreffen bzw. übertragbar sind, indem er planmäßig mit den verschiedenen Unterrichtsstrategien „an der Reaktanzschwelle“ experimentiert. Dieses Vorgehen wäre einerseits wissenschaftlich-rational und würde andererseits dazu führen, daß der Lehrer seinen eigenen, seiner Persönlichkeit angemessenen Unterrichtsstil findet.

5. Die Kultur der Fremdsteuerung: Innere Bilder als internalisierte Traditionen, die das Handeln steuern

Der Vorwurf, die Schule vergewaltige die Schüler und hemme ihre Lernfähigkeit durch übertriebene Fremdsteuerung, gehört seit langem zu den Standardargumenten der Schulkritik. Heute orientiert sich ein großer Teil der Diskussion an zwei extremen Feindbildern. Auf der einen Seite stehen die bösen Technokraten, die fleißig daran arbeiten, die Fremdsteuerung so zu verfeinern, daß die Schüler gar nicht mehr merken, wie und wodurch sie ferngesteuert werden. Auf der anderen Seite sind die schlimmen Systemveränderer, die jede Fremdsteuerung als Manipulation diffamieren und am liebsten ganz abschaffen möchten. Sie beschäftigen sich unermüdlich damit, alle Bemühungen um effektiveres Unterrichten und Erziehen als getarnte Fremdsteuerung zu denunzieren. Beide Seiten stehen in einem ständigen rhetorischen Dauerfeuer. Das Ergebnis ist ein unübersehbarer Output von Literatur.

Läßt man diese mehr weltanschaulichen Auseinandersetzungen mit ihren Übertreibungen beiseite, dann ist das Ergebnis der Diskussion folgendes:

Im Unterricht werden die günstigsten Effekte dann erzielt, wenn die Lehrer das Verhalten der Schüler nur in geringem Ausmaß lenken. Oder: *Die wirksamste Art von Fremdsteuerung ist diejenige, die dem Lernenden die weitestgehende Selbststeuerung überläßt.*

Diese Erkenntnis ist nun weder neu, noch scheint sie schwer zu verstehen. Warum richten sich die Lehrer so wenig danach?

Wir wollen die Tatsache, daß in der Schule trotz jahrzehntelanger Gegenpropaganda eine massive Fremdsteuerung (Lenkung) des Schülerverhaltens durchgehalten wird, damit erklären, daß die Schule eine „Kultur der Fremdsteuerung“ ist. Wir definieren dabei „Kultur“ mit Hoebel und Frost (1976, S. 6) als

„integriertes System gelernter Verhaltensmuster, die für die Mitglieder einer Gesellschaft charakteristisch sind". Die Schule ist hier unsere „Gesellschaft", und diejenigen Mitglieder dieser Gesellschaft, auf deren „System gelernter Verhaltensweisen" wir unser Augenmerk richten, sind die Lehrer.

Wir gehen zunächst davon aus, *daß die Schule eine Kultur zum Zwecke der Fremdsteuerung von Lernprozessen ist und daß diese Kultur demgemäß einen institutionellen Rahmen hat, dessen Elemente der Schulgesellschaft das Prinzip der Fremdsteuerung fest aufprägen.* Zu den Elementen dieses Rahmens gehören unter anderem die folgenden Phänomene: Schulpflicht, Schulfächer und Lehrpläne, Schulklassen, in die die Schüler nach dem Alter zwangsweise einsortiert werden, 45-Minuten-Stunden und Pausen, Schulhöfe, Klassenräume und Stundenpläne, Schulordnungen, Fach- und Klassenlehrer, Klassenbücher und Anwesenheitslisten, Klassenarbeiten und Tests, Zensuren und Zeugnisse. Entscheidend ist nun, daß dieser Rahmen zwar abstrakt Fremdsteuerung erzwingt, aber nicht in Einzelheiten determiniert, in welcher Form die Fremdsteuerung in Interaktionssituationen von den Lehrern konkret verwirklicht wird. Lehrer müssen zwar Zensuren geben, aber sie können die Zensuren mit ganz unterschiedlichen Verfahren ermitteln, z. B. könnte dies so geschehen, daß die Schüler erfahren, daß sie es selbst sind, die die Zensur bestimmen. Das heißt, Lehrer haben objektiv einen mehr oder weniger großen Spielraum. Sie können durch ihre Art von Lenkung die Schule zu einer Fabrik zur Massenproduktion von Reaktanzeffekten machen, oder sie können so unterrichten, daß möglichst wenig Reaktanz ausgelöst wird, weil die Schüler einen angemessen großen Spielraum für Selbststeuerung ihres Handelns haben.

Wie Lehrer aber nun ihren Unterricht und die Aktivitäten der Schüler steuern, das ist nicht allein von ihrer persönlichen freien Entscheidung abhängig, sondern weitgehend ein Ergebnis des von der Schulkultur vorgegebenen „integrierten Systems gelernter Verhaltensmuster". Dem institutionellen Rahmen der Schulkultur entsprechen nämlich auf der Ebene der Interaktion im Unterricht bestimmte standardisierte Ablaufsmuster – „Sitten und Gebräuche" –, die die „richtige" Form der Fremdsteuerung im einzelnen genauer festlegen und vorschreiben. Junge Lehrer erleben die Konfrontation mit dieser Kultur oft sehr intensiv, auch dies ist ein Aspekt des Praxisschocks. *Da diese Sitten und Gebräuche ein integriertes System bilden, also miteinander vielfältig funktional verknüpft sind, ist es so außerordentlich schwierig, einzelne Verhaltensmuster von Lehrern durch Ausbildung oder Training dauerhaft zu verändern. Im kulturellen System wird durch das Gewicht der nicht mitveränderten Elemente der alte Gleichgewichtszustand bald wieder hergestellt.* So gesehen, ist Lehrerausbildung (oder Lehrerweiterbildung) der Versuch, in einer existierenden Gesellschaft einen Kulturwandel einzuleiten. Die nicht allzu überzeugenden Effekte von Lehrerbildung entsprechen eigentlich genau den recht enttäuschenden Ergebnissen der sog. Entwicklungshilfe.

Die verschiedenen Sitten und Gebräuche der Schulkultur haben Lehrer in Form „innerer Bilder" gespeichert. Dies sind Modelle im Kopf eines Lehrers, nach denen er sein pädagogisches Handeln konstruiert, die er zum Vergleich heranzieht, wenn er den abgelaufenen Unterricht beurteilt und die darüber entscheiden, wie er den Unterricht erlebt, während er abläuft, worüber er etwa zufrieden oder unzufrieden ist. Wie sehen solche inneren Bilder aus, und wie entstehen sie?

Wenn sich jemand zum Geburtstag eine Torte wünscht, dann entspricht dieser Wunsch einem „inneren Bild": Zum Geburtstag gehört eine Torte, sie muß mit Schokolade überzogen sein, mit Kerzen beleuchtet werden usw. Dieses innere Bild hat das Geburtstagskind durch Erfahrungen in sich aufgenommen, es hat es gelernt.

Ähnlich lernen Lehrerstudenten innere Bilder vom Unterricht, teils durch die eigene Erfahrung und teils durch die theoretische Vermittlung an den Hochschulen. Die Vermutung liegt allerdings nahe, daß die eigene erlebte Erfahrung wirkungsvoller die inneren Bilder bestimmt als theoretische Kenntnisse. Beckmann (1970, S. 10) stellt dazu fest: „Beim Junglehrer wäre zu vermuten, daß er Hilfe bei der pädagogischen Theorie, wie er sie im Studium gelernt hat, sucht. Bezeichnend ist jedoch für die Ausbildung des Lehrers, daß der Junglehrer in dieser Situation nicht selten auf ‚Unterrichtserfahrungen aus seiner Schulzeit zurückgreift und sie zu Modellen erhebt'."

Diese Modelle kann man als innere Bilder vom Unterricht ansprechen. Solche inneren Bilder, das soll hier ausdrücklich gesagt werden, müssen a priori nicht falsch sein, nur liegt die Vermutung nahe, daß sie Fremdsteuerung zuungunsten der Selbststeuerung durch die Schüler fördern. Wir wollen einige dieser inneren Bilder, die Fremdsteuerung nahelegen und verstärken, kurz darstellen und etwas durchleuchten.

Der Unterricht dauert 45 Minuten

Daß der Unterricht immer in Einheiten von 45 Minuten erfolgt, ist eine Tatsache, die – selbst wenn es für diese Zeitspanne keine hinreichende Begründung gibt – nicht umgestoßen zu werden braucht. Tatsache bleibt aber auch, daß Lehrer aufgrund dieses inneren Bildes unter Beschäftigungszwang geraten, wenn die Schüler mit dem Lernstoff schon am Ende sind und sich Ermüdungserscheinungen zeigen. „Mal ein Bild zu dieser Geschichte!", „Lies dir die Geschichte noch einmal durch" oder „Du kannst schon mit der Hausaufgabe beginnen" sind bewährte, aber unzulängliche Beschäftigungsstrategien.

Warum wird den Schülern beispielsweise nicht freigestellt, was sie in der ihnen verbleibenden freien Zeit machen? Vielleicht käme einer von ihnen auf die Idee, die eben gelesene Geschichte mit einem Mitschüler im Korridor zu spielen?!

Das Beispiel soll verdeutlichen, wie der Faktor „Zeit" unaufhörlich fremdgesteuerte Aktivitäten provoziert, wo sie von der Sache her gar nicht mehr zu rechtfertigen wären. Normierte Zeitspannen für das Lernen sind der Tod für Eigenmotivationen. Das innere Bild, das einen Lehrer hier unter Druck setzt, Fremdsteuerung auszuüben, hat hier die Gestalt einer „inneren Uhr", die auf 45-Minuten-Intervalle eingestellt ist.

In der Klasse hat Ruhe und Ordnung zu herrschen

Um gleich zu Beginn einem Mißverständnis vorzubeugen: ohne eine geordnete Ruhe und sinnvolle Ordnung ist Lernen oft nicht möglich. Es ist nicht das Chaos gemeint, in dem jeder tun und lassen kann, was ihm gerade einfällt. Das Gegenteil aber erstickt sehr wohl selbstgesteuerte Aktivitäten von seiten der Schüler, wenn sie beim Vorlesen einer Geschichte durch den Lehrer nicht leise mit dem Nachbarn „schwätzen" dürfen, d.h. sich nicht gegenseitig Informationen über das Gehörte austauschen dürfen, oder wenn einige Schüler während des Vortragens sich auf die Tische setzen, um so besser zuhören zu können und das nicht geduldet wird, weil in dieser Schule „Ordnung" herrscht.

Übertriebene Ruhe- und Ordnungsvorschriften lähmen schon im Ansatz Aktivitäten von Schülern. Durchbrechen Schüler diese Normen, wird ihnen eher Störverhalten als selbstgesteuertes Lernverhalten unterstellt. Schüler, die während der gesamten Unterrichtszeit auf ihrem Platz sitzen bleiben müssen, können eigene Ideen ihrem weiter entfernt sitzenden Freund nicht mitteilen, ohne den Unterricht zu stören. Zu überlegen wäre, ob nicht aufgelockertere Sozialformen, zumindest für bestimmte Unterrichtsabschnitte, selbstgesteuertes Lernen fördern könnten.

Was an der Tafel steht, muß ins Schulheft abgeschrieben werden

„Was auf den Tisch kommt, muß gegessen werden, auch wenn Du satt bist". Mit diesem Beispiel hätten wir ein analoges Bild aus dem Alltagsleben umrissen. Oft folgt die Ermahnung: „In Indien gibt es Tausende hungriger Kinder, die wären froh, wenn sie nur einen Teil von diesem Essen hätten!"

Das Dumme an diesem Erzieherargument ist nur, daß die Kinder in Indien davon nichts haben, gleichgültig ob die Speise restlos verzehrt worden ist oder der Rest in die Mülltonne wandert. Beruhigend für den Erzieher ist, daß sein inneres Bild nicht gestört wird und alles seine Ordnung hat.

Der Schüler hat die Merksätze von der Tafel abzuschreiben, gleichgültig, ob das noch nötig ist und gleichgültig, ob er sie sich zu Hause noch einmal ansieht. Eine Unterrichtsstunde hat mit einem konkreten Ergebnis – und hier in vielen Fällen nur für den Lehrer – zu enden. Es beruhigt mehr das Gewissen der Lehrer, als daß es immer etwas mit Lernen zu tun hat. Würde man Schüler beispielsweise auffordern, Vorschläge zu machen, wie man die Merksätze am besten lernen, anwenden oder ausprobieren könnte, wäre man über die Kreativität der Schüler erstaunt. Aber Kreativität ist im inneren Bild des Lehrers eher das Produkt von

Erziehung, weniger ein vorhandenes Werkzeug, das schon im Unterricht eingesetzt werden kann. Wer gewohnt ist, die ihm vorgesetzte Mahlzeit immer vollständig aufzuessen, kommt nie auf die Idee, weniger zu essen und den ersparten Geldbetrag auf ein Spendenkonto zu überweisen.

Die Fragen stellt der Lehrer

Beim fragend-entwickelnden Unterricht entwickelt fragend der Lehrer, nicht etwa die Schüler. Aber warum sollten die Schüler nicht einmal den Unterrichtsstoff fragend entwickeln?

Ist es nicht häufig so, daß die Schüler zu bestimmten Lerngegenständen eine Unmenge Fragen stellen? Die Fragen aber passen nicht ins Konzept des Lehrers, dem ein Ziel vor Augen schwebt. Muß aber dieses Ziel mit den Interessen der Schüler übereinstimmen?

Wenn Schüler immer weiter fragen, kann ein Lehrer davon ausgehen, daß seine Vorstellungen über den Gegenstand nicht mit denen der Schüler übereinstimmen. Die Schüler lassen sich von den angebotenen Lernreizen leiten und entwickeln ein selbstgesteuertes Lernverhalten, indem sie ihren Interessen nachgehen und das Erfragte in ihr Verarbeitungssystem sinnvoll einordnen. Ein Abblocken dieses Frageverhaltens im vermeintlichen Interesse des Lernziels ist ein klassisches Beispiel für Fremdsteuerung.

Lernziele müssen operationalisiert sein

Die Operationalisierung von Lernzielen umfaßt immer nur konkrete stoffliche Lernziele, nie – oder fast nie – werden Lernziele für das „Lernen des Lernens“ operationalisiert. Für eine Deutschstunde könnte ein Lernziel etwa so lauten: Die Schüler sollen für das Thema AB selbst drei Lernziele erstellen.

So hilfreich operationalisierte Lernziele einerseits sein können, so nachteilig wirken sie sich bei starrer Handhabung für das Lernen der Schüler aus, besonders dann, wenn der Unterrichtseinheit ein Lernzieltest folgt.

Schüler, die selbst daran gewöhnt werden, eigene Lernziele zu formulieren, entwickeln auch zufriedenstellende Lernkontrollen – wenn das den Lehrer beruhigt.

Immer beim Thema bleiben

Was hat der Schlager „Dann trugen ihn die Eng'lein fort...“ mit den Klöstern im Mittelalter zu tun? Vermutlich nichts.

Was hat der Kräuterlikör mit den Klöstern im Mittelalter zu tun? Vermutlich auch nichts.

Beide Dinge haben aber vermutlich doch etwas miteinander zu tun!

Als der obige Schlager in den frühen sechziger Jahren sehr beliebt war, beschwerte sich die katholische Kirche offiziell bei der Schlagerindustrie wegen Verunglimpfung. Daß aber die Benediktinermönche im Mittelalter einen

safrangelben Kräuterlikör kreierten und ihn lange Zeit als Geheimverfahren vermarkteten, davon war nicht die Rede. (Den BENEDIKTINER gibt es heute noch!)
Ob es zwischen diesen beiden Fakten (Schlager und Likör) einen Zusammenhang gäbe, wollten Schüler eines 7. Schuljahrs wissen. Der verdutzte Lehrer: „Nun wollen wir aber beim Thema bleiben!"

Wiederholung muß sein
Nach dem Lesen einer Geschichte müssen die Schüler den Inhalt nacherzählen. Das Wiederholen dient oft nur dem Lehrer als Genugtuung, weil dies der Ablauf ist, den sein inneres Bild als angemessen vorschreibt.

Ergebnisse müssen zusammengefaßt werden
Dies gilt besonders für die Gruppenarbeit. Schüler arbeiten in Gruppen, um hinterher die Ergebnisse im Plenum zusammenzutragen, und nicht etwa, um sie für sich selbst zu verwerten.

Der muß zu Hause mehr tun
Diktat- und Aufsatzberichtigungen müssen zu Hause angefertigt werden. Auf diese Weise entledigt man sich der Lerndefizite seiner Schüler.

Alles, was ein Lehrer sagt oder tut, muß sofort einen Effekt haben
Anordnungen müssen befolgt werden, Fragen müssen beantwortet werden, dürfen aber auf keinen Fall offen bleiben, Konflikte gehören schleunigst gelöst oder müssen wenigstens schnell beendet werden, und zwar vom Lehrer.
Die inneren Bilder der Lehrer sind natürlich durch Imperative nur sehr unvollkommen zu beschreiben, denn diese Vorstellungen sind mehr als Verhaltensregeln und auch mehr als Erwartungen, Wünsche, Pläne, Alltagstheorien oder Einstellungen. Man kann sich die inneren Bilder als eine Art Filmarchiv in unserem Kopf vorstellen, das die Sitten und Gebräuche unserer Kultur repräsentiert. Nimmt man die inneren Bilder der Schulkultur in ihrer Gesamtheit, so wirken sie zu einem großen Teil wie eine Sammlung von Rezepten zur Verhinderung selbstgesteuerter Lernaktivitäten. Diese Rezepte haben offenbar wirklich den Charakter lebender Bilder, die man in der Realität wiedererkennt oder eben nicht, wenn die Realität nach anderen Bildern konstruiert wurde. R. Tauschs Film „Soziales und unterrichtsmethodisches Lehrerverhalten" (FT 2220), der zeigt, wie Tausch eine Mädchenklasse über Italien unterrichtet, irritiert die meisten Lehrer deswegen so sehr, weil sie hier ihre inneren Bilder vom Unterrichten überhaupt nicht wiedererkennen können. Lehrer, die den Film gesehen haben, geben anschließend Kommentare wie diese: „So geht es nicht", „Das ist doch kein normaler Unterricht", „Die Schüler lernen doch gar nichts über Italien" und geben damit zu erkennen, daß sie keine

Voraussetzungen haben, den Film zu „verstehen". Diese Lehrer haben keine Erfahrungen gemacht und folglich keine inneren Bilder aufgebaut, an denen gemessen die Italien-Stunde als sinnvoller oder gar effektiver Unterricht verstanden werden kann.

Die Kultur der Fremdsteuerung besteht also zu einem wesentlichen Teil aus den inneren Bildern der Lehrer und aus den durch diese inneren Bilder immer wieder bestätigten Handlungs- und Ablaufmustern für Unterricht. Wenn in der pädagogischen Literatur in stereotyper Weise immer wieder vor Rezepten und ihrer blinden Anwendung gewarnt wird, dann ist genau diese theorie-resistente Symbiose von inneren Bildern und äußeren Handlungsstrukturen gemeint.

In den inneren Bildern der Lehrer sind die Schüler als Personen mit eigenem Willen, ihr Bedürfnis nach Selbststeuerung und ihre Sperrigkeit gegen Fremdsteuerung, nicht so recht vorgesehen. Ebenso fehlt darin das Bewußtsein, daß Lernen eine starke Komponente von Selbststeuerung enthält. Eine mögliche Erklärung dafür ist diese:

Durch die theoretische Lehrerausbildung werden zukünftigen Lehrern Bilder von Unterricht vermittelt, die von störenden Elementen weitgehend gereinigt sind. Nach diesen Bildern „läuft" der Unterricht, wenn er nur anständig geplant ist. Alles funktioniert „reibungslos", wenn man die Schüler nur richtig motiviert, wenn man methodisch abwechslungsreich unterrichtet, wenn man es versteht, die Darbietung des Unterrichtsinhalts dem sachstrukturellen Entwicklungsstand der Schüler anzupassen. *Diese gesäuberte Vorstellung von Unterricht hat keinen Platz für den Gedanken, daß Lernen nur eine sehr indirekt und „zufällig" beeinflußbare Selbststeuerungskomponente hat.* In diesen Bildern erscheint Lernen grundsätzlich als machbar, und Lehrer erleben daher auch Insuffizienz- oder gar Schuldgefühle, wenn sie in der Praxis erfahren, daß für sie diese Machbarkeit Grenzen hat.

Hier zeigt sich, daß man zwei Typen innerer Bilder unterscheiden muß: wir nennen sie *abstrakte innere Bilder* und *konkrete innere Bilder.*

Abstrakte innere Bilder sind Vorstellungen darüber, wie etwas sein sollte; sie sind aber nicht durch geeignete Erfahrungen inhaltlich gefüllt. Es handelt sich hier, um einen Vergleich zu gebrauchen, um Drehbücher für Unterrichtsverhalten, und die Aufgabe, aus diesen Drehbüchern Unterricht zu machen, ähnelt der Aufgabe, einen Film zu erzählen, den man gar nicht gesehen, sondern nur gelesen hat. Das führt dazu, daß verschiedene Lehrer, die das gleiche abstrakte innere Bild in die Schulwirklichkeit umzusetzen versuchen, ganz unterschiedliche und oft sogar völlig gegensätzliche Handlungen aus ihren abstrakten Bildern entwickeln. Ein Beispiel für ein solches abstraktes Bild ist die Forderung, der Lehrer müsse im Unterricht „stärker zurücktreten und die Spontaneität und Selbständigkeit der Schüler zur Geltung kommen lassen". Die Versuche von Lehrern, dieses Bild in praktisches Handeln zu übersetzen, reichen, wenn man die Ergebnisse mit Begriffen aus der Führungsstilforschung beschreibt, über die ganze Skala von „autokratisch" über „demokratisch" bis zu „laissez-faire". Und was Lehrer im Unterricht als „Eingehen auf die Schüler" begreifen, wie sie „schülerzentrierten Unterricht" oder „entdeckendes Lernen" oder „Förderung von Kreativität" zu verwirklichen versuchen, das zeigt bei Lehrern, die solche abstrakten Bilder noch nicht als theoretische Übertreibungen zu den Akten gelegt haben, eine große Variationsbreite. Viele dieser Versuche, pädagogische Maximen (= abstrakte innere Bilder) in Unterricht umzusetzen, enden über kurz oder lang damit, daß die Lehrer, um in der Schule zu „überleben", zu den konkreten inneren Bildern zurückkehren, die zu den Traditionen der Schulkultur passen. Dieser Vorgang wird in der Literatur häufig genug als „Anpassung des Lehrers" beschrieben. Er besteht nach unserer Interpretation darin, daß Lehrer sich den durch Erfahrung aufgefüllten konkreten inneren Bildern zuwenden, die die Schulkultur bereitstellt, weil sie keine Möglichkeiten finden, die abstrakten inneren Bilder durch geeignete Erfahrungen inhaltlich zu füllen.

6. Einige Folgerungen: Konkrete innere Bilder in der Lehrerbildung und in der Unterrichtspraxis

Wenn wir nun versuchen, einige praktische Folgerungen aus unserer theoretischen Interpretation zu ziehen, dann handelt es sich nur um erste Hinweise, in welche Richtung weitere Schritte gemacht werden können, wenn erreicht werden soll, daß sich die Schule von einer Kultur der Fremdsteuerung stärker zu einer Kultur der Selbststeuerung von Lernprozessen wandeln soll.
Zwei Folgerungen scheinen uns unter der Voraussetzung, daß unsere Analyse richtig ist, als zusammenfassendes Fazit geeignet zu sein. Die erste richtet sich an diejenigen, die sich bemühen, Lehrer auszubilden, und die zweite gilt den Lehrern selbst.

1. Wenn die Lehrerausbildung den Effekt haben soll, daß die neu in die Schule kommenden Lehrer in der Lage sind, Innovationen – z. B. solche, die ein stärker selbstgesteuertes Lernen der Schüler begünstigen bzw. die eine bessere Kombination von Selbst- und Fremdsteuerung des Lernens in der Schule herbeiführen, bei der die Vorteile dieser beiden Extremformen sich nicht gegenseitig aufheben, sondern ergänzen – in die Schulkultur einzuführen, dann ist es nötig, sie in der Ausbildung mit konkreten inneren Bildern zu versorgen, die sich in der Schule bewähren. Das bedeutet, daß zukünftige Lehrer sowohl die Möglichkeit haben müssen, die abstrakten Bilder konkret „in Aktion" zu beobachten als auch Möglichkeiten, das „Funktionieren" am eigenen Leib zu erfahren – und zwar möglichst sowohl in der Schüler- wie auch in der Lehrerrolle.

Praktisch könnte diese Forderung auf zwei Wegen erfüllt werden. Einmal dadurch, daß in Versuchsschulen entsprechende Innovationsprogramme von und mit Studenten entwickelt, beobachtet und durchgeführt werden. Dafür gibt es Beispiele. Eines ist der Versuch von A. C. Wagner (1976), zusammen mit Studenten in einer Grundschule „offenen Unterricht" zu praktizieren und Schüler zu stärker selbstgesteuertem Lernen anzuregen.
Ein zweiter prinzipiell möglicher Weg wäre, den Hochschulunterricht so zu gestalten, daß er nach denjenigen Prinzipien organisiert ist, die den Studenten für ihren Unterricht in der Schule nahegebracht werden sollen. Wenn ein Dozent erreichen möchte, daß die zukünftigen Lehrer ihren Schülern einen größeren Spielraum für selbstgesteuertes Lernen bieten, dann soll er sie entweder so unterrichten, daß sie *erfahren*, wie man das macht (statt es nur zu *hören* müssen sie es *sehen* und *erleben*), oder darauf verzichten, diese Forderung in den Mittelpunkt zu stellen. Man kann von Lehrern, die selbst niemals in klassenähnlichen Lerngruppen selbstgesteuert gelernt haben, nicht verlangen, daß sie ihren Schülern im Unterricht geeignete Bedingungen für selbstgesteuertes Lernen bieten können.
Auch für diesen Weg gibt es Beispiele. So versucht Reinhard Tausch in Hamburg seit Jahren, diesen Gedanken – nicht ohne Erfolg – zu verwirklichen, wenn ihm dies auch nicht nur Beifall einbringt. Was die Verwirklichung dieser Idee praktisch schwierig macht, ist, daß die Hochschule, wie die Schule auch, eine Kultur mit institutionalisierter Fremdsteuerung und mit fixierten Verhaltensmustern ist und daß auch Hochschullehrer tradierte innere Bilder haben, die ihr Unterrichtsverhalten weitgehend steuern. Dazu gehört vor allem auch der tiefverwurzelte Aberglaube, daß Unterricht an der Hochschule mit erwachsenen „Schülern" und Unterricht in Schulen mit Kindern grundsätzlich wesensverschiedene Dinge seien, die man überhaupt nicht miteinander vergleichen könne.

2. Für Lehrer, die sich mehr selbstgesteuertes Lernen in ihrem Unterricht wünschen, kann man zur Zeit nur vorschlagen, sich so viel Selbstvertrauen und Wissen anzueignen, daß sie in der Lage sind, im Unterricht zu experimentieren, ohne sich durch die Sanktionen der Schulkultur entmutigen zu lassen. Sie könnten versuchen, mit anderen Kollegen zusammen, ihre Unterrichtsversuche zu konkreten inneren Bildern weiterzuentwickeln, die gegenüber den traditionellen inneren Bildern genügend Attraktivität und Widerstandskraft besitzen, um in der Schulkultur eine Chance zu haben. Solche Versuche könnten darin bestehen, daß man planmäßig durchprobiert, mit welchen Verhaltensweisen und Unterrichtsstrategien sich ein Unterricht durchführen läßt, der weniger Reaktanz bei den Schülern auslöst, als es der traditionelle Unterricht tut. Ein im Vergleich zum Umfang dieser Aufgabe bescheidener, praktisch für viele Lehrer aber schon recht aufwendiger Unterrichtsversuch wäre es beispielsweise, wenn Lehrer häufiger versuchten, statt wie üblich allen Schülern einer

Klasse die gleiche Lernaufgabe vorzuschreiben („Lest euch den Abschnitt durch und unterstreicht die Wörter, die ihr nicht versteht.“), den Schülern verschiedene Lernaufgaben *zur Auswahl zu stellen* und ihnen die Entscheidung für eine dieser Aufgaben wirklich selbst zu überlassen oder ihnen sogar zu erlauben, zum Thema eine eigene Lernaufgabe zu entwickeln und sie selbständig auszuführen. Ein solcher Versuch kann wissenschaftlich genannt werden, wenn der Lehrer, der ihn ausführt, ausgehend von theoretischen Annahmen in seinem Unterricht Bedingungen schafft, unter denen sich die Annahmen bewähren müssen.
Freilich dürften die Ergebnisse solcher wissenschaftlicher Experimente häufig über den Einzelfall hinaus nicht generalisierbar sein. Aber es geht hierbei ja auch nicht darum, die Wissenschaft weiterzubringen, sondern darum, wissenschaftliches Vorgehen und wissenschaftliche Erkenntnisse auf Einzelfälle anzuwenden, um die Unterrichtsrealität vernünftiger und menschlicher zu machen.
Zum Schluß: In den letzten Jahren ist verschiedentlich Kritik an dem Paradigma geäußert worden, das im Hintergrund der Sozialforschung, wie sie heute betrieben wird, steht. Harré und Secord (1972) haben die Mängel des „mechanistischen Menschenmodells“ herausgearbeitet und vorgeschlagen, dieses Paradigma gegen ein „anthropomorphes Menschenmodell“ auszuwechseln, damit die empirische Erforschung des menschlichen Handelns aus ihrer Sackgasse herauskommen kann. Sie fassen ihre Kritik in der Formel zusammen: „For scientific purposes, treat people as if they were human beings.“ (S. 84) Und sie schlagen als Weg dazu vor: „In order to be able to treat people as if they were human beings it must be possible to accept their commentaries upon their actions as authentic, though revisable, reports of phenomena, subject to empirical criticism.“ (S. 101) Wir glauben, daß unser Hinweis auf die inneren Bilder von Lehrern, die in den Kommentaren der Lehrer zu ihren Handlungen und zu den Handlungen anderer zum Ausdruck gebracht werden und über die man mit den Lehrern (Menschen!) sprechen und „verhandeln“ kann, ein Schritt in diese Richtung sind.

Literaturverzeichnis

Beckmann, H.-K.: Das Verhältnis von Theorie und Praxis im engeren Sinne. In: Funkkolleg Erziehungswissenschaft. Studien-Begleitbrief 8. Weinheim-Berlin-Basel 1970, 7–19

Brehm, J.: A Theory of Psychological Reactance. New York 1966

Flammer, A.: Individuelle Unterschiede im Lernen. Weinheim und Basel 1975

Grabitz-Gniech, G.: Psychologische Reaktanz: Opposition als Folge von Freiheitseinengung. In: W. H. Tack (Hrsg.): Bericht über den 29. Kongreß der Deutschen Gesellschaft für Psychologie in Salzburg. Band 2. Göttingen 1975, 318–320

Harré, R./ Secord, P. F.: The Explanation of Social Behavior. Oxford 1972
Hoebel, E. A./Frost, E. L.: Cultural and Social Anthropology. New York 1976
Kounin, J. S. : Techniken der Klassenführung. Bern/Stuttgart 1976
Middlebrook, P. N.: Social Psychology and Modern Life. New York 1974.
Popper, K. R.: Logik der Forschung. [5.] Tübingen 1973
Rogers, C. R.: Client-Centered Therapy. Boston 1965
Tausch, R./Tausch, A.-M.: Erziehungspsychologie.[5.] Göttingen 1970
Wagner, A. C.: Selbstgesteuertes Lernen im offenen Unterricht – Erfahrungen und Reflexionen zu einem Unterrichtsversuch in Mathematik in einem 3. Schuljahr. Bericht für die Tagung „Selbstgesteuertes Lernen" der Universität Essen am 29. Oktober 1976 (in diesem Band S. 49–67)

Wolfgang Mischke

Änderung des Lehrerverhaltens als selbstgesteuerte Erfahrungsbildung

In diesem Beitrag soll eine begriffliche Klärung des Bereichs „Änderung des Lehrerverhaltens durch Erfahrungsbildung" erreicht werden. Anhand eines Modells zur sozialen Interaktion im Unterricht und eines Modells zur Beschreibung der psychologischen Aspekte bei Erwerb und Ausübung sozialer Fertigkeiten werden die Möglichkeiten der Veränderung des Lehrerverhaltens aufgezeigt. Ergebnisse neuerer psychologischer Forschung werden zur Stützung dieser Überlegungen angeführt.
Abschließend werden Möglichkeiten für die Schulpraxis vorgestellt.

1. Der Begriff Erfahrungsbildung

Im Verlauf der Ausbildung zum Lehrer durchläuft der Student verschiedene Ausbildungsmaßnahmen. Sie verfolgen das Ziel, Erfahrungen zu sammeln, so daß er künftig in der Lage ist, seine Berufsrolle angemessen auszufüllen und Fertigkeiten zu erwerben, die notwendig sind, um effektiven Unterricht zu erteilen. Auch nach der 2. Phase der Ausbildung ist der Prozeß der Erfahrungsbildung nicht abgeschlossen.
In dem hier angesprochenen Sinne der ständigen Verfeinerung und Vervollkommnung berufspraktischer Fertigkeiten soll hier von Erfahrungsbildung gesprochen werden. Es soll untersucht werden, welche Bedingungen und Prozesse zum Erwerb derartiger Erfahrungen beitragen und welcher Methoden sich der Lehrer bedienen kann, um gezielt die Veränderung seines Verhaltens durch Erfahrungsbildung zu beeinflussen.

2. Lehren lernen durch Praxis?

Es könnte die Auffassung vertreten werden, daß Erfahrungsbildung sich durch bloße Praxis des Unterrichtens und ohne eigene Aktivität des Lehrers vollzieht. Clark u.a. (1976) haben zur Klärung dieser Frage ein Experiment durchgeführt. Ablauf und Ergebnisse werden kurz geschildert.

Erfahrene Lehrer (6 Frauen/6 Männer) unterrichten die gleiche Unterrichtseinheit dreimal nacheinander jeweils mit einer anderen Gruppe von 8 Schülern. Die Unterrichtseinheit bestand aus drei 50-Minuten-Abschnitten, die an einem Tag aufeinanderfolgend unterrichtet wurden. Den Schülern wurde am Ende des Tages ein Meßverfahren zur Prüfung der Behaltensleistung, ein Essay-Test und Skalen zur Einstellungsmessung vorgelegt.
Die Mittelwerte im Behaltenstest blieben bei Tag I und II ungefähr gleich und fielen bei Tag III ab. Die Gruppen, die von Lehrern unterrichtet wurden, die den Stoff zum dritten Mal lehrten, hatten also die geringste Behaltensleistung. Die Auswertung der Essay-Tests ergab keine bedeutsamen Unterschiede. Die Schülergruppen von Tag II zeigten positivere Einstellungen zur Unterrichtssituation als die Schüler von Tag I und III. Die Einstellung der Lehrer zu sich selbst zeigte keine signifikanten Unterschiede.
Genauere Analysen ergaben Unterschiede zwischen den einzelnen Lehrern; einen ständigen Lernzuwachs durch Übung, wie die Forscher es erwartet hatten, konnte man allerdings bei keinem Lehrer finden. Besondere Beachtung verdient der Vergleich von Tag II und III. 11 der 12 Lehrer bewirkten einen Abfall der Behaltensleistung im Vergleich der beiden Schülergruppen und 9 von 12 Lehrern einen Rückgang der positiven Einstellung zur Unterrichtssituation.
Praxis im Sinne von Wiederholung reicht also nicht aus, um Lehrer zu befähigen, die Leistung und Einstellung ihrer Schüler effektiver zu beeinflussen. Diese Ergebnisse deuten nach Meinung der Autoren an, daß Lehrer von einem Prozeß profitieren könnten, der es ihnen erlaubte, die Auswirkungen ihres Unterrichts auf die Schüler systematisch zu beobachten, d.h. an einem Verfahren teilzunehmen, das Lehrer zu Erforschern ihrer eigenen Lehreffektivität machen würde. Davon ausgehend kann gefragt werden, was über ein solches Verfahren bekannt ist, welche Schwierigkeiten sich dabei ergeben. Um diese Frage zu beantworten, ist zunächst eine genauere Analyse des Unterrichtsprozesses notwendig.

3. Zur Konzeption des Unterrichtsprozesses

Im Verlauf der weiteren Darstellung wird anhand von Modellen die Argumentation entwickelt. Dies geschieht, um für die vertretene Sichtweise eine prägnante Darstellung zu geben. Modelle dieser Art sind notgedrungen Vereinfachungen, indem sie einige Faktoren des realen Unterrichtsgeschehens herausgreifen, deren Beziehung zueinander darstellen, aber andere vielleicht ebenso wichtige Aspekte vernachlässigen. Die so gewonnene klare Sicht auf bestimmte Probleme kann aber zu Einsichten führen, die die alltägliche Praxis verändern.
Unterricht wird hier aufgefaßt als Lehrer-Schüler-Interaktion, die vom Lehrer

absichtsvoll herbeigeführt und unter Verwendung von Lehrmaterial so gesteuert wird, daß für den Schüler die Möglichkeit zum Erwerb von Kenntnissen, Fertigkeiten und Einstellungen entsteht. Das Lernen der Schüler kann allein durch Auseinandersetzung mit geeigneten Materialien (Bücher, Lernprogramme etc.) erfolgen.

3.1 Das Modell von Runkel

Wichtige Faktoren der wechselseitigen Beeinflussung in diesem Interaktionsprozeß stellt das bekannte Modell von Runkel (zit. nach Koskenniemi, 1971) dar.

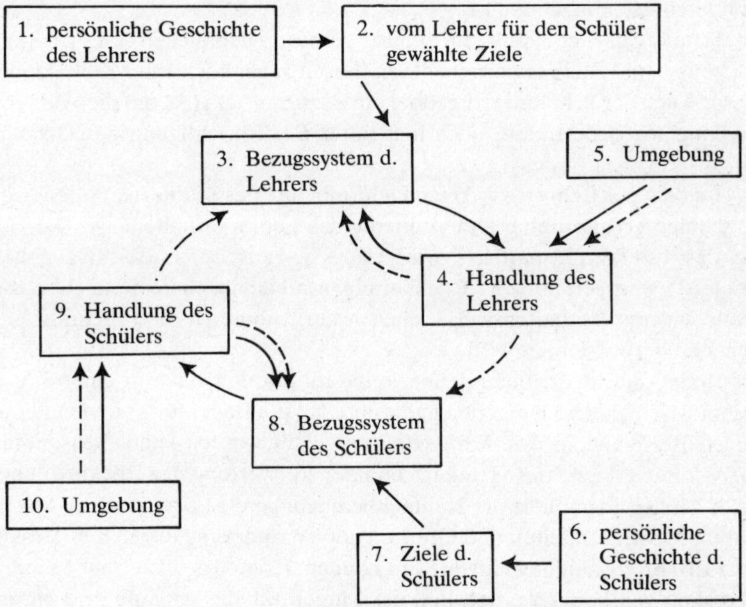

----- = interpersonale Kommunikation wie Sprechen, Sehen etc.

——— = intrapersonale Kommunikation durch d. Nervensystem etc.

Abbildung: Modell der Lehrer-Schüler-Interaktion nach Runkel

3.1.1 Erläuterung des Modells von Runkel

Der Lehrer hat im Verlauf seiner persönlichen Geschichte (1) Bedürfnisse und Ziele entwickelt. In Verbindung mit der spezifischen Unterrichtssituation führt dies zur Wahl eines Ziels für den Schüler (2). Die Wahl des Ziels für den Schüler wird durch das Bezugssystem des Lehrers (3) beeinflußt. Das Bezugssystem beeinflußt auch die Auswahl aus einer Reihe von Maßnahmen, die der Lehrer ergreifen kann, um das Ziel zu erreichen. Es erfolgt eine Entscheidung und die Ausführung einer Handlung (4), die abhängig ist von der Umgebung (5), in der die Interaktion abläuft.

Einen wesentlichen Teil der Umgebung für den Lehrer stellt der Schüler dar. Die Handlung des Schülers wird im Schema gesondert aufgeführt, ebenso wie die Handlung des Lehrers, die vom Schüler aus betrachtet ja auch ein Bestandteil der Umgebung ist.

Der Schüler hat ebenfalls im Laufe seiner persönlichen Geschichte (6) Bedürfnisse und Ziele erworben, die zu dessen augenblicklicher Zielsetzung (7) führen. Auch der Schüler verfügt über ein Bezugssystem (8), das die Wahl seiner Handlungen (9) bestimmt, auch hier unter Berücksichtigung der Umgebung (10).

Das Handeln des Lehrers wird eine Determinante des Schülerverhaltens, so wie das Schülerverhalten eine Determinante des Lehrerverhaltens ist. Die Handlung des Interaktionspartners wird dabei jeweils durch das Bezugssystem „gefiltert“ wahrgenommen. Rückkopplungspfeile machen deutlich, daß die jeweils eigene Verhaltensweise auch wahrgenommen und beim weiteren Verhalten berücksichtigt wird.

Das Modell macht deutlich, daß es keine für alle Personen in einer Situation psychologisch gleiche Umgebung gibt und daß die Bedeutung von Handlungen je nach Bezugssytem des Adressaten aufgefaßt werden kann. Sensibilität ist daher Voraussetzung des Handelns und der Verwertung der Rückmeldung.

Dieses Modell formuliert die Rahmenbedingungen, ist aber noch zu ungenau, um auf die Möglichkeiten und Grenzen der Veränderung des Lehrerverhaltens durch Erfahrungsbildung eingehen zu können. Es muß gewissermaßen mit dem Mikroskop gearbeitet werden und ein Modell für die Abläufe im Lehrer bei Erwerb und Ausübung der sozialen Fertigkeiten des Unterrichtens erstellt werden.

4. Darstellung eines Modells für Erwerb und Ausübung sozialer Fertigkeiten

Bei den folgenden Überlegungen wird davon ausgegangen, daß Verhaltensänderung nur auf psychischen Prozessen aufbauen kann, die im Alltagsleben immer schon wirksam sind. Es kann nur darum gehen, diese Prozesse zu optimieren. Ein Modell muß also den Erwerb und die Ausübung der sozialen Fertigkeiten des Unterrichtens im Alltag wie im Trainingskurs abbilden. Der Erwerb von sozialen Fertigkeiten ist dabei als selbstgesteuerter Lernprozeß aufzufassen, d.h. Lernmöglichkeiten, die in Alltagssituationen oder in Trainingssituationen potentiell vorhanden sind, werden mit den vorhandenen kognitiven Strukturen verarbeitet und führen zu individuell verschiedenen Veränderungen dieser Strukturen (allerdings gibt es keinen verbindlichen Begriff der kognitiven Struktur).

Wählt man die maschinelle Informationsverarbeitung als Analogie – wie dies in bestimmten psychologischen Richtungen üblich ist, dann entspricht der Computer mit seinen einzelnen Teilen der Struktur des psychischen Apparates beim Menschen, dem Computerprogramm entspricht dabei die Ablaufsteuerung bei Erwerb und Ausübung der sozialen Fertigkeit.

Das Modell der Ablaufsteuerung wird als „Programm“ in Form eines Flußdiagramms dargestellt. Das Modell der „Maschine“ soll aufzeigen, welche einzelnen Elemente vorhanden sein müssen, um ein entsprechendes Programm bearbeiten zu können.

Der Leser wird Ansätze wiedererkennen, die sich auf die Autoren Argyle (1967), Miller u.a. (1960), Laucken (1974) zurückführen lassen. Auf die Herkunft der zusammengestellten Teilaspekte des Modells wird nicht jeweils gesondert hingewiesen.

4.1 Flußdiagramm für den Ablauf bei Erwerb und Ausübung sozialer Fertigkeiten

Folgende wichtige Programmschritte, die schon im Runkel-Modell auftauchen, müssen von dem Flußdiagramm bewältigt werden: (Entsprechend der in der Einleitung dargestellten Handlungskonzeption des Lernens)

1. Kategorisierung der aufgenommenen Information
2. Zuordnung von Handlungszielen zur Situation
3. Zuordnung eines Handlungsentwurfs
4. Ausführung des Handlungsentwurfs

Das Modell besteht demnach aus vier aufeinanderfolgenden Abschnitten, die im einzelnen vorgestellt und erläutert werden.

Die allerdings nur potentielle Lernfähigkeit des Systems besteht darin, daß bei der Ausführung eines Handlungsentwurfs die dabei entstehende Situation kategorisiert wird und es möglich ist, den Erfolg bzw. den Mißerfolg der Handlung zu erkennen und zu nutzen. Das System bearbeitet bei einer Wiederholung dieser Situation bzw. bei Auftreten ähnlicher Situationen das

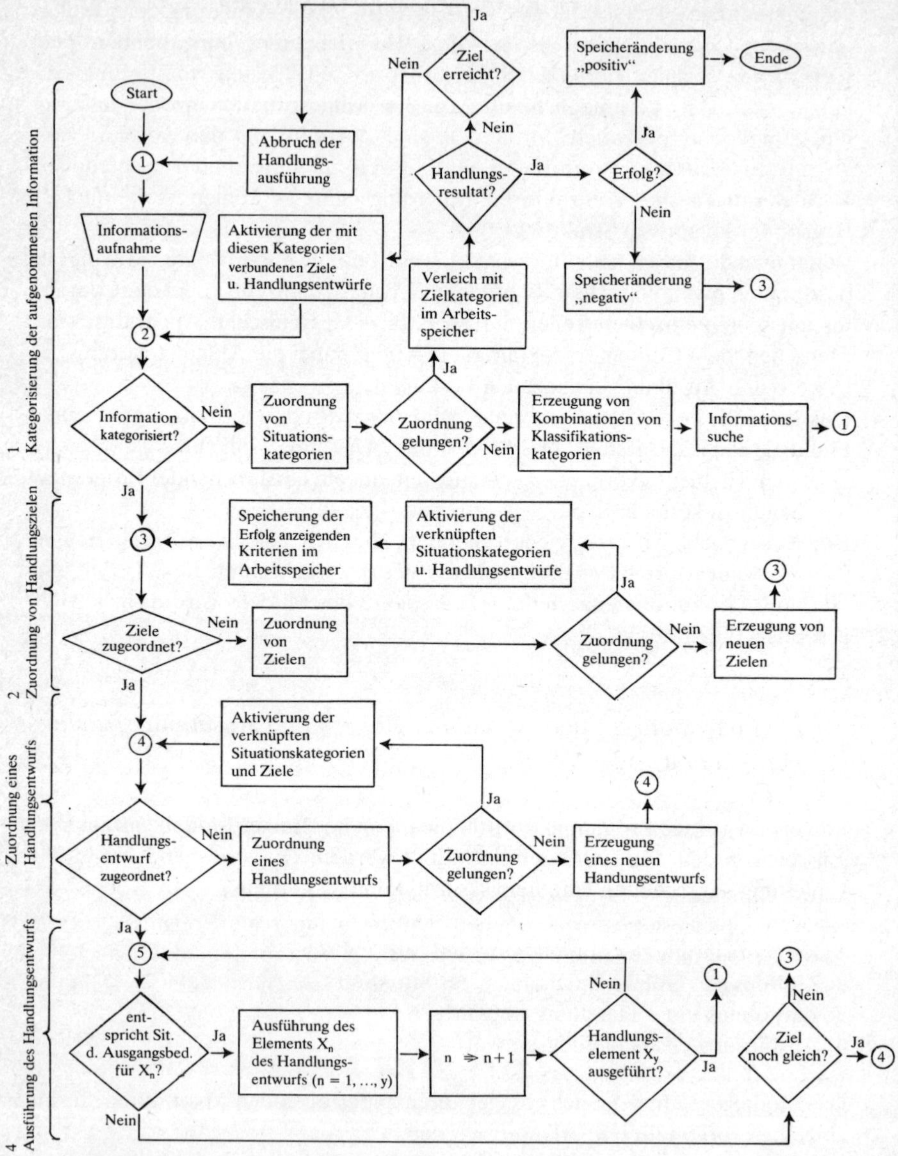

Abbildung: Ablauf für Erwerb und Ausübung sozialer Fertigkeiten

Programm in Kenntnis des Erfolgs bzw. Mißerfolgs und kann daher erfolgreiche Handlungsentwürfe rasch einsetzen bzw. erfolglose Handlungsentwürfe vermeiden.

4.1.1 Erläuterung der Abschnitte des Flußdiagramms

Kategorisierung der aufgenommenen Information

Der erste Programmschritt „Informationsaufnahme" sieht die Aufnahme von Umweltreizen im Sinne physikalischer Qualitäten vor. Diesen physikalischen Qualitäten werden Kategorien zugeordnet, die einem entsprechenden Speicher entnommen werden. Im Speicher für Situationskategorien bilden die Kategorien eine hierarchische Struktur.
Mißlingt diese Zuordnung, d.h. die Kategorisierung der aufgenommenen Information, so muß durch „Neukombination kleinster Kategorisierungselemente" der Situation eine bislang noch nicht erlebte Qualität zugeordnet werden und/oder in der Umwelt nach Informationen gesucht werden, die eine Klassifikation der Situation nach bereits erworbenen Kriterien erlauben.
Bei der Zuordnung von Klassifikationskategorien wird auch entschieden, ob die Situation von der Person als Resultat ihrer eigenen Handlungen erlebt wird. Es folgt dann ein Vergleich mit den Zielkriterien. Kann die Situation bei Erreichung des Ziels als Ergebnis einer erfolgreichen Handlung (als Erfolg) aufgefaßt werden, so führt dies nach einer einfachen Vorstellung vom menschlichen Gedächtnis dazu, daß im Speicher der zu diesem Resultat führende Handlungsentwurf als erfolgreiches Mittel zur Erreichung eines bestimmten Zieles in einer bestimmten Situation gekennzeichnet wird.
Wurde das Ziel nicht durch die Wirkung eigener Handlungen, sondern durch Zufall oder andere externe Einflüsse erreicht, so wird die Ausführung des gerade ablaufenden Handlungsplans abgebrochen.
Es wird üblicherweise angenommen, daß nicht nur reale Ereignisse von der Informationsaufnahmeoperation bearbeitet werden können, sondern auch bloß vorgestellte Ereignisse. Das gesamte Programm läuft dann auf der Vorstellungsebene ab.

Forschungsergebnisse und Folgerungen

Erfahrungsbildung tritt nach der hier vertretenen Auffassung durch wertende Verarbeitung der aufgenommenen Information und darauf folgende Speicheränderung im System ein. Bedeutsam ist dabei die Zuordnung von Kategorien, die es ermöglichen, eine Situation als Erfolg/Mißerfolg und als Handlungsresultat oder extern verursachtes Ereignis wahrzunehmen. Bei der Untersuchung der Prozesse, die bei derartigen Zuordnungen ablaufen, haben sich interessante

Ergebnisse finden lassen. Newtson (1973) und Newtson und Engquist (1976) haben gezeigt, daß Beobachter von Verhalten den Strom der Ereignisse in Einheiten aufspalten. Verläuft das Verhalten erwartungsgemäß, werden größere Einheiten gewählt, nach unerwarteten Ereignissen wird die aufgenommene Information in kleinere Segmente gegliedert. Personen, die die Informationen in kleinere Segmente gliedern, sind zu genaueren Kategorisierungen im Sinne von Urteilen fähig. Dieses Ergebnis wird als Stütze für Überlegungen aufgefaßt, beim Lehrertraining nicht globale Kategorien der Unterrichtsanalyse vorzugeben, sondern eine Microanalyse (Wagner, 1976) vorzunehmen.
Die von der gegenwärtigen Unterrichtsforschung angebotenen Kategorien (Dunkin u. a., 1974) sind leider oft dann von hohem Voraussagewert in Bezug auf Schülerleistung und Erleben, wenn es sich um so allgemeine Kategorien (Rosenshine, 1973: hochinferente Kategorien) handelt wie das Dimensionspaar Wertschätzung/Geringschätzung und Lenkung/Dirigierung. Neuere Untersuchungen belegen den hohen Zusammenhang derartiger Dimensionen mit konstruktivem Schülerverhalten (Spanhel u. a., 1975) und dem Erleben der Schüler im Unterricht (Höder u. a., 1975). Derartige Kategorien sind aber in erster Linie für die Beobachtung des Unterrichtsgeschehens geeignet und weniger für die Handlungssteuerung des Lehrers. Bislang fehlen Untersuchungen über andere Kategorien für die Handlungssteuerung.
Es besteht nach sozialpsychologischen Studien von Jones und Nisbett (1971) die Tendenz, daß Akteure die Verursachung ihrer Handlungen in der Situation sehen, Beobachter aber dazu neigen, dieselbe Handlung als durch stabile Persönlichkeitsdispositionen verursacht zu attribuieren. Teils läßt sich dies darauf zurückführen, daß der Akteur zur Erhaltung seines Selbstwerts (etwa zur Rechtfertigung tadelnswerten Verhaltens) dazu genötigt ist. Wie Fontaine (1975) zeigen konnte, besteht diese Tendenz in Realsituationen durchaus.
Jones und Nisbett (1971) sind weiter der Auffassung, daß für diese unterschiedliche Attribuierung von Akteur und Beobachter 1. die unterschiedliche Verfügbarkeit über Information und 2. Unterschiede der Informationsverarbeitung verantwortlich sind. Beobachter und Akteur verfügen über gleichwertige Informationen in Bezug auf die Handlung selbst und deren Auswirkung auf die Umgebung. Das Wissen über Erlebnisse des Akteurs ist aber beim Beobachter auf Schlüsse aus Mimik und Gestik bzw. allgemeinem Wissen darüber, was andere üblicherweise in derartigen Situationen erleben, beschränkt. Auch sind dem Beobachter die Ziele/Intentionen des Akteurs nicht direkt zugänglich.
Die Unterschiedlichkeit der Ursachenzuschreibung bei Akteuren und Beobachtern läßt erwarten, daß ein Rollenwechsel dramatische Konsequenzen für die Beurteilung einer Handlung haben kann. Dieser Wechsel kann durch Selbstkonfrontation (Vorspielen einer Video- oder Tonaufzeichnung des eigenen Verhaltens) bewirkt werden. Dieses Verfahren fördert in besonderem Maße Erfahrungsbildung und Veränderung des Verhaltens (Storms, 1973; Fuller u. a.,

1973). Auf die Bedingungen für sachgerechte Anwendung dieses Verfahrens und die damit verbundenen Gefahren wird später noch gesondert eingegangen.

Zuordnung von Handlungszielen

Durch Kategorisierung der aufgenommenen Information wird erreicht, daß die Person sich als in einer bestimmten Situation befindlich erlebt. Diese Situation aktiviert einen bestimmten Bereich von Zielvorstellungen und von Handlungsentwürfen. Die Person kann handeln bzw. eine Handlungsänderung vornehmen, wenn eine Zuordnung von Zielen oder einer Kette von Zielen (d.h. eine Entscheidung) erfolgte. Unter Ziel wird dabei nicht nur die kognitive Repräsentation (Vorstellung) eines Endzustandes verstanden. Die Zuordnung eines Ziels beinhaltet in diesem Modell auch das gleichzeitige Wirksamwerden einer Valenz, einer auf Erreichung des Ziels hinwirkenden Kraft. Je nach Vertrautheit mit der Situation wird eine auf Erfahrung basierende quasi automatische Entscheidung für ein Ziel erfolgen oder ein explizit erlebter Entscheidungsprozeß ablaufen.

Zuordnung eines Handlungsentwurfs

Der Kombination von Situation und Zielen wird ein Handlungsentwurf zugeordnet. Falls im Speicher keine entsprechenden Pläne vorhanden sind, wird durch Kombination von Elementen ein neuer Handlungsentwurf entwickelt.
Nach erfolgter Zuordnung eines Handlungsentwurfes werden die bislang mit diesem Handlungsentwurf verknüpften Situationskategorien und Zielkategorien aktiviert. Dadurch wird bewirkt, daß im Prozeß der weiteren Informationsaufnahme und der Zielzuordnung die Tendenz besteht, diese Kategorien bevorzugt anzuwenden.

Ausführung des Handlungsentwurfes

Die Ausführung eines Handlungsentwurfs erfolgt Schritt für Schritt in der geplanten Reihenfolge bis zur Erreichung des der Ausgangssituation zugeordneten Zieles oder bis zum Ende der geplanten Handlungskette. Wenn sich in der Zwischenzeit die aufgenommene Information und damit die Situation geändert hat, wird die Zuordnung neuer Ziele oder neuer Handlungsentwürfe notwendig.
Treten nur die Situationen auf, die bei der schrittweisen Bearbeitung des Handlungsplans zu erwarten sind, wird die Abfrage „Ziel noch gleich?" nicht wieder neu aufgerufen, da die Zielzuordnung bereits zu Beginn der Kette erfolgte. Erst neue bzw. unerwartete Informationen führen zur Veränderung des Handlungsentwurfs bei gleichbleibendem Ziel oder zu erneuter Zielzuordnung.
Die Operation „Ausführung des Elements X_n des Handlungsentwurfs" bedeutet, daß die Effektoren gemäß dem Programm dieses Handlungsschritts tätig werden.

Ist das „Programm“ einmal in Gang gesetzt, d.h. ist die Person wach und aktiv, so führt der ständig andauernde sensorische Input dazu, daß die Informationsverarbeitung in allen Schleifen des Programms gleichzeitig stattfindet. Es ist möglich, daß die auf Grund eines speziellen Inputs in Gang gesetzte Schrittfolge durch eine Veränderung in der Außenwelt, d.h. durch neuen sensorischen Input so verändert werden kann, daß eine neue Handlungskette zur Ausführung gelangt und der Abbruch einer gerade ablaufenden Handlungskette notwendig wird.

Strukturmodell der kognitiven Ausstattung

Bei der Beschreibung des Programms ist es nötig geworden, Anweisungen zu formulieren, die nur ausführbar sind, wenn die Existenz ausführender Einrichtungen angenommen wird. Im folgenden Modell sollen nun diese *hypothetischen Einheiten* und deren Zusammenspiel graphisch dargestellt werden.

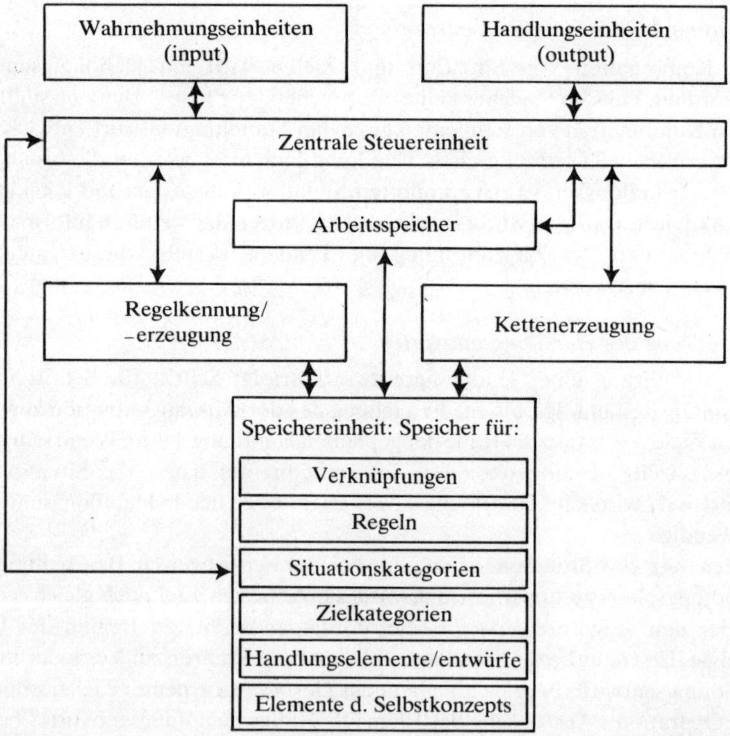

Abbildung: Modell für Erwerb und Ausübung sozialer Fertigkeiten: Modell der kognitiven Ausstattung

Zur Erläuterung:

Zentrale Steuereinheit: Dies ist die Einheit, die den Ablauf des Programms regelt und alle anderen Einheiten aufgrund der Programmbefehle steuert.
Arbeitsspeicher: Hier werden die Informationen festgehalten, die im Laufe einer Durchlaufphase durch das Programm zur Bearbeitung benötigt werden.
Kettenerzeugung: In Analogie zu den Vorstellungen der Linguisten über die psychische Grundausstattung des Sprechers/Hörers wird angenommen, daß es einen psychischen Apparat gibt, der in der Lage ist, unter Verwendung von Speicherelementen und der Anwendung von Regeln Ketten zu erzeugen, d.h. Sätze zu produzieren, Handlungsabfolgen zu produzieren etc., die dann als Arbeitsprogramme an die Handlungseinheiten weitergegeben werden können, um ausgeführt zu werden.
Regelerkennung/-erzeugung: Da die Erzeugung von Ketten nur möglich ist unter der Verwendung von Regeln, muß ein psychischer Apparat angenommen werden, der in der Lage ist, Regelhaftigkeit von Abfolgen zu erkennen und daraus Produktionsregeln für die Bildung von neuen Abfolgen zu erzeugen. Im Rahmen dieses Modells wird angenommen, daß die erkannten/erzeugten Regeln im Speichersystem gespeichert werden.
Speichereinheit: zur Aufbewahrung der hierarchisch organisierten Strukturen, (s. Abb.).

5. Möglichkeiten der Verhaltensänderung

Geht man von dem oben dargestellten Modell aus, so kann eine genauere Bestimmung der Möglichkeiten der Verhaltensänderung gegeben werden. Es können folgende prinzipielle Möglichkeiten unterschieden werden:

- Training durch Übung in der Ausführung von Operationen
- Veränderung von Speichersystemen

Die folgende Liste gibt einen Überblick:

5.1 Liste der Veränderungsmöglichkeiten

Veränderung des Speichers für Situationskategorien

Das Gesamtsystem wird anders arbeiten, wenn dem Klassifizierungsspeicher neue Kategorien zugeführt werden. Dies kann geschehen, indem z.B. neue Analysekategorien (für Lehrer z.B. die Flander'sche Interaktionsanalyse oder aber eine Taxonomie der Beobachtungskategorien für Schülerverhalten) erworben werden. Belege für die Wirksamkeit derartiger Verfahren in Wagner (1976).

Übung der Operation „Zuordnung von Kategorien"

Aus dem Modell wird ersichtlich, daß es nicht genügt, über Kategorien zu verfügen, sondern auch die Kategorien den aufgenommenen Reizen zuordnen zu können. Sie sind mittels „Diskriminationslernen" trainierbar (Wagner, 1973).

Übung der Operation „Vergleich mit Zielkategorien"

Ob eine Situation als Handlungsresultat als Erfolg oder Mißerfolg erlebt wird, ist beeinflußbar. Hierher gehört der Einsatz von Trainerkritik, feed-back durch Video-Aufzeichnungen und objektive Beobachtungsmethoden. Durch den Einsatz dieser Methoden werden die Präzision oder die Zahl der Entscheidungskriterien erhöht, oder aber die Entscheidung wird durch Expertenurteil vorweggenommen und als Resultat (d.h. Diskriminationshilfe) der übenden Person zur Verfügung gestellt (weitere Hinweise bei Brunner, 1976).

Veränderung des Speichers für Ziele

Es ist möglich, durch Vorgabe neuer Ziele Veränderungen im Speicher einzuleiten, die dann die Wirkungsweise des gesamten Systems verändern können (Greenstein, 1976).

Übung der Operation „Zuordnung von Zielkategorien"

Hier gelten die gleichen Argumente wie bei der Zuordnung von Kategorien.

Veränderung des Speichers für Handlungsentwürfe

Neue Handlungselemente können in den Speicher aufgenommen werden. Bei Training mit Hilfe von schriftlichem Material – also der Beschreibung von Handlungselementen – wird das Problem entstehen, daß die Person erst ihre eigene interne Kodierung des Beschriebenen vornehmen muß. Dies macht die Notwendigkeit von Probierphasen deutlich, bei denen es möglich ist, individuelle Kodierungen am Erfolg zu kontrollieren.

Übung der Operation „Zuordnung von Handlungsentwürfen"

Da nicht davon ausgegangen werden kann, daß im Laufe des sozialen Lernprozesses ausschließlich strikte 1:1-Zuordnungen von Situationen und Zielen zu jeweils einem Handlungsentwurf erworben wurden, sondern daß einer

Hierarchie von Situations- und Zielklassen jeweils eine Hierarchie von Handlungsentwürfen gegenübersteht, muß daran gedacht werden, daß die Operation der Entscheidung für einen bestimmten Handlungsentwurf trainiert werden muß.

Übung der Ausführung von Handlungsentwürfen

Die mentale Verfügung über Handlungspläne allein genügt nicht, es ist auch notwendig, bei der Ausführung eines Handlungsentwurfes durch mehrfaches Üben die notwendige Sicherheit zu erlangen. Da es sich bei den in Frage stehenden Handlungsentwürfen oft um flexible Pläne handelt, wird dabei nicht der immer wieder gleiche Ablauf einer motorischen Handlungskette geübt, sondern der flexible Einsatz taktischer Elemente bei veränderten Randbedingungen zur Erreichung eines Zieles.

Veränderung des Speichers für Verknüpfungen

Geeignete Verknüpfungen von Situationskategorien, Zielvorstellungen und Handlungsplänen können einer Person direkt verfügbar gemacht werden. Unter der Annahme, daß diese Person die Elemente dieser Verknüfungen verfügbar hat, bestünde der Lerneffekt im Erwerb handlungsrelevanten Wissens folgender Struktur: Wenn Situation x gegeben ist und Ziel y erreicht werden soll, führt die Handlungskette z zum Erfolg. Dies wäre die Information, die empirische Forschung den sozial tätigen Personen zur Verfügung stellen müßte.

Übung der Operation „Regelerkennen“

Lernfähigkeit ist nur dann gegeben, wenn Regelhaftigkeiten der Wirksamkeit eigener Handlungsentwürfe erkannt werden können. Die Zuordnung und Ausführung eines jeden Handlungsentwurfes aktiviert auch den Mechanismus der Regelerkennung. Es sind mir keine Forschungsergebnisse darüber bekannt, ob durch Übung auch hier Leistungsverbesserungen möglich sind.

Veränderung des Regelspeichers

Es muß geprüft werden, ob es möglich ist, Regeln direkt zu vermitteln. Dies würde dann direkt zur Erzeugung neuer Ketten führen können.

Übung der Operation „Kettenerzeugung“

Personen, die sich im Alltagsleben durch besondere soziale Kompetenz auszeichnen ,sind besonders gut in der Lage, geeignete neue Kombinationen von Situationskategorien, Kombinationen von Zielkategorien und Handlungsketten zu erzeugen. Es ist zu untersuchen, ob in diesem Bereich Trainingsmöglichkeiten vorliegen oder ob es sich um persönlichkeitsbedingte Konstanten handelt.

Als Bestätigung für in diesem Modell getroffene Unterscheidungen werden die Forschungsergebnisse von Platt u. a. (1975) angesehen. Diese Autoren haben im Vergleich zwischen psychiatrischen Patienten und Normalen herausgefunden, daß beide Gruppen die gleichen Problemlösungen für interpersonale Probleme als effektiv erkennen können, Patienten aber nicht in der Lage sind, derartige Lösungen *selbst zu erzeugen.* Der Mechanismus zur Kategorisierung von Situationen und der Mechanismus zur Erzeugung von Handlungsplänen sind demnach unabhängig voneinander. Die generative Komponente (Kettenerzeuger genannt) kann gestört sein, ohne die Mechanismen der Kategorisierung und den Vergleich mit Zielsituationen zu beeinträchtigen.

Übung des Ablaufs des gesamten Programms in der Vorstellung

Es wird angenommen, daß auch Vorstellungen den Programmablauf auslösen können. Provoziert man durch gezielte Vorgaben systematische Probeläufe „in Gedanken", so wird dadurch die Stellung einzelner Speicherelemente in der jeweiligen Hierarchie und damit die Abrufbereitschaft verändert. Durch derartige Probeläufe wird eine allgemeine Erhöhung der Verfügbarkeit aller Abläufe bewirkt. Probeläufe können dann die Funktion übernehmen, auf anschließende reale Programmabläufe vorzubereiten und deren Auswirkung auf das System, d.h. die Lernwirksamkeit der realen Lebenssituation zu erhöhen.

Übung des Ablaufs des gesamten Programms in einer Realsituation

Es sind keine Trainingsprogramme bekannt, die alle hier beschriebenen Trainingsmöglichkeiten nutzen. Bei den meisten Trainingskonzepten werden nur einige der vorhandenen Möglichkeiten genutzt, wobei allerdings anzunehmen ist, daß bei einem Eingriff in einen Bereich die lernende Person aufgrund der im Modell aufgezeigten Zusammenhänge notwendige Lernprozesse auch in den anderen Bereichen durchläuft bzw. sich selbständig entsprechende Lernsituationen schafft.

5.2 Zur Unterscheidung zwischen Training von Operationen und Änderung von Speichern

Aus dem vorgestellten Modell folgt, daß die Veränderung des Lehrerverhaltens durch Speicheränderung viel leichter zu verwirklichen ist als die Verhaltensänderungen durch Training von Operationen. Der klare Nachweis, daß es tatsächlich gelingen kann, die beschriebenen Operationen nicht nur mit neuen Speicherinhalten auszuführen, sondern diese selbst effektiver anzuwenden, steht nach meiner Auffassung noch aus.

5.3 Zusammenfassung der Bedingungen für Erfahrungsbildung

Abschließend sollen nun einige Überlegungen folgen, die der veränderungswillige Lehrer berücksichtigen sollte.
Lernen durch Erfahrungsbildung wird dann eintreten, wenn:

1. Maßnahmen zur *Speicheränderung* getroffen werden durch z. B. Beschäftigung mit Texten, Beobachtung von Kollegen.
   Gesucht werden dabei – Kategorien zur Situationsklassifikation
   – Kategorien für Ziele
   – Handlungsentwürfe
2. Maßnahmen getroffen werden zur Anwendung der erworbenen Speicherinhalte in Probierphasen (Unterrichtsversuche, Microteaching etc.)
3. Maßnahmen getroffen werden, um durch Verbesserung des *Feedback* die Operation „Vergleich mit Zielkategorien" objektiver zu machen.

Dies setzt beim veränderungswilligen Lehrer die Bereitschaft zum Ausprobieren voraus, da wie gezeigt, die Übernahme, d.h. die Erfahrungsbildung, nicht passiv erfolgen kann, sondern ein aktiver *selbstgesteuerter Lernprozeß* ist, der nicht ohne Anstrengung abläuft.
Die Möglichkeiten der Verhaltensänderung durch Lehrertraining werden ausführlich bei Brunner (1976) besprochen. Materialien zum Erwerb von geeigneten Kategorien sind zu finden in Grell (1974), Becker u. a. (1976), Minsel u. a. (1976).

5.4 Anwendung der Selbstkonfrontation

Selbstkonfrontation durch Verwendung von Video- oder Tonaufzeichnungen des eigenen Verhaltens ist ein wichtiges Hilfsmittel zur selbstgesteuerten Verhaltensänderung. Es werden hier einige Hinweise gegeben, die Fuller und Manning (1973) entnommen wurden. Selbstkonfrontation ist effektiver in Zusammenarbeit mit einer weiteren Person, die als Helfer und Diskussionspartner zur Verfügung steht.

Das Feedback des Helfers soll eindeutig und vertrauenswürdig sein und vom Lehrer als Wiedergabe dessen, was wirklich im Unterricht geschah, akzeptiert werden können. Das Verfahren ist wirksam, wenn der Lehrer selbst vor der Beschäftigung mit der Aufzeichnung Diskrepanzen zwischen angestrebtem und realisiertem Verhalten erkennen kann. Die Situation beim Betrachten/Anhören muß psychologisch sicher sein; dies setzt einen Helfer voraus, der genügend Einfühlungsvermögen hat und sein Augenmerk auf die veränderbaren Aspekte des Verhaltens richten kann. Es ist beim Betrachten besonders auf Diskrepanzen zu achten zwischen:

1. erlebter und beobachteter Ausführung des Unterrichtsverhaltens
2. Selbstbeobachtung/Fremdbeobachtung des Verhaltens
3. eigenen Zielen und Zielen anderer Personen
4. beobachtetem Verhalten und Zielen, über die Übereinstimmung erzielt werden konnte.

Die Aufmerksamkeit sollte auf wenige Brennpunkte konzentriert werden. Das Verfahren ist effektiv, wenn die feststellbaren Diskrepanzen im mittleren Bereich liegen, also weder zu groß noch zu klein sind. Es muß bewußt sein, daß zunächst eine Unterbrechung des gewohnten automatisierten Verhaltensablaufs erfolgen wird. Diese Phase der Unterbrechung muß als Zwischenphase zur Veränderung akzeptiert werden. Diese ist zu überwinden, wenn geeignete Gelegenheit zur Erprobung neuer Verhaltensweisen bis hin zur Automatisierung in der realen Praxis vorhanden sind.

Literaturverzeichnis

Argyle, M.: The Psychology of Interpersonal Behaviour. Harmondworth 1972[2]

Becker, G. E., Bilek, R., Clemens-Lodde, B., Köhl, K.: Unterrichtssituation I, II, III. München 1976

Brunner, R.: Lehrertraining, Grundlagen – Verfahren – Ergebnisse. München 1976.

Clark, C. M. u. Snow, R. E. u. Shavelson, R. J.: Three Experiments on Learning to Teach. Journal of Teacher Education, 27, 174f., 1976.

Clift, J. C. u. Batten, H. u. Burke, G. u. Malley, J.: Structure of the Skill Acquisition Phase of a Microteaching Program. British Journal Educational Psychology, 46, 190–197, 1976

Dunkin, M. J. u. Biddle, B. J.: The Study of Teaching. New York 1974

Flanders, N. A.: Analyzing Teaching Behavior. Reading, Mass., 1970

Fontaine, G.: Causal Attribution in simulated versus real situations, When are people logical, When are they not? Journal of Personality a. Social Psychology, 32, 1021–1029, 1975

Fuller, F. F. u. Manning, B. A.: Selfconfrontation reviewed, a conceptualization for video playbeck in teacher education. Review of Educational Research, 43, 469–528, 1973

Greenstein, I.: Behavior Change Through Value Self-Confrontation, a Field Experiment, Journal of Personality and Social Psychology 1976, 34, 254–262

Grell, J.: Die sogenannte „Erfahrung". In: betrifft: erziehung, 3, 17–19, 1970

Grell, J.: Techniken des Lehrerverhaltens. Weinheim 1974

Hanke, B. u. Mandl, H. u. Prell, S.: Soziale Interaktion im Unterricht. München 1973

Höder, J. u. Joost, H. u. Klyne, P.: Zusammenhänge zwischen Hauptdimensionen des Lehrerverhaltens und Merkmalen des Erlebens von Schülern im Unterricht, Psychologie in Erziehung u. Unterricht, 22, 88–96, 1975

Jones, E. E. u. Nisbett, R. E.: The Actor and the Observer: Divergent Perceptions of the Causes of Behavior. In: Jones u. a.: Attribution: Perceiving the Causes of Behavior. Morristown 1971

Koskenniemi, M.: Elemente der Unterrichtstheorie. München 1971

Laucken, U.: Naive Verhaltenspsychologie. Stuttgart 1974

Masendorf, F. u. Tücke, M. u. Bartram, M.: Zur Genauigkeit der Einschätzung des Lehrers über seine Unterrichtsstrategie im Urteil seiner Schüler. Psychologie in Erziehung und Unterricht, 20, 89–93, 1973

Miller, G. A. u. Galanter, E. u. Pribram, K. H.: Plans and the structure of behavior. New York 1960 (dt.: 1973)

Minsel, W. R. u. Kaatz, S. u. Minsel, B.: Lehrverhalten I, II, III. München 1976

Newtson, D.: Attribution and the unit of perception of ongoing behavior. Journal of Personality and Social Psychology, 28, 28–38, 1973

Newtson, D. u. Engquist, G.: The perceptual organization of ongoing behavior. Journal of Experimental Social Psychology, 436–450, 1976

Nickel, H.: Die Lehrer-Schüler-Beziehung aus der Sicht neuerer Forschungsergebnisse. Psychologie in Erziehung u. Unterricht, 23, 153–172, 1976

Platt, J. J. u. Siegel, J. M. u. Spivack, G.: Psychiatric patients and normals see the same solutions as effective in solving interpersonal problems? Journal of Consulting and Clinical Psychology, 43, 279, 1975

Rosenshine, B.: Die Beobachtung des Unterrichts in der Klasse. In: Hofer, M. u. Weinert, F. E.: Pädagogische Psychologie, Funkkolleg Grundlagentexte 2. Frankfurt 1973

Spanhel, D. u. Tausch, R. u. Tönnies, S.: Hauptdimensionen des Lehrerverhaltens und ihr Zusammenhang mit konstruktivem Schülerverhalten in 41 Unterrichtsstunden. Psychologie in Erziehung u. Unterricht, 22, 343–350, 1975

Storms, D. M.: Videotape and the attribution process: Reversing autors' and observers' point of view. Journal of Personality a. Social Psychology, 27, 165–175, 1973

Wagner, A. C.: Microanalyse statt Microteaching, Zeitschrift für Pädagogik, 19, 303–308, 1973

Wagner, A. C. u. a.: Schülerzentrierter Unterricht. München 1976

Teil 2

Individuum und selbstgesteuertes Lernen

Einleitung

Von H. Neber

Die Kenntnis individueller Charakteristika ist für eine Ursachenerklärung des Lernverhaltens entscheidend. Dies gilt besonders für Lehrer, die es im Unterricht etwa mit einzelnen Lerngestörten zu tun haben, deren ineffektives Verhalten zwar mit ihrer – wie auch immer definierten – sozialen Gruppenzugehörigkeit zusammenhängt; doch sind neuere psychologische Forschungen über diesen letztlich korrelativen Erklärungsansatz hinausgegangen und fassen Verhalten als interaktives Produkt von Person- und Situationsvariablen auf (Scheele und Groeben, 1976). Theoretische und empirische Arbeiten wiesen nach, daß relativ stabile Verhaltensweisen von Lernern (aber auch Lehrern; Thiele, 1976) mit deren Erkenntnisprozessen in den jeweiligen Lernsituationen zusammenhängen. Diese Prozesse sind modifizierbar – dafür spricht ihre Abhängigkeit vom sozial-historischen Milieu (Meacham, 1972; Seidel, 1976) und ihre durch Trainingsprogramme nachgewiesene Veränderbarkeit etwa der für das Lesenlernen relevanten kognitiven Prozesse (Steiner, 1975) oder allgemeiner intellektueller Operationen (Roth, Oswald, Daumenlang, 1972). Entscheidend für ein im pädagogischen Kontext notwendiges Verständnis des Lernverhaltens ist nun, nicht nur eine Aussage über den jeweiligen Anteil von individuellen und situativen Einflüssen auf ein spezifisches Verhalten zu machen. Olweus (1976) kritisiert gerade diese varianzanalytische Lösung: „Es ist statt dessen fruchtbarer, danach zu fragen, *wie* Person und Situation miteinander interagieren" (S. 171). Neben den individuellen Komponenten, die das Lernen beeinflussen, ist daher der gesamte Interaktionsprozeß zu kennzeichnen (Spates u. Kanfer, 1977; Halisch u.a., 1977). Die folgenden drei Beiträge machen dazu konkrete Aussagen. Ihr Ziel ist, einen höheren Selbststeuerungsanteil beim unterrichtlichen Lernen zu erreichen.

Die dazu nötigen individuellen Kompetenzen, die psychischen Determinanten des Lernens werden im Beitrag von *H. Neber* im Rahmen interaktiver Modelle zunächst allgemein beschrieben. In einem zweiten Abschnitt finden sich Forschungsergebnisse, die belegen, daß solche Kompetenzen im Unterrichtskontext entstehen und zugleich Voraussetzungen sind, um in schulischen Umwelten lernen zu können. Der folgende größere Abschnitt des Beitrags schlüsselt die individuellen Lernvoraussetzungen in drei Bereiche auf: In Komponenten der Aktivitätsbereitschaft, die vor allem die Zielrichtung des

Lernverhaltens bestimmen; in Operationen und Strategien der Informationsverarbeitung, die die überdauernde Speicherung schulischen Wissens bewirken; der dritte Bereich beschäftigt sich mit durch den Lehrer unmittelbar beobachtbaren Verhaltensweisen von Lernern, die für den Lernerfolg entscheidend sind. Jeder Abschnitt des Beitrags geht zudem auf die grundsätzliche Problematik und den aktuellen Forschungsstand des jeweiligen Ansatzes ein, um so ein unkritisches Übernehmen einfacher Lernrezepte zu verhindern.

B. Neber und R. Wegner stellen die neuere Entwicklung von Selbstkontrolltheorien und -verfahren dar. Diese entstanden aus den Lerntheorien des klassischen und operanten Konditionierens. Die innerhalb dieser Richtungen formulierten Lerngesetze wurden bisher hauptsächlich zur Verhaltensänderung mittels externer Instanzen, etwa des Schülerverhaltens durch den Lehrer, eingesetzt. Sie werden im ersten Abschnitt als verhaltenspsychologische Grundlagen der Selbstkontrolle beschrieben. Relativ neu ist, diese Gesetzmäßigkeiten auch zur ‚planvollen Veränderung des eigenen Verhaltens' einzusetzen. Der zweite Abschnitt formuliert die dazu notwendigen Selbst-Komponenten und umreißt damit ein Instrumentarium, das Lernende von äußeren Instanzen unabhängiger machen kann. Empirische Untersuchungen über Selbstkontrolle im Unterricht sind bisher nicht sehr zahlreich. Meist beschäftigten sie sich mit der selbstgesteuerten Beseitigung von Verhaltensstörungen. Der dritte Teil beschreibt solche Studien und eröffnet Anwendungsmöglichkeiten im pädagogischen Kontext.

W. Belschner macht im dritten Beitrag auf theoretische Probleme der selbstgesteuerten Bewältigung belastender Situationen aufmerksam; etwa bei schwierigen Lernaufgaben, Prüfungssituationen oder Tadel und Kritik durch andere treten solche Probleme auf. In diesem Zusammenhang offeriert er Ergebnisse eigener Untersuchungen zu drei Problembereichen. Zunächst geht es um die Frage, welche psychischen Abläufe eine Person dazu bringen, eine Situation überhaupt als belastend zu erleben. Die Antwort darauf ist komplex; so lassen sich allein 14 Komponenten dieser sozialkognitiven Prozesse ermitteln. In einem zweiten Problembereich geht es um die individuelle Verarbeitung des durch die psychischen Prozesse entstandenen Belastungseindrucks. Zur Diagnose dieser Verarbeitungsvorgänge wird ein Fragebogen entwickelt, der zu differenzierten Ergebnissen bei Haupt- und Realschülern führte. In einem dritten Problembereich geht es schließlich um Maßnahmen, die eine effektive Verarbeitung des Belastungseindrucks gewährleisten. Ergebnisse, die zu einer besseren Bewältigung der Belastungssituation ‚Prüfung' bei Studenten führen können, werden ausführlich dargestellt.

Literaturverzeichnis

Halisch, F., Butzkamm, J. u. Posse, N.: Selbstbekräftigung: II. Individuelle Unterschiede und Anwendungen in Schule und Therapie. Z. f. Entw. u. Päd. Psychol., 9, 127–149, 1977

Meacham, J. A.: The development of memory abilities in the individual und society. Human Development, 15, 205–228, 1972

Olweus, D.: Der ‚moderne' Interaktionismus von Person und Situation und seine varianzanalytische Sackgasse, Z. f. Entw. u. Päd. Psychol., 8, 171–185, 1976

Roth, E., Oswald, W. D. u. Daumenlang, K.: Intelligenz. Stuttgart 1972

Scheele, B. u. Groeben, N.: Voraussetzungs- und zielspezifische Anwendung von Konditionierungs- vs. kognitiven Lerntheorien in der klinischen Praxis. Bericht aus dem Psychol. Inst. d. Universität Heidelberg, Nr. 6, 1976

Seidel, R.: Denken – psychologische Analyse der Entstehung und Lösung von Problemen. Frankfurt 1976

Spates, C. R. u. Kanfer, F. H.: Self-monitoring, self-evaluation, and self-reinforcement in children's learning: A test of a multistage self-regulation model. Behavior Therapy, 8, 9–16, 1977

Steiner, G.: Sprache: Verstehen, Sprechen, Lesen, Schreiben. In: G. Steiner u. a.: Sprache, soziales Verhalten und Methoden der Forschung. Stuttgart 1975

Thiele, H.: Training des Lehrverhaltens; PH Niedersachsen. Braunschweig 1976 (unveröff. Manuskr.)

Heinz Neber

Individuum und selbstgesteuertes Lernen

„Jähzorn und panische Angst sind Beispiele für Verfassungen des Menschen, in denen er einem Antrieb völlig ausgeliefert ist. Andere Bestrebungen, z.B. vernünftige Überlegungen, können sich nicht durchsetzen" (Hassenstein, 1973, S. 319). – Ein Beispiel für die ‚Innensteuerung' des Verhaltens, die hier auf biologische, im Organismus fest installierte Kontrollsysteme zurückgeführt wird. Die konsequente Frage ist, ob eine solche Interpretation auch auf schulisches Lernverhalten anzuwenden ist.
Dazu das *Beispiel eines Schülers,* der ein entsprechendes Verhalten zeigt (Seligman, 1975, S. 4):

„Als mit dem Leseunterricht im Kindergarten und der ersten Klasse begonnen wurde, lernte Victor langsam. Er war eifrig, doch einfach noch nicht soweit, um eine Verbindung zwischen geschriebenen Wörtern und dem Sprechen herzustellen. Er arbeitete anfangs intensiv, machte aber keinen Fortschritt; seine raschen, freiwilligen Antworten waren stets falsch. Je mehr er versagte, desto widerwilliger wurde er; in der Klasse sagte er weniger und weniger. In der zweiten Klasse beteiligte er sich zwar eifrig in Musik und Kunst, wenn's zum Lesen ging, wurde er mürrisch. Eine Zeitlang führte sein Lehrer spezielle Übungen mit ihm durch, doch gaben sie beide bald auf. In der Zeit hätte er vermutlich lesen können, doch er brauchte nur ein Wortkärtchen oder einen Lesebogen sehen und schon hatte er einen Jähzornsanfall oder eine abwehrende Aggression. Diese Haltung verbreitete sich über den ganzen restlichen Schultag. Er schwankte zwischen Mutlosigkeit und Aufsässigkeit."

Das Beispiel verdeutlicht, daß es zumindest problematisch ist, aggressives und anderes, *schulisches Lernen* störendes Verhalten einfach auf die Person, den Prozeßträger zu beziehen. Denn es ist:

a) Von Situationen (Leseunterricht) abhängig, hat
b) eine Entstehungsgeschichte (Genese über Jahre hinweg) und
c) stellt nur eine mögliche Art der Bewältigung schulischer Lernbelastungen dar.

Ferner gelingt es unter herkömmlichen schulischen Bedingungen dem Lehrer offenbar kaum, von der Realität der Punkte a) bis c) auszugehen und den im Beispiel deutlich werdenden Teufelskreis aufzubrechen, d.h. die Entstehungs-

geschichte rückgängig zu machen, die Situation grundsätzlich zu verändern und andere Arten der Problembewältigung aufzubauen.
Es bleiben nur drei *Alternativen:*

- der Rekurs auf eine Verhaltenserklärung, die unveränderliche (möglicherweise wie im ersten Beispiel biologische) Regulationsmechanismen annimmt; eine Interpretation, die zu pädagogischer oder therapeutischer Resignation führt und deren Wurzel eine isoliert personalistische Ursachenerklärung des Lernverhaltens bildet.
- die bekannten Forderungen nach Abschaffung oder Veränderung der Schule, einschließlich ihrer Ziele und Methoden. Dabei wird die schulische Umwelt, auch das Lehrerverhalten (Tausch u. Tausch, 1971) zumindest als Hindernis für die Selbstentfaltung betrachtet oder aber als Ort, der nicht mit realen Lern- und Lebensproblemen konfrontiert: „Schools have become encapsulated settings within our society and unresponsive to it. They must become more open" (Sarason, 1971, S. 25). Solche Alternativen sind Zeichen eines pädagogischen Optimismus, der seine Wurzel jedoch letztlich in einer eher situationistischen Ursachenerklärung des Lernverhaltens hat.
- die Entwicklung von Trainingsprogrammen (effektivere als die Übungen des genannten Lehrers). Naef (1973, S. 13) unterstreicht die pädagogische Bedeutsamkeit solcher Verfahren: „Es sind somit keineswegs nur die schlechten Schüler, die von einer Einführung in die Methoden der geistigen Arbeit profitieren können. Auch Schüler, die bereits gute Noten erzielen, werden erkennen, daß sich ihre Arbeitsweise rationeller gestalten läßt."

Umwelt- und Verhaltensänderungsvorschläge sind beide durch einen pädagogischen Optimismus gekennzeichnet, wobei allerdings die Trainingsansätze nicht nur von einer situativen Ursachenerklärung ausgehen und die dadurch vermutete Persönlichkeits- und Verhaltensänderung einem philosophischen oder Zufallskonzept überlassen, sondern von vornherein auf eine genau angebbare individuelle Änderung abzielen. Diese bezieht sich nicht nur auf eine, negativ gemeinte ‚wertfreie' Änderung der Verhaltenssteuerung (Blankertz, 1972), wodurch es dem Lerner ‚technizistisch' ermöglicht wird, spezifisch abgegrenzte Lernsituationen adäquat zu beantworten, sich anzupassen. Neuere Veränderungsprogramme zielen vielmehr auf eine generelle Steigerung der „power to the person" ab (Mahoney u.a., 1974). Diese kann auch über Umweltänderungen erfolgen – die dann allerdings nicht mehr von situationistischen, sondern in einem neuen Sinn personalistischen Ursachenerklärungen des Lernverhaltens ausgehen. Ziel solcher Bemühungen ist: *Interaktive Autonomie* – auch in bezug auf das Lernen. Nach Mahoney u.a. (1974): „The truly ‚free' individual is one who is in intimate contact with himself and his environment (both internal and external). He is a personal scientist, a skilled engineer capable of investigating and altering the determinants of his actions."

All diesen Ansätzen liegen neuere Konzeptionen individueller Determinanten des Lernens, veränderte Persönlichkeitstheorien zugrunde.

Psychische Determinanten des Lernens

Lernforscher schlossen lange Zeit individuelle Differenzen in ihren Experimenten aus, betrachteten sie nur als Störquellen und interessierten sich lediglich für Verhaltenseffekte situativer Manipulationen. Pädagogisch oder von diesem Aspekt aus anwendungsorientierte Forscher konzentrierten sich dagegen stark auf die Ermittlung individueller Determinanten schulischen Lernens und entwickelten die bekannten Diagnoseverfahren, die vor allem der Selektion von Schülern für bestimmte Lerngruppen dienten. Der ersten – experimentalpsychologischen – Orientierung lag die Konzeption der *Situationsdeterminiertheit* des Lernverhaltens zugrunde; der zweiten – differentialpsychologischen – dagegen die Auffassung, daß Lernverhalten durch in der Person befindliche *Persönlichkeitszüge* determiniert sei. Trotz gewaltiger Forschungsproduktion erwiesen sich diese Konzeptionen als nicht besonders fruchtbar, wurden von anwendungsorientierten Lernforschern kritisiert und führten zu einer *interaktionistischen Orientierung,* die sich durch die Annahme von Wechselwirkungen individueller Lernermerkmale und Situationsvariablen auszeichnet (Flammer, 1975).
Ungeklärt ist allerdings, wie die ‚Persönlichkeitsfaktoren' zu bestimmen sind, wobei neuerdings besonders die bekannteren, meist faktoranalytisch bestimmten Strukturtheorien im Hinblick auf reales Verhalten in Frage gestellt werden, so etwa Guilford's Modell der Persönlichkeit (Messick, 1973). Verstärkt wird nach Prozeßcharakteristika gesucht, die das Lernen als Person-Umwelt-Interaktion steuern – ein Ansatz, der der eingangs dargestellten Konzeption selbstgesteuerten Lernens entspricht. Ihren vorläufigen Niederschlag hat diese Orientierung etwa in den kognitiven Stilvariablen, nach Köstlin-Gloger (1974) situationsübergreifende Arten der Informationsverarbeitung, gefunden, deren Bedeutung für reales Lernen jedoch ebenfalls stark bezweifelt wird (Grimm u. Meyer, 1976) und zu Recht als veraltet gelten kann.
Die neueren *Interaktionsmodelle* der Persönlichkeitspsychologie gehen insgesamt davon aus, daß jede Verhaltensbeschreibung die Situationen, in denen es abläuft, und die internen (kognitiven) Aktivitäten des Individuums einbeziehen muß (Mischel, 1973)–eine Konzeption, die den verschiedenen Beiträgen des Bandes entspricht. Endler und Magnusson (1976) unterscheiden vier *Hauptcharakteristika* dieser neuen interaktionistischen Modelle:

1. Verhaltensweisen werden durch eine kontinuierliche *Interaktion* (Rückmeldung) zwischen Individuum und Situation determiniert;

2. Das Individuum ist *zielgerichteter,* aktiver Träger dieses Interaktionsprozesses, d.h. es wählt Situationsaspekte aus und beeinflußt Situationen durch Handlung;
3. *Kognitive* Faktoren sind für den Interaktionsprozeß entscheidend;
4. Die *psychische* – nicht die objektive – *Bedeutung* der Situation für das Individuum ist eine wesentliche Verhaltensdeterminante.

Verhaltensweisen, auch die des Lernens, sind so ein Produkt von:
- Situationen und Einwirkungen der Umwelt;
- der inneren Aktivitäten und der ‚inneren Welt' des Individuums.

Löst man die Wechselwirkung zwischen beiden auf, so geht die Komplexität des Prozesses verloren – ein Verlust, den die interaktiven Persönlichkeitstheorien zu verhindern suchen. Er läßt sich aber in Alltagssituationen, in denen jeder – auch Lehrer oder Schüler – sich als weitgehend ‚naiver' Psychologe betätigt, registrieren. So stellten Jones und Nisbett (1971) fest, daß handelnde (z.B. lernende) Personen ihr Verhalten eher auf situative Ursachen zurückführen; Beobachter dagegen auf stabile Eigenschaften in der Person des Beobachteten. Angewandt auf das anfängliche Beispiel könnte Victor (der Lerner) sein gestörtes Lernverhalten auf die Situation des Unterrichts zurückführen, der beobachtende Lehrer ihn dagegen für unfähig halten. Aus der Sicht der Interaktionspsychologie wären es jeweils einseitige Erklärungen, die die kontinuierliche Wechselwirkung zwischen internen und situativen Zuständen außer acht läßt. Sie werden im folgenden näher aufgeschlüsselt.

Individuelle Charakteristika in Unterrichtsumwelten

a) Individuelle Charakteristika als Effekt

Dazu existieren vielfältige Untersuchungen, angefangen vom Nachweis allgemeiner kultureller Effekte auf individuelle Charakteristika (McClelland, 1961) bis zu den Erziehungs- und Unterrichtsstileffekten (Nickel, Schlüter, Fenner, 1973). Nun ist von den Erziehungszielen Unabhängigkeit und Selbständigkeit auszugehen, Forderungen, die zugleich mit der Kritik verbunden sind, daß solche individuellen Charakteristika in herkömmlichen Unterrichts- und Erziehungsumwelten nur unzureichend ausgebildet werden.
Nickel (1975, S. 184): „Gerade auch in unseren traditionellen außerfamiliären Erziehungseinrichtungen scheint aber die Förderung selbständigen Verhaltens gegenwärtig noch sehr im Argen zu liegen". Wie schon Forschungen zum Entdeckenden Lernen zeigten, ist der Aufbau dieser angestrebten individuellen

Charakteristika durch Unterricht empirisch oft nicht feststellbar (Hermann, 1975). Ein ebenfalls pessimistisches Ergebnis brachte Wright's (1975) Untersuchung über den persönlichkeitsmodifizierenden Effekt einer offenen Grundschule. Silberman (1974) führt dies darauf zurück, daß Lehrer, die sich für „open education" einsetzen, Ziele haben, die mit gängigen Testverfahren nicht meßbar sind. Weinert (1974, S. 445) resümiert: „Die Schule ist zweifellos für alle Kinder und Jugendlichen eine wichtige Sozialisationsbedingung. Es ist allerdings außerordentlich schwierig, die durch sie bewirkten Sozialisationseffekte im einzelnen exakt nachzuweisen."

Drei Möglichkeiten bieten sich in diesem Dilemma an:

- *Komplexere* Messung; statt einzelner Charakteristika sollten Persönlichkeitscluster erfaßt werden – eine Methode, die zu erfolgversprechenderen Ergebnissen und praxisrelevanten Aussagen zu führen scheint (Solomon und Kendall, 1976).
- Die Erfassung *anderer* Charakteristika; eine Alternative auf die bereits W. Köhler (1930) hinweist: „... stempeln wir an unseren Kindern etwas als Intelligenz ab, was nur gerade bestimmten Anforderungen entspricht, die die heutige Schule, ... Großstadt, ... Mittelstand für entscheidend halten."
- eine *Reduktion der Erwartungen* über die persönlichkeitsverändernden Effekte veränderter Schulumwelten. So ergab eine Untersuchung von Ruedi u. West (1973), daß durch eine offene Schule das Selbstkonzept – einschließlich der von Schülern wahrgenommenen Autonomie – keineswegs generell geändert wird, daß jedoch situationsspezifische, sich auf die Lehrer-Schüler-Interaktion beziehende Selbst-Aspekte (Teachers like me; school is very interesting) positiv verändert wurden. Ebenso spezifizierte Ergebnisse brachte die Untersuchung von Wilson u. a. (1972).

Faßt man individuelle Charakteristika als Effekte schulischer Umwelten auf und die nun möglichen Konsequenzen zusammen, so sollte die Suche nach neuen individuellen Charakteristika intensiviert werden. Trotz der großen Unterschiede der dazu vorhandenen Ansätze scheinen dies keine ausschließlich reaktiven Charakteristika zu sein – ganz im Sinn der interaktiven Konzeption. Es handelt sich vielmehr um Aktivitäts- und Steuerungseigenschaften, wie sie in unklaren, mehrdeutigen Situationen auftreten, in denen Ergebnisse und Schritte eines adäquaten Lernverhaltens nicht vollständig extern determiniert werden (Vgl. Beitrag über Selbstgest. Lernen). Heckhausen (1974) bezeichnet diese als operante Eigenschaften; im Gegensatz zu respondenten sind es solche, die Individuen in nichtstrukturierten Situationen spontan zeigen (Vgl. Neber, 1974). In dieser Beziehung streben psychologische Aussagen einen stärkeren Praxisbezug an und werden der zunehmend realisierten Offenheit schulischer

Lernumwelten adäquater. Zugleich dienen die neuen interaktiven Persönlichkeitskonzeptionen der Legitimation etwa des Offenen Unterrichts oder Entdekkenden Lernens (Wickens, 1973).

b) Individuelle Charakteristika als Voraussetzung

Techniken des Wissenserwerbs, des Lernens, differieren je nach Umwelt, damit auch die lernentscheidenden individuellen Charakteristika. Offene Lernumwelten zeichnen sich dadurch aus, daß sie einen höheren Selbststeuerungsgrad des Lernens erfordern. Im Sinne der interaktionspsychologischen Konzeption setzt dies nicht nur einen intern aktiven Lerner voraus. Subjektiv betrachtet repräsentieren solche undefinierten Umwelten Unsicherheit und entsprechen so ‚real-life'-Situationen.

La Porte's (1971, in Michael, 1973, S. 109) Kennzeichnung tritt hier zu: „But stability does not characterize the state of most contemporary organizations. Rather, organizations everywhere are experiencing considerable destabilizing pressure and many surprising conditions. If uncertainty is sought, there is no end of situations available to satisfy this search."

Die Bewältigung solcher von Veränderlichkeit gekennzeichneten Unsicherheitssituationen stellt ein Problem dar, das nur im einfachsten Fall durch eine einfache homöostatische Regelung lösbar ist. Dem dargestellten Konzept selbstgesteuerten Lernens entsprechend wird es im komplexeren Fall durch die aktive Herstellung kognitiver, Verhaltens- oder Umweltorganisationen gelöst. Die Frage ist also: Durch welche individuellen Lernvoraussetzungen können solche Lernprobleme bewältigt werden?

Zur Verdeutlichung ein Befund von McLachlan und Hunt (1973). Danach ist für solche offenen Situationen die kognitive Strukturiertheit der Person entscheidend, die nach Schroder u.a. (1975) die Fähigkeit bezeichnet, differenzierte und integrierte Ordnungen aus zunächst zusammenhangslosen Details herzustellen. Hunt (1971) baute darauf ein „matching"-Modell (Lernstil × Lehrmethode) auf. Doch erfassen solche formal-strukturellen Charakteristika das Problem der Lernvoraussetzungen im Sinn der interaktiven Psychologie nicht voll! Danach müssen auch Zieldeterminationen (Saltz, 1971, Kap. 10) und die unmittelbar relevanten Verhaltensweisen, über die das Lernen realisiert wird, in die Analyse individueller Lernvoraussetzungen einfließen (Glaser, 1972; Trickett u. Moos, 1970). D.h. nicht nur interne und zudem noch von realen Verarbeitungsprozessen abstrahierte *sogenannte* Informationsverarbeitungscharakteristika, deren Lernsteuerungsrelevanz höchstens korrelativ oder mittels Sequenzanalyse deskriptiv zu erfassen ist. Schroder (1971) selbst verdeutlicht, daß Ziel-(Richtungs-)-charakteristika außerhalb solcher Konzeptionen bleiben: „A high level of information processing in these areas does not necessarily define the ‚best‘ performance. What is ‚good‘ performance depends on the criterion which one applies“ (S. 273).

Ziel- und Verhaltensaspekte mit einzubeziehen ist gerade für die Ermittlung individueller Voraussetzungen selbstgesteuerten Lernens, für eine – wie im Eingangsbeispiel anzustrebende – Modifikation von Lernstörungen entscheidend. Ohne Kenntnis solcher Aspekte läßt sich das Bildungsziel einer mitbestimmenden demokratischen Persönlichkeit zumindest nicht auf einer wissenschaftlich abgesicherten Basis erreichen. Neben Verhaltenscharakteristika ist dabei im Hinblick auf Selbststeuerung besonders der kognitive Bereich genauer aufzuschlüsseln.

Zu kognitiven und Verhaltenscharakteristika selbstgesteuerten Lernens

Verhaltenspsychologisch orientierte Lerntheorien schlossen lange Zeit interne, meist als kognitiv bezeichnete Faktoren aus. Dies hat sich geändert, bis zu Meichenbaum's (1974) Vorschlag, die Zeitschrift „Behavior Therapy“ in „Cognitive Behavior Therapy“ umzubenennen. ‚Kognitiv' hat dabei eine sehr breite Bedeutung: Alle, immer wieder anders interpretierten internen (Person-)Aspekte, die einen nachweisbar (lern-)-verhaltenssteuernden Einfluß haben, sind zugelassen, alle diesbezüglich relevanten erkenntnisbildenden (epistemischen) Tätigkeiten. Dem liegt die Konzeption zugrunde, daß sichtbares Verhalten ein Resultat der internen Erkenntnisse, Orientierungen, Verarbeitungsweisen des Individuums ist; die letzten Endes verhaltensentscheidende Realität ist demnach die interaktiv entstandene subjektive Realität; ganz im Sinn des genannten vierten Hauptcharakteristikums der Interaktiven Psychologie.

Nun ist es zwar üblich, von einer *‚kognitiven Wende‘* der Psychologie zu sprechen – es handelt sich dabei um die erwähnte Konzeptionsänderung –, doch einheitliche Lösungen existieren nicht, so daß Klix (1976) auf den kognitiven Bereich bezogen vom Verlassen alter und der Suche nach neuen Ufern spricht. Zumindest zwei große und bisher getrennte Forschungsrichtungen, die sich beide mit ‚Innen‘-, ‚Selbst‘- oder auch ‚Ich‘-Steuerung beschäftigen, laufen zusammen:

– Die *Kognitionspsychologie im klassischen Sinn,* wie sie etwa durch Piaget, die Gestaltpsychologie oder die informationstheoretisch orientierte Allgemeine Psychologie gekennzeichnet ist. Sie erforscht allgemeine und formal definierte Erkenntnisbildungsprozesse, erstellt entsprechende Gesetze der Geistestätigkeit und sieht von interindividuellen Differenzen ab, d.h. das einzelne

Subjekt und dessen geplante Veränderung sind bei dieser Erforschung des „Erkennens-An-Sich" weitgehend ausgeschlossen.

– Die sich mit Innenaspekten beschäftigenden *psychodynamischen* Richtungen der Persönlichkeits- und Klinischen Psychologie – vertreten etwa durch die Neoanalytiker, die eine autonome Ichsteuerung von Adaptionsprozessen annehmen (Rapaport, 1957) und die Grundlage zur Erforschung kognitiver Stile legten; auch Dollard u.a. (1972) fassen Reaktionen auf Umweltaspekte als Funktion dessen auf, wie das Individuum die Situation intern interpretiert und durch Bewußtseinsprozesse kontrolliert.

Die Selbststeuerung wird im ersten Fall auf allgemeine Kognitionsgesetze, im zweiten auf im Bewußtsein in allen seinen Schattierungen ablaufende subjektive Vorgänge und Determinanten im Individuum zurückgeführt.

Die *Kritik* der ersten Position an der zweiten (psychodynamischen) besteht im wesentlichen darin, dieser eine nichtnaturwissenschaftliche Auffassung zuzuschreiben, die eher von Interpretationen als von objektiv meßbaren Daten ausgeht. Die Kritik an der ‚klassisch kognitiven' Ausrichtung betrifft vor allem deren Anwendbarkeit – schließlich lernt ein Schüler im Realkontext nicht nur Buchstabenfolgen unter kontrollierten Bedingungen, sondern weitaus komplexere Sachverhalte unter variierenden Determinationen. Kognitives also klassisch einzuschränken bedeutet demnach, die Lösung von Lernproblemen in Realsituationen zugunsten eines – von da aus betrachtet – scheinexakten, reduktionistischen Elfenbeinturms aufzugeben. Ansätze zur Auflösung dieser veralteten Extrempositionen zeichnen sich ab (z.B.: Hunt u. Lansman, 1975; Warr, 1970).

Ein Problem, das beide kognitionspsychologischen Richtungen zu klären haben, ist, wie diese internen Prozesse mit dem beobachteten Verhalten verbunden sind; ein Problem, das mit besonderer Intensität von klinischen und pädagogisch-psychologischen Richtungen bearbeitet wird. So läßt sich nicht nur eine ausgeweitete Konzeption des Kognitionsbegriffs registrieren, sondern auch eine Amalgamierung mit der schon stets praxisrelevanten Verhaltensmodifikation. Die daraus entstehenden Lösungen dienen dabei keineswegs nur der nachträglichen Beseitigung vorhandener Störungen, sondern sind eine der wenigen abgesicherten Grundlagen zur Erreichung anerkannter Bildungsziele der Autonomie und allseitigen Entwicklung von Schülerpersönlichkeiten.

Es fällt nun – nach all diesen Ausweitungen – schwer, eine gewisse *Übersicht über individuelle Determinanten des Lernens* zu gewinnen. Lompscher (1972) etwa unterteilt den kognitiven Bereich in folgende Komponenten der geistigen Tätigkeit:

a) Geistige Operationen, worunter grundlegende, elementare geistige Handlungen zu verstehen sind (etwa: Zergliedern, Vergleichen, Ordnen, Abstrahieren, Konkretisieren).

b) Verlaufsqualitäten, die bestimmen, wie die Operationen ausgeführt werden (etwa: planmäßig und exakt).
c) Einstellungen als Art der Bereitschaft, geistig aktiv zu werden.

Mit letzterem wird – wie oben gefordert – eine zielbestimmende individuelle Komponente mit einbezogen. Schließt man zudem noch konkrete Verhaltensweisen in die Bestimmung individueller Determinanten mit ein, so würde ein 4-Komponentensystem individueller Lernvoraussetzungen entstehen. Durch die Zusammenfassung von Operationen und Verlaufsqualitäten bzw. Operationen und Strategien (Vgl. Beitrag über Selbstgesteuertes Lernen) ergibt sich eine Dreiteilung, die die gewünschte grobe Übersicht über lernrelevante individuelle Determinanten ermöglicht:

1. *Komponenten der Aktivitätsbereitschaft*
2. *Operationen und Strategien*
3. *Verhaltenskomponenten*

Jeder dieser Aspekte ist, wie kurz darzustellen ist, für schulisches Lernen – insbesondere für das angestrebte selbstgesteuerte – relevant.

Zu 1.: Komponenten der Aktivitätsbereitschaft

Diese bezeichnet Lompscher (1972) als Einstellungen, einen Begriff, den Bem (1968) unkonventionell definiert: „An attitude is an individual's self-description of his affinities for and aversions of some identifiable aspect of his environment." Eine für Lernverhaltensrichtungen wesentliche individuelle Determinante wird somit erfaßt. Nun erforscht man in neueren Ansätzen Einstellungen nicht nur mittels Fragebogen, sondern versucht, die zugrundeliegenden kognitiven Prozesse solcher individuellen Richtungsdeterminanten zu ermitteln.
Dabei werden innere Bewertungs-, Attributions-, kurz *mentale Prozesse* als entscheidend angenommen. Lernhandlungen werden demzufolge nur dann selbständig in Angriff genommen und fortgeführt, wenn Selbstverantwortlichkeit für eigene Handlungen erlebt wird. Dieses fehlte dem Schüler Victor im Eingangsbeispiel, der aufgrund seiner Lerngeschichte keine Beziehungen mehr zwischen eigenen Handlungen und positiven Resultaten (Erfolgen) *erkannte.* Dieser Zusammenhang – die Kontingenz – war aufgelöst (im Bewußtsein); ein Sachverhalt, der nach Seligman (1975) der gelernten Hilflosigkeit zugrunde liegt. Nach Rotter (1966) käme es hier darauf an, die Verstärkungen durch die Umwelt eigenen, internen Faktoren (internal control) zuzuschreiben. Lefcourt (1966) formuliert dies in auf das Beispiel anwendungsrelevanter Weise: „Perhaps the apathy and what is often described as lower-class lack of

motivation to achieve may be explained as a result of the disbelief that effort pays off ..." (S. 212). Heckhausen (1974) bezeichnet dies als fehlendes Erleben eigener Wirksamkeit. Victors gestörtes Lernverhalten ist danach also ein Resultat der wahrgenommenen und in diesem Fall durchbrochenen interaktiven Kausalität.

Dies kann nach Ellis (1970) bis zum Aufbau intern vorhandener *irrationaler, überdauernder Ideen* führen, d.h. die ursprünglich im schulischen Lernkontext entstandenen Störungen können zu generalisierten Verhaltensstörungen werden, deren Basis subjektive Interpretationsweisen der eigenen Rolle und der sozialen Interaktion bilden. Beispiele für solche Überzeugungen sind: Das menschliche Elend ist stets extern verursacht. Vermeide Lebensschwierigkeiten und Selbstverantwortung; man braucht jemand, der stärker ist und auf den man sich verlassen kann; Glück entsteht durch Passivität; man kann seine Emotionen und Gefühle nicht kontrollieren.

Ihren Niederschlag finden solche selbststeuerungsfeindlichen individuellen Überzeugungen und Einstellungen in den genannten *internen (kognitiven) Prozessen*, die die Lernhandlungen steuern. In Anlehnung an Luria (1963) (Vgl. auch Issing, 1968) realisieren sich diese kognitiven Steuerungsprozesse als interne und verhaltenssteuernde Gespräche, als handlungsauslösende Selbstinstruktionen (Meichenbaum, 1976).

Meichenbaum (1972) hält diese internen Prozesse auf jeder Stufe der Selbstkontrolle des eigenen Verhaltens für entscheidend. Ihre lenkende Rolle bei der Ausrichtung von Aufmerksamkeit und Konzentration hebt er besonders hervor – gerade für selbständiges Lernen gegebener Sachverhalte sind dies entscheidende Prozesse.

Die pädagogische Relevanz solcher Komponenten der Aktivitätsbereitschaft zeigte sich nicht nur in Untersuchungen in bestehenden Klassenzimmern, sondern auch in *Modifikationsstudien* bei Lehrern und Schülern. So erreichte de Charms (1973) durch gezielte Selbsterfahrungen und Gruppendiskussionen mit Lehrern ein bewußteres und realistischeres Verursachererleben auch bei deren Schülern. Heckhausen (1974, S. 591) faßt zusammen: „Die geschaffenen Realisierungsmöglichkeiten für Eigeninitiative und Selbststeuerung des Verhaltens im Unterricht sind Anreiz für eine vertiefte Selbstbewertung, für das Erleben eigener Wirksamkeit, persönlicher Verursachung."

Meichenbaum (1974 a,b) entwickelte auf der dargestellten relativ einfachen theoretischen Basis einige effektive Trainingsverfahren zum Aufbau lernrelevanten selbstkontrollierten Verhaltens, die er insgesamt als „cognitive behavior modification techniques" bezeichnet. Sie haben das gemeinsame Ziel, die Art der *internen Dialoge* des Individuums zu modifizieren. Damit gelang es beispielsweise, lernfeindliches impulsives Verhalten von Lernern abzubauen (der Impulsivitätsbegriff war allerdings nicht auf Kagan's (1975) enge Konzeption eingeschränkt), lernnotwendige Kreativität von Studenten zu fördern und

Schulangst abzubauen. All dies begünstigt ein realistischeres In-Angriff-Nehmen schulischer Lernziele. Solche Methoden könnten natürlich auch auf den dargestellten Fall Victor zum Aufbau individueller Komponenten der Aktivitätsbereitschaft angewendet werden. Zugleich wird, und das betrifft bereits die Operationen und Strategien, die Erreichung einmal vorhandener Ziele optimiert.

Zu 2.: Operationen und Strategien

Die bisher dargestellten Konzepte wurzeln stark in der psychodynamisch beeinflußten Richtung der Kognitionspsychologie, die Bezeichnungen, Operationen und Strategien' dagegen eher in der informationstheoretisch orientierten ‚klassischen', allgemeinpsychologischen Kognitionsforschung. Diese untersucht vornehmlich die *weitere interne Verarbeitung* wahrgenommener Lernmaterialien zu einem dauerhaften Gedächtnisbesitz. Operationen und Strategien bezeichnen solche internen Verarbeitungsprozesse. Daß sie das Lernverhalten mit determinieren, resultiert schon aus der interaktiven Grundkonzeption, d.h. sie sind wie dargestellt auch Komponenten der Verhaltensregulation. Klix (1976, S. 27) formuliert dies anschaulich: „Der Kenntnisreiche fragt, sieht und erfährt anderes als der Kenntnisarme, obwohl die Mittel des Fragens und Sehens jeweils die gleichen sind." D.h. die entsprechenden internen, steuernden Verarbeitungsprozesse unterscheiden sich, wobei vorhandenes Wissen nicht statisch aufgefaßt wird, sondern sich auf die weitere Wissenserwerbstätigkeit des Lerners prozessual auswirkt.
Lernen als gesteuertes Handeln setzt also nicht nur Zielbildungs- oder Aktivitätsbereitschaften des Lerners voraus, sondern auch *Regulationstätigkeiten auf das Ziel hin.* Gerade schulrelevante – auch vom Lerner selbst gewählte – Lernziele lassen sich meist nicht auf kürzestem Wege erreichen, sondern verlangen den geplanten Einsatz einer Reihe von Lerntechniken, den Aufbau zielerreichender Strategien (Bartmann u.a., 1973). Lerngestörte weisen dabei ein Defizit auf: Statt eines effektiven Planungsverhaltens und rationaler Vorausberechnung möglicher Schwierigkeiten bei Lernproblemen liefern sie aggressive, impulsive, höchstens pragmatische Lösungen und dürften so häufig schulrelevante Lernziele nicht, zumindest nicht selbstgesteuert, erreichen. Dieser Befund von Shure und Spivack (1972) erwies sich zudem sozialschichtunabhängig. Entsprechend aggressive Reaktionen auf in diesem Fall vom Lehrer gesetzte Lernziele zeigte auch der Fall Victor, der zunächst zwar zielgerichtet oder lernmotiviert war, aber kein Planungsverhalten zeigte, sich die fehlenden Kenntnisse zu beschaffen.
Was wird nun nach der informationstheoretisch orientierten Kognitionspsychologie gelernt? Lernen wird als Begriffserwerb, als Aufbau eines Be-

griffnetzes etwa über schulische Inhalte aufgefaßt. Bower (1972) beschreibt einen solchen *Ablauf bei Gedächtnisaufgaben* als dreistufigen Prozeß:

1. Das Material wird in sinnvolle *Gruppen* (Bedeutungen, Begriffe) zerlegt.
2. *Relationen* oder Beziehungen werden zwischen diesen Gruppen hergestellt; daraus entstehen organisierte begriffliche Zusammenhänge, die für ein effektives Behalten entscheidend sind; so ermittelten Bobrow und Easton (1972), daß das Bild einer Axt, die einen Fußball hackt, zu einem besseren Behalten führt als das isolierte Lernen der beiden getrennten Bilder.
3. Die Gruppierungsoperationen werden laufend *wiederholt,* d.h. das einmal gruppierte Material wird erneut gruppiert bzw. zusammengefaßt, so daß Oberbegriffe entstehen; die im Gedächtnis gespeicherten begrifflichen Organisationen sind so durch die kognitive Tätigkeit des Lernens erzeugte hierarchische Strukturen.

Operationen und Strategien bezeichnen dabei die vom Lerner verwendeten internen Tätigkeiten, um ein Lernangebot zu einer solchen Gedächtnisstruktur zu verarbeiten, klären also die Frage, *wie* solche Begriffsnetze erzeugt werden (Lindsay u. Norman, 1972). Die allgemeinpsychologische Forschung versucht diese internen Verarbeitungsschritte mittels experimenteller Anordnungen sichtbar zu machen. Neuere Versuche externalisieren solche nicht nur bei einfachen Lernmaterialien, sondern auch bei komplexeren Lernaufgaben, wie sie etwa Piaget entwickelte (Pask, 1976), oder – weitaus schulrelevanter – beim Lernen und Verarbeiten von Prosatexten (Frase, 1976).

Individuelle Differenzen beim Lernen werden hier auf das vom Lerner beherrschte *Verarbeitungspotential* – eben auf die Operationen und Strategien – zurückgeführt und das Lernversagen auf ein Strategiedefizit. Ein solches stellten Bresnahan und Shapiro (1972) bei Unterschichtkindern fest, die einfache Begriffe bilden sollten, allerdings nur, wenn die externen Anweisungen durch den Versuchsleiter entfielen. Bei einer intensiven Anweisung konnten die Begriffe dagegen von Kindern verschiedenster sozialer Schichten gleichermaßen gut erreicht werden. Der Schluß ist, daß sich *strategienbedingte Lernstörungen* gerade in Situationen zeigen, in denen Lerner ihren Lernprozeß selbst steuern müssen!

Das ‚Herz', die Jahrhundertaufgabe (Anderson u. Bower, 1973) all dieser klassisch kognitionspsychologischen Behandlungen des Lernens – die Basis für eine allgemeine Kognitionstherapie überhaupt (Restle, 1974), ist die *Erforschung des Gedächtnisses.* Dieses wird nicht mehr als passiver Speicher, als Behälter für Abgebildetes aufgefaßt, sondern Lernen als Gedächtnisaufbau ist ebenfalls eine Operations- oder strategiengesteuerte Handlungstätigkeit und von den vom Lerner eingesetzten Prozessen abhängig. Der schließliche Gedächtnisbesitz wird damit zu einem Abfallprodukt der internen Analysetätigkeit des Lerners (Craik, 1973).

Entscheidend für ein so verstandenes *Prozeßmodell* des Lernens (Gedächtnisaufbaus) ist die genaue Erfassung individueller Strategien. Sie lassen sich auch als Denkstrategien oder -regeln bezeichnen. Mehr und mehr werden sie auf Fragen des schulischen Lernens bzw. seiner Störungen bezogen. So entwickelte A. L. Brown (1974) ein anwendungsrelevantes Programm, das die Komplexität dieser Forschungen verdeutlicht. Sie ermittelte, daß Lernretardierte Strategien des Gedächtnisaufbaus nicht spontan einsetzten, obwohl sie diese unter Anleitung beherrschten. Ein Beispiel für eine solche, an Bower's oben dargestellte Analyse erinnernde Strategie ist:
‚Clustering' als Tendenz, dargebotene Wortreihen für Speicherungszwecke selbständig umzuordnen, so daß neue Einheiten oder Kategorien entstehen, unter die eine Vielzahl einzelner Wörter fallen; etwa die Kategorie ‚Fahrzeuge' für die gebotenen Wörter Auto, Wagen, Roller.
Durch solche Verarbeitungsstrategien oder Denkoperationen wird das Lernmaterial geordnet, die zu speichernde Informationsmenge reduziert, kurzum, der Lernstoff vereinfacht. Retardierte setzten sie – wie erwähnt – nicht spontan ein. Brown schlägt nun folgendes anwendungsrelevantes Vorgehen vor:

1. Strategienkomponenten bei spezifischen Aufgaben analysieren, z.B. in verschiedenen Schulfächern.
2. Prüfen, ob Lerner diese Strategien spontan (selbstgesteuert) einsetzen.
3. Diese Strategien notfalls trainieren.
4. Prüfen, ob die trainierten Strategien beibehalten werden.

Durch solche Maßnahmen wird die Anwendungsrelevanz der bisher sehr beschränkten Gedächtnisforschung erhöht.
Forderungen, solche Strategien oder Denkprozesse zur kognitiven Organisation angebotener Lernmaterialien zu definieren, werden verstärkt erhoben (von Neufeldt, 1973) und auf die Entwicklung entsprechender Trainingsprogramme ausgedehnt. Solche Strategien sollten also nicht nur beschrieben, sondern durch Unterricht oder Training auch *gezielt verändert*, optimiert werden. So führten Moely u. Jeffrey (1974) bei 6–7jährigen Kindern ein Training von Organisationsprozessen durch; mit dem Effekt, daß Zeichnungen von Gegenständen besser behalten werden konnten.
Allerdings sollten Trainingsprogramme auch zugleich die Komponenten der Aktivitätsbereitschaft und Verhaltenskomponenten optimieren; zudem müßten sie sich auf schulische Probleme erstrecken, nicht etwa nur auf Intelligenztest-, Piaget- oder kognitive Stil-Aufgaben.
Solche erweiterten *Trainingsprogramme kognitiver Operationen* finden sich bei D'Zurilla und Goldfried (1971). Belschner (1976) entwickelte ein entsprechendes Programm, das sich allerdings eher auf Lernprobleme im klinisch-psychologischen Bereich bezieht. Spivack und Shure (1974) entwarfen schließlich ein

Verfahren, das sich nicht nur auf schulisches Lernen im engeren Sinn bezieht, sondern auf die Lösung von ‚real-life'-Lernproblemen, wie sie ähnlich auch im Offenen Unterricht auftreten, so etwa die Ausbildung kognitiver Operationen zur Informationsbeschaffung in unbekannten Alltagssituationen. Ein Beispiel ist die Orientierung in einer fremden Stadt; dort müssen Informationen beschafft und verarbeitet werden, um etwa einen Freundeskreis aufzubauen. Das entsprechende Trainingsprogramm ist dreistufig:

- Problemerkennungstraining
- Training eines schrittweisen Planens, um das Ziel zu erreichen
- Alternativen produzieren und mögliche Konsequenzen berechnen

Ein solches Modifikationsverfahren könnte vermutlich auch im Fall Victor entwickelt werden und wäre im Vergleich zur Unfähigkeitsbescheinigung oder der Rückführung des gestörten Lernverhaltens auf situative Umstände sicherlich eine produktivere Alternative.
Insgesamt wird durch solche Ansätze die Experimentalpsychologie des Denkens auf ein *Lehren des Denkens im schulischen Kontext* anwendbar. Die erfaßten Operationen und Strategien bilden individuelle Lernvoraussetzungen, die sich in erster Linie auf die selbstgesteuerte Erreichung vorhandener Lernziele beziehen. Diese Sicht individueller Differenzen führt zu einer Prozeßtheorie, die in der klassisch aufgefaßten Kognitionsforschung wurzelt (Hunt u. a., 1973). Für einen pädagogischen Optimismus spricht: „Geistige Aktivitäten können gelernt werden; vielleicht sind sie das einzige, was überhaupt gelernt wird" (Neisser, 1975, S. 372). Eine solche Prozeßorientierung vertieft strukturalistische Ansätze wesentlich, nach denen ein Lerner eine interne Verarbeitungsstruktur, ein System von Dimensionen besitzt, mit dem er neue Erfahrungen einordnet, lernt (Wewetzer, 1973; Schroder u. a., 1975). Die neueren Prozeßmodelle klären dagegen die Frage noch weitaus akzentuierter: *Wie, mit Hilfe welcher Prozesse,* dies geschieht – solche sind für eine autonome, selbstgesteuerte *Durchführung* von Lernhandlungen entscheidend, auch für den Fall Victor.

Zu 3.: Verhaltenskomponenten

Lernen hängt nicht nur von Zielbedingungen und internen Verarbeitungsoperationen des Lernens ab, sondern auch von unmittelbar *beobachtbaren Verhaltensweisen oder Lerntechniken,* wie Augenbewegungen beim Lesen, Notizenmachen, Unterstreichen, Fragenstellen und anderen der Wissensbeschaffung dienenden, epistemischen Verhaltensweisen.
Der *Zusammenhang mit internen Verarbeitungsprozessen* wird unterschiedlich aufgefaßt; drei Positionen lassen sich unterscheiden:

- eine *Extremposition* ist, Lernen nur auf beobachtbare *Verhaltensweisen* kausal zu beziehen. Verfügt ein Lerner demnach über bestimmte Verhaltensgewohnheiten beim Umgang mit Lernmaterialien, so ist er im Besitz der relevanten individuellen Voraussetzungen für selbstgesteuertes Lernen. Eine solche Position vertreten Postman und Adams (1956), die feststellten, daß der Behaltenseffekt bei verbalen Lernmaterialien von den durch Instruktionen ausgelösten Tätigkeiten abhängig ist; dies nennen sie beabsichtigtes oder intentionales Lernen. Werden nun per Instruktion für den Lerneffekt negative Reaktionen ausgelöst, so ist das Behalten schlechter als beim Lernen ohne jede Instruktion, bei inzidentellem Lernen also. Dies führt zur Behauptung, daß Lernen eine Funktion der Reaktionen dem Lernmaterial gegenüber sei; sind diese irrelevant, so wird nichts gelernt. Daraus wird erklärbar, daß Lernen auch völlig ohne Instruktion und Motiv stattfinden kann, eben inzidentell und andererseits ein etwa von einem Lehrer beabsichtigtes, und durch seine Instruktionstätigkeit intentional gestaltetes Lernen sogar zu geringeren Lerneffekten führen kann als ein unbeabsichtigtes Lernen – dies hängt ganz von den ausgelösten Verhaltensweisen dem Material gegenüber ab!
- eine *Sowohl-Als-Auch-Position*; danach sind individuelle Komponenten sowohl beobachtbare Verhaltensweisen als auch interne Verarbeitungsweisen. Postman's kurz dargestellte Position wurde in der Richtung erweitert (Deese, 1964). Lernen ist danach eine Funktion von offenen (overt) *und* verdeckten (covert) Reaktionen dem Material gegenüber. Rothkopf (1969), dessen Konzeption darauf basiert, nimmt ebenfalls an, daß Lernen eine Funktion der Aktivitäten des Lerners ist, und bezeichnet diese als mathemagenische (= zu Wissen führend), die er so definiert: „... overt and covert activities of a subject ... in a given situation ... to produce the learned consequences of this situation." Im einzelnen unterscheidet er etwa Aufmerksamkeits-, Konzentrations- und Orientierungsverhalten.
- ebenfalls extrem ist die Auffassung, daß beobachtbares Lernverhalten nicht entscheidend sei, sondern dies vollständig von internen Prozessen abhängt – Verhaltensweisen allein führen danach keineswegs zu einem Lerneffekt. Dieser *kognitive Extremismus* deutet sich etwa bei Bower (1972) und Neisser (1974) an. Er entspricht nicht der dargestellten interaktiven Konzeption der Persönlichkeit und des Lernens.

Schulisch orientierte Studien über Verhaltenskomponenten des Lernens lassen sich in diese drei Positionen zwar einordnen, doch dienten sie meist der pragmatischen Klärung der Frage, *welche Verhaltenstechniken Lerner beherrschen sollten,* um den Lerneffekt zu steigern.
Eine frühe derartige Untersuchung führte M. Baldwin (1909) durch. Sie ließ einen Fragebogen über das Verhalten beim Lernen aus Büchern von Schülern

6.-9. Klassen ausfüllen. 82% der Schüler wendeten keine optimalen Lerntechniken an; sie lasen beispielsweise nicht, um den Text zu verstehen, versuchten nicht, die Gedanken zu erfassen, sondern lediglich die Wörter, so wie sie gedruckt waren, zu lernen.
Andere Untersucher variierten die Lerntechniken systematisch. Die Ergebnisse waren keineswegs einheitlich. So stellte Arnold (1942) keine Unterschiede zwischen 4 Techniken beim Lernen eines Textes über südamerikanische Geschichte fest. Ob nun wiederholtes Lesen, Unterstreichen, Exzerpieren oder Zusammenfassung schreiben verlangt wurde, stets wurden gleich viele Fakten und Denkinhalte, auch langfristig, behalten.
Weener (1974) bezeichnet Ansätze, die das Lernergebnis auf die beobachtbaren individuellen Verhaltensweisen des Lernens zurückführen als „student-activity"-Forschung. Die Verhaltensweisen sind dabei Instrumente zur Herstellung eines Lernprodukts, daher werden sie auch instrumentelle Aktivitäten genannt. Sie können verdeckt sein (inneres Wiederholen, geistige Zusammenfassung eines Films ...) oder offen (Notizenmachen, Sprechen in Kleingruppendiskussionen ...). Weener faßt eine Reihe von Forschungsergebnissen zusammen. Aber auch hier zeigen sich *keine absolut gültigen Zusammenhänge mit Lerneffekten.* Das heißt, daß ganz im Sinn der interaktiven Psychologie, die durch Ziele, Material und Methoden charakterisierten Lernsituationen mitbestimmen, welche offenen Verhaltensweisen lernverursachend wirken. Dies müßte jeweils speziell – auch im Fall Victor – bestimmt werden.
Eine *Modifikation* dieser offenen Verhaltensweisen ist meist möglich, entweder durch Instruktion oder durch Training; dies gilt etwa für das Frageverhalten von Schülern (Becker, 1972; Neber, 1976), für selbstinitiiertes Verhalten im Unterricht überhaupt (Securro und Walls, 1975) oder auch für Augenbewegungen beim Lesen (Morasky, 1972). Was dabei allerdings zusätzlich beachtet werden muß, ist die *Lern-(Schul)-situation, auf die hin modifiziert wird;* sie entscheidet, ob die angestrebten Verhaltensweisen Lerneffekte verursachen oder womöglich wie bei Schülerfragen eher zu Abwehrmaßnahmen eines überlasteten Lehrers führen. Die kognitive Wende muß daher zu einer interaktiven- oder kommunikativen Wende weiterentwickelt werden (s.a. Rumelhart, 1977).

Finale

Diese Konzeption unterstreicht die Bedeutung einer interaktiven Persönlichkeits- und Lernauffassung. Danach sind Persönlichkeitscharakteristika weder dauerhaft stabil, noch mit stets gleichen Lerneffekten verbunden, sondern es sind stabilisierte Formen der Auseinandersetzung mit Situationen, deren Stabilität erschüttert wird, wenn die Situationen wie beim Offenen

Unterricht weniger stabil, flexibler und offener als im gewöhnlichen Unterricht sind. Das erstrebte Resultat ist eine flexiblere, offenere, problemlösungseffizientere Persönlichkeit – dies auf den Ebenen der Einstellungen, Verarbeitungsprozesse und Verhaltensweisen. Für ein Lernen in einer in Veränderung befindlichen, unsicheren Umwelt läßt sich nur so der notwendige Selbststeuerungsanteil am Lernen steigern.

Literaturverzeichnis

Anderson, J. R. u. G. H. Bower: Human associative memory, Washington, 1973

Arnold, H. F.: The comparative effectiveness of certain study techniques in the field of history, J. of Educ. Psychol., 33, 449–457, 1942

Baldwin, M. J.: How children study, Archives of Psychology, 12, 55–70, 1909

Bartmann, T. u. U. Vormfelde-Siry: Zur Entwicklung des Regelverständnisses bei strategischen Spielen im Grundschulalter, Z. Entw. Päd. Psychol., 5, 167–181, 1973

Becker, G.: Microteaching: Training des Frageverhaltens. Progr. Lernen, Unterrichtstechnol. u. -forschung, 8, 173–174, 1971

Belschner, W.: Kreativitätstraining als Behandlungstechnik, Bildung u. Erziehung, 29, 216–228, 1976

Bem, D. J.: Attitudes as self-descriptions: another look at the attitude-behavior link, 1968. In: K. Thomas (Ed.): Attitudes and behavior, Harmondsworth. 323–334, 1971

Blankertz, H.: Theorien und Modelle der Didaktik, München, 1972[5]

Bobrow, S. A. u. R. D. Easton: A confirmation that relational organization facilitates memory, Psychonomic Science, 29, 256–257, 1972

Bower, G. H.: A selective review of organizational factors in memory. In: E. Tulving u. W. Donaldson (Eds.): Organization of memory, New York: 93–137, 1972

Bresnahan, J. L. u. M. M. Shapiro: Learning strategies in children from different socioeconomic levels. In: H. W. Reese (Ed.): Advances in child development and behavior, Vol. 7, New York: 31–79, 1972

Brown, A. L.: The role of strategic behavior in retardate memory. In: N. R. Ellis (Ed.): Research in mental retardation, Vol. 7, New York, 55–111, 1974

Craik, F. I. M.: A ‚levels of analysis' view of memory. In: P. Pliner u.a. (Eds.): Communication and affect, New York, 45–65, 1973

de Charms, R.: Ein schulisches Trainingsprogramm zum Erleben eigener Verursachung. In: W. Edelstein u. D. Hopf (Hrsg.): Bedingungen des Bildungsprozesses, Stuttgart, 60–78, 1973

Deese, J.: Behavioral effects of instruction to learn: Comments on Professor Postman's paper. In: A. W. Melton (Ed.): Categories of human learning, New York, 202–209, 1964

Dollard, I. u.a.: Frustration und Aggression, Weinheim, 1972

D'Zurilla, T. J. u. M. R. Goldfried: Problem solving and behavior modification, J. of Abnormal Psychol. 78, 107–126, 1971

Ellis, A.: The essence of rational psychotherapy: a comprehensive approach to treatment, New York: Institute for Rational Living, 1970

Endler, N. S. u. D. Magnusson (Eds.): Interactional psychology and personality, Washington 1976

Flammer, A.: Individuelle Unterschiede im Lernen, Weinheim 1975

Frase, L. T.: Prose processing. In: G. H. Bower (Ed.): The psychology of learning and motivation, Vol. 9, New York 1–47, 1975
Glaser, R.: Individuals and learning: the new aptitudes, Educational Researcher, 1, 5–13, 1972
Grimm, K. H. u. W. U. Meyer: Impulsivität-Reflexivität. Ein korrekturbedürftiges Konzept, Z. f. Entw. psychol. u. Päd. Psychol., 8, 235–244, 1976
Hassenstein, B.: Verhaltensbiologie des Kindes, München 1973
Heckhausen, H.: Bessere Lernmotivation und neue Lernziele. In: F. E. Weinert u. a. (Hrsg.): Pädagogische Psychologie 1, Funkkolleg 14, Frankfurt 575–601, 1974
Hermann, G.: Lernen durch Entdeckung: Eine kritische Erörterung von Forschungsarbeiten. In: H. Neber (Hrsg.): Entdeckendes Lernen, Weinheim 166–189, 1975[2]
Hunt, D. E.: Matching models in education, Toronto: Ontario Institute for Studies in Education, 1971
Hunt, E. u. Frost, N. u. Lunneborg, C.: Individual differences in cognition: a new approach to intelligence. In: G. H. Bower (Ed.): The psychology of learning and motivation, New York. 87–123, 1973
Hunt, E. u. Lansman, M.: Cognitive theory applied to individual differences. In: W. K. Estes (Ed.): Handbook of learning and cognitive processes, Vol. 1, Hillsdale, 81–110, 1975
Issing, J.: Spontanes Verbalisieren, Jahrbuch f. Psychol., Psychother. u. mediz. Anthrop., 334–329, 1969
Jones, E. u. Nisbett, R. E.: The actor and the observer: Divergent perceptions of the causes of behavior, Morristown: General Learning Press, 1971
Kagan, J.: Argumente für das entdeckende Lernen. In: H. Neber (Hrsg.): Entdeckendes Lernen, Weinheim. 121–124, 1975[2]
Klix, F.: Buchbesprechung: L. Solso, Contemporary issues in cognitive psychology, Z. f. Psychol. 183, 98–99, 1975
Klix, F.: Über Grundstrukturen und Funktionsprinzipien kognitiver Prozesse. In: F. Klix (Hrsg.): Psychologische Beiträge zur Analyse kognitiver Prozesse, München. 9–56, 1976
Köhler, W.: Das Wesen der Intelligenz. In: A. Keller (Hrsg.): Kind und Umwelt – Anlage und Erziehung, Leipzig, 1930, 132–146
Köstlin-Gloger, G.: Sozialisation und kognitive Stile, Weinheim, 1974
Lefcourt, H. M.: Internal versus external control of reinforcement – a review, Psychol. Bull., 65, 206–220, 1966
Lindsay, P. H. u. Norman, D. A.: Human information processing, New York, 1972
Lompscher, J.: Wesen und Struktur allgemeiner geistiger Fähigkeiten. In: J. Lompscher u. a. (Hrsg.): Theoretische und experimentelle Untersuchungen zur Entwicklung geistiger Fähigkeiten, Berlin 1972, 17–73, 1972
Luria, A. R.: The role of speech in the formation of temporary connections and the regulation of behavior in the normal and oligophrenic child. In: B. Simon u. J. Simon (Eds.): Educational psychology in the U.S.S.R., Stanford, 83–97, 1963
Mahoney, M. J. u. C. E. Thoresen (Eds.): Self-control: power to the person, Monterey: Brooks/Cole 1974
McClelland, D. C.: The effects of the protestant reformation on need for achievement. In: L. Hudson (Ed.): The ecology of human intelligence, Harmondsworth, 54–69, 1970
McLachlan, J. F. C. u. D. E. Hunt: Differential effects of discovery learning as a function of students conceptual level, Canad. J. Behav. Science, 5, 152–160, 1973
Meichenbaum, D.: Cognitive modification of test anxious college students, J. of Consult. Clinical Psychol., 39, 370–380, 1971
Meichenbaum, D.: Cognitive behavior modification, Morristown: 1974a

Meichenbaum, D.: Therapist manual for cognitive behavior modification, Unpubl., 1974b
Meichenbaum, D.: Toward a cognitive theory of self-control. In: G. E. Schwartz u. D. Shapiro (Eds.): Consciousness and selfregulation, Vol. 1, London, 223–260, 1976
Messick, S.: Multivariate models of cognition and personality: the need for both process and structure in psychological theory and measurement. In: J. R. Royce (Ed.): Multivariate analysis and psychological theory, London, 265–303, 1973
Michael, D. N.: On learning to plan – and planning to learn, San Francisco, 1973
Mischel, W.: Toward a cognitive social learning reconceptualization of personality, Psychol. Review, 60, 252–283, 1973
Moely, B. E. u. Jeffrey, W. E.: The effect of organization training on children's free recall of category – items, Child Development. 1974, 45, 135–143
Morasky, R. L.: Eye-movements as a function of adjunct question placement, Americ. Educ. Res. J., 9, 251–261, 1972
Naef, R. D.: Rationeller lernen lernen, Weinheim 1973
Neber, H.: Die Erforschung spontanen Lernens, Weinheim 1974
Neber, H.: Ein Training des epistemischen Frageverhaltens von Grundschülern. In: W. R. Minsel u. a. (Hrsg.): Verhaltenstraining, München, Minsel 1976
Neisser, U.: Kognitive Psychologie, Stuttgart 1974
Neufeldt, von A. H.: Personal factors in human learning: I. Strategy use by fast and slow learners, J. of General Psychology, 88, 77–85, 1973
Nickel, H.: Entwicklungspsychologie des Kindes- und Jugendalters, Band 1, Bern 1975[3]
Nickel, H. u. Schlüter, P. u. Fenner, H. J.: Angstwerte, Intelligenztest und Schulleistungen sowie der Einfluß der Lehrerpersönlichkeit bei Schülern verschiedener Schularten, Psychol. Erz. Unterr., 20, 1–13, 1973
Pask, G.: Conversation theory, applications in education and epistemology, Amsterdam 1976
Postman, L. u. Adams, P. A.: Studies in incidental learning: IV. The interaction of orientierung tasks and stimulus material, J. Experim. Psychol., 51, 1956
Rapaport, D.: Cognitive structures. In: Contemporary approaches to cognition, Cambridge, 157–200, 1957
Restle, F.: Critique of pure memory. In: R. L. Solso (Ed.): Theories in cognitive psychology: The Loyola Symposium, Potomac, 203–217, 1974
Rothkopf, E. Z.: Concerning parallels between adaptive processes in thinking and self-instruction. In: J. F. Voss (Ed.): Approaches to thought, Columbus, 299–320, 1969
Rotter, J. B.: Generalized expectancies for internal versus external control of reinforcement, Psychol. Monogr., 80, Wh. No. 609, 1966
Ruedi, J. u. West, C. K.: Pupil self-concept in an open and in a traditional school, Psychology in the Schools, 10, 48–53, 1973
Rumelhart, D. E.: Toward an interactive model of reading, in: S. Dornic (Ed.), Attention and performance, VI., Hillsdale, 1977
Saltz, E.: The cognitive bases of human learning, Homewood, 1971
Sarason, S. B.: The culture of school and the problem of change, Boston 1971
Schroder, H. M.: Conceptual complexity and personality organization. In: H. M. Schroder u. a. (Eds.): Personality theory and information processing, New York 1971, 240–273
Schroder, H. M., Driver, M. J. u. Streufert, S.: Menschliche Informationsverarbeitung. Weinheim 1975
Securro, S. u. Walls, R. T.: Strategies for increasing selfinitiated verbal interaction, J. of Educ. Res., 68, 283–285, 1975
Seligman, M. E. P.: Helplessness – on depression, development and death, San Francisco 1975

Shure, M. u. Spivack, G.: Means-ends thinking, adjustment and social class among elementary school-aged children, J. of Consult. a. Clinical Psychol., 38, 348–352, 1972
Silberman, C. E.: Die Krise der Erziehung, Weinheim 1974
Solomon, D. u. Kendall, A. J.: Individual characteristics and children's performance in open and traditional classroom settings, J. Educ. Psychol., 68, 613–625, 1976
Spivack, G. u. Shure, M. B.: Social adjustment of young children – a cognitive approach to solving real-life problems, San Francisco, 1974
Tausch, R. u. Tausch, A.: Erziehungspsychologie, Göttingen, 1971
Trickett, E. J. u. Moos, R. H.: Generality and specifity of student reactions in high school classrooms, Adolescence, 5, 373–390, 1970
Warr, P. B. (Ed.): Thought and personality, Harmondsworth, 1970
Weener, P.: Note taking and student verbalization as instrumental learning acitivities, Instructional Science, 1974, 3, 51–74
Weinert, F. E.: Die Schule als Sozialisationsbedingung. In: F. E. Weinert u. a. (Hrsg.): Pädagogische Psychologie 1 – Funkkolleg 14, Frankfurt, 419–447, 1974
Wewetzer, K. H.: Konstruktive Alternativen. In: E. Förster u. K. H. Wewetzer (Hrsg.): Selbststeuerung, Bern, 44–65, 1973
Wickens, D.: Piagetian theory as a model for open systems of education. In: M. Schwebel u. a. (Ed.): Piaget in the classroom, New York 179–198, 1973
Wilson, F. S. u. Langevin, R. u. Stuckey, T.: Are pupils in the open plan school different? J. of Educ. Res., 66, 115–118, 1972
Wright, R. J.: The affective and cognitive consequence of an open education elementary school, A,. Educ. Res. J., 12, 449–468, 1975

Brigitte Neber, Reinhard Wegner

Selbstkontrolle bei Schülern – eine Möglichkeit selbstgesteuerten Lernens im Unterricht

I. Grundlagen der Selbstkontrolle

„Es mag überraschen, daß ausgerechnet innerhalb der behavioristischen Theoriebildung die konsequente Verwendung des Bekräftigungsbegriffs Möglichkeiten zur Selbststeuerung von Individuen aufgezeigt hat", schreiben Halisch u. a. (1976, S. 145). Doch schließlich liegt es nahe, zur Steuerung des eigenen Verhaltens gerade solche Methoden anzuwenden, die sich zur Fremdsteuerung des Verhaltens am wirksamsten erwiesen haben. Prinzipiell kommen alle Verfahren der Verhaltensmodifikation in Frage, wie sie vor allem im Anwendungsbereich „Verhaltenstherapie" entwickelt worden sind. Die Vermittlung solcher Methoden der Selbstbeeinflussung garantiert freilich nicht automatisch eine Steigerung von Autonomie und Selbstbestimmung oder – wie Halisch u. a. es ausdrücken – die „relative Loslösung von fremdbestimmter Verhaltensdetermination" beim Adressaten. Die Anleitung zur Selbstkontrolle ist zunächst oft nur die Fortsetzung – zuweilen sogar Steigerung – der Fremdkontrolle mit anderen Mitteln. Und dies mag vorübergehend sogar pädagogisch oder therapeutisch geboten sein.

Ein höheres Maß an Selbstbestimmung wird der Schüler oder Klient immer erst dann erlangt haben, wenn er über Ziel und Auswahl von Methoden zur Änderung des eigenen Verhaltens kompetent und kritisch mitzuentscheiden vermag.

Verhaltenstherapeuten haben heute dieses Ziel im Auge, wenn sie ihre Klienten so eingehend wie möglich über die wissenschaftliche Fundierung und die Wirkungsweise der verwendeten Methoden informieren und sie außerdem – wenn es irgend geht – durch Einübung in Selbstkontrollmethoden weitgehend auch an der Durchführung eines therapeutischen Programms aktiv und verantwortlich beteiligen. Auf diese Weise mag es neben der Erreichung anderer Therapieziele tatsächlich gelingen, die Klienten gegen „fremdbestimmte Verhaltensdetermination" immuner zu machen. Entsprechende Grundsätze lassen sich auch auf den pädagogischen Bereich übertragen.

Der Anteil von Elementen der Fremd- und Selbstbestimmung bei der Anwendung von Selbstkontrollmethoden kann erheblich variieren. Dies sollte man bei der nun folgenden Darstellung lernpsychologischer Prinzipien der Selbststeuerung im Auge behalten.

Nach unserem Sprachgebrauch *steuert oder kontrolliert sich ein Individuum dann selbst, wenn es eine unmittelbar befriedigende, lustvolle Handlung unterläßt* und stattdessen eine Handlung ausführt, deren positive Konsequenzen erst zu einem späteren Zeitpunkt zu erwarten sind. Ein Beispiel ist, einer unlustvollen oder angsterregenden Leistungs- oder Prüfungssituation nicht auszuweichen – zugunsten eines erst später belohnend wirkenden Zertifikats.
Üblicherweise spricht man jemandem, der unmittelbare Bedürfnisbefriedigung aufschieben kann oder vermeidbare unangenehme Zustände aushält, Willensstärke zu. Eine ältere Theorie der Selbststeuerung erschöpfte sich in der Annahme einer angeborenen oder durch Erziehung erworbenen Willensstärke als Persönlichkeitszug. Die pädagogischen Konsequenzen waren Appelle an die Selbstdisziplin oder Versuche, „den Willen" zu trainieren (Türkheim, 1901).
Die lernpsychologisch fundierte Theorie der Verhaltensmodifikation durch Selbstkontrolle setzt völlig anders an. Sie geht davon aus, daß Menschen fähig sind, steuernde Verhaltensweisen auszuführen, die die innere und äußere Reizkonstellation so verändern, daß der Aufschub einer Bedürfnisbefriedigung oder die Inkaufnahme eines unangenehmen Zustandes auch ohne große „Willensanstrengungen" möglich wird.
Durch Beachtung von Prinzipien der Verhaltensmodifikation kann diese Form des selbststeuernden Verhaltens etwa bei Schülern wesentlich effektiver erreicht werden.
Wir wollen zunächst wichtige *Prinzipien der Verhaltensmodifikation zur Steuerung des eigenen Verhaltens* skizzieren.

1. Das Prinzip des *operanten Konditionierens* besagt, daß die Auftretenswahrscheinlichkeit einer Verhaltensweise durch ihre Konsequenzen verändert wird. Die wichtigsten Selbststeuerungsmethoden des operanten Konditionierens sind *Selbstverstärkung* und *Selbstbestrafung*. Prinzipiell können positive und negative Konsequenzen sowohl selbst verabreicht als auch selbst entzogen oder vorenthalten werden; kombiniert ergeben sich daraus vier Formen operanter Selbststeuerung:

	Positiver Reiz	Negativer Reiz
Darbieten	*Selbstverstärkung* (z. B. Theaterbesuch, Selbstlob)	*Selbstbestrafung* (z. B. eine unangenehme Arbeit ausführen; Selbstkritik)
Entziehen/ Vorenthalten	*Selbstbestrafung* (z. B. sich das Fernsehen versagen; Selbstlob unterlassen)	*Selbstverstärkung* (Fernsehverbot wieder aufheben; auf Selbstkritik verzichten)

Abbildung 1: Selbstkontrolle durch Selbstverstärkung und -bestrafung

Man kann also auf zwei verschiedene Weisen verstärken und bestrafen. Ferner zeigt sich an den gewählten Beispielen, daß die steuernde Verhaltensweise, sei sie bestrafend oder belohnend, äußerlich sichtbar (z. B. den Fernseher ein- oder ausschalten) oder für den Beobachter verdeckt (z. B. zu sich selbst sprechen; sich etwas Erfreuliches oder Unerfreuliches vorstellen) vollzogen werden kann. Wenn wir hinzunehmen, daß die zu kontrollierende Verhaltensweise ebenfalls äußerlich sichtbar (z. B. Comics lesen) oder verdeckt (z. B. sich Selbstvorwürfe machen) ablaufen kann, ergeben sich vier Modi selbstkontrollierenden Verhaltens (s. Abb. 2).

Kontrollierendes Verhalten	zu kontrollierendes Verhalten	Beispiele
offen	offen	Kinobesuch für Erledigung eines Lesepensums
offen	verdeckt	Schallplatten hören für Unterlassung selbstherabsetzender Vorstellung
verdeckt	offen	Selbstlob für die Erledigung von Schularbeiten
verdeckt	verdeckt	Selbstermahnung bei ablenkenden Vorstellungen

Abbildung 2: 4 Arten selbstkontrollierenden Verhaltens

Verhaltensweisen werden in der Regel – im Leben wie in der Therapie – nur dann verstärkt, wenn sie in der richtigen Situation auftreten. Anders ausgedrückt: Beim Prozeß der operanten Konditionierung werden bestimmte situative Merkmale zu *„diskriminativen Reizen"*, d. h. zu Hinweisreizen (cues) auf zu erwartende positive oder negative Konsequenzen. Das läßt sich in folgender *Formel* ausdrücken:

S^D – – – – – – – – – – – – – – – R – – – – – – – – – – – – – – – K+/–
S^D = diskriminative Reize (Stimulus, cue)
R = Reaktion oder Verhaltensweise
K+/– = positive oder negative Konsequenz(en)

Daraus ergibt sich, daß R nach erfolgter Konditionierung sowohl durch eine Änderung von S^D als auch von K zu beeinflussen ist. Das hat erhebliche Konsequenzen für Selbstkontrollprogramme. Man wird z. B. bei einer Rauchertherapie nicht nur die unmittelbaren positiven oder negativen *Konsequenzen* des Rauchens oder Nicht-Rauchens, sondern auch die *situativen Merkmale*, die die Verhaltensketten „Rauchen" auslösen, eliminieren oder verändern (z. B. einen bestimmten Weg – eine Situation also –, der an einem Zigarettenautomaten vorbeiführt).

Diskriminative Reize können jedem zugängliche Merkmale der äußeren Situation oder aber nur vom Individuum selbst wahrnehmbare Reizsituationen (z. B. „die Erinnerung an ein Gespräch mit einem Freund“) sein.
Die therapeutische Veränderung solcher Reizkonstellationen soll das Auftreten unerwünschter Verhaltensweisen erschweren. Dies läßt sich durch das Einüben sogenannter Kontrollverhaltensweisen wesentlich unterstützen – dies sind solche, die das gleichzeitige Ausführen unerwünschter Verhaltensweisen unmöglich machen (Homme, 1965, 1966). Starke Raucher lernen z. B. Sätze wie „Durch Rauchen bekomme ich Lungenkrebs“ und sprechen diese aus, wenn sie eine Zigarette sehen.
Homme hat auch ein elegantes Verfahren (das sogenannte Kontingenz-Management) zur Einübung solcher Selbstgespräche entwickelt. Er geht dabei von Premack's (1965) Prinzip aus, wonach Verhaltensweisen verstärkt werden – also häufiger auftreten –, wenn ihnen Verhaltensweisen von höherer Auftretenswahrscheinlichkeit folgen. Daher läßt er Klienten Verbalisierungen wie oben regelmäßig vor häufig auftretenden Verhaltensweisen (z. B. vor dem Kaffeetrinken oder Telephonieren) ausführen (zur Kritik dieses Verfahrens: Mahoney, 1970).
Da sich Verhaltensweisen, wie Vorstellungen, Gedanken oder stille Verbalisierungen, leicht lernen lassen, ermöglicht dies den Übergang von punktuellen Selbstkontrollmaßnahmen zu kontinuierlichen Selbststeuerungsprozessen. Dies setzt jedoch – wenn die Selbststeuerung nicht kontrolliert verlaufen soll – die fortlaufende Beobachtung und Bewertung der Effekte des eigenen Verhaltens voraus. Ein entsprechendes *Regelkreismodell der Selbststeuerung* wird von Kanfer (1971) beschrieben. Wir werden darauf noch kurz eingehen.

2. Das Prinzip des *klassischen Konditionierens* besagt, daß ein neutraler Reiz (z. B. der Anblick eines Schulheftes) die Funktion eines nicht-neutralen Reizes (z. B. des Tadels durch den Lehrer) zu übernehmen vermag, wenn beide Reize öfters zusammen erfahren, assoziiert werden. Wenn der nicht-neutrale Reiz „Tadel des Lehrers“ beim Schüler z. B. regelmäßig eine Angstreaktion hervorruft, wird diese nach mehrmaliger Reizkoppelung vom Heft allein hervorrufen. Das Schulheft ist, wie wir sagen, zu einem *konditionierten Angstreiz* geworden. Derselbe Prozeß läßt sich umkehren. Wenn der Anblick des Schulheftes viele Male nicht mehr vom Getadeltwerden begleitet oder gefolgt wird, verliert es allmählich seine angstauslösende Qualität. Wir nennen dies *Löschung.* Dieser Prozeß kann dadurch wesentlich beschleunigt werden, daß der konditionierte Reiz mit einem Reiz entgegengesetzter Qualität (z. B. einer guten Zensur) oder mit einer Reaktion (z. B. mit Entspannung), die mit der konditionierten Reaktion unvereinbar ist, gekoppelt wird. Den ersteren Fall nennen wir *Umkonditionierung,* den zweiten *Gegenkonditionierung.*

Die prominenteste therapeutische Technik, die aus diesen Prinzipien ableitbar ist, ist die *Systematische Desensibilisierung*, eine Methode zur Behandlung von Ängsten.
Die angstauslösenden Reizkonstellationen werden nach ihrer Stärke zu einer sogenannten Angsthierarchie geordnet. Bei tiefer muskulärer und mentaler Entspannung, einem mit manifester Angst nicht zu vereinbarenden affektiven Zustand, hat sich der Klient die Angstszenen nacheinander vorzustellen, wobei mit der schwächsten Szene begonnen wird. Tritt bei einer Szene ängstliche Spannung auf, gibt der Klient ein Zeichen. Die Vorstellung wird abgebrochen und durch eine leichter zu bewältigende ersetzt. Diese Angstbewältigung in der Vorstellung führt auch zu einer Angstreduzierung in den entsprechenden realen Situationen (Florin und Tunner, 1975).
Diese Therapietechnik schließt bereits ein hohes Maß an Mitwirkung des Klienten ein. Der Schritt zu ihrer *selbstgesteuerten Anwendung* ist daher nur noch klein. Viele Klienten können lernen, die Desensibilisierung ohne den Therapeuten durchzuführen, ja sogar die Angsthierarchie – die Modifikationsziele also – selbst zu konstruieren.
Eine interessante Variante der Systematischen Desensibilisierung ist eine *Selbstkontrolltechnik* im engeren Sinne. Hier muß der Klient zuerst lernen, muskuläre Entspannung zur Reduzierung ängstlicher Spannung gezielt einzusetzen. Zunächst werden solche Angstspannungen zu Übungszwecken künstlich erzeugt. Schließlich wendet der Klient bei aufkommender Angst in Realsituationen diese regelmäßig an. Diese Therapietechnik ist unter Umständen wirksamer als die Systematische Desensibilisierung, da der Klient auch neue Angstsituationen zu bewältigen vermag (Tunner, 1975, S. 225 ff.), er also eine transferierbare Angstbewältigungstechnik erwirbt. Statt Entspannungsreaktionen können natürlich auch Vorstellungen wie gesteigertes Selbstwertgefühl, Stolz, Fröhlichkeit usw. zur Gegenkonditionierung der Angst eingesetzt werden (Schröder, 1974, S. 416).

3. Praktisch alle Verhaltensweisen, die sich ein Mensch durch eigenes Tun aneignen kann, vermag er – bestimmte Bedingungen vorausgesetzt – auch durch Beobachtung anderer erwerben. Es würde zu weit führen, hier alle notwendigen und förderlichen Bedingungen des *Beobachtungslernens* darzustellen.
Für die Selbststeuerung hat die gezielte Beachtung des Verhaltens anderer eine erhebliche Bedeutung. Man denke an einen Läufer, der, um seinen Laufstil zu verbessern, die Laufstile berühmter Läufer im Film studiert, um sie bewußt zu kopieren; oder an einen sprechängstlichen Schüler, der seine Mitschüler beobachtet, wie sie es schaffen, frei zu sprechen.

II. Die wichtigsten Komponenten der Selbstkontrolle

Man kann die planvolle Veränderung des eigenen Verhaltens in verschiedene Schritte zerlegen, die zwar in der Realität oft ineinandergreifen, die man jedoch bei der pädagogischen oder therapeutischen Vermittlung von Selbstkontrolltechniken einzeln trainieren kann:

1. *Selbstbeobachtung:* Erfolgreiche Verhaltensformung setzt eine sorgfältige Registrierung des zu verändernden Verhaltens und dessen Änderungen voraus. Wenn ein Schüler etwa das Ausmaß seiner mündlichen Beteiligung im Unterricht selbst steigern will, kann er die Anzahl seiner mündlichen Beiträge in einer Strichliste festhalten. Eine solche Verhaltensregistrierung allein führt schon zu einer gewünschten Verhaltensänderung (Thoresen und Mahoney, 1974, S. 23).

2. *Selbstbewertung:* Selbstbeobachtetes Verhalten wird meist nicht nur registriert, sondern auch selbst bewertet. Das eigene Verhalten wird intern mit einem Gütemaß verglichen, der von den Normen verschiedener Bezugsgruppen oder auch vom individuellen Ideal abhängt. Abweichungen davon sind oft ein starker Anreiz zur Änderung des eigenen Verhaltens. Annäherungen des Verhaltens an das Ideal wirken dabei oft als sehr wirksame Verstärker.
Selbstbeobachtung und -bewertung sind wesentliche Bestandteile eines einfachen Regelkreismodells der Selbststeuerung (Kanfer, 1971). Danach werden die Verhaltenseffekte – wie dargestellt – fortlaufend mit Sollwerten (z.B. Verhaltensnormen) verglichen. Je nach den Ergebnissen dieser Vergleichshandlungen werden steuernde, d.h. selbstverstärkende, selbstbestrafende oder in anderer Weise eingreifende Verhaltensweisen ausgeführt. Die Umsetzung eines solchen Modells in ein pädagogisches oder therapeutisches Programm ist um so leichter, je verfügbarer die steuernden Verhaltensweisen sind. Selbstgespräche, Vorstellungen und Gedanken bieten sich hier an.

3. *Absichtserklärung und Vertrag:* Damit der Änderungswunsch nicht eine vorübergehende Laune und der Änderungsplan wie unzählige „gute Vorsätze" nicht unverbindlich bleibt, bedarf es oft eines förmlichen Vertrages mit sich selbst, vielleicht sogar in schriftlicher Form. Auch etwa in der Schulklasse „öffentlich bekanntgegebene" Änderungspläne können nicht so leicht wieder umgestoßen werden.

4. Die *Planung und Durchführung* des Selbstkontrollprogramms verläuft im Prinzip nicht anders als bei der pädagogischen oder therapeutischen, d.h. fremdgesteuerten Beeinflussung des Verhaltens. Wie wir schon ausführten, ist in der Praxis das Verhältnis von fremd- und selbstgesteuerten Anteilen bei einem

Selbstkontrollprogramm unterschiedlich groß. Auch wenn der Plan für eine Verhaltensmodifikation weitgehend feststeht, setzt die Durchführung ein ziemliches Maß an Unterscheidungs- und Urteilsfähigkeit voraus, die oft erst trainiert werden müssen. Das hängt damit zusammen, daß Verhaltensmodifikation meistens nur gelingt, wenn der Schwierigkeitsgrad der einzelnen Lernschritte, ob es nun um die Ausformung einer neuen Fertigkeit oder um den Abbau von Ängsten geht, nicht zu schnell, aber auch nicht zu langsam ansteigt. Wenn sich während der Durchführung eines Programms Schritte als zu groß oder als zu klein erweisen, müssen eventuell zusätzliche Zwischenschritte eingeführt oder vorgesehene Schritte ausgelassen werden.
Beim operanten Konditionieren muß außerdem darauf geachtet werden, daß nur soviel Verstärkung gegeben wird, wie zum Aufbau und zur Aufrechterhaltung einer Verhaltensweise unbedingt nötig ist. Nur gelegentlich verstärkte Verhaltensweisen sind, wie viele Lernexperimente zeigten (Skinner, 1973), gegen Löschung resistenter, d.h. ihr Auftreten ist von Verstärkungsbedingungen unabhängiger. Es ist anzunehmen, daß diese Gesetzmäßigkeit auch für Selbstverstärkung gilt (Thoresen und Mahoney, 1974, S. 6f.).

III. Empirische Überprüfung der Selbstkontrolle im Unterricht

Im folgenden Abschnitt wird auf Ergebnisse der empirischen Forschung hingewiesen, die in *„natürlichen" Unterrichtssituationen* gewonnen wurden und die dargestellten Ausführungen unterstreichen.
Gleichzeitig versuchen wir, mit Hilfe dieser Daten einen handlungsmäßigen *Zugang* zur Verhaltensmodifikation zu erleichtern.
Eine auf die Schulumgebung und allgemeine Lernsituation bezogene Definition und Beschreibung von Selbstkontrolle (SK) muß das rein formale Modell der funktionalen Verhaltensgleichung (S – – – – O(rganismus) – – – – R – – – – K(KV); KV heißt Kontingenzverhältnis) inhaltlich spezifizieren und Aussagen darüber machen, wie und bei welchen Problemen Schulkinder SK-Verfahren einsetzen können.
Auch in dieser Situation gilt Kanfer's (1975) Feststellung, daß die Durchführung von Selbstkontrolle schwierig ist, konflikthafte Tendenzen beinhaltet, da sie gegen den Druck bestehender positiv verstärkender Gewohnheiten eingesetzt wird. Man denke an ein aggressives Schulkind, das in der ersten Phase des „Selbstbeherrschungstrainings" auf die übliche erleichternde Spannungsabfuhr, auf unmittelbare Aggressionen also, verzichten muß. Das bedeutet, daß Selbstregulierung durch Selbstkontrolle unter äußerst schwierigen und eventuell widrigen Umständen stattfindet; ihre Einsatzbedingungen müssen daher genauestens analysiert werden.

Die wesentlichsten Fragen lauten also: Gibt es Mittel und Wege, mit denen Schulkinder die eigenen *Reaktionen,* die umgebenden *Stimuli* oder ganze *Handlungsfolgen eigenständig umorganisieren* können, um ihr problemhaftes, zu schulischen Konflikten führendes Verhalten zu beseitigen?
Sind die bisher aufgezeigten Möglichkeiten aus dem klinischen Sektor auch auf den Schulraum zu übertragen?
Untersuchungen (Überblick bei Kurtz und Neisworth, 1976) über effektive Selbstkontrollverfahren bei jüngeren oder retardierten Kindern in „natural settings" (Winther und Krepper, 1976, im deutschen Sprachraum) berechtigen zu der Annahme, daß sich solche Methoden einzeln oder kombiniert bei spezifischen Problemen von Schulkindern erfolgreich anwenden lassen. Diesen Verfahren können jeweils unterschiedliche Selbstkontrolldefinitionen zugeordnet werden.
So betont Skinner (1974) in seiner Definition die selbständige Kontrolle der *externen* Variablen, während Bandura (1969) den *wechselseitigen* Beeinflussungsprozeß zwischen Individuum und Umwelt sieht und kontinuierliche Abstufungen von der Fremd- bis zur absoluten Selbststeuerung als methodische Möglichkeiten einschließt. Homme (1965) schließlich dehnt die inhaltliche Spezifizierung der zu „managenden" Varianten auf Handlungabläufe aus, die sich *im Individuum selbst* abspielen (Ideen, Entschlüsse u. a.), aber von außen beeinflußt werden und auch nach außen wirken, indem sie äußerlich sichtbare Reaktionen modifizieren und steuern.
Alle Autoren (Thoresen und Mahoney, 1974) nehmen an, daß der Selbstkontrollprozeß nach denselben Prinzipien des behavioristischen Lernmodells erfolgt (s. oben), die das Lernen von Schülern allgemein erklären. Daher können die bisher effektiv verwendeten SK-Methoden bestimmten Abschnitten des integrierten, alle drei der eingangs dargestellten Prinzipien enthaltenden Lernmodells zugeordnet werden.
Die oben aufgeführten Definitionen lassen sich formal mit den Symbolen des Lernmodells beschreiben (S – R – K – KV). Die Elemente beeinflussen sich gegenseitig: S und K beeinflussen R (Skinner's Ansicht), R beeinflußt S und K, bekommt aber entsprechende Rückmeldungen von ihnen und wird dadurch wieder verändert (Bandura's Aspekte), verdeckte R modifizieren S und K (Homme's Betonung).
Dieses dynamische Schema erleichtert den konkreten Umgang mit SK-Techniken. Im folgenden bestimmen wir zunächst R als problematische Verhaltensweisen im Unterricht und veranschaulichen mit Beispielen SK-Verfahren. Dabei werden die Prinzipien und Richtungen der dynamischen Beeinflussung im praktischen Bereich deutlich.
Den Zugang zur Bestimmung des unerwünschten offenen und/oder verdeckten Verhaltens, seiner Abhängigkeiten und damit den Möglichkeiten seiner Modifizierung findet man am besten über folgende Fragen:

1. Um welches zu modifizierende Problemverhalten handelt es sich (Frage nach R)?
2. Wie ist es operational zu beschreiben (Fragen nach externen und internen Äußerungsweisen von R)?
3. In welcher funktionalen Abhängigkeit steht es?: wird es eher von S oder mehr von K bestimmt oder ist es nur im Zusammenhang S^D – – – – – – – – R – – – – – – K, d.h. in einem komplexeren Kontingenzverhältnis zu verstehen? (K = Konsequenz).

Zu 1. und 2.: Das Problemverhalten (R) und dessen Definition:

Die Frage nach den R betrifft die im Schulbereich fehlenden, aufzubauenden oder störenden Verhaltensweisen. Folgende Problematiken wurden von verschiedenen Autoren bisher erfaßt und mit Selbstkontrollverfahren modifiziert:

- Individuelle Lern- und Arbeitsstörungen (Fox, 1962; Goldiamond, 1965)
- Impulsivität jüngerer Kinder (Meichenbaum u. Goodman, 1971)
- Geringes verbales Verhalten bei Interaktionen, „Mutismus" (Securro u. Walls, 1975)
- Leistungs-, Prüfungsängste (Teegen u.a., 1973)
- Aneignung von Lernstoff in der Klassengruppe (Glynn, 1970)
- Steigerung kreativen Denkens (Meichenbaum, 1975)
- Störungen des normalen Unterrichtsablaufes durch unangepaßtes Verhalten einiger auffälliger Schüler (Broden u.a., 1971; Bolstad und Johnson, 1972; Glynn u.a., 1975; Anderson u.a., 1976; Yoakley, 1975)
- Störungen in umschriebenen Lehrer-Schüler-Interaktionen (Berberich, 1971; Noble u. Nolan, 1976; Sherman u. Cormier, 1974).

Danach zeichnen sich *drei Kategorien von Verhaltensstörungen* ab:

1. Klinische Störungen (z.B. Phobien; Konzentrationsstörungen)
2. Verhaltensdefizite im kognitiven Bereich (z.B. kreatives Denken)
3. Interaktionsstörungen im Unterrichtsverlauf (z.B. undiszipliniertes Verhalten)

Anhand dieser Kategorien kann man eine *Verhaltensanalyse* durchführen: Das zu beobachtende Individuum zeigt in den entsprechenden Situationen vor der Beeinflussung einen Standardsatz von Reaktionshäufigkeiten verschiedenster Art. Diese werden in beobachtbare und meßbare Kategorien geordnet. Die Auftretenshäufigkeit dieser „Ereignisse" wird unter verschiedenen Bedingungen genau registriert; dadurch werden die Einflußfaktoren objektiv erfaßt. Die oben vorgenommene Einteilung von Problematiken mag nun als *Hilfsmittel*

zur Diagnostizierung des jeweiligen Problems dienen. Da sie sich auf gut kontrollierte Untersuchungen bezieht, lassen sich damit Intensität, Generalisierbarkeit, Lokalität und Möglichkeiten zur Behandlung bzw. Veränderung einer Störung ermitteln – eine Basis, um sich dann für ein bereits bewährtes Selbst-Kontroll-Verfahren zu entscheiden.
Wir verzichten auf die Darstellung der Abhängigkeiten von problematischen R in der Konfliktsituation. Stattdessen wenden wir uns den wichtigeren SK-Techniken zu. Dies geschieht adäquat zum Schema. Damit wird gleichzeitig die ursprüngliche Abhängigkeit des Störverhaltens andeutungsweise skizziert.

Zu 3.: *Zur funktionalen Abhängigkeit des Problemverhaltens:*

Ein Beispiel für die Annahme, daß Verhalten eng mit der externen Reizumgebung assoziiert ist, zeigt die Methode von Fox (1962), der die – situative Faktoren betonende – Skinnersche Definition von S-K auf die Beseitigung persönlicher Lernstörungen anwendete. Ziel des „Experimentes" war, Lernverhalten (R) in einer spezifischen *Umgebung (S)* zu steigern. Das bedeutete, daß der Schüler die Aufgabe hatte, seinen Arbeitsplatz – die Situation – so zu gestalten, daß sich dadurch seine Lust und spontane Initiative zum Lernen „aufheizte" und zwar so stark, daß ursprünglich störende R (wie z.B. Tagträumereien am Schreibtisch) nicht mehr aufkamen. Geschah dies dennoch, mußte der Schüler sein Studierzimmer verlassen, um die neu gestiftete Assoziation (Arbeitsplatz-Studierverhalten) nicht zu labilisieren und die alte Verbindung (Arbeitsplatz-Tagträumen) endgültig abzuschwächen oder zu löschen. Hier wurde zusätzlich am Hebel „R" gedreht (z.B. Aus-dem-Zimmer-gehen), doch nur zu dem Zweck, um S (die Situation) zu ändern. – Theoretisch gesehen setzte die Veränderungsmethode letztlich an der *Verbindung (S-R)* an, indem für die ursprüngliche S-R-Kombination alternierende und nicht zu vereinbarende Elemente eingesetzt und geübt wurden.
Dieses Vorgehen kann man nicht nur nach dem Modell des operanten, sondern auch des klassischen Konditionierens beschreiben, je nachdem, ob man S als einen klassisch konditionierten (reaktionsauslösenden) oder diskriminativen (auf eine Konsequenz hinweisenden) Reiz versteht.
Ein anderes Beispiel für *„cue-regulation"*, d.h. die selbstkontrollierte Umorganisation auslösender oder diskriminativer Reize, zeigt Meichenbaum (1975), wenn er kreatives Denken hemmende Gedanken bewußt durch solche ersetzen läßt, die Flexibilität und Originalität fördern oder zumindest nicht stören. Diese als S definierten – d.h. den kreativen Reaktionen vorausgehenden – verdeckten und anzutrainierenden Prozesse (Selbstinstruktionen) werden vorher konkretisiert, z.B. „Mache keine negativen Feststellungen über Dich selbst", oder „Quantität hilft Qualität steigern", oder „Höre auf, so konzentriert zu denken; laß einfach Deine Gedanken wandern".

Reiz-Regulation bezieht sich also auf offene oder verdeckte Aktionen, welche die vorausgehenden situativen Bedingungen eines erwünschten Zielverhaltens verändern.

Am Modell des operanten Konditionierens sind im Gegensatz dazu Verfahren abzuleiten, mit denen sich Schüler *selbst Verstärkungen (Konsequenzen; K)* verabreichen, um eigenes Verhalten in erwünschtem Sinne zu steigern. (Von einer entsprechenden Basis gehen auch Mager u. Clark, 1963 bei der Selbsterzeugung des Curriculums durch Schüler aus.)

Glynn (1970) wies in einem Experiment mit Schülerinnen nach, daß selbstbestimmtes Ausmaß und Selbstverabreichung von „tokens" für richtige Antworten in den Fächern Geschichte und Erdkunde das (richtige) Lernverhalten steigerten, zumindest in gleichem Umfang wie fremdbestimmte Steuerung.

Daß sich Schüler Zuwendung und Beachtung des Lehrers sichern, ihn also ohne sein Wissen steuern, indem sie unabsichtlich oder willentlich Methoden der verbalen Konditionierung einsetzen und damit wahrscheinlich eigenes Lernverhalten im Schulraum festigen, zeigen Untersuchungen von Sherman und Cormier (1974).

Noble und Nolan (1976) wiesen sogar in einer Feldstudie nach, daß zielgerichtetes Interaktionsverhalten des Lehrers prinzipiell eher von nachfolgenden Schüler- als von Lehrerhandlungen selbst abhängt: Schüler, die sich freiwillig am Unterricht beteiligten, wurden in der Folge vom Lehrer häufiger direkt angesprochen und gefragt, d. h. das Zuwendungsverhalten der Lehrer (R) wurde durch die freiwilligen Aktivitäten (K) der Schüler positiv verstärkt. Eine Behandlungsmethode müßte an dieser R-K-Verbindung ansetzen; denn die durch aktive Beteiligung erwirkten positiven Lehrerreaktionen (für den Schüler bedeuten sie K+) bauen mit großer Wahrscheinlichkeit auf die Dauer das im Unterricht erwünschte verbale Interaktionsverhalten beim Schüler auf; die Untersuchungen zeigen, daß Schüler die dazu notwendigen Kontigenzen selbst steuern können.

In diesem Zusammenhang sei an Banduras Hypothese erinnert, die in vieler Hinsicht dem Regelkreismodell entspricht, wonach sich *Individuum und Umwelt wechselseitig beeinflussen.* In diesem Falle lösen sich bei der Verhaltensänderung Fremd- und Selbststeuerung kontinuierlich gegenseitig ab. –

Daß die Anwendung von Selbstkontrollmethoden als Kombination der nach Bandura und Perloff (1967) wichtigsten Komponenten (*Selbstbewertung*/Einschätzung, *Selbstprotokollierung, Selbstbestimmung der Verstärker, Selbstzuweisung der Verstärker)* zu einem *„Management des Klassenzimmers"* führen können, bewiesen Bolstad und Johnson (1972) in einer wichtigen und komplexen Untersuchung, bei der sie die Wirksamkeit von externer und Selbstverstärkung an verschiedenen Gruppen von Kindern des ersten und zweiten Schuljahres verglichen. Zusätzlich wurden Prinzipien des Modell- oder Beobachtungslernens mitbeachtet.

Die folgende Zusammenfassung soll auch die übliche Prozedur von Aufbau und Einsatz einer selbstkontrollierten Verhaltensmodifikation veranschaulichen. Parallelen zum experimentellen Vorgehen überhaupt werden dabei deutlich: Vier Gruppen wurden jeweils verschiedenen Verstärkungsbeeinflussungen ausgesetzt. Jeweils ein Beobachter befand sich zunächst in jedem Klassenzimmer. Ein anderer Beobachter wechselte routinemäßig die Gruppen, um Beobachtungsfehler und subjektive Tendenzen auszuschalten. Die am meisten störenden Kinder wurden durch vorausgehende Beobachtungen ausgewählt und in vier experimentelle Gruppen eingeteilt. Die Standardsituation war eine Unterrichtsphase, in der Schüler ruhig hinter ihrem Tisch sitzen und unabhängig Aufgaben bearbeiten, wobei Interaktionen mit dem Lehrer oder extravertierte Aufgabenaktivitäten nicht als Störungen verzeichnet wurden. Die Beoachtungsdauer war 30 Minuten pro Tag in einer Periode von acht Wochen.
In der *ersten Phase* (5 Sitzungen) wurden Grundraten störenden Verhaltens bei allen vier Gruppen aufgezeichnet und zwar in drei Kategorien:

1. Sprechen oder laut sein ohne Erlaubnis des Lehrers
2. Schlagen oder körperliche Belästigung eines Mitschülers
3. Verlassen des Platzes, um unangepaßte oder nicht aufgetragene Aktivitäten auszuführen.

Die Beobachter registrierten alle Ereignisse in jeder Störkategorie in Fünf-Minuten-Abschnitten. Für jeden Schüler wurde jeden Tag die Gesamthäufigkeit von Störreaktionen pro Tag mit der Gesamtzeit der Beobachtungen (ausgedrückt in Minuten) dividiert. Man erhielt so einen Index für Störverhalten pro Minute. Damit war die „Baselinephase“ abgeschlossen.
Die sich unmittelbar anschließende *zweite Phase* (6 Sitzungen) brachte für alle Gruppen externe Regulationsprozeduren: Verhalten wurde eingeschätzt und nach einem willkürlichen Maßstab kontigent verstärkt. Als Maßstab galten drei kritische Niveaus störenden Verhaltens:

1. Weniger als fünf Mal gestört
2. Weniger als zehn Mal gestört
3. Mehr als zehn Mal gestört

Die Kinder wurden nun folgendermaßen instruiert:
Erreichten sie Niveau 1., so könnten für sie acht Punkte verbucht werden, auf Niveau 2. würden sie vier Punkte erhalten, während ihnen das dritte Niveau keine Punkte einbringen würde. Die Punkte konnten beim Versuchsleiter in materielle Verstärker (Radiergummis, Schreibblocks usw.) eingetauscht werden. Diese Phase blieb noch ausschließlich fremdgesteuert.

In der *dritten Phase* (7 Sitzungen) wurden zwei Gruppen in selbstregulierendem Verhalten trainiert, während für die beiden anderen Phase zwei bis zum Ende des Experimentes gültig blieb. – Die Kinder der ersten beiden Gruppen schätzten ihr Verhalten nun selbst ein und führten sich selbständig die Belohnungen entsprechend der vorher gelernten Kriterien zu. Zur Unterstützung der Aufzeichnung gab man ihnen Beobachtungskärtchen, auf die sie die drei Kategorien notieren sollten. Darauf wurden ihre Selbstbeobachtungen mit denen des „objektiven" Beobachters verglichen, um die Genauigkeit zu überprüfen. Waren die Kategorien nicht erfaßt, gab es Punkteabzug (Bestrafung).
In der *vierten Phase* (7 Sitzungen) wurde bei den sich selbst kontrollierenden Gruppen die Rückmeldung des objektiven Beobachters endgültig ausgeblendet. Die neue Handlungssequenz wurde der „Selbstverantwortlichkeit" des Kindes übertragen.
In der *fünften Phase* (7 Sitzungen) erfolgte keine Behandlung mehr. Die Gruppen wurden nach der Löschungsprozedur erneut verglichen und man stellte dabei die *Überlegenheit der sich selbst kontrollierenden Gruppen fest.*
Im eben beschriebenen Experiment findet man mehrere Hinweise auf die drei wichtigsten Grundannahmen der Lerntheorie. Das Modifikationsverfahren ist komplex zu definieren: es handelt sich um ein *sukzessiv aufgebautes* Verhaltens-

Abbildung 3: Vereinfachte Zusammenfassung von Selbstkontrollverfahren

Problemverhalten (Symptomatik)	Selbstkontrollverfahren
Klinische Störungen (z. B. Prüfungsangst als Reaktion auf Prüfungssituationen) (S → R)	Reiz (S)-Regulation
Verhaltensdefizite (z. B. mangelnde kreative Produktion) (S → R R → K +/−)	Selbstbeobachtung Selbstbewertung Selbstinstruktion oder Selbstbelohnung/-bestrafung
Interaktionsstörungen (S → R → K)	Kombination aller SK-Verfahren (häufig: vertragliches Management, um ein geplantes Kontingenzverhältnis (KV) abzusichern)

Legende: S = Stimulus, als: CS = konditionierter und auslösender Stimulus
und: S^D = diskriminativer Stimulus
R = Reaktion, als: offene oder verdeckte Reaktion
K = Konsequenz, als: K+ = Belohnung (Verstärker)
und: K− = Bestrafung
SK- = Abkürzung für Selbstkontrolle

training zur Selbstkontrolle bei jüngeren Kindern, es verwendet *diskriminative Stimuli,* wobei Belohnung und Bestrafung mit Hilfe von *Modellen* erfolgen. Die das Kind fremdsteuernden Komponenten (Beobachtung, Einschätzung, Belohnung) wurden nach und nach dem Schulkind selbst übertragen. Pädagogischen Absichten entsprechend wurde so die *Fremdsteuerung allmählich in Selbststeuerung konkret überführt.*
In (Abb. 3) werden die wichtigsten Selbstkontrollverfahren, soweit sie von Schülern zu übernehmen sind, vereinfacht zusammengefaßt. Die dargestellten, durch SK-Verfahren zu modifizierenden Symptomatiken bilden dabei Einteilungsgesichtspunkte.

IV. Bewertung

Viele Autoren (z.B. Mahoney u. Mahoney, 1975/76) betonen, daß Selbstkontrolle von Schülern bevorzugt angewendet werden sollte, und zwar aus folgenden Gründen:

1. *Langfristige* Modifikationseffekte wurden häufig nachgewiesen;
2. Das Training ist auf lange Sicht gesehen *weniger kostspielig,* wenn man bedenkt, daß bei Fremdsteuerung hoch bezahltes Personal unbedingt notwendig ist;
3. Durch Selbstkontrolle ist *mehr persönliche Freiheit* gewährleistet; dies ist für die Stabilität der Effekte und das *Erleben von Selbstverantwortlichkeit* entscheidend.

Die vorliegende Darstellung von Selbstkontroll-Möglichkeiten bei Schülern zielte nun allerdings nicht darauf ab, die Leser durch Betonung einer dieser Standpunkte zur Anwendung von Selbstkontroll-Methoden zu verführen, sie wollte jedoch auch nicht das Gegenteil bewirken, nämlich von der Übernahme der SK-Verfahren abschrecken.
Es sollte vielmehr theoretisch und empirisch aufgewiesen werden, daß Schulkinder fähig gemacht werden können, eigene Handlungsabläufe bewußt zu beobachten und nach funktionalen Lernprinzipien selbstgesteuert zu modifizieren, kurz gesagt: *ihr eigener „Krisenmanager" zu sein.*
Voraussetzung dafür aber ist, daß man ihnen die Idee, die Begriffe und die Möglichkeit zur Freiheit des Experimentierens liefert.

Literaturverzeichnis

Anderson, L., Fodor, L. u. Alpert, M.: A Comparison of Methods for Training Self-Control. Behavior Therapy, 7, 649–658, 1976

Berberich, J. P.: Do the Childs Responses Shape the Teaching Behavior of Adults? Journal of Experimental Research in Personality, 5, 92–97, 1971

Bolstad, O. D./Johnson, S. M.: Self-Regulation in the Modification of Disruptive Classroom Behavior. In: Mahoney, M. J./Thoresen, C. E.: Self-Control: Power to the Person. Monterey 1974

Florin, I./Tunner, W.: Die Wirksamkeit der Systematischen Desensibilisierung. In: I. Florin und W. Tunner: Therapie der Angst. München 1975

Glynn, E. L.: Classroom Applications of Self-Determined Reinforcement. Journal of Applied Behavior Analysis, 3, 123–132, 1970

Glynn, E. L./Thomas, J. D./Shee, S. M.: Selbstkontrolle des Verhaltens beim Lernverhalten im Unterricht der Primarstufe. In: D. H. Rost/P. Grunow/D. Oechsle (Hrsg.): Pädagogische Verhaltensmodifikation. Weinheim 1975

Halisch, F./Butzkamm, J./Posse, N.: Selbstbekräftigung, I. Theorieansätze und experimentelle Erfordernisse. Zeitschrift für Entwicklungspsychologie und Pädagogische Psychologie, 8, 145–164, 1976

Homme, L. E.: Perspectives in Psychology: XXIV: Control of Coverants, the operants of the mind. Psychological Record, 15, 501–511, 1965

Homme, L. E.: Contiguity Theory and Contingency Management. Psychological Record, 16, 233–241, 1966

Kanfer, F. H.: Die Aufrechterhaltung des Verhaltens durch selbsterzeugte Stimuli und Verstärkung. In: M. Hartig (Hrsg.): Selbstkontrolle. München 1973, 77–98

Kanfer, F. H./Phillips, J. S.: Die Klinische Anwendung von Verfahren der Selbstkontrolle (übers.). In: M. Hartig (Hrsg.): Selbstkontrolle. München 1973, 121–137

Kanfer, F. H./Phillips, J. S.: Lerntheoretische Grundlagen der Verhaltenstherapie. München 1975

Kern, H. J.: Selbstkontrolle. In: H. J. Kern: Lehrer- und Schülerverhalten. Stuttgart 1976, 52–68

Kurtz, P. D./Neisworth, J. T.: Self-Control Possibilities for Exceptional Children. Exceptional Children, 42, 212–217, 1975/6

O'Leary, K. D./O'Leary, S. G.: Classroom Management: The Successful Use of Behavior Modification. New York 1972

Mager, R. F. u. C. Clark: Exploration in student-controlled instruction. Psychol. Rep., 13, 71–76, 1963

Mahoney, M. J.: Entwurf einer experimentellen Analyse der Coverant-Kontrolle. In: M. Hartig (Hrsg.): Selbstkontrolle. München 1973

Mahoney, M. J./Mahoney, K.: Self-Control Techniques with the Mentally Retarded. Exceptional Children, 42, 338–339, 1975/76

Meichenbaum, D.: Enhancing Creativity by Modifying What Subjects Say to Themselves. American Educational Research Journal, 12, 2, 129–145, 1975

Meichenbaum, D./Goodman, J.: Training Impulsive Children to Talk to Themselves: A Means of Developing Self-Control. Journal of Abnormal Psychology, 77, 2, 115–126, 1971

Noble, C. G./Nolan, J. D.: Effect of Student Verbal Behavior on Classroom Teacher Behavior. Journal of Educational Psychology, 68, 3, 342–346, 1976

Premack, D.: Reinforcement Theory. In: D. Levine (Hrsg.): Nebraska Symposium on Motivation. Nebraska 1965

Sherman, T. M./Cormier, W. H.: An Investigation of the Influence of Student Behavior on Teacher Behavior. Journal of Applied Behavior Analysis, 7, 11–21, 1974

Schröder, G.: Theorie und Praxis der Verhaltenstherapie bei Kindern mit Ängsten. In: C. Kraiker (Hrsg.): Handbuch der Verhaltenstherapie. München 1974

Securro, S. jr., Walls, R.: Strategies for Increasing Self-Initiated Verbal Interaction. Journal of Educational Research, 68, 283–286, 1975

Teegen, F./Grundmann, A./Röhrs, A.: Wissenschaftliche Begleitung einer Übung zur Selbstkontrolle des Verhaltens bei Studenten – Erste Ergebnisse. Verhaltenstherapie in der Diskussion – Sonderheft der „Mitteilungen der GVT e. V.“. München 1973

Teegen, F./Grundmann, A./Röhrs, A.: sich ändern lernen. Anleitungen zur Selbsterfahrung und Verhaltensmodifikation. Hamburg 1975

Thoresen, C. E./Mahoney, M. J.: Behavioral Self-Control. New York 1974

Türkheim, J.: Zur Psychologie des Willens. Würzburg 1901

Tunner, W.: Systematische Desensibilisierung und das Lernen von Strategien zur Bewältigung von Angst. In: I. Florin und W. Tunner: Therapie der Angst. München 1975

Winther, A./Krepper, W.: Anwendung eines Selbstregulationsprogramms in der Schulklasse. Unveröffentlichte Diplomarbeit. Berlin, TH, 1976

Yoakley, D. H.: A Study of Student Participation in Classroom Management to Effect an Increase in Appropriate Behavior. The Journal of Educational Research, 69, 31–35, 1975

Wilfried Belschner

Belastung, intrapersonale Kommunikation und Kompetenztraining

1. Entwicklung der Fragestellung

Für diesen Beitrag wollen wir aus der Vielzahl der Gesichtspunkte, unter denen man menschliches Verhalten untersuchen kann, den der erlebten Belastung auswählen. Aus dem Alltag kennen wir Beispiele hierfür:

- Schüler äußern nach sehr kurzer Bearbeitungszeit, die gestellte Aufgabe nicht lösen zu können, werfen das Heft auf den Boden und beginnen eine andere Tätigkeit.
- Nach einer tadelnden Lehreräußerung beginnt ein Schüler zu weinen.
- In der Gesamtkonferenz kann ein Lehrer, der sich in anderen Situationen für einfallsreich, redegewandt und schlagfertig hält, zu den Tagesordnungspunkten nicht Stellung nehmen, obwohl der Verlauf der Diskussion dies „eigentlich" dringend erfordert.

In allen angeführten Beispielen laufen bei den betroffenen Personen psychische Prozesse ab, die nach den Selbstaussagen unerwünscht sind. Die Personen möchten mit der Situation, in der sie sich vorfinden, anders umgehen als es ihnen zu diesem Zeitpunkt möglich ist. Das benutzte Verhalten erscheint ihnen unangemessen, um die mit der Situation verknüpften aktuellen Ziele erreichen zu können. Sie erleben sich stattdessen als hilflos, am Ende mit ihren Möglichkeiten, verwirrt, festgefahren, überfordert, zu stark belastet etc. Eine nähere Bestimmung, worin dieser *andersartige* Umgang mit der Situation besteht, wird von der Person vor allem in zwei Richtungen gesucht:

- Sie wissen durchaus, wie man sich alternativ verhalten könnte, aber sie finden keine Antwort auf die Frage, warum sie das bekannte erwünschte Verhalten nicht realisieren. (Im obengenannten 3. Beispiel: seinen Beitrag in die Diskussion einbringen anstelle von Schweigen).
- Es ist ihnen völlig unklar, wie man es erreichen kann, ein alternatives Verhalten zu erfinden. (Im oben genannten 2. Beispiel: den Tadel zurückweisen anstelle von Weinen.)

Ausgehend von diesen Beobachtungen und Erfahrungen werden wir die Bearbeitung des Themas erleichtern, wenn wir uns von folgenden Fragen leiten lassen:

Durch welche psychischen Vorgänge wird es bewirkt, daß eine Person sich belastet, „gestreßt" fühlt?
- Wie gehen Personen mit dem Eindruck, sie seien angespannt, überfordert, überlastet etc. um?
- Lassen sich Maßnahmen erfinden, um Personen derart vorzubereiten,
  - daß sie es vermeiden können, in Belastungssituationen zu geraten,
  - daß sie in der Lage sind, mit belastenden Situationen kompetenter umzugehen,
  - daß sie die objektiven Bedingungen ihrer Lebenssituation, zumindest ansatzweise, verändern oder in einer neuen Sichtweise interpretieren können?

Im folgenden Text wollen wir diese drei Fragen ansatzweise behandeln.

2. Faktoren für das Entstehen von belastenden Situationen

Aus einem Persönlichkeitsmodell, das in Anlehnung an Mischel (1973) konzipiert wurde, wurde eine Reihe von Faktoren abgeleitet, von denen wir annehmen, sie seien für das Entstehen von Belastungen bedeutsam. Dieses Persönlichkeitsmodell wird hier aus Raumgründen nicht expliziert. Die in der Abbildung 1 genannten Faktoren sind jeweils in der Ausprägung aufgeführt, die das Auftreten von persönlich erlebten Belastungen wahrscheinlich macht. Die Faktoren sind lediglich additiv dargestellt, um eine übersichtliche Anordnung zu ermöglichen. Zur Beschreibung psychischer Prozesse wird es allerdings notwendig sein, von gegenseitigen Beeinflussungen (Prozeßmodell der Wechselwirkungen und Regulationsvorgängen) auszugehen. (Vgl. dazu den Beitrag von Mischke in diesem Band.)
Die Vielzahl der genannten Faktoren weist darauf hin, daß das von einer Person geäußerte Erleben (etwa: ich fühle mich hilflos und belastet) nicht mit einem einzigen psychischen Vorgang korrespondiert. Es wird vielmehr zunächst erforderlich, einen beobachteten nonverbalen Hinweis (z.B. der Schüler beginnt zu weinen nach einer tadelnden Lehreräußerung) oder eine verbale Aussage einer Person (z.B. „das kann ich nicht") zu übersetzen in ein differenzierteres psychologisches Modell. Hierfür müssen meist zusätzliche Informationen eingeholt werden. Mit deren Hilfe läßt sich dann eine Diagnose stellen, welche Faktoren an dem von der Person mitgeteilten Erleben beteiligt

1 Kategorisierung des Inputs nicht möglich	2 Kein Ordnungsschema der Kategorisierungen vorhanden	
3 Ziel für Situation nicht bekannt	4 Entscheidung über Ziel mit Priorität nicht möglich	5 Anstreben des intendierten Ziels sanktioniert
6 Pläne für Erreichen des Ziels nicht bekannt	7 Pläne für Erreichen des Ziels nicht generierbar	8 Kriterien für Beurteilung der Pläne nicht bekannt
9 Operator für Erreichen des Ziels nicht bekannt	10 Erfolgswahrscheinlichkeit für verfügbaren Operator wird niedrig beurteilt	
11 Pläne für Durchführung der Operation nicht vorhanden (Anwendung des Operators)	12 Störungen im Ablauf der Operation können nicht verarbeitet werden	
13 Metaebene Feststellen der Inkompetenzen 1–12: Attribuieren von Inkompetenz als generelles Persönlichkeitsmerkmal	14 Metaebene Nach erfolgreichem Handlungsabschluß findet eine positive Selbstbewertung nicht statt	

Abbildung 1: Faktoren für das Entstehen von belastenden Situationen

sind. Mit dieser Aussage soll deutlich gemacht werden, daß das Ziel des diagnostischen Prozesses nicht darin gesehen werden kann, der betroffenen Person ein generalisierendes Attribut wie „hilflos", „wenig belastbar" etc. zuzuordnen, sondern die Bedingungen für das Auftreten bestimmter Erlebens- und Verhaltensweisen anhand eines Modells zu analysieren. Nach dem stets vorläufigen Abschluß des diagnostischen Vorgangs werden sich aus den beurteilten Ausprägungen der Faktoren des Modells (Modellparameter) begründete Interventionen ableiten lassen.

Es sollen nun die in der Abbildung 1 genannten Faktoren knapp erläutert werden. Die Beispiele dienen dazu, die psychischen Prozesse eines Faktors zu veranschaulichen.

1. Kategorisierung des Inputs nicht möglich

Die einkommenden Reize aus der Umwelt der Person werden vorhandenen kognitiven Schemata zugeordnet. Mittels dieses Vorgangs werden die Reize zu Informationen, mit denen das psychische System arbeiten kann.

Beispiel 1:
Die vom Lehrer gesprochene Lautfolge „Wieviel Kinder hatte Karl Marx?" muß vom Schüler als „Frage" kodiert werden, damit der vom Lehrer intendierte Unterricht durchgeführt werden kann.

Beispiel 2:
Ein Lehrer spricht mit lächelndem Gesicht eine Drohung aus. Dem betroffenen Schüler wird es, wenn er die kommunikativen Strategien des Lehrers nicht kennt, wahrscheinlich nicht gelingen, eine eindeutige Zuordnung zu vollziehen: Ist die Zuordnungsklasse „Scherz" oder „Ernst" aufgerufen?

2. Kein Ordnungsschema der Kategorisierungen vorhanden

Die Kategorien werden in übergeordneten Ordnungsschemata zusammengefaßt.

Beispiel:
Ein Schüler beobachtet das Verhalten eines Lehrers und wertet es nach folgenden Kategorien aus: Wer schlägt das Unterrichtsthema vor, wessen Lösungsvorschläge gelten, wer bestimmt die Zahl der Übungen, wer ordnet die Verkehrsformen im Unterricht an usw. Die beobachteten Ausprägungen der Kategorien – sie weisen auf eine durchgängige Dominanz des Lehrers hin – faßt der Schüler zu der Klasse „autoritäres Verhalten" zusammen.

3. Ziel für Situation nicht bekannt

Menschen richten ihr Verhalten auf aktuelle und/oder langfristige Ziele aus. Diese können selbst- oder fremdgesetzt sein. Aufgrund dieser Ziele werden kognitive Vorgänge und Handeln organisiert. Die Ziele sind notwendige Bedingungen für das Erstellen von Kriterien, mittels derer sowohl kognitive Vorgänge als auch das Handeln hinsichtlich Nützlichkeit, Brauchbarkeit, Ökonomie etc. beurteilt werden.

Beispiel:
Ein Lehrer beginnt im Fach Biologie seinen Unterricht mit einem Lehrervortrag, gibt aber keine Hinweise, worauf die Schüler achten sollen. Er begründet seine Vorgehensweise mit der Aussage, die Schüler würden durch die Ungewißheit motiviert.
Für die Schüler wird sich die Strategie des Lehrers möglicherweise folgendermaßen darstellen: ‚Was will der Lehrer jetzt? Worauf soll ich aufpassen? Was soll

ich mir merken? Was, von dem was er berichtet, ist wesentlich? Was kann ich wieder vergessen? Ich kann nicht entscheiden, worauf es ankommt. Alles kann ich mir nicht merken. Wieviel neuen Stoff bringt er denn noch? Das, was er am Anfang gesagt hat, weiß ich schon nicht mehr. Das bringt doch nichts, noch länger zuzuhören. Ich kapiere das doch nicht. Laß ihn reden...'

4. Entscheidung über Ziel mit Priorität nicht möglich

Wir alle kennen Aussagen von anderen und uns selbst wie „Jetzt müßte ich zwei Sachen zur gleichen Zeit erledigen" oder „Was ich auch mache, es ist verkehrt". Für die betroffene Person sind zwei oder mehr Ziele gleich anstrebenswert oder sie sieht mehrere Entscheidungsmöglichkeiten, die sie alle ablehnt. Die Person erlebt einen Konflikt, der für sie aktuell nicht aufhebbar ist. Sie findet nicht mindestens ein weiteres Kriterium, das einen neuen Aspekt in die Beurteilung der erlebten Wahlsituation einführen würde und damit in einer Kosten/Nutzen-Bilanz wenigstens die Akzentuierung eines Ziels zur Folge hätte.

5. Anstreben des intendierten Ziels sanktioniert

Bei diesem Faktor hat sich die Person kognitiv für ein Ziel entschieden, die Realisation in Handlungen erscheint aber nicht möglich, da negative Sanktionen antizipiert werden.

Beispiel:
Ein Schüler unterläßt es, einen Lehrer zu beschimpfen, um ihn in seinem Selbstwert zu verletzen, nachdem dieser ihn herabgesetzt und lächerlich gemacht hat. Der Schüler befürchtet, daß der Lehrer die ihm zustehende Definitionsmacht einsetzt: Er würde das Schülerverhalten als „Ungezogenheit" und „Beleidigung" beurteilen und ihn ins Klassenbuch eintragen.

6. Pläne für Erreichen des Ziels nicht bekannt

Um ein Ziel anstreben zu können, benötigen wir Vorschläge, wie es erreicht werden kann. Ausgehend von der Struktur der Situation, in der wir uns gerade befinden (Ist-Zustand), brauchen wir Wege und Verfahren, um uns dem antizipierten Zielzustand annähern zu können. Sowohl durch eigene als auch durch vermittelte Erfahrung (Lernen am Modell) wird ein Repertoire an Plänen aufgebaut, das wir in Situationen, die wir als ähnlich strukturiert beurteilt haben, anwenden. Mittels eines Planes sollen die Handlungen, die für das Erreichen des Zielzustandes notwendig sind, in der richtigen Reihenfolge gesteuert werden (Miller, Galanter und Pribram, 1973, S. 25f.)

Beispiel:
Ein Schüler, der auf sich aufmerksam machen will, kann etwa folgenden Plan benutzen:

Der Lehrer schaut nicht zu mir her.

Ich schnipse mit den Fingern.

Der Lehrer dreht sich in meine Richtung.

Ich melde mich und strecke den Arm weit nach vorn.

7. Pläne für Erreichen des Ziels nicht generierbar

In vielen Situationen werden wir nicht auf bereits vorhandene und erprobte Pläne zurückgreifen können, um ein gesetztes Ziel zu erreichen. Vielmehr werden wir aus Elementen anderer Pläne einen neuen Plan erfinden müssen. Die Notwendigkeit hierzu ergibt sich aus der Annahme, daß es prinzipiell nicht möglich ist, eine Person auf alle möglicherweise auftretenden Situationen vorzubereiten.

Beispiel:
Ein Schüler hat sich in der Grundschulzeit auf einen Lehrer eingestellt und verfügt über die Pläne, um einerseits vom Lehrer Informationen zu erhalten als auch um sich dem Lehrer als informiert darzustellen. Beim Wechsel in einen anderen Schultyp wird das Fachlehrerprinzip eingeführt. Vom Schüler wird nun u.a. erwartet, daß er über unterschiedliche Pläne verfügt und diese auch einsetzen kann, um den Lehrern seine fachspezifischen Kompetenzen darzustellen.

8. Kriterien für Beurteilung der Pläne nicht bekannt

In vielen alltäglichen Situationen sind die Kriterien, mit denen wir Pläne beurteilen können, offensichtlich. Angenommen, wir wollen einen Nagel in die Wand schlagen, so werden sich zum Beispiel folgende Beurteilungskriterien nennen lassen:

- Keine Verletzung des Akteurs
- Der Nagel bleibt gerade, wird nicht verbogen
- Der Nagel weist den gewünschten Neigungswinkel auf
- Der Nagel sitzt so tief in der Wand, daß man ihn mit der Hand nicht herausziehen kann.

Mit Hilfe dieser Kriterien kann unmittelbar von der Person geprüft werden, ob der vorgesehene und dann benutzte Plan sich als effizient erweist. Für viele soziale Situationen sind aber die heranzuziehenden Kriterien für die handelnde Person nicht erkennbar und/oder ihre Anwendung führt erst mit erheblicher zeitlicher Verzögerung zu den Rückmeldungen, aus denen die Person ableiten könnte, daß die Benutzung alternativer Pläne zwingend geboten wäre, um negativen Sanktionen zu entgehen.

Beispiel:
Ein Lehrer läßt im Fach Deutsch einen Aufsatz schreiben. Er gibt die Hefte lediglich mit einer Zensur versehen zurück. Auch die nächsten Aufsätze werden nach dieser Prozedur durchgeführt. Für die Schüler wird bei dieser Vorgehensweise nicht oder nur außerordentlich schwer erschließbar, welche Kriterien für die Notengebung benutzt werden. Damit wird die Aufgabe für den Schüler, den Plan, der den Kriterien des Lehrers am ehesten entspricht, auszuwählen, sehr schwer.

9. Operator für Erreichen des Ziels nicht bekannt

Unter einem Operator soll ein allgemeines Handlungsschema (Dörner 1976, S. 15) verstanden werden. Dieses Programm muß bei seiner aktuellen Ausführung *(Operation)* den situationsspezifischen Gegebenheiten angepaßt werden.

Beispiel 1:
Ein Mann hofft, eine Frau für sich zu gewinnen, wenn er den Plan „Ich sage ihr etwas Liebes" benutzt. Operatoren, d.h. Sätze, mit denen diesem Plan genügt wird, sind ihm jedoch nicht bekannt.

Beispiel 2:
Ein Schüler erfährt, daß sein Deutsch-Lehrer auf „wohlgeformte Sätze" im Aufsatz wert legt. Es fehlt ihm der Operator für die Konstruktion komplex aufgebauter Sätze.

10. Erfolgswahrscheinlichkeit für verfügbaren Operator wird niedrig beurteilt

Der Einsatz eines Operators wird von den vorweggenommenen Folgen gesteuert werden. Hat eine Person mit dem verfügbaren Operator häufig reale Mißerfolge erzielt oder sind ihr für dessen Benutzung negative Erfahrungen vermittelt worden, wird die Person in der aktuellen Situation vermeiden wollen, diesen Operator einzusetzen. Die antizipierten konkreten Folgen wirken sich auch darauf aus, wie die Person mit sich selbst umgeht: Wird die Person als Resultat ihres Handelns häufig Mißerfolge beobachten müssen, oder werden ihr häufig Mißerfolge zugeschrieben, wird sie sich negativ beurteilen (s. dazu Heckhausen, 1974, S. 152ff.). Sie wird ihre psychische Befindlichkeit eher negativ einschätzen, wird sich eher entmutigen und mit sich unzufrieden sein.

11. Pläne für Durchführung der Operation nicht vorhanden

Unter Punkt 9 wurde auf die notwendige Abstimmung des Operators zu den situativen Gegebenheiten hingewiesen. Die Person benötigt auch für die

Durchführung der Operation Pläne, z. B. welche Merkmale der Situation in den Abstimmungsprozeß aufgenommen, zu welchen Zeitpunkten Änderungen der Merkmalsauslese und -gewichtung herbeigeführt werden sollen etc.

12. Störungen im Ablauf der Operation können nicht verarbeitet werden

Von den vielfältigen Schwierigkeiten, die bei der Durchführung von Operationen auftreten können, seien zwei genannt:

- Die vorgesehene Operation kann wegen äußerer Ereignisse nicht zu Ende gebracht werden.
- Bei der Operation benutzte Hilfsmittel (Werkzeuge) werden defekt.

Beispiel:
Beim Zeichnen eines Porträts verwendet ein Schüler einen weichen Bleistift. Da dieser rasch stumpf wird, muß er häufig wieder angespitzt werden. Der vom Schüler verwendete Anspitzer bricht zum wiederholten Male die Mine des Bleistiftes ab. Die Herstellung des Bildes wird dadurch aufgehalten und verzögert. Der Schüler wird über dieses zusätzliche Hindernis immer erregter und zerreißt schließlich die begonnene Zeichnung.

13. Feststellung der Inkompetenzen

Zu allen bisher angesprochenen Faktoren kann eine Person für sich selbst eine Einschränkung vornehmen. Aufgetretene Mißerfolge können auf verschiedene Ursachen zurückgeführt werden. Mit Weiner u.a. (1971) lassen sich die folgenden Kausalfaktoren heranziehen: Fähigkeit, Anstrengung, Aufgabenschwierigkeit und Zufall (hinsichtlich weiterer Kausalfaktoren siehe Meyer und Butzkamm, 1975, S. 55). Entgegen der Tendenz, eigenes Verhalten durch die externen Faktoren Aufgabenschwierigkeit und Zufall zu erklären (Jones und Nisbett, 1971), kann die Person sich als generelles Persönlichkeitsmerkmal *Inkompetenz* attribuieren. Die beiden folgenden Aussagen mögen beispielhaft die von der Person sich selbst zugeschriebene Merkmalsklasse repräsentieren; sie werden bei ihr häufiger auftreten: „Ich bin doof", „Immer muß mir so etwas passieren".

14. Nach erfolgreichem Handlungsabschluß findet eine positive Selbstbewertung nicht statt

Läßt man Personen, die wegen persönlicher Schwierigkeiten eine Beratungsstelle aufsuchen, ihren Tagesablauf erzählen, fallen dem Berater des öfteren Berichte auf, die aus einer ununterbrochenen Aneinanderreihung von Aufgaben und Pflichten bestehen. Man gewinnt nicht den Eindruck, die Person durchlaufe einen Spannungsbogen, der aus den Komponenten besteht: Ziel (e) setzen – Erleben von Anforderungen – diese bewältigen – sich bewerten – sich bekräftigen (z. B. mit sich zufrieden sein) – neues Ziel setzen usw. Vielmehr versuchen sie, Aufgabe nach Aufgabe abzuarbeiten, ohne die Zäsur der möglichen positiven Selbstbeurteilung. Sie bauen über sich keine positiven Erfahrungen auf, die eine Pause und Unterbrechung der Arbeit rechtfertigen könnten, sondern sind stets auf die „vielen und schweren Aufgaben, die der Erledigung noch harren", orientiert. Es ist nachvollziehbar, wenn diese Personen jede weitere Leistungsanforderung als Ärgernis, Belastung, Schikane etc. erleben.

3. Diagnostik durch Analyse der intrapersonalen Kommunikation

Im vorangegangenen Abschnitt wurde versucht, die für das Entstehen von Belastungen bedeutsamen Faktoren zu benennen. Sie alle können zum Gegenstand der intrapersonalen Kommunikation (Selbstverbalisation) werden: Eine Person kann die Ausprägung von kategorisierten psychischen Merkmalen und den Verlauf von kategorisierten psychischen Prozessen beobachten und mit Hilfe der Sprache sich selbst (und anderen) verfügbar machen. Hierdurch wird es wiederum möglich, kognitive Vorgänge und Handlungen durch die Benutzung der Sprache zu steuern und zu kontrollieren.
Entwicklungspsychologische Arbeiten belegen neben der kommunikativen Funktion die Bedeutung der regulativen Funktion der Sprache. Wygotsky (1969) wies darauf hin, daß Kinder vor allem dann mit sich sprechen, wenn im Denk- und Handlungsvollzug Barrieren zu überwinden sind. Während Kinder bis zum 5./6. Lebensjahr meist noch laut mit sich sprechen, wenn sie die Sprache zur Selbststeuerung einsetzen, vollzieht sich anschließend ein rascher Übergang zum „inneren", subvokalen Sprechen (siehe dazu Hartig, 1973, S. 52ff.).
Da dieser Entwicklungsvorgang umkehrbar ist, können auch Personen, die nur das innere Sprechen benutzen, aufgefordert werden, die psychischen Vorgänge beim Denken und Handeln zu beobachten und diese laut zu verbalisieren. Mittels dieser Aussage werden folgende Fragen bearbeitbar:

1. Unterscheiden sich Personen in dem Umfang, in dem sie spontan mit sich bei der Lösung einer Aufgabe/eines Problems sprechen?
2. Erhält man anhand der von einer Person benutzten Selbstverbalisationen Informationen, durch welche Faktoren bevorzugt das Erleben, belastet, hilflos, verwirrt etc. zu sein bedingt wird?

Zur standardisierten Erfassung von Selbstverbalisationen wurde von A.-M. und R. Tausch der Fragebogen zur intrapersonalen Kommunikation entwickelt (Tausch & Tausch, 1974). Dieses für Jugendliche und Erwachsene konstruierte Instrument haben wir für Kinder durch zwei Maßnahmen modifiziert:

– Für Kinder unverständliche Items wurden umformuliert
– Zu den von den Autoren für die Items genannten 6 Ordnungsgesichtspunkten (Selbstzufriedenheit vs. – Unzufriedenheit, Selbstermutigung vs. – Entmutigung, positive vs. negative psychische Befindlichkeit) wurden weitere Items erfunden, um die zum Teil unzulängliche Itemzahl von Subskalen zu vergrößern. Aufgrund von Itemanalysen erhielten wir schließlich einen Fragebogen (IPKK), der 40 Items umfaßte und 6 interpretierbare Faktoren enthielt (s. Belschner, 1977). Wegen der noch bestehenden Mängel (z.B. geringe Itemzahl bei Subskalen, unzureichende Abbildung des selbstkommunikativen Raumes) sind weitere Studien erforderlich.

Den Fragebogen IPKK wollen wir benutzen, um die beiden oben gestellten Fragen annäherungsweise zu beantworten.

1. Flavell, Beach und Chinsky (1966) stellten die *Produktions-Mangel-Hypothese* auf, wonach solche Kinder schlechtere Leistungen bei Merkaufgaben erzielen, die dabei nicht spontan verbalisieren. Wie die Untersuchungen von Silverman und Craig (1969) zeigen, lassen sich die Leistungen verbessern, wenn das Ausmaß der aufgabenrelevanten Selbstkommunikation erhöht wird.
   Bei der Itemanalyse des IPKK wurde untersucht, wieviele Probanden in *allen* 6 Subskalen Werte aufweisen, die kleiner sind als der Mittelwert der Gesamtstichprobe. Durch dieses additive Kriterium wurden 18% (48 von 260 Probanden; Schüler einer Orientierungsstufe) ausgelesen. Für diese selegierten Schüler nehmen wir in Übereinstimmung mit der Hypothese von Flavell u.a. an, sie hätten noch keine Kompetenz zur Selbstinstruktion entwickelt (Belschner, 1977).
   Auf Unterschiede in der spontanen Produktion von Selbstverbalisationen weisen auch die folgenden Ergebnisse einer von uns initiierten und betreuten Studie von Jansen und Meißner (1976).

Ergebnisse:

1. Das Ausmaß der spontanen Selbstverbalisierungen variiert stark zwischen den einzelnen Auswertungskategorien (s. Tabelle 1 und 2). Aus den kleinen Mittelwerten (X) und den im Vergleich dazu großen Streuungen (Standardabweichungen s) kann man ablesen, daß viele der untersuchten Probanden keine in das Kategoriensystem fallenden Selbstverbalisierungen spontan produzieren konnten. Dieses Ergebnis kann man als einen bestätigenden Hinweis auf die Produktions-Mangel-Hypothese von Flavell u.a. werten.

2. Schülerinnen äußerten sich in der aktuellen Situation signifikant seltener ermutigend ($p < .05$) und häufiger entmutigend ($p < .01$).

Tabelle 1: Mittelwerte und Standardabweichungen der Selbstkommunikations-Kategorien in der aktuellen Situation

	Schülerinnen		Schüler			
Aktuelle Situation	X	s	X	s	t	p
Zufriedenheit	0,14	0,45	0,10	0,30	0,55	n.s.
Unzufriedenheit	0,71	1,06	0,54	0,73	0,93	n.s.
Ermutigung	0,63	0,72	1,10	1,16	2,46	< .05
Entmutigung	1,57	1,43	0,88	0,94	2,87	< .01
Positive Befindlichkeit	0,02	0,14	0,06	0,24	1,00	n.s.
Negative Befindlichkeit	1,12	1,26	0,90	1,05	0,94	n.s.
N		51		52		

Tabelle 2: Mittelwerte und Standardabweichung der Selbstkommunikations-Kategorien in der aktuellen Situation

	Hauptschüler		Realschüler			
Aktuelle Situation	X	s	X	s	t	p
Zufriedenheit	0,20	0,46	0,08	0,34	1,34	n.s.
Unzufriedenheit	0,37	0,70	0,88	1,05	2,66	< .01
Ermutigung	0,78	0,76	1,10	1,18	1,51	n.s.
Entmutigung	1,68	1,27	0,98	1,23	2,65	< .01
Positive Befindlichkeit	0,24	0,16	0,04	0,20	0,43	n.s.
Negative Befindlichkeit	0,66	0,86	1,02	1,20	1,62	n.s.
N		41		49		

3. Realschüler benutzen in der aktuellen Situation signifikant seltener entmutigende ($p < .01$) und signifikant häufiger Unzufriedenheit anzeigende ($p < .01$) Selbstgespräche.
4. Die vorliegenden Tabellen 1 und 2 können wir auch danach untersuchen, in welchem Verhältnis positive und negative Selbstverbalisierungen stehen. Der Tabelle ist zu entnehmen, daß in fünf von sechs Vergleichen die negativ zu beurteilenden Selbstverbalisationen quantitativ überwiegen. Die Probanden produzieren also überwiegend Selbstverbalisierungen, die irrelevant für die Lösung der Aufgabe und eher hinderlich für den Lösungsprozeß sind.

2. Bei der Lösung einer Aufgabe / eines Problems wird man unterscheiden können zwischen den Selbstverbalisierungen, die zur Strukturierung des Lösungsweges dienen und solchen Selbstverbalisierungen, die den Prozeß der Strukturierung und des Lösungsverlaufes steuern. Wagner (1976) belegte mit ihren Untersuchungen die Bedeutung von Aufgaben strukturierenden Selbstinstruktionen. Die nach dem von ihr entworfenen Verfahren trainierten Schüler verbesserten ihre schulischen Leistungen: Ihnen unterliefen z.B. beim Zuordnen von Bildern weniger Fehler.
Meichenbaum (1975) und Novaco (1975) haben auf die Verwendung von prozeßsteuernden Selbstinstruktionen hingewiesen. Personen, die sich oft ärgern, konnten erlernen, Auftretenshäufigkeit und Verlauf von Ärgersituationen zu kontrollieren. Für belastende soziale Situationen wurde die Notwendigkeit, beide Arten von Selbstinstruktionen produzieren zu können, aufgewiesen (Belschner 1977).
Die beiden Fragebogen IPK-S und IPKK enthalten unter anderem solche Items, wie sie in den eben genannten Trainingsverfahren als Selbstinstruktionen verwendet werden. Es könnte deshalb versucht werden, diese Items zu benutzen, um herauszufinden, durch welche Faktoren nach den Hypothesen der Person selbst das Entstehen einer Belastung bedingt ist. In den Selbstverbalisierungen könnten nämlich solche Aussagen vorkommen, von denen begründet angenommen werden kann, sie seien für die Lösung einer Aufgabe / eines Problems hinderlich (Heckhausen 1977).
Die im IPK-S und IPKK zur Ordnung der Items herangezogenen Gesichtspunkte sind allerdings noch längst nicht so entfaltet, um eine diskriminative Zuweisung zu ermöglichen und damit auch eine differenzierte Bedingungsanalyse zu erlauben. Derzeit kann lediglich die Aufgabe formuliert werden, entsprechend dem dargestellten Faktorenschema (Abb. 1) Items für Skalen der Selbstverbalisation zu konstruieren. Dabei ist allerdings zu bedenken, daß die Probanden bei der Identifizierung der Faktoren und deren Verbalisierung möglicherweise vor nichterfüllbare Anforderungen gestellt werden, da für sie nur ein „geringer oder kein direkter introspektiver Zugang zu kognitiven Prozessen höherer Ordnung“ besteht (Nisbett und Wilson 1977, S. 231).

Tabelle 3: Komponenten der Prüfungssituation
Faktorenstruktur bei einer studentischen Stichprobe
(N = 83, weiblich: $n_1 = 50$, männlich: $n_2 = 33$)
(Mittelwert X, Faktorladung a, Rangplatz in der Bedeutungshierarchie RP)

Faktor 1 Prüferzentrierte Erwartung auf Unterstützung (Faktor der Erregung)			Faktor 2 Einschätzung der erreichten Prüfungskompetenz (Faktor der Potenz)			Faktor 3 Interpretation des emotionalen Gehalts der Prüfungssituation (Faktor der Valenz)		
Item-Text	X	a	Item-Text	X	a	Item-Text	X	a
9 Der Prüfer bemüht sich, meine Hemmungen abzubauen.	2,15	.76	3 Ich habe mich gut vorbereitet.	1,60	.64	5 Es herrscht eine gelöste Atmosphäre	1,89	.72
8 Der Prüfer nimmt auf meine Prüfungsangst Rücksicht	2,12	.73	2 Ich beherrsche den Stoff der Prüfung	1,58	.60	13 Der Prüfer ist mir sympathisch	2,35	.60
10 Der Prüfer gibt Bekräftigungen	2,17	.67				15 Ich kenne den Prüfer	2,45	.42
11 Ich habe Vertrauen zum Prüfer	2,18	.57				7 Der Prüfer ist mir gegenüber positiv eingestellt	2,03	.40

Faktor 4 Erlebte Strukturierung des Prüfungsverlaufs				Faktor 5 Erlebte Nähe des Prüfers				Faktor 6 Symmetrischer komplementärer Kommunikationsablauf (nach Watzlawick)		
	Item-Text	X	a		Item-Text	X	a		Item-Text	X	a
12	Der Prüfer gibt Hilfen	2,24	.66	14	Der Prüfer und ich haben das gleiche Problembewußtsein	2,40	.64	18	Ich bin dem Prüfer gleichwertig oder überlegen	3,17	.57
1	Der Prüfer formuliert Fragen klar	1,58	.64	17	Der Prüfer geht auf mich ein	2,64	.49	16	Der Prüfer unterbricht mich	2,57	.46
4	Es wird ein Gespräch statt Abfragen geführt	1,74	.54	6	Die Prüfung hat einen guten Anfang	2,01	.45				

4. Kognitive Antizipation der Situation

In modernen Persönlichkeitstheorien (Mischel 1973, Endler und Magnusson 1976) wird davon ausgegangen, daß das aktuelle Verhalten eine Funktion einer kontinuierlichen Interaktion zwischen Person und Situation, in der sich die Person befindet, ist. In einer konkreten Situation sucht eine Person *aktiv* nach Merkmalen und Hinweisen, um unter Vorgabe des aktuell bedeutsamen Ziels die Aufgabe bzw. das Problem bewältigen zu können. Die sie umgebende Umwelt wird in den Ausschnitten akzentuiert, für die eine Bedeutung für das Ziel hypothetisch angenommen wird: Die Situation wird in ihren Merkmalen und in ihrer Strukturierung kognitiv antizipiert. Verhalten wird somit neben Persönlichkeitsmerkmalen auch von situativen Gegebenheiten gesteuert. Es kann deshalb lohnend sein, die von Personen häufig benutzten kognitiven Strukturierungen von Lebenssituationen zu kennen. Wenn diese nämlich vorweggenommen werden können, wird es möglich, bei Personen entsprechende Kompetenzen für die Auseinandersetzung, Regelung und Bewältigung von Lebenssituationen aufzubauen.
Als Vorarbeiten hierfür wurde begonnen, die Komponenten aufzusuchen, die notwendig sind, damit eine Person sich nach eigener Einschätzung in einer Situation wohlfühlen kann (Belschner, 1974). Dies ist eine Umkehrung der Fragestellung, mit der Klienten gewöhnlich den Berater konfrontieren, indem sie mitteilen, was sie alles an Begründungen für ihr Leiden benennen können.
In zwei Studien bei Kindern bzw. Erwachsenen haben wir versucht, diese strukturierenden Merkmale zu erfassen. Die Untersuchungen werden in zwei Abschnitten durchgeführt. In der ersten Phase der qualitativen Befragung werden die Personen gefragt, unter welchen Bedingungen sie sich in einer Situation wohlfühlen können. Es wird angenommen, dadurch könnten die Komponenten, aus denen eine Situation konstituiert wird, erfaßt werden. In der zweiten Phase werden die aufgelisteten Antworten den Personen der Zielgruppe wieder vorgegeben mit der Anweisung, die Komponenten nach ihrer Bedeutung zu beurteilen. Hierdurch wird nach phänomenologischer Analyse der Situation eine Gewichtung und Hierarchisierung der Komponenten erreicht. Als Antwortmöglichkeiten wurden in der zweiten Befragung folgende Kategorien angeboten: äußerst bedeutsam (1), sehr bedeutsam (2), etwas bedeutsam (3), kaum bedeutsam (4), gar nicht bedeutsam (5). Je kleiner der Mittelwert einer Komponente ist, desto größer ist die zugewiesene Bedeutsamkeit. Um die interne Beziehung der Komponenten aufzudecken, wurden Faktorenanalysen (SPSS, PA2) gerechnet.
Aus den von einer studentischen Erwachsenenstichprobe analysierten 13 Situationen werden beispielhaft die Ergebnisse für die Situation *Prüfung* wiedergegeben (Tab. 3).

Alle die in der Tabelle 3 genannten Komponenten können dazu beitragen, daß eine Person eine Situation als Belastung bewertet. Damit Prüfungsangst nicht auftritt, können nun aber aufgrund der Kenntnis der Komponenten entweder objektive Gegebenheiten des Aufbaues des Studiums bzw. der Gestaltung der Prüfungssituation geändert werden oder die Personen können gezielt während ihres Studiums ein Kompetenztraining für die genannten Komponenten durchlaufen. So könnten die Studierenden in Arbeitstechniken (Faktor 2) unterwiesen werden (Robinson, 1961, Hülshoff und Kaldewey, 1976, S. 80ff.). Dadurch wird eine Veränderung der Einschätzung der erreichten Prüfungskompetenz erzielt, die wiederum auch zu einem vermehrten Auftreten von positiven Selbstverbalisationen führen kann.

5. Training der Selbstinstruktion im Unterricht

Eine mögliche Anwendung der behandelten Gesichtspunkte im Unterricht soll abschließend kurz skizziert werden[1]. Das Ziel des Vorhabens bestand darin, für Schüler im Rahmen des Klassenverbandes Möglichkeiten zu erkunden, auf Ereignisse, die für eine Mehrzahl von ihnen provozierend und belastend wirken könnten, gelassener, weniger impulsiv, aber dennoch ihre Interessen vertretend, einzugehen und diese zu regeln.
Für dieses Ziel wurde eine Unterrichtseinheit im Rahmen der Verfügungsstunden geplant, die aus den folgenden Abschnitten bestand.

1. Unterrichtsstunde

Die Schüler werden vom Lehrer anhand eines aktuellen Ereignisses zu dem Thema „Entstehen, Umgang und Bewältigung von Ärger" hingeführt. Mittels eines Video-Filmes wird den Schülern ein erwachsenes, weibliches Modell vorgeführt, das sich nach einem angenehmen Verlauf des Tages in einer belastenden Situation befindet: Seine Eltern halten eine Verabredung nicht ein, so daß es frierend an dem vereinbarten Treffpunkt (Straßenrand) warten muß. Das Modell spricht zu sich selbst. Anfangs äußert es seinen Ärger und seine Enttäuschung, bekommt allerdings im weiteren Verlauf des Films seine emotionale Befindlichkeit unter Kontrolle und instruiert sich, nicht nur negative Interpretationen der Situation zu liefern. Über diese Selbstinstruktionen gelingt

1 Die Unterrichtseinheit wurde in Zusammenarbeit mit Frau Arndt, Frau Hantelmann, Frau Hülsmann und Herrn Peter von der Integrierten Gesamtschule Braunschweig-West geplant und erprobt. Frau Ackmann und Herrn Henicz, Studierende an der Carl-von-Ossietzky-Universität Oldenburg, bin ich für die Herstellung der Modell-Filme zu Dank verpflichtet. Das Vorhaben wurde im Rahmen des Projektes ‚Permanente Weiterbildung…' von der BLK (Projekt-Nr. 4098) finanziell unterstützt.

es dem Modell, positive Aspekte der Situation stärker zu entdecken und zu gewichten und die psychische Befindlichkeit ausgeglichener und eher positiv zu werten.

11jährige Schüler, denen man diese Szene vorspielte, wurden in starkem Maße angeregt, in einer Spontanphase ähnliche eigene Episoden zu berichten.
Für eine zweite Einspielung des Demonstrationsfilmes wird den Schülern ein Beobachtungsauftrag gegeben. Sie sollen die Aussagen des Modells, die auf eine *ärgerliche* bzw. *nicht-ärgerliche psychische Befindlichkeit* hinweisen, in einen zweispaltigen Vordruck eintragen. Mit diesem Arbeitsauftrag sollen die Schüler angeregt werden, zwischen den beiden Befindlichkeiten zu diskriminieren. Die Ergebnisse der Filmbeobachtung werden besprochen: Abweichungen zwischen den Schülern hinsichtlich der Zuordnung zu einer der beiden Spalten werden aufgegriffen und die Gründe für verschiedene Sichtweisen abgeklärt.

2. Unterrichtsstunde

Der Lehrer greift das Resümee der letzten Unterrichtsstunde auf und stellt anhand der Selbstverbalisierungen des Modells dar, wie man belastende (Ärger-) Situationen aktiv bewältigen kann. Anhand eines Schemas kann er unterschiedliche Prozeduren anreißen.

<table>
<tr><th>belastendes Ereignis</th><th>mögliche Selbstverbalisation</th><th>mögliche Folgen für die Person</th></tr>
<tr><td rowspan="2">Eltern halten Verabredung nicht ein</td><td>‚Das ist gemein!‘
‚Richtig doof!‘
‚Das ist typisch!‘</td><td>Alternative A
Emotionale Befindlichkeit:
Ärger mit den weiteren Folgen:
– im Ärger steckenbleiben
– Enttäuschung
– Resignation/Angst</td></tr>
<tr><td>‚Das war ein klasse Tag heute!‘
‚Die sitzen im Stau!‘
‚Klasse, was ist das denn für ein Auto?‘</td><td>Alternative B
Emotionale Befindlichkeit:
Zuversicht mit den weiteren Folgen
– Beschäftigung mit angenehmen Erinnerungen
– Suche nach alternativen Erklärungen für das Ereignis
– Suche nach Ablenkungen
– sachgemäße Umweltzugewandtheit bleibt erhalten</td></tr>
</table>

Nach dieser Abklärung können die Schüler mit Hilfe der Notizen aus der Modellbeobachtung selbst versuchen, ein „Selbstgespräch“ zu führen. Im Erfahrungsbericht eines Lehrers heißt es:
„Anschließend spielten die Schüler die Situation mehrfach selbst vor der Video-Kamera. Sie veränderten die Selbstinstruktionen ebenfalls von ‚negativ‘ am Anfang zu ‚positiv‘ am Ende der Sequenz. Es war auffällig, daß die Schüler viele Verhaltensweisen und Redewendungen des Modells, das sie vorher abgelehnt hatten, in ihrer Darstellung kopierten. Es wurden aber auch neue, eigene Ideen verwirklicht. Die selbstgespielten Sequenzen wurden von den Mitschülern positiv beurteilt.“ (Briefliche Mitteilung von Herrn Peter).

3./4. Unterrichtsstunde

Die Aufzeichnungen über Selbstinstruktionen und Verhaltensweisen zur aktiven Bewältigung der Situation werden zusammengetragen und hinsichtlich ihrer Angemessenheit für die Situation eingeschätzt. Im nächsten Unterrichtsschritt kann eine Situation ausgehandelt werden, die von den Schülern als aktuell bedeutsam beurteilt wird. Für diese Situationen sollten Selbstverbalisierungen konstruiert werden, die von den Schülern nach den Gesichtspunkten einer erwünschten bzw. nicht erwünschten Bewältigung kategorisiert werden. Durchspielen der Situation unter Benutzung der Selbstverbalisierungen und Erfinden von weiteren Alternativen zur Steuerung der kognitiven Prozesse und des Verhaltens bilden weitere Schritte eines spiralförmig verlaufenden Trainings, bei dem die Übertragung sowohl der Prozedur wie auch der generierten Selbstverbalisierungen auf weitere relevante belastende Lebenssituationen eingeübt wird.
Das eben skizzierte Programm ist bei dem erreichten Stand der Erprobung lediglich als eine Anregung aufzufassen. Wir erkunden derzeit, welche Variablen bedeutungsvoll sind, um den Einsatz und den Verlauf des Trainings für den Lehrer überschaubarer, planbarer und effektvoll zu gestalten.

Literaturverzeichnis

Belschner, W.: Kodierung von Lebenssituationen. Vorarbeiten zu einer situations-spezifischen Diagnostik. Unveröff. Manuskript 1974
Belschner, W.: Selbstinstruktionen zur Steuerung von Problemlösungsprozessen in belastenden sozialen Situationen. In: Perlwitz, E. (Hrsg.): Verhaltensmodifikation in der schulpsychologischen Praxis. Braunschweig 1977
Dörner, W.: Problemlösen als Informationsverarbeitung. Stuttgart 1976
Endler, N. S. u. Magnusson, D.: Toward an interactional psychology of personality. Psychol. Bull. 1976, 33, S. 956–974
Flavell, J. H., Beach, D. R. u. Chinsky, J. M.: Spontaneous verbal rehearsal in a memory task as a function of age. Child Developm. 37 (1966), 283–299
Hartig, M. (Hrsg.): Selbstkontrolle. München 1973

Heckhausen, H.: Motive und ihre Entwicklung. In: Weinert, F. E., u.a.: Pädagogische Psychologie. Bd. 1. Frankfurt 1974, S. 133–172
Heckhausen, H.: Vorkommen und Wirksamkeit aufgabenlösungsfremder Kognitionen während einer Prüfung. In: Tack, W. H. (Hrsg.): Bericht über den 30. Kongreß der DGfP in Regensburg 1976. Göttingen 1977. Bd. 1. S. 422–423
Hülshoff, F. u. Kaldewey, C.: Training rationeller lernen und arbeiten. Stuttgart 1976
Jansen, R. u. Meissner, Ch.: Über den Zusammenhang von Selbstverbalisation und Schulleistung. Unveröffentl. Examensarbeit für das Lehramt. Univ. Oldenburg 1976
Jones, E. E. u. R. E. Nisbett: The Actor and the Observer: Divergent Perceptions of the Causes of Behavior. New York 1971
Meichenbaum, D.: Self-instructional methods. In: Kanfer, F. H. & Goldstein, A. P. (Es.): Helping people change. Elmsford 1975, S. 357–392
Meyer, W. U. u. Butzkamm, A.: Ursachenerklärung von Rechennoten: Lehrerattribuierungen. Zeitschrift für Entwicklungspsychologie und Pädagogische Psychologie, 1975, VII. S. 53–66
Miller, G. A., Galanter, E. u. Pribram, K. H.: Strategien des Handelns. Stuttgart 1973
Mischel, W.: Toward a cognitive social learning reconcepualization of personality. Psych. Review 1973, 80, S. 252–283
Nisbett, R. E. u. Wilson, T. D.: Telling more than we can know: verbal reports on mental processes. Psychol. Rev. 1977, 84, S. 231–259
Novaco, R. W.: Anger control. Lexington 1975
Robinson, F.: Effective study. New York 1961
Silverman, I. W. u. Craig, J. G.: Mediational performance as affected by overt verbalization during training and testing. Child Developm. 40 (1969), 295–305
Tausch, R. u. Tausch, A. M.: Intrapersonale Kommunikationsprozesse, Zusammenhang mit Psychoneurotizismus. Bericht über den 28. Kongreß der DGfP, Bd. 4: Klinische Psychologie. Göttingen 1974, S. 154–160
Wygotsky, L. S.: Denken und Sprechen. Frankfurt 1969
Wagner, I.: Aufmerksamkeitstraining mit impulsiven Kindern. Stuttgart 1976
Weiner, B., Frieze, J., Kukla, A., Reed, L., Reest, S. u. Rosenbaum, R. M.: Perceiving the Causes of Succes and Failure. New York 1971

Teil 3

Materiale Umweltgestaltung und selbstgesteuertes Lernen

Einleitung

Von W. Einsiedler

Der Begriff der Selbststeuerung kann in einem engeren und einem weiteren Sinne verstanden werden: Im engeren Sinne bezieht er sich nur auf die *Methode,* mit Hilfe derer fremdgesetzte Ziele erreicht werden sollen. In diesem Sinne wird er etwa in der Kybernetik verwendet. Im weiteren Sinne umfaßt der Begriff auch Entscheidungen über die *Ziele.* Im pädagogischen Bereich gibt es beide Begriffsverwendungen. Beide Momente, sowohl die Steuerung des Lernprozesses als auch der Zielentscheidungen, können selbst wieder als Lehrziel, als angestrebte „Selbststeuerungsfähigkeit" (Klafki, 1973, S. 495) betrachtet werden. Häufig bezeichnet man aber auch das globalere Ziel als Selbstbestimmung und definiert Selbststeuerung als wesentlich eingeschränkter (z.B. Garlichs, 1974, S. 446).

In dem Maße nun, wie in Lernprozessen die Fremdsteuerung abnimmt (von der methodischen bis zur intentionalen), gewinnt die *Lernumwelt* an Bedeutung. Oder konkret für Unterricht: Je geringer die soziale Beeinflussung durch den Lehrer ist, desto mehr ist der Schüler auf den direkten aktiven Kontakt mit der Umwelt verwiesen. Der Katalysator „Lehrer" zwischen Schüler und Umwelt entfällt quasi. (Beim Lernen in der Gruppe bleibt freilich die Beeinflussung durch andere bestehen – vgl. den Beitrag Laucken). Die stärkere Beachtung von Eigenaktivitäten in den Lerntheorien hat deshalb zwangsläufig auch zu einer verstärkten Auseinandersetzung mit dem Begriff der Lernumwelt geführt (vgl. Stolurow, 1973; David/Wright, 1975; Schroder/Driver/Streufert, 1975; Edelstein/Hopf, 1973, fordern eine „Ökologie schulischen Lernens"). Stolurow (S. 351) spricht vom Unterricht als Interaktionsprozeß des Gebens und Nehmens zwischen Individuum und Umwelt (andere von Inputs und Outputs) im Gegensatz zum Unterricht als Eingreifprozeß in den traditionellen Paradigmata. Die neue Sichtweise schaffe Bedingungen für die maximale Entfaltung der Initiativen des Lernenden selbst. Der Ansatz von Schroder/Driver/Streufert wird in diesem Kapitel näher erläutert.

Je nach Selbststeuerungsausmaß (bezogen nur auf Methoden oder auch auf Ziele – die Übergänge können fließend sein) spielt die Qualität der Lernumwelt eine je unterschiedliche Rolle. Im weitesten Modell kann das gesamte erreichbare materiale und soziale Umfeld zur Lernumwelt werden (Beispiel: Die Stadt als Lernumwelt in den Free Schools). Bei Beschränkung der Ziele auf curriculare Rahmenbedingungen treten eher Medien, in denen die entsprechenden (evtl. noch variablen) Inhalte aufgearbeitet sind, in den Vordergrund (Beispiel: Mediotheken oder „Learning Resource Centers"). Wenn es um das Lernen vorgegebener Informationen geht, kann Lernumwelt bis auf das grundlegendste Medium, die gesprochene Sprache oder einen Lerntext, reduziert sein (vgl. die vorgenommene Beschränkung auf selbstgesteuertes Lernen im engeren Sinne im Beitrag zum Lernen mit Texten von Groeben/Hofer).

In etwa spiegelt sich diese Lernumwelttaxonomie auch in der Reihenfolge der Beiträge dieses Kapitels wider. Einsiedler zeigt noch einmal das Spektrum unterrichtlicher Variationen zwischen den Polen Fremd- und Selbststeuerung auf (Unterricht als Kontinuum von Lehr-Lern-Situationen). In Korrespondenz zu einzelnen Abschnitten des Kontinuums gibt es verschiedene Lernhilfen zur Selbststeuerung bzw. – veranlaßt durch empirische Befunde – Lernhilfekombinationen (z.B. kognitive *und* motivationale Strukturierung). Heidt geht dem Zusammenhang von selbstgesteuertem Lernen, Individualisierung und Medien nach. Die Analyse verschärft sich dabei auf die Frage, ob eine differenzierte Lerndiagnose mit entsprechenden Medientreatments nicht zwangsläufig eine administrative Fremdsteuerung hervorbringt (Zuweisung in unterschiedliche Lerngruppen). Lösungsperspektiven können in der selbstgesteuerten Wahl adäquater Lernsituationen und/oder -aufgaben gesehen werden. Groeben/Hofer schließlich befassen sich mit einem speziellen Bereich medialer Lernumweltgestaltung, der Aufbereitung von Texten für selbstgesteuertes Lernen. Hier liegen – wahrscheinlich wegen der guten Operationalisierbarkeit – bereits viele Forschungsergebnisse vor. Die Autoren beziehen ebenfalls den Individualisierungsaspekt mit ein; dieses Problem ist beim Lernen mittels Texten ja zusätzlich belastet, weil Texte nicht endlos auf individuelle Differenzen hin variiert werden können. Es wird vorgeschlagen, daß die Lernenden an Texte mittlerer Komplexität mit selbstgesteuerten Lernstrategien zur Textverarbeitung herangehen. Außerdem werden praxisnah allgemeine Strategien zur Textgestaltung vorgestellt.

Im Zusammenhang der Textverständlichkeitsforschung stellt sich die Frage, ob die dort gefundenen Regeln übertragbar sind oder ob es generelle Leitlinien zur Lernumweltgestaltung gibt. Für den speziellen Zusammenhang Lernumwelten – selbstgesteuertes Lernen sind befriedigende Antworten noch nicht möglich. Immerhin lassen sich gewisse Übereinstimmungen in sehr unterschiedlichen Untersuchungen beobachten, so z.B. Kurvilinearität zwischen Umweltkomplexität und Informationsverarbeitungsniveau in Simulationsspielen (Schroder/Driver/Streufert, 1975), aber auch zwischen Denkspielraum und Denkleistung in traditionellem Unterricht (Louis, 1974) oder z.B. Lernoptimierung durch Kombination von problemorientierten (Berlyne) und konzeptorientierten (Ausubel) Strategien beim Lernen mittels Texten (Groeben, 1972), aber auch beim Lernen qua Lehrer-Schüler-Interaktion im Klassenzimmer (Einsiedler, 1976). Allerdings: Selbststeuerung als Ziel, als Lernerfolgskriterium wurde dabei bisher nicht erfaßt.

Literaturverzeichnis

David, T. G./Wright, B. D. (eds.): Learning environments. Chicago 1975.

Edelstein, W. u. Hopf, D.: Auf dem Wege zu einer Ökologie schulischen Lernens. In: Edelstein, W./Hopf, D. (Hrsg.): Bedingungen des Bildungsprozesses. Stuttgart 7–12, 1973

Einsiedler, W.: Lehrstrategien und Lernerfolg. Weinheim 1976

Garlichs, A.: Gruppentherapeutische Ansätze im Unterricht? In: Neue Sammlung 14, 445–469, 1974

Groeben, N.: Die Verständlichkeit von Unterrichtstexten. Münster 1972

Klafki, W.: Handlungsforschung im Schulfeld. In: Zeitschrift für Pädagogik 19, 487–516, 1973

Louis, B.: Unterrichtliche Steuerung und Selbständigkeit des Denkens. München 1974

Schroder, H. M., Driver, M. J. u. Streufert, S.: Menschliche Informationsverarbeitung. Weinheim 1975

Stolurow, L. M.: Lernumwelten oder Gelegenheiten zum Nachdenken. In: Edelstein, W./Hopf, D. (Hrsg.): Bedingungen des Bildungsprozesses. Stuttgart 351–398, 1973

Wolfgang Einsiedler

Selbststeuerung und Lernhilfen im Unterricht

Pädagogische und didaktische Konzepte entstehen häufig als Gegenbewegungen zu vorhandenen Konzepten oder zu zeitgeschichtlichen oder schulpolitischen Entwicklungen. Durch eine Art Kontrasteffekt kommt es zu radikalen Neuansätzen, was politisch gesehen akzeptabel erscheinen mag, aber der erziehungswissenschaftlichen Theoriebildung nicht immer dienlich ist. Auch beim Konzept des selbstgesteuerten Lernens im Unterricht müssen solche programmatisch bedingten Einseitigkeiten vermieden werden. Im folgenden Beitrag wird deshalb versucht, selbstgesteuertes Lernen nicht isoliert zu betrachten, sondern in einen umfassenden Kontext von Selbst- und Fremdsteuerung zu stellen, zumal der Aspekt der Lernhilfen, um den es primär geht, so etwas wie eine Nahtstelle zwischen beiden Steuerungstypen ist. Eine Analyse des Lernhilfeproblems beim selbstgesteuerten Lernen ist vor dem Hintergrund des grundlegenden pädagogischen Dilemmas zu sehen, nach dem Fremdbestimmungselemente in der Erziehung zur Selbstbestimmung nicht auszuschließen sind. Dieses Dilemma wird im 1. Abschnitt auf der pädagogischen und didaktischen Ebene näher erörtert. Im 2. Abschnitt wird als Kriterium für Lernhilfeentscheidungen die psychologische Kategorie „kognitive Struktur" vorgeschlagen. Die Annahmen aus dem 1. und 2. Abschnitt führen zu einer Sichtweise von Unterricht als Kontinuum von Lehr-Lern-Situationen (3.). Im 4. Abschnitt werden empirische Befunde zur Lernhilfefrage referiert und im 5. Abschnitt Konsequenzen für praktische selbststeuerungsfördernde Lernhilfen gezogen.

1. Der Lernhilfebegriff zwischen Selbst- und Fremdsteuerung

In allgemeinpädagogischer Hinsicht liegen sehr konträre Ansätze zum Problem der Selbst- vs. Fremdbestimmung und der Selbst- vs. Fremdsteuerung vor. Auf der einen Seite steht der naturalistische Ansatz, demzufolge im Entwicklungsprozeß auf Fremdeinwirkung verzichtet werden kann oder muß, da sich die Fähigkeiten von selbst ausfalteten. Roth (1969, S. 41) hat darauf hingewiesen, daß dieser Ansatz Rousseaus, der „Erziehung vom Kinde aus" und der

Neu-Rousseauisten „nur die eine Hälfte der Wahrheit“ ist. Den Gegenpol zum naturalistischen „Wachsenlassen“ bildet die deterministische Vorstellung, nach der das gesamte menschliche Verhalten durch Fremdkontrolle zustandekommt und Entwicklungsprozesse entsprechend heteronom gesteuert werden müssen (z.B. Skinner, 1973).
Seit längerem gibt es freilich auch vermittelnde Ansätze, wobei meist auf den fundamentalen Widerspruch verwiesen wird, den die fremdbestimmenden Momente in der Erziehung zur Selbstbestimmung bedeuten:

> „Das im Werdegang des Menschen und seiner Erziehung nicht zu vermeidende Dilemma ist darin begründet, daß die Mündigkeit nur auf dem Wege über vormundschaftliche Lernhilfen zu erreichen ist, daß also auf Fremdbestimmung nicht völlig verzichtet werden kann, wenn die Selbstbestimmung allmählich ermöglicht werden soll. Dieses paradox erscheinende pädagogische Grundproblem, das sich vor allem in der frühen Kindheit in aller Schärfe stellt, ist theoretisch und praktisch nur dadurch zu bewältigen, daß die am Mündigwerden der Lernenden interessierte pädagogische Autorität im Sinne der emanzipatorischen Erziehung konzipiert und realisiert wird.“ (Weber, 1974, S. 272)

In diesem dialektischen Grundverhältnis hat der Lernhilfebegriff eine wichtige Funktion. Es ist zu beobachten, daß er sowohl bei Fremdsteuerungsmaßnahmen als auch bei der Selbststeuerungsförderung angewendet wird. Zur besseren Klärung scheint eine begriffliche Differenzierung notwendig. Sie bietet sich an durch die Unterscheidung zwischen „konditionierenden“ Lernprozessen auf der einen Seite und „befreienden“ Lernprozessen auf der anderen Seite sowie den ihnen entsprechenden Lernhilfen (Roth, 1971; Weber, 1974, S. 254ff.). Konditionierendes Lernen ist – vor allem in der frühen Kindheit – zwar unvermeidlich, für die Förderung der Mündigkeit sind jedoch die „befreienden“, „kognitiv-emanzipatorischen“ Lernhilfen unverzichtbar, die auf Selbständigkeit, Produktivität, Kreativität, Spontaneität, Problembewußtsein, kritisches Denken usw. zielen.
In didaktischer Hinsicht, beim Lernen im Schulunterricht, erfährt das Steuerungs- und Lernhilfeproblem eine etwas andere Akzentuierung. Die Beeinflussungsmaßnahmen beziehen sich vor allem auf kognitive Prozesse im engeren Sinne, auf das Lernen von Inhalten, Fähigkeiten und Fertigkeiten; Erziehungsprozesse werden in der Schule häufig als eher sekundär eingeschätzt; nicht-didaktische Steuerungsmaßnahmen zielen meist auf die „Disziplin“-Ebene.
Durch die Institutionalisierung des Lehrens und Lernens wird Selbststeuerung zunächst einmal eingeengt. Die Lehrziele und Lehrinhalte (häufig auch die Lehrverfahren) werden von externen Instanzen (der Schulbehörde, einem Curriculuminstitut, dem Lehrer) vorgegeben. Das Lernen in der Gruppe und in einer größeren Organisation erfordert zusätzliche Regelungen. Die Kriterien für den Lernerfolg werden von außen gesetzt (vom Lehrer als Beurteiler bis zum Ministerium, etwa beim Zentralabitur). Situationen selbstgesteuerten Lernens

scheinen in dieser „Kultur der Fremdsteuerung" (vgl. Grell/Pallasch in diesem Band) unrealistisch zu sein. Wenn die Zielsetzungen Mündigkeit und Selbstbestimmung ernstgenommen werden, müssen trotzdem die „befreienden", „kognitiv-emanzipatorischen" Lernhilfen Vorrang erhalten. Häufig geht es zunächst einmal darum, Selbststeuerungsprozesse überhaupt anzuregen, etwa durch Informationen über Möglichkeiten selbständigen Lernens. Bei fortgeschritteneren selbstgesteuerten Lernprozessen besteht die Lernhilfe aus einer gewissen Reduzierung der Komplexität der Inhalte oder aus kleinen Informationsvorgaben oder -einschüben. Solche Lernhilfen brauchen vor allem Schüler mit ungünstigen Lernvoraussetzungen. Eine Lernhilfe ist auch das Bereitstellen von Lernmaterialien und alternativen Lernangeboten.
Der Lernhilfebegriff ist jedoch ambivalent. Alle die Selbststeuerung fördernden Maßnahmen können „umkippen" und zu Fremdsteuerung führen. Allein durch eine zu große Zahl von Lernhilfen kommt es möglicherweise zur Reduzierung der Selbststeuerung. Unter qualitativem Aspekt stellen sich die Lernhilfen ebenfalls zweiseitig dar. So ermöglichen etwa kognitive Vorstrukturierungen künftige selbstgesteuerte Problemlösungen, verhindern jedoch evtl. gleichzeitig den Aufbau von Sachmotivation und Interesse.

Beispiel: Es kann sinnvoll sein, Grundschülern selbstentdeckte physikalische Vorgänge mit dem Molekülmodell zu erläutern, evtl. durch abstrakte Vorstellungsvorgaben. Wenn diese Erklärungen aber nur noch aus Abstraktionen bestehen, verlieren wahrscheinlich einige Schüler das Interesse an naturwissenschaftlichen Problemen.

Rumpf (1973, S. 405) betont den Angebotscharakter von Lehrprozessen, weist aber auch darauf hin, daß sich offener Unterricht auch „gegen chaotisches Auswuchern" und „abstruse Beliebigkeiten" sichern muß, etwa durch „deutliche Symptomkataloge (z.B. welches vorgebrachte Deutungsschema ist zu provozieren, zu beeinflussen, zu relativieren? Welche Problematik muß ausgearbeitet, ausgehalten werden? Welcher Konflikt zwischen Positionen ist belanglos, welcher muß ausgeführt werden?), durch explizit gemachte Verlaufsprofile und Interaktionsformen, durch begründete Angabe nichtiger und abführender Aktivitäten...". Es wird deutlich, daß Lernhilfen im Übergangsfeld zwischen Selbst- und Fremdsteuerung angesiedelt sind. Sie können einerseits (vor allem im methodischen Bereich) selbstgesteuertes Lernen erst ermöglichen, enthalten aber andererseits manchmal auch Elemente der Fremdsteuerung (z.B. durch Maßnahmen zur Regelung des Zusammenlebens sowie im Bereich der Zielsetzungen).

Fazit:

Unterricht steht in der Dialektik von Naturalismus (Rousseau) und Determinismus (Skinner). Selbstgesteuertes Lernen kann nur zum Teil vorausgesetzt werden. Es muß durch Lernhilfen angeregt und unterstützt werden. Diese Dialektik drückt sich in Wenn-Aussagen aus, z.B. „Was befreit, ist alles, was zu einem kritischen Bewußtsein führt, wenn es so gefördert wird, daß die produktiven und gestalterischen Kräfte und Fähigkeiten mitentwickelt und nicht beeinträchtigt werden“ (Roth, 1969, S. 34). Lernhilfen zur Lernumweltgestaltung können unter quantitativen und qualitativen Gesichtspunkten betrachtet werden. Auf beiden Merkmalsebenen gibt es eine Ambivalenz der Lernhilfen zwischen Selbst- und Fremdsteuerung.

2. Die kognitive Struktur als Entscheidungskriterium

Für die Entscheidung, wieviele und welche Lernhilfen beim selbstgesteuerten Lernen von Vorteil sind, braucht man ein Kriterium. Dazu eignet sich das Konstrukt der „kognitiven Struktur“. Darunter versteht man inhaltliche und prozessuale Programme des Individuums zur Problemlösung und Begriffsbildung. Je nach Differenzierungsgrad der kognitiven Struktur sind unterschiedliche Lernhilfen notwendig. Beim prozessualen Aspekt, der für das selbstgesteuerte Lernen von besonderem Gewicht ist, wird auch von „Plänen“ zur Kontrolle der Operationen (z.B. Test-Operations-Test-Exit-Einheit nach Miller/Galanter/Pribram, 1974) und von der „Exekutive“ (Oerter, 1973) gesprochen. Nach Oerter (S. 57) werden die Pläne und Strategien der Informationsverarbeitung allmählich von außen übernommen. Dies verweist zusätzlich auf die Bedeutung der Lernhilfen.

2.1 Kognitive Struktur und Lernhilfen nach Ausubel

Ausubel (1974) versteht unter kognitiver Struktur primär Wissensstrukturen. Diese seien hierarchisch beschaffen in der Weise, daß konkrete Einzelfakten übergeordneten abstrakten begrifflichen Rahmen eingegliedert sind. Die Einzelheiten werden leichter gelernt, wenn allgemeinere Begriffe zum „Einhängen“ zur Verfügung stehen und wenn zwischen dem neu zu Lernenden und dem etablierten Wissen Sinnzusammenhänge bestehen, also bedeutungsvolles Lernen möglich ist. Es geht um „das In-Beziehungsetzen des neuen Materials zu relevanten Aspekten der existierenden kognitiven Struktur“ (S. 59).
Als Konsequenz schlägt Ausubel vor, vor dem Lernen der Einzelheiten sog. „advance organizers“ zu vermitteln. Das sind vorlaufende, organisierende Oberbegriffe, „Ankerbegriffe“ oder „Ideengerüste“ mit höherem Abstraktions-, Generalitäts- und Inklusivitätsniveau. Zu unterscheiden ist zwischen den „expository organizers“, die bei unbekanntem Lernmaterial zur Erklärung vorausgehen, und den „comparative organizers“, durch die bei relativ bekann-

tem Lernmaterial Vergleiche zur Feststellung von Ähnlichkeiten und Unterschieden möglich werden.

Beispiele: Bei einem „expository organizer" werden z.B. vor dem Thema „Metallurgie" allgemeinere Kenntnisse über Aggregatszustände vermittelt. – Bei einem „comparative organizer" werden vor dem Thema „Buddhismus" Vergleiche mit dem Christentum angestellt.

Bei empirischen Untersuchungen war das Lernen mit „Ankerbegriffen" traditionellen Lernweisen mehrfach signifikant überlegen. Eine weitere Lernhilfe ist nach Ausubel die „progressive Differenzierung". Dabei werden entgegen der gängigen Praxis (z.B. in Lehrbüchern) die Verallgemeinerungen nicht am Schluß, sondern vorher vermittelt. Auch die einzelnen Lernabschnitte werden nicht isoliert nebeneinandergestellt, sondern der Weg geht von allgemeineren und abstrakteren zu speziellen und konkreten Themen, die in den ersten eingeschlossen sind.
Der Nachteil der Ausubelschen Annahmen besteht in der Vernachlässigung sozialer und motivationaler Komponenten. Die Vorstellung von übergeordneten Schemata und untergeordneten Fakten ist sehr mechanistisch und führt letztlich zu einer entschieden außengesteuerten Lehr-Lern-Theorie. Der Lehrende „konstruiert" die kognitive Struktur des Lernenden und bestimmt den Einbau der „Bauteile". Ausubel ist denn auch der schärfste Kritiker des entdeckenden Lernens (1974, S. 519ff.).

2.2 Hierarchische Strukturen nach Gagné

Ähnlich wie Ausubel hält auch Gagné (1969) die Strukturen des Wissens für den Bezugspunkt der Lernfolgeentscheidungen. Allerdings wird hier der Weg von den Einzelbegriffen zu den übergeordneten Begriffen und von den Begriffen zu den Regeln und Problemen gegangen. Den hierarchischen Fachstrukturen kann man unterschiedliche Lerntypen zuordnen (z.B. Begriffslernen, Regellernen, Problemlösen). Die Lernhilfe besteht also darin, Sach- und Lernstrukturen von unten nach oben zu durchlaufen. In experimentellen Untersuchungen waren die Schüler, die untergeordnete Begriffe lernten und den hierarchischen Weg einhielten, erfolgreicher (z.B. Gagné, 1973).
Die theoretischen Annahmen führen zu einer lehrerbestimmten Sequenzenbildung (Beispiel in Gagné, 1969, S. 238f.). Es wird nicht berücksichtigt, daß Lernen oft mit Problemen beginnt und häufig durch Probleme erst interessant wird. Die Schüler werden am Gängelband einer quasi-objektiven Struktur entlanggeführt. Deuten, Interpretieren, Zweifeln ist nicht vorgesehen. Wie in der Theorie von Ausubel kommen überfachliche Lehrziele wie „Selbständigkeit" oder „Sozialkompetenz" so gut wie gar nicht vor.

2.3 Struktur der Disziplin und Entdecken nach Bruner

Eine vermittelnde Stellung nimmt Bruner (1970) ein. Er propagiert einerseits die Bedeutung der „Struktur der Disziplin“: „Die Kontinuität des Lernens ... hängt davon ab, daß man die Struktur des Lerngegenstandes beherrscht“ (S. 31). Dabei geht es nicht so sehr um das Lernen von Fakten und Techniken, sondern um die Auseinandersetzung mit „basic concepts“, generellen Ideen, die so allgemein sind, daß sie auf viele Probleme anwendbar sind, also beständigen Transfer erlauben. Strukturen und Basiskonzepte seien vor allem für schwächere Schüler wertvoll (S. 23). Andererseits sind die Strukturen und Basiskonzepte nun nicht in einer straffen Lehrsequenz zu vermitteln; die Schüler sollen sie vielmehr selbst entdecken. Auf frühen Stufen spielt dabei intuitives Denken eine wichtige Rolle für das spätere analytische Denken.

Beispiel: Ein berühmtes Beispiel für die Entdeckung eines grundlegenden Strukturkonzepts ist die selbständige Lokalisierung von Städten aufgrund von Angaben zur Topographie und zu den Bodenschätzen auf der Karte einer US-Region. Die Schüler sollen das Konzept „Zusammenhang zwischen natürlichen und sozialen Phänomenen“ selbst entdecken. Die Feststellung der Übereinstimmung der eigenständigen Überlegungen mit der tatsächlichen Städtelage ist eine Form der intrinsischen Belohnung (Bruner, 1970).

Manche Annahmen Bruners zum Entdeckungslernen sind freilich übertrieben und empirisch nicht haltbar („Glaube an die mächtigen Wirkungen“, die Beharrlichkeit zur Entdeckung als „Gottesgabe“ – Bruner, 1961, S. 22 und 25). Der Struktur- und Konzeptansatz wurde auch in fremdsteuernde Curricula umgesetzt.

2.4 Struktur- und Umweltkomplexität nach Harvey, Hunt, Schroder u. a.

Eine Ausweitung der engen, wissensbezogenen Kognitionstheorien von Ausubel und Gagné und den direkten Bezug zu Selbstbestimmung und Selbststeuerung ermöglichen die Annahmen zur kognitiven und Persönlichkeitsstruktur von Harvey, Hunt, Schroder u. a. (Harvey/Hunt/Schroder, 1961; Schroder/Driver/Streufert, 1975). Selbstbestimmung ist je nach Differenzierung und Abstraktionsniveau der kognitiven Struktur zu realisieren. Individuen mit wenigen kognitiven Dimensionen und einem geringen Integrationsgrad zwischen den Dimensionen haben weniger Handlungsalternativen, neigen zu Schwarz-Weiß-Denken, meiden Konfliktsituationen und sind in ihrem Verhalten eher auf externe Bedingungen verwiesen (1975, S. 36). Menschen mit komplexen kognitiven Strukturen haben ein größeres Repertoire an Möglichkeiten, Beziehungen zu Personen und Objekten herzustellen und sich neue Aspekte zu erschließen. Sie können in Situationen, die sich verändern und die laufend neue Lösungen erfordern, Konsequenzen aus der jeweiligen entgegengesetzten Sichtweise antizipieren und sich damit flexibler und effektiver verhalten. Strukturen mit hohem Integrationsniveau erlauben es, generelle Prinzipien zu formulieren oder anzuwenden (S. 46).

Differenzierung und Verarbeitungsniveau der kognitiven Struktur hängen mit der Umweltkomplexität zusammen. „Übermäßig vereinfachte Umweltgegebenheiten, in denen nicht hinreichend unterschiedliche und/oder zahlenmäßig zu wenige dimensionale Informationseinheiten verfügbar sind, regen nicht zu Integrationsprozessen an... Übermäßig komplexe Umweltgegebenheiten, die übertrieben unterschiedliche und/oder zu viele dimensionale Informationseinheiten enthalten, schränken die Entwicklung integrativ-komplexer Regelsysteme für die Verarbeitung von Informationen und damit zugleich das Niveau der damit verbundenen Differenzierungs- und Integrationsprozesse ein" (S. 60). Der Zusammenhang zwischen kognitiver Struktur und Umweltkomplexität kann als umgekehrte U-Kurve dargestellt werden (Abb. 1).

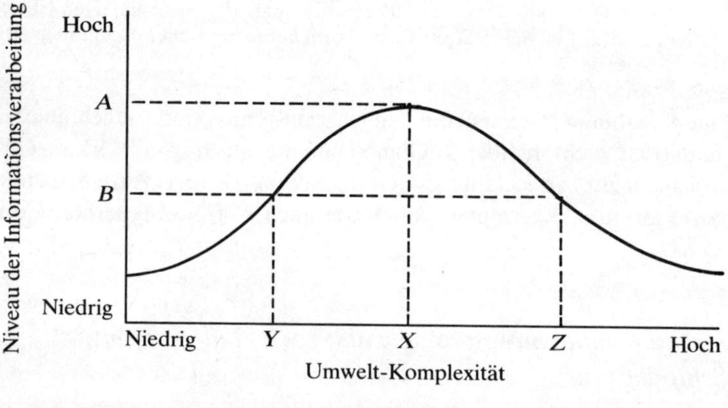

Abbildung 1: Beziehung zwischen Umwelt-Komplexität und Komplexität von Verhaltensweisen (Schroder/Driver/Streufert, 1975, S. 70)

Nach Schroder/Driver/Streufert (S. 80ff.) lassen sich entsprechende Erziehungsbedingungen auf einer Skala von „unilateralen" bis zu „interdependenten" Situationen anordnen.

Merkmale unilateraler Situationen sind:

- Übermäßige Vereinfachung (Zerlegung der Aufgabe in Komponenten, Einübung der Komponenten, Vermittlung der Integrationsregeln),
- Vorgabe von Verhaltensregeln, die die Schüler zu befolgen haben,
- Belohnung bei Einhaltung externer Regeln.

Diese Situationen führen zu geringer Strukturkomplexität und behindern Selbststeuerung.

Merkmale interdependenter Situationen und damit selbststeuerungsfördernde Lernhilfen sind:

- Selbständige Entwicklung der Schemata,
- Unterstützung der Entwicklung von Alternativen,
- Ermutigung, die Umwelt zu untersuchen,
- Anwendung selbst entwickelter Regeln,
- Abbau zu großer Umweltkomplexität.

Diese Situationen bewirken einen hohen Integrationsindex der kognitiven Struktur und die Fähigkeit zur Selbststeuerung.

Lernhilfen bestehen nach diesem Ansatz also darin, die Situation so vorzubereiten, daß mittlere Umweltkomplexität selbstgesteuertes Lernen möglich macht. Der Lehrer tut nicht nichts: „Das Erziehungsmilieu muß sorgfältig vorbereitet oder geplant werden, wenn ein Lernprozeß ohne Eingriffe von Seiten externer Instanzen ermöglicht werden soll. In diesem Sinne schafft der Erzieher eine Umgebung, die selbst die Anreize zu ihrer Erforschung anbietet (autotelic environment)“ (Schroder/Driver/Streufert, 1975, S. 85). Oder mit den Worten von Sherif/Sherif (zit. nach Huber, 1976, S. 54): „Je weniger strukturiert die Stimulussituation, desto größer der relative Beitrag externer sozialer Faktoren im Bezugssystem.“ Vorstrukturierung der Lernumwelt und offener Unterricht sind kein Widerspruch. Die Situation wird so vorbereitet, daß Offenheit für die Aktivierung eigener kognitiver Operationen besteht. Eine interdependente, offene Lernsituation mit vielen Alternativen entspricht einer offenen kognitiven Struktur, die nicht schematisch-mechanisch arbeitet, sondern mit deren Hilfe eine Vielzahl von Entscheidungsmöglichkeiten geprüft werden kann.

2.5 Begriffliche Konflikte und kognitives Gleichgewicht (Piaget, Berlyne)

Nach Piaget wird die kognitive Struktur vom Individuum allmählich selbst konstruiert (z. B. 1973, S. 61). Der Anlaß zur Konstruktion ergibt sich aus einem Ungleichgewicht zwischen Subjekt und Umwelt, also aus mangelnder Äquilibration. Wie bei der vorher referierten Kognitionstheorie gehen die Anreize zur Auseinandersetzung mit Objekten von der Sache aus. Ein Problem setzt das selbständige Konstruieren der kognitiven Struktur in Gang, der Lernende muß mit eigenen Operationen das Gleichgewicht wiederherstellen. Die Lernhilfe besteht im Bereitstellen problemhaltiger Situationen und im Anregen von (im Kindesalter) konkreten und (auf der Stufe des formalen Denkens) abstrakten Operationen.

Auch Berlyne (1960; 1973) nimmt an, daß Ungleichgewichte (Inkongruenzen) zur selbständigen Auseinandersetzung mit Sachfragen führen. Diskrepante Vorstellungen, Überzeugungen oder Einstellungen bewirken den begrifflichen Konflikt, dieser wiederum die epistemische Neugier. Begriffliche Konflikte werden hervorgerufen durch überraschende Sachverhalte, durch Zweifel, Unklarheit, Verwirrung, Widerspruch, Ungereimtheit, Irrelevanz (vgl. Lind, 1975). Die Herstellung solcher Situationen wäre also eine Lernhilfe zur Förderung selbstgesteuerten lernens.

Fazit:

Aus Annahmen zur kognitiven Struktur lassen sich eine Reihe von unterschiedlichen Lernhilfen ableiten. Zunächst ist aus allen Ansätzen zu schließen, daß es darauf ankommt, mehr Wert auf Verallgemeinerungen, Querverbindungen und abstrakte Modellvorstellungen als auf spezifische Fakten zu legen (vgl. Cronbach, 1971, S. 385). In den Theorien von Ausubel und Gagné stehen die *Lernergebnisse* im Mittelpunkt; um sie zu erreichen, wird Fremdsteuerung in Kauf genommen. Diese Ansätze sind produkt- oder output-orientiert.
Die Ansätze von Harvey, Hunt, Schroder u.a. sowie von Piaget und Berlyne betonen mehr die Operationen und *Wege zu den Ergebnissen.* Das Problem in der Sache steuert (die „determinierende Tendenz" der Gestaltpsychologen). Man könnte vielleicht von „materialer" Steuerung sprechen, die hier die soziale Beeinflussung reduziert. Die letztgenannten Ansätze sind prozeß- oder input-orientiert.
Bruner hält sowohl Wissenstrukturen (Struktur der Disziplin, Basiskonzepte) als auch Prozeßlernen (intuitives und Entdeckungslernen) für zentrale Kategorien der Unterrichtstheorie.

Einschub: Soziale Bedingungen und Ziele selbstgesteuerten Lernens

Wenn man didaktische Entscheidungen an Kognitionstheorien orientiert, wird häufig eingewandt, wie es denn nun mit dem sozialen Lernen stehe; soziale Bedingungen und Ziele (z.B. Sozialkompetenz) seien doch wichtiger. Dazu ist folgendes anzumerken:

a) Einige Kognitionstheorien beziehen, wenn auch noch unzureichend, soziale Komponenten mit ein. So weisen Schroder/Driver/Streufert (1975) auf die Bedeutung der kognitiven Struktur für die soziale Situation und umgekehrt auf den Einfluß der *Gruppe* auf die kognitive Komplexität (S. 26ff.) hin. Oerter (1973) sieht Zusammenhänge zwischen der *sozialen Zuwendung* und der kognitiven Steuerung. In der Theorie des sozialen Lernens ist die situative *Erwartung* für die internale bzw. externale Zuschreibung von Erfolgen oder Mißerfolgen und damit zusammenhängend für Innensteuerung und Selbstbestimmung von großer Bedeutung (Rotter et al., 1972).

Konkret auf unterrichtliche Interaktionen und Lernhilfen bezogen befassen sich Brophy/Good (1976) mit dem Erwartungsbegriff.

b) In dem erwähnten Einwand steckt eine normative Aussage („Sozialziele sind wichtiger"). Solche Aussagen sind zu unterscheiden von deskriptiven Sätzen aus den Kognitionstheorien („Die Vermittlung genereller Begriffe bewirkt besseres Behalten"). Tatsächlich muß im Unterricht immer auch normativ entschieden werden. Die Umsetzung deskriptiver Aussagen kann nicht rein technologisch erfolgen, sondern ist in einen normativen Rahmen eingespannt. Durch die Beschränkung auf kognitive Aspekte wird der Unterricht leicht zur Kontemplation; wichtige Ziele wie Sozial- und Handlungskompetenz kommen zu kurz. In einer Kurzformel läßt sich der Komplex der Lehrzielprioritäten etwa wie folgt zusammenfassen: Immer wenn kognitive Lehr-Lern-Strategien (kognitive Vorstrukturierung, advance organizer, Basiskonzepte, hierarchisches Vorgehen) das Erreichen übergeordneter Ziele (Erziehungsziele) gefährden, müssen sie gegenüber Lehr-Lern-Strategien zur Anbahnung von Ich- und Sozialkompetenz zurücktreten (Einsiedler, 1976b, S. 190f.).

c) Die Orientierung an der kognitiven Struktur muß die Einbeziehung von Lernhilfen aus sozialpsychologischen Ansätzen nicht ausschließen. Auch Elemente aus den Selbstverwirklichungsansätzen der Humanistischen Psychologie (Rogers, 1974; Cohn, 1975) sind auf den Schulunterricht übertragbar. Hier ist vor allem an die nondirektive Gesprächsführung (Rogers), an die Regeln der Themenzentrierten Interaktion (Cohn) und an Techniken wie das sog. „Blitzlicht" zum Feedback von Emotionen (Schwäbisch/Siems, 1974) zu denken.

3. Unterricht als Kontinuum von Lehr-Lern-Situationen

In anthropologischen Arbeiten (Roth, 1966), in Untersuchungen zur kognitiven Struktur (Schroder/Driver/Streufert, 1975, vgl. Abb. 1) und in Studien zur Unterrichtsforschung (z.B. zum Entdeckungslernen, vgl. Hermann, 1973) ist immer wieder die Rede von Sowohl-als-auch-Bedingungen (Spontaneität *und* Führung, selbständige Umweltsstrukturierung *und* Vorstrukturierung) sowie von Skalen und Kontinua. Die Anwendung dieser Überlegungen auf den Unterricht scheint lohnend. Im folgenden (Abb. 2) wird Unterricht als Kontinuum von Lehr-Lern-Situationen zwischen Fremd- und Selbststeuerung verstanden.

Im linken Teil des Kontinuums sind die traditionellen Unterrichtsformen plaziert. In der Mitte steht der problemorientierte Unterricht, der zwar Elemente selbstgesteuerten Lernens enthält und vor allem epistemische Neugier

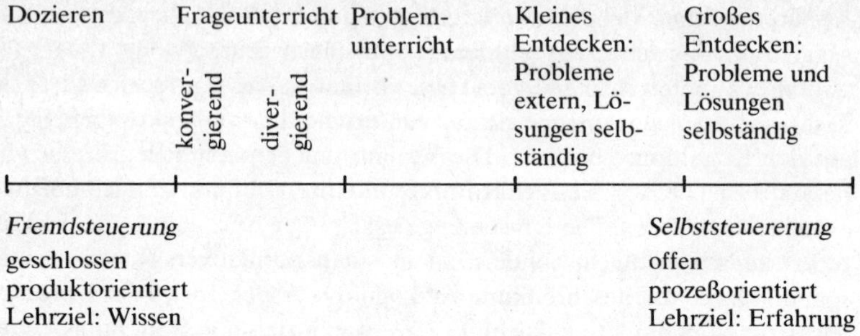

Abbildung 2: Unterricht als Kontinuum von Lehr-Lern-Situationen

anregt, aber noch der herkömmlichen Lektionendidaktik und entsprechenden Sozialformen verhaftet ist. „Kleines" Entdecken meint selbständiges Lernen in kürzeren Phasen (z.B. 20 Minuten Experimentieren, anschließend gelenkte Ergebnisformulierung). Beispiele für „großes" Entdecken sind der Unterricht in englischen Reformgrundschulen, evtl. auch der Projektunterricht. Diese Situationen sind nicht unstrukturiert, sondern wären in Abb. 1 etwa bei Z lokalisiert, d.h. zu hohe Komplexität wird reduziert, damit die Sachverhalte nicht undurchschaubar bleiben. Die Strukturierung erfolgt auch aus motivationalen Gründen. Lange Phasen allein schülergesteuerten Unterrichts und ohne Komplexitätsreduzierung können nach einem Befund von Campbell (1964) zu „Haß" gegen diese Unterrichtsformen führen.

Das Verständnis von Unterricht als Kontinuum erlaubt individuelle Standortbestimmungen konkreten Unterrichts. Es läßt eine integrierte Sichtweise im Sinne der im 1. Abschnitt erwähnten Einbeziehung verschiedenster Theorieansätze zu. Zudem spricht ein pragmatisches Argument für „Unterricht als Kontinuum": Im Gegensatz zu abrupten Innovationen und zu idealtypischem „Alles-oder-Nichts-Unterricht" (Wagner, 1976, S. 19), der zu Überforderungen von Lehrern und Schülern und zu Disziplinproblemen führen kann, wird eine allmähliche, schrittweise Einführung von selbstgesteuertem Lernen möglich.

Das Kontinuum steht in Korrespondenz zu verschiedenen Lehrzielen. Darauf verweist schon die zusätzliche Dimension der kognitiven Integration in Abb. 1. Die linke Hälfte der Skala zielt eher auf Wissen (Produktorientierung), die rechte auf Erfahren, Können, heuristische Verfahren (z.B. Hypothesen prüfen können), Entdecken als Lehrziel, soziale Lehrziele, Selbständigkeit (Prozeßorientierung). Die Unterschiedlichkeit der Lehrziele in der Schule wie „lyrische Aussagen deuten oder empfinden können", „Wortbilder beherrschen" (Rechtschreiben), „Schreibmaschine schreiben können", „mathematische Probleme lösen können", „den Felgaufschwung ausführen können" begründet ebenfalls die Notwendigkeit einer breiten Skala von Lernhilfen und einer flexiblen Lehr-Lern-Organisation. Warum sollte in einem grundsätzlich selbststeue-

rungsfördernden Unterricht nicht auch einmal extern gesteuert (z.B. im Rechtschreibunterricht), ein advance organizer vorausgeschickt oder eine zielstrebige Ergebnisformulierung eingeplant werden? Entscheidend ist, daß dadurch auf die Dauer übergeordnete Ziele nicht unterlaufen werden.
Die einzelnen Lernhilfetypen müssen nicht isoliert auftreten, sondern sind kombinierbar. Die Kombinationen entsprechen z.T. unterschiedlichen Lehrzielen, Lehrinhalten und Lernvoraussetzungen. Ausubel (1974) unterscheidet zwischen folgenden Lernformen: rezeptiv-sinnfreies, rezeptiv-sinnvolles, entdeckend-sinnfreies, entdeckend-sinnvolles Lernen. Durch die Verbindung von problemorientiertem Vorgehen und konzeptuellen Lernhilfen lassen sich ebenfalls verschiedene Lehrstrategien kombinieren, z.B. Entdeckungslernen mit generellem Konzept vs. ohne generelles Konzept (vgl. Einsiedler, 1976a). Moser (1975, S. 442f.) schlägt für die Einschätzung von Lehrerverhalten folgende Dimensionen vor: direktiv-wertend, direktiv-wertneutral, nondirektiv-wertneutral, nondirektiv-wertend.

Fazit:

Eine undogmatische Modellierung von Unterricht unter Einbeziehung verschiedenster Lernhilfen dürfte den differenzierten Ansprüchen und Bedürfnissen der Schüler wie auch den komplexen Intentionen schulischen Lernens am ehesten entsprechen. Wenn „Unterricht als Kontinuum“ nicht zum fremdsteuernden Lernhilfeinstrumentarium werden soll, ist es aber auch erforderlich, daß die Schüler verschiedene Arbeitsverfahren kennen und anwenden können. Dazu sind Gespräche über Unterrichtsformen (didaktische Kompetenz der Schüler), aber auch über den Sinn schulischer Lehrziele und Lehrinhalte notwendig (Metakommunikation, Diskurs).

4. Empirische Befunde zum Lernhilfeproblem

Einzelne Ergebnisse empirischer Untersuchungen zum Lernhilfeproblem sind nicht ohne weiteres vergleichbar, weil meist entweder der Lernhilfebegriff oder der Begriff der Selbststeuerung bzw. des Selbstentdeckens unterschiedlich verwendet wird. Einmal sind Lernhilfen kleine Hinweise innerhalb der Programmierten Instruktion, einmal Anschauungshilfen im traditionellen Unterricht. Die einen definieren Selbst- oder Schülersteuerung mit Merkmalen der Schülermitbestimmung, die anderen mit der selbständigen Sequenzenbildung vorgegebener instruktioneller Untereinheiten (z.B. Eckert/Issing, 1971). Wegen dieser Diskrepanzen ist die Ähnlichkeit mancher Forschungsergebnisse erstaunlich; trotzdem sind unterrichtspraktische Schlüsse sehr vorsichtig zu ziehen.

4.1 Ausmaß der Lernhilfen

Eine relativ einheitliche Tendenz über die Rolle von Lernhilfen bildete sich in den Arbeiten zum Entdeckungslernen heraus: Entdeckendes Lernen mit kleinen Führungshilfen (guided discovery) ist für den Lernerfolg meist günstiger als Dozieren oder Selbstentdecken ohne Lernhilfen (z.B. Craig, 1956). Kittell (1957) unterschied in drei Versuchsgruppen zwischen minimaler, mittlerer und maximaler Lenkung. Die erste Gruppe sollte selbständig ein Prinzip entdecken, die zweite erhielt die ordnende Kategorie und mußte nun die Beispiele suchen, die dritte erhielt Prinzip und Lösung vorgegeben. Die Gruppe mit der mittleren Lenkung war in einem Behaltens- und Transfertest den anderen signifikant überlegen. Allerdings erhielt die Gruppe „gelenktes Entdecken" bei Craig weniger Lernhilfen als die Gruppe „mittlere Lenkung" bei Kittell. Gagné/Brown (1973) verglichen eine Gruppe, die von den Regeln zu den Beispielen ging, eine Entdeckungsgruppe, die von den Beispielen zu den Regeln ging, und eine Lernhilfe-Gruppe, die zusätzliche Hinweise erhielt (kleine Schritte mit Beispielen, die zur Regel führten). Die Lernhilfe-Gruppe hatte die besten Ergebnisse in einem Transfertest. Eine differenzierte Studie zum gelenkten Entdecken stammt von Corman (1957). Für Schüler mit überdurchschnittlichen Fähigkeiten wuchs der Erfolg beim Lösen inhaltlicher Probleme nur, wenn methodische Lernhilfen gegeben wurden. Für Schüler mit unterdurchschnittlichen Fähigkeiten war eine gewisse Lenkung besser als gar keine. Das Ausmaß der Lernhilfen muß also an die Schülervoraussetzungen angepaßt werden. In einer Untersuchung von Worthen (1973), in der es nur eine Entdeckungs- und eine Darstellungsgruppe und keine mittlere Lernhilfegruppe gab, kippten die Ergebnisse um: Beim unmittelbaren Lernerfolgstest war die Darbietungsmethode vorteilhafter, beim Test nach fünf bzw. elf Wochen nach der Lehrsequenz die Entdeckungsmethode.

In einer Arbeit von Louis (1974) wurde das Ausmaß des gelenkten Entdeckens als Breite des Denkspielraums definiert. Der Denkspielraum wiederum wurde in Abhängigkeit von der Enge des logischen Zusammenhangs der Fragestellung mit dem vorausgegangenen Gedankengang, von der Art der sprachlichen Formulierung und vom Konkretheitsgrad der unterrichtlich vermittelten Vorstellungen gesehen. Die Hypothesen wurden durch Analyse von Filmaufzeichnungen relativ traditioneller Physik- und Soziallehrelektionen geprüft. In Physik war für den Denkspielraum der Konkretheitsgrad der Vorstellungen ziemlich unbedeutend, in Soziallehre dagegen, wo es um abstraktere Probleme geht, war Vorstellungsvermittlung wichtig. In Physik war die logische Strukturierung bedeutsamer als die sprachliche Form der Steuerung. Für unseren Zusammenhang ist der Einfluß des Denkspielraums auf die Denkleistung am interessantesten.

Beispiele für die Breite des Denkspielraums (Louis, 1974, S. 43f.):

(1) Sehr enger Spielraum: Nur eine einzige Antwortformulierung ist richtig. Z.B. Weil das ganze auf Induktion beruht, hat diese Spannung einen besonderen Namen.
(2) Enger Spielraum: Verschiedene Formulierungen einer festliegenden Antwort sind möglich. Z.B. Was glaubst du nun, wie es in der Rheingoldhalle an jenem Abend wirklich war?
(3) Mittlerer Spielraum: Die Denkrichtung ist vorgegeben, aber es sind verschiedene Lösungsmöglichkeiten zulässig. Z.B. Berichte über unsere Versuche, selbst Porzellan herzustellen!
(4) Großer Spielraum: Die Denkrichtung ist begrenzt variabel; die Überlegungen können an verschiedenen Stellen einsetzen. Z.B. Wer hat einen Vorschlag, was man in einer solchen Situation tun kann?
(5) Sehr großer Spielraum: Nur das Thema ist gegeben, Fragestellung und Denkrichtung sind völlig offen. Z.B. Was möchtest du über Afrika wissen?

Die Denkleistung wurde als „adaptive Flexibilität" (produktives Denken auf externe Fragen hin) im Gegensatz zur „spontanen Flexibilität" (produktives und kreatives, nicht extern angeregtes Denken) definiert. Der Einfluß des Denkspielraums auf die adaptive Flexibilität in Physik ist in Abb. 3 dargestellt (in Soziallehre ergab sich eine ähnliche Kurve).

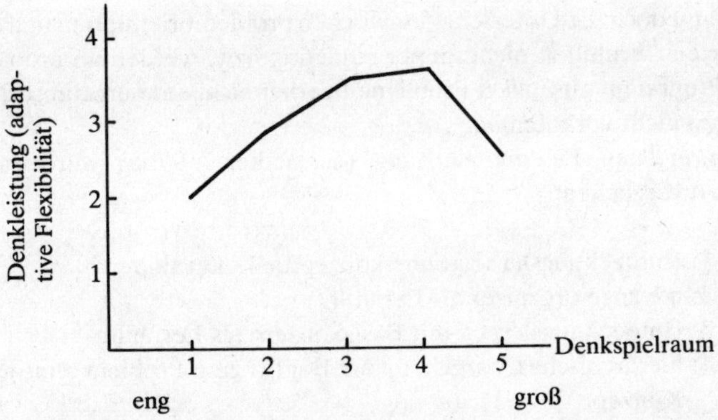

Abbildung 3: Zusammenhänge zwischen Steuerungsausmaß und Denkleistung (nach Louis, 1974, S. 92)

Die Kurve zeigt eine überraschende Ähnlichkeit mit der U-Kurve von Schroder/Driver/Streufert (Abb. 1). Auch hier nimmt die Denkleistung mit wachsendem Denkspielraum zu. Diese Tendenz läßt ab der Mitte der Skala nach und kehrt sich in ihrem oberen Ende ins Gegenteil um. Zu enger und zu großer Denkspielraum (zu geringe und zu hohe Umweltkomplexität nach Schroder/Driver/Streufert) bewirken geringere Denkleistung, Denkspielräume im oberen, jedoch nicht im höchsten Bereich der Skala führen zu besseren produktiven

Denkleistungen. Für das Auftreten spontaner Flexibilität waren folgende Merkmale wichtig: Fragen, die komplexe Sachverhalte ansprechen; Vermeidung einer Überzahl von Falschantworten; die Bereitschaft des Lehrers zu Modifikationen und zu spontanem Abweichen von der Gedankenlinie, was nach Louis (S. 169) bei den Schülern wahrscheinlich das Gefühl, als Gesprächspartner ernst genommen und nicht unnötig begrenzt zu werden, sowie das Gefühl, durch den Unterricht voll in Anspruch genommen, aber nicht überfordert zu werden, aufkommen läßt.

4.2 Arten von Lernhilfen

Während die Befunde zum Ausmaß der Lernhilfen relativ einheitlich sind, gibt es zur Frage der Art der Lernhilfen sehr unterschiedliche Ergebnisse. Riedel (1973) verglich zwei Lehrprogramme, von denen das eine problemorientierte Lernhilfen, das andere ergebnisorientierte Lernhilfen enthielt. Das problemorientierte Vorgehen war beim abschließenden Transfertest dem ergebnisorientierten hochsignifikant überlegen. Die Lernhilfearten korrespondierten mit der Sachstruktur: Bei einem physikalischen Thema (Fliehkraft) war die Überlegenheit der problemorientierten Hilfen eindeutiger als bei einem Arithmetikthema. M. E. sind jedoch die Unterschiede zwischen problemorientierten und ergebnisorientierten Lernhilfen nicht immer eindeutig bzw. werden im problemorientierten Programm *zusätzlich* Probleme bearbeitet, die im ergebnisorientierten Programm nicht vorkommen.
In einer eigenen Felduntersuchung (Einsiedler, 1976a) wurden folgende Verfahren verglichen:

Gruppe 1: Entdeckungslernen ohne konzeptuelle Lernhilfen
Gruppe 2: advance organizer als Lernhilfe
Gruppe 3: Entdeckungslernen mit Basiskonzept als Lernhilfe
Gruppe 4: hierarchisches Vorgehen vom Begriff zum Problem ohne generelles Konzept

Die zweite Gruppe mit der ergebnisorientierten Lernhilfe advance organizer war erfolgreicher als die erste und die vierte Gruppe. Die dritte Gruppe mit Problemen und Ergebnishilfen lernte ebenfalls signifikant mehr als Gruppe 1 und 3, im Behaltenstest war sie auch der Gruppe 2 überlegen. Die Vorteile von advance organizer und basic concept zeigten sich vor allem in taxonomisch höheren Lehrzielen (Transfer, Analyse, Synthese) und besonders bei Schülern mit ungünstigen Lernvoraussetzungen. Die Annahme, daß für die kognitive Strukturiertheit die Vermittlung von abstrakten Oberbegriffen günstig ist, wurde bestätigt. Diese Wirkung wird noch erhöht, wenn die Schüler problem-

orientiert im Sinne der epistemischen Neugier an den Sachverhalt herangehen, also wahrscheinlich intensiver motiviert sind. Der Widerspruch zum Ergebnis der Studie von Riedel ergibt sich evtl. daraus, daß die ergebnisorientierten Lernhilfen dort etwas anderes sind als die generellen konzeptuellen Lernhilfen advance organizer und basic concept.
Auch Cronbach (1971), S. 401) referiert eine Untersuchung, in der abstrakter Unterricht zu einer stärkeren Lernübertragung führte, wenn die Lernenden mit der realen Situation genügend vertraut waren. Schließlich sei eine Studie von Harvey et al. (1968) erwähnt, in der ein positiver Zusammenhang zwischen abstraktem Interaktionsstil des Lehrers und mehr Aktivität, weniger konkreten Antworten und höherem Leistungsniveau der Schüler festgestellt werden konnte.

Fazit:

In Untersuchungen zur Bedeutung von Lernhilfen (primär beim Entdeckungslernen) zeigen sich relativ einheitlich Vorteile für das „guided discovery". Die Ergebnisse divergieren jedoch hinsichtlich der Art der Lernhilfen und je nachdem, auf welche Lehrziele, Lehrinhalte und Lernvoraussetzungen sie bezogen sind. Eine Umsetzung aller Befunde in unterrichtspraktische Maßnahmen ergäbe ein hochkomplexes Entscheidungsmodell (z.B. Entdecken nur für angstfreie Schüler, aber auch nur für Schüler mit spezifischem Vorwissen und nur bei bestimmten Themen) und die Notwendigkeit einer administrativen Differenzierung; das wiederum hieße Fremdsteuerung. Angesichts dieser Sachlage ist der Hinweis auf die erwähnten Lehrzielprioritäten erforderlich. Da die Individualisierung nach den vielen möglichen Kriterien (man denke nur an die Vielzahl von Persönlichkeitsmerkmalen) nicht vom Lehrer gesteuert werden kann und (beim selbstgesteuerten Lernen) soll, scheint es günstiger, den Schülern selbst die freie Wahl der Arbeitsgruppe zu überlassen, also der administrativen eine „intrinsische" Gruppierung nach angloamerikanischen und skandinavischen Vorbildern vorzuziehen (vgl. Heidt in diesem Band). Auch viele Entwicklungspsychologen sehen in der *freien Aufgabenwahl* einen Weg der Anpassung der Lernsituation an den Entwicklungsstand (vgl. Glaser/Resnick, 1975, S. 38).

5. Selbststeuerungsfördernde Lernhilfen in der Unterrichtspraxis

Für die Unterrichtspraxis wäre eine Taxonomie von Lernhilfen günstig, in der z.B. Lernhilfen je nach angestrebtem Lehrzieltyp/Lehrzielniveau oder je nach Lernvoraussetzungen aufgeführt wären. Solch eine Taxonomie gibt es meines Wissens noch nicht. Im folgenden wird ein pragmatisches Vorgehen gewählt:

Die Lernhilfen sind eingeteilt in Lernhilfen zur Lernumweltvorbereitung, zum Lernprozeß selbst und zur Integration und Anwendung. Pragmatisch ist das Vorgehen auch insofern, als vorgeschlagen wird, Lernhilfen aus verschiedenen Theorien zu kombinieren und flexibel anzuwenden. Zur Förderung selbstgesteuerten Lernens liegt der Schwerpunkt bei den input-orientierten Lernhilfen. „Fremdbestimmung von Lernprozessen und externe Hilfen zur Entwicklung von Selbstbestimmung unterscheiden sich qualitativ. Das entscheidende Merkmal von Fremdbestimmungsversuchen in der Erziehung ist ihre Orientierung am Output, an den Leistungen der Lernenden. Externe Hilfen bei der Erziehung zur Selbstbestimmung dagegen sind input-orientiert, auf die Beschaffenheit der Lernumwelt bezogen" (Huber, 1976, S. 120). Anzufügen ist, daß einige Lernhilfen nicht eindeutig der einen oder anderen Gruppe (input- vs. output-orientiert) zuzuordnen sind (vgl. auch Abschnitt 1). So kann z.B. der advance organizer als Ergebnishilfe angesehen werden (übergeordneter Begriffsrahmen), aber auch als strategische Lösungshilfe bei künftigem selbstgesteuertem Lernen.

5.1 Vorbereitende Lernhilfen zur Lernumweltgestaltung

Die These von Kognitionstheoretikern, daß selbstgesteuertem Lernen eine auffordernde Lernumwelt adäquat ist, stimmt mit der Beobachtung von Unterrichtspraktikern überein: „Offener", „schülerzentrierter" Unterricht gelingt nur bei einem entsprechenden Materialangebot. In bestimmten Fächern wie Geographie, Biologie, Physik oder Mathematik geschieht dies durch *Bereitstellung von Sachen,* mit denen aktiv umgegangen werden kann (Beispiel: Papprollen zum Bau eines Skeletts). Wenn am Material bestimmte Strukturen entdeckt werden sollen, muß häufig eine entsprechende *Vorstrukturierung* erfolgen (Beispiel: Landkarte mit bestimmten Geofaktoren, aber ohne die gesuchte Struktur, etwa Verkehrswege). In vielen Fächern ist es selbststeuerungsfördernd, etwas *herzustellen* (Beispiel: Relief des Rheintales). Das Lehrziel Selbststeuerung kann hier in Konflikt mit fachdidaktischen Intentionen geraten. In vielen Fächern (Deutsch, Mathematik u. a.) ist eine *Kartei* von Arbeitsaufgaben vorteilhaft, nach der sich die Schüler ihren Weg selbst erstellen, im übrigen (wie auch bei anderen Lernhilfen) eine Verfahrensweise, mit der schon die Reformpädagogik und die frühere Landschule aus pädagogischen und organisatorischen Gründen selbstgesteuertes Lernen förderten.
Mit Vorstrukturierung ist der ganze Aspekt der *Gegenstandsaufbereitung* bei der Unterrichtsvorbereitung angesprochen. Gegenstandsaufbereitung kann natürlich auch Zerlegung in Häppchen, vollständige Komplexitätsreduzierung und ausschließlich konkretes Lernen heißen. Für die Gegenstandsaufbereitung zum selbstgesteuerten Lernen sind andere Akzente zu setzen: Die Sachverhalte

werden *in Probleme transformiert,* die Komplexität wird auf individuelle Lernvoraussetzungen hin dosiert, und konkrete und abstrakte Darstellungsformen ergänzen sich (im Hinblick auf die notwendige kognitive Differenziertheit für künftiges selbstgesteuertes Lernen). Für problemorientierten Unterricht hat die traditionelle Didaktik bereits eine Reihe von Lernhilfevorschlägen gemacht (Beispiele: das Milchbüchsenproblem von Copei, 1958; das Satellitenproblem von Wagenschein, 1968; der Widerspruch Wüste – Oase, Schiefele, 1963; Provokation im Unterricht, Kunert, 1971). Systematisierungen für epistemischen Unterricht finden sich bei Berlyne (vgl. Abschnitt 2.5) und bei Lind (1975), weitere praktische Hinweise zu Problematisierungsmöglichkeiten wie Kontradiktion, Verfremdung, Provokation, Widersinn und Lücke bei Mutschler/Ott (1976) und bei Potthoff (1976).
Manchmal werden diese und ähnliche Gegenstandsarrangements als Motivierungstricks bezeichnet, die von den tatsächlichen Interessen der Schüler ablenkten. Immerhin verzichten Lehrer, die problemorientiert unterrichten, auf konditionierende Maßnahmen. Der Unterricht ist nicht „geschlossen"; selbständiges Denken, Zweifeln, Abwägen ist erwünscht.

5.2 Lernhilfen während des Lernprozesses

Eine typische Input-Lernhilfe ist die Ermöglichung *operativen Lernens.* Ob die Operationen für die Konstruktion kognitiver Strukturen genügen, ist umstritten. Nach Steiner (1974) reicht der operative Ansatz, etwa nach Piaget, nicht aus, da Strukturen nicht als solche existieren, sondern nur in einer Repräsentation. „Der Begriff der Konstruktion von Strukturen erfährt dadurch eine mediale Erweiterung" (S. 12). Demnach braucht auch input-orientierter Unterricht *Wahrnehmungshilfen* in Form von konkretem und symbolischem Material. Nach Oerter (1973, S. 75) hängt die selbstgesteuerte Operation von der Nutzung der kodierten (z.B. visuellen oder kinästhetischen) Informationen ab. Eine zu realistische Visualisierung lenkt allerdings vom Wesentlichen ab (vgl. z.B. Barrington, 1971) und führt zu geringer differenzierten kognitiven Strukturen. In sozialwissenschaftlichen Fächern kommt der Vorstellungsvermittlung größere Bedeutung zu als etwa in Physik (vgl. Louis, 1974). Eine Lernhilfe ist hier z.B. das *Rollenspiel,* weniger wegen des Wahrnehmens der Darstellung als vielmehr wegen der konkreten Anregung zur Bewußtmachung sozialer Phänomene und zu spontanen Handlungsalternativen.
Etwas problematisch ist die Rolle der *Fragen* in selbstgesteuerten Lernprozessen. Ein wesentliches Element dieses Lernens ist selbstverständlich das spontane, epistemische Fragen (Suchman, 1973; Neber, 1975; Eckert/Issing, 1971): Die Schüler befragen den Lehrer oder andere Schüler. Fragestrategien können jedoch nicht immer vorausgesetzt werden, sondern müssen evtl.

trainiert werden. Zudem stößt der Rollenwechsel auf Mentalitätssperren bei den Lehrern. Taba (1974) stellt Kataloge von extern gestellten Fragen auf, die zumindest zu Divergenz ermutigen. Louis (1974) weist auf die Bedeutung von Fragen mit relativ breitem Denkspielraum hin. Spontane Flexibilität wird begünstigt (vgl. 4.1) durch Lehrerfragen und -impulse, die komplexe Sachverhalte ansprechen, und durch die Bereitschaft des Lehrers zum Rollentausch (nämlich nicht mehr nur zu fragen, sondern sich befragen zu lassen). Aus der Forschung zum selbstgesteuerten Lernen mit Texten (Rothkopf, 1973; Groeben, 1976) dürften viele Anregungen auch für Lehrer-Schüler-Unterricht übernehmbar sein. Die Dimensionen der Verständlichkeit von Langer/Schulz von Thun/Tausch (1974), nämlich Einfachheit, Gliederung/Ordnung, Kürze/Prägnanz und zusätzliche Stimulanz sind mit den dort genannten Einschränkungen (z.B. nicht zu hohe zusätzliche Stimulanz) wahrscheinlich ebenfalls für Klassenzimmer-Unterricht relevant (Näheres dazu bei Groeben/Hofer in diesem Band).
Wichtiger als Lernhilfen zur Darstellung von Einzelheiten sind solche zur Generalisierung. Einmal ist nach Groeben (1976, S. 135) die Verwirrung, die durch zusätzliche Stimulanz (Fragen, Beispiele) entstehen kann, durch klare konzeptionelle Strukturierung aufzufangen. Zum anderen bedarf eine kognitive Struktur, die differenziert und integriert genug für künftiges selbstgesteuertes Lernen ist, der generellen Ordnungshilfen. Die *Generalisierung* kann durch „Superzeichen", „clustering", „Schubladen", „Basiskonzepte" usw. erfolgen. Gliederungshilfen vor dem Faktenlernen mit hohem Abstraktionsgrad sind die erwähnten „advance organizers". Nach Campbell (1964) brauchen vor allem schwache Schüler in der Anfangsphase wiederholt Hilfe, da sonst nur die Leistungsstarken vom schülergesteuerten Unterricht profitieren. In einer Untersuchung von Munz/Jacobs (1971) war es eine Lernhilfe für hoch ängstliche Schüler, wenn zuerst schwierige und dann leichtere Aufgaben gestellt wurden. Die anfängliche Bewältigung der schwierigen Aufgaben wirkte angstreduzierend und damit lernerleichternd.

5.3 Lernhilfen zur Integration und Anwendung

Nach Schroder/Driver/Streufert (1975, S. 35) ist eine kognitive Struktur mit niedrigem Integrationsindex und damit hoher Konkretheit durch eine große Sicherheit und Endgültigkeit bei der Informationsverarbeitung gekennzeichnet. Dies scheint auf den ersten Blick hinsichtlich von „Üben" und „Behalten" für schulisches Lernen günstig zu sein, verhindert jedoch letztlich kognitive Flexibilität und Anwendungsbereitschaft. Hoch integrierte kognitive Strukturen bedeuten dagegen unterschiedlichste Verknüpfungsmöglichkeiten der Einzeldimensionen zu neuen Sichtweisen. Dadurch wird größere Transferfähigkeit und die Generierung angemessenen Verhaltens in unbekannten Situationen ermöglicht. Lernhilfen zur Integration dürfen also nicht festlegen (außer dort, wo es auf Mechanisierung ankommt). Man kann hier an die bekannte Unterscheidung zwischen mechanischer und variabler Übung anknüpfen. Aebli (1963) spricht von *„operatorischer Übung“* zur Anbahnung beweglicher Strukturen. Voraussetzung für selbstgesteuerte operatorische Übung ist, daß entsprechende Umweltbedingungen vorhanden sind (Anwendungsprobleme, operatives Material, Ausführen in der Realität). Nach Montada (1972) sind flexible kognitive Strukturen zu fördern durch beständigen *strukturellen Transfer,* durch Hinweise auf Gegenstände, die analoge Strukturen besitzen. Die gemeinsamen Strukturen müssen m.E. als Modellvorstellung abgehoben werden. Ausubel (1974, S. 138) geht so weit, auf einen speziellen Transferbegriff zu verzichten, da vorherige Wissenstrukturen (abstrakte Ankerbegriffe) beständig weiterwirkten. Schließlich ist seit längerem bekannt, daß sich bei selbstentdeckter „Einsicht“ in vielen Fällen die mechanische Einübung erübrigt.

Fazit:

Selbststeuerungsfördernde Lernhilfen können z.T. aus vorhandenen, problemorientierten Didaktiken übernommen werden. Andere Lernhilfen lassen sich aus neueren Kognitionstheorien ableiten. Für die praktische Umsetzung genügt dieses Angebot an selbststeuerungsfördernden Maßnahmen offensichtlich nicht, da sich in der Schule aus politischen und Einstellungsgründen andere „Bilder“ von Unterricht stärker durchsetzen. Selbstgesteuertes Lernen bedarf zudem eines größeren Aufwandes als fremdgesteuertes. Eine Innovationsstrategie zum selbstgesteuerten Lernen muß deshalb zusätzlich zu theoretischen Begründungszusammenhängen konkrete Arbeitserleichterungen, z.B. in Form von Lernhilfekatalogen, bereitstellen und bildungspolitische Rahmenbedingungen berücksichtigen.

Literaturverzeichnis

Aebli, H.: Psychologische Didaktik. Stuttgart 1963
Ausubel, D. P.: Psychologie des Unterrichts. Band 1 und 2. Weinheim 1974
Barrington, H.: An evaluation of the effectiveness of instructional television presentation variables, Brit. J. Educ. Psychol. 41, 219–220, 1971
Berlyne, D. E.: Conflict, arousal, and curiosity. New York 1960
Berlyne, D. E.: Neugier und Erziehung. In: Neber, H. (Hrsg.): Entdeckendes Lernen. Weinheim, 89–106, 1973
Brophy, J. E. / Good, T. L.: Die Lehrer-Schüler-Interaktion. München 1976.
Bruner, J. S.: The act of discovery. Harv. Educ. Rev. 31, 21–32, 1961
Bruner, J. S.: Der Prozeß der Erziehung. Düsseldorf 1970

Campbell, V. N.: Self-direction and programmed instruction for five different types of learning objectives, Psychology in the Schools 1, 348–359, 1964
Cohn, R. C.: Von der Psychoanalyse zur themenzentrierten Interaktion. Stuttgart 1975
Copei, F.: Der fruchtbare Moment im Bildungsprozeß. Heidelberg 1958
Corman, B.: The effect of varying amounts and kinds of information as guidance in problem solving. Psychol. Monog. 71 (1957), 1–21, 1957
Craig, R. C.: Directed vs. independent discovery of established relations, J. Educ. Psychol. 47, 223–234, 1956
Cronbach, L. J.: Einführung in die Pädagogische Psychologie. Weinheim 1971
Eckert, A. / Issing, L. J.: Lehrergesteuerter versus schülergesteuerter Unterricht, programmiertes lernen 8, 202–206, 1971
Einsiedler, W.: Lehrstrategien und Lernerfolg. Eine Untersuchung zur lehrziel- und schülerorientierten Unterrichtsforschung. Weinheim 1976 (a)
Einsiedler, W.: Didaktik eines schülerorientierten Unterrichts. In: Einsiedler, W. / Härle, H. (Hrsg.): Schülerorientierter Unterricht. Donauwörth, 172–226, 1976 (b)
Gagné, R. M.: Die Bedingungen des menschlichen Lernens. Hannover 1969
Gagné, R. M.: Der Erwerb des Wissens. In: Hofer, M. / Weinert, F. E. (Hrsg.): Funkkolleg Pädagogische Psychologie. Grundlagentexte 2. Frankfurt, 106–123, 1973
Gagné, R. M. / Brown, L. T.: Einige Faktoren bei der Programmierung des Begriffslernens. In: Neber, H. (Hrsg.): Entdeckendes Lernen. Weinheim, 190–203, 1973
Glaser, R./Resnick, L. B.: Unterrichtspsychologie 1972. In: Glaser, R. / Resnick, L. B./ McKeachie, W. J.: Unterrichtspsychologie. Düsseldorf 1975
Groeben, N.: Verstehen, Behalten, Interesse. In: Unterrichtswissenschaft, 128–142, 1976
Harvey, O. J. / Hunt, D. E. / Schroder, H. M.: Conceptual systems and personality organization. New York 1961
Harvey, O. J. et al.: Teacher's belief, classroom atmosphere, and student behavior. Amer. Educ. Res. 5, 151–166, 1968
Hermann, G.: Lernen durch Entdeckung: Eine kritische Erörterung von Forschungsarbeiten. In: Neber, H. (Hrsg.): Entdeckendes Lernen. Weinheim 1973, 116–189
Huber, G. L.: Selbstbestimmung und Fremdbestimmung in Lernprozessen. München 1976
Kittell, J. E.: An experimental study of the effect of external direction during learning on transfer and retention of principles. J. Educ. Psych. 48, 391–405, 1957
Kunert, K.: Provokation im Unterricht. Donauwörth 1971
Langer, I. / Schulz von Thun, F. / Tausch, R.: Verständlichkeit in Schule, Verwaltung, Politik und Wissenschaft. München/Basel 1974
Lind, G.: Sachbezogene Motivation im naturwissenschaftlichen Unterricht. Weinheim 1975
Louis, B.: Unterrichtliche Steuerung und Selbständigkeit des Denkens. München 1974
Miller, G. A. / Galanter, E. / Pribram, K. H.: Strategien des Handelns. Stuttgart 1974
Montada, L.: Struktureller Transfer durch Analogiebildung. In: Halbfas, H. / Maurer, F. / Popp, W. (Hrsg.): Entwicklung der Lernfähigkeit. Neuorientierung des Primarbereichs, Band 1. Stuttgart 1972, 100–117
Moser, H.: Informelle Organisationsstrukturen bei der Entwicklung offener Curricula. In: Frey, K. (Hrsg.): Curriculum-Handbuch, Band I. München 1975, 439–445
Munz, D. C. / Jacobs, P. D.: An evaluation of perceived item-difficulty sequencing in academic testing. Brit. J. Educ. Psychol. 41, 195–205, 1971
Mutschler, D. / Ott, E. H.: Über den Zusammenhang von Lehren und Lernen. II. Teil, Die Deutsche Schule 68, 17–26, 1976

Neber, H.: Fragen und kognitives Lernen, Bildung und Erziehung 28, 297–305, 1975
Oerter, R.: Steuerungskomponenten bei kognitiven Prozessen im Bereich schulischen Lernens. In: Frey, K. / Lang, M. (Hrsg.): Kognitionspsychologie und naturwissenschaftlicher Unterricht. Bern 1973, 56–78
Piaget, J.: Der Strukturalismus. Olten/Freiburg 1973
Potthoff, W.: Methodische Lernhilfen. Ravensburg 1976
Riedel, K.: Lehrhilfen zum entdeckenden Lernen. Hannover 1973
Rogers, C.: Lernen in Freiheit. München 1974
Roth, H.: Pädagogische Anthropologie. Band I: Bildsamkeit und Bestimmung. Hannover 1966
Roth, H.: Revolution der Schule? Die Lernprozesse ändern. Hannover 1969
Roth, H.: Pädagogische Anthropologie. Band II: Entwicklung und Erziehung. Hannover 1971
Rothkopf, E. Z.: Struktur und Prozeß: die Steuerung der Lerntätigkeiten im Unterricht. In: Edelstein, W. / Hopf, D. (Hrsg.): Bedingungen des Bildungsprozesses. Stuttgart 1973, 285–297
Rotter, J. B. et al.: An introduction to social learning theory. In: Rotter, J. B. (Hrsg.): Applications of a social learning theory of personality. New York 1972, 1–43
Rumpf, H.: Divergierende Unterrichtsmuster in der Curriculumentwicklung, Zeitschrift für Pädagogik 19, 391–416, 1973
Schiefele, H.: Motivation im Unterricht. München 1963
Schroder, H. M. / Driver, M. J. / Streufert, S.: Menschliche Informationsverarbeitung. Weinheim 1975
Schwäbisch, L. / Siems, M.: Anleitung zum sozialen Lernen für Paare, Gruppen und Erzieher. Reinbek 1974
Skinner, B. F.: Jenseits von Freiheit und Würde. Reinbek 1973
Steiner, G.: Kognitive Strukturen und ihre psychische Realität, Zeitschrift für Pädagogik 20, 7–19, 1974
Suchman, J. R.: Fragetraining: Aufbau von Fertigkeiten zur selbständigen Entdeckung. In: Neber, H. (Hrsg.): Entdeckendes Lernen. Weinheim, 247–272, 1973
Taba, H.: Lehrerhandbuch. In: Reindel, H. u. a.: Handbuch der Unterrichtsplanung und Curriculumentwicklung nach Hilda Taba, Stuttgart, 11–114, 1974
Wagenschein, M.: Verstehen lehren. Weinheim 1968
Wagner, A. C.: Schülerzentrierter Unterricht. In: Wagner, A. C. (Hrsg.): Schülerzentrierter Unterricht. München 1976, 5–33
Weber, E.: Autorität im Wandel. Donauwörth 1974
Worthen, B. R.: Entdeckende und darbietende Aufgabenpräsentation in der Grundschulmathematik. In: Neber, H. (Hrsg.): Entdeckendes Lernen, Weinheim 1973, 221–242

Erhard U. Heidt

Individualisierung, Medien und selbstgesteuertes Lernen

1. Einleitung

Geht man die Veröffentlichungen zum Thema „Medien im Unterricht" durch, so findet man nur wenige, in denen der Aspekt der Individualisierung durch Medien nicht behandelt wird. Die Bewertung dieses Zusammenhangs ist jedoch recht unterschiedlich.
Eine Gruppe sieht „Einsatz von Medien", „Individualisierung" und „Selbststeuerung des Lernprozesses durch den Lerner" als notwendige Folge an, die entsprechend positiv zu werten ist. So folgt für Carroll aus dem individualisierenden Einsatz von Unterrichtsmaterial,

> „daß jeder Schüler die Möglichkeit erhält, individuell oder in kleinen Gruppen genau mit jenen Lernmaterialien zu arbeiten, die seinen Bedürfnissen entsprechen. Eine beiläufige Konsequenz ist, daß jedem Schüler auch mehr Verantwortung für die selbständige Steuerung seines Lernprozesses gegeben werden muß" (1972, 10).

Im Zusammenhang mit der kritischen Betrachtung unterrichtstechnologischer Konzeptionen sind jedoch Stimmen laut geworden, die gerade in dieser individualisierenden Funktion die Gefahr einer Isolierung und stärkeren Fremdbestimmung des Lerners sehen. Eingebettet in eine grundsätzliche Kritik nur zweckrationaler unterrichtlicher Konzepte, denen allein an der technischen Verfügung über vergegenständlichte Prozesse gelegen ist, sehen diese Autoren in der Individualisierung eine weitere Maßnahme, den Unterricht „allein im Sinne der Zeitökonomie rationeller, effektiver" (Scheffer, 1974, 30) zu gestalten, und damit ein Beispiel für den antiemanzipatorischen Einsatz von Medien (Rademacker, 1971; Heinze, 1972; Scheffer, 1974; Issing/Knigge-Illner, 1976).
Andererseits müssen jedoch selbst diese Kritiker zugeben, daß selbstbestimmtes Lernen *ohne* Medien in der heutigen Gesellschaft nicht realisierbar ist. Diese Einsicht führt dann zu Aussagen wie der folgenden

> „Lehrobjektivierung (d.h. die Übertragung bisher vom Lehrer wahrgenommener Funktionen auf ein technisches Medium – E.U.H.) und Individualisierung haben die Tendenz, durch immer größere Kenntnis über den Lernprozeß zwangsläufig zur

Fremdbestimmung beizutragen: Medien können hier durchaus gegensteuern" (Rauch, 1975, 489).

Es wäre wenig hilfreich, diesen so widersprüchlichen Standpunkten weitere apodiktische Aussagen entgegenzusetzen. Die Funktion von Medien wird jeweils anders zu beurteilen sein, je nachdem ob man mit der Individualisierung eine Rationalisierung des Unterrichts, eine Kompensation individueller Lerndefizite oder eine selbständige Entscheidung des Lerners über seinen Lernprozeß herbeiführen will.
Diese Überlegung führt zu dem Schluß: Erst wenn man sagt, *was* man unter Individualisierung versteht und warum man sie anstrebt, kann man Aussagen über die Funktion von Medien machen.
Im folgenden soll daher versucht werden, dieses Problemfeld zu klären und herauszuarbeiten, in welches Verhältnis Individualisierung, selbstgesteuertes Lernen und Medien gebracht werden können. Die beiden nächsten Abschnitte werden sich daher mit Grundfragen der Individualisierung und des Einsatzes von Medien im Unterricht beschäftigen.

2. Individualisierung in der Schule

2.1 Die Berücksichtigung individueller Unterschiede im herkömmlichen Schulsystem

Die faktische Ungleichheit der Menschen, die trotz der verfassungsrechtlichen Gleichheit nicht zu leugnen ist, wirft – wie Weinert (1975) feststellt – für jede Pädagogik schwerwiegende Probleme auf.
Da interindividuelle Unterschiede beim Lernen stets zu beobachten sind, ist schon immer versucht worden, die individuellen Unterschiede in Lehrmaßnahmen zu berücksichtigen. Das heutige Bildungssystem zeigt das in zahlreichen Komponenten:

- Die am weitesten verbreitete Maßnahme ist die Gruppierung von Schülern in Altersklassen.
- Verfeinert wird diese Grundform durch die vertikale Mehrgliedrigkeit unseres Schulsystems mit den drei Hauptzügen und den verschiedenen Sonderschulformen.
- Innerhalb dieser institutionellen Gruppen zeigt sich die Berücksichtigung individueller Unterschiede in den Benotungssystemen mit der Konsequenz des verordneten Gruppenwechsels, des „Sitzenbleibens".

- Relativ neu sind Versuche, die administrativ bestimmten Maßnahmen durch pädagogisch angemessenere Modelle der äußeren und inneren Differenzierung zu ergänzen oder zu ersetzen.
- In diese Reihe gehören Nachhilfestunden als Versuch, schulrelevante Unterschiede zwischen Lernern durch außerschulische Maßnahmen zu berücksichtigen, indem entsprechende Defizite durch zusätzlichen Unterricht ausgeglichen werden.

Diese Beispiele zeigen, daß eine Individualisierungstendenz auch in unserem konventionellen Schulsystem auszumachen ist.
Neu an den aktuellen Individualisierungsbestrebungen der letzten Jahre ist das Abgehen von der Organisationsform der Altersklasse, die auf der Annahme basiert, daß Schüler gleichen Lebensalters auch sonst weitgehend gleich seien. Die großen Leistungsunterschiede in den Jahrgangsklassen zeigen, daß alterstypische Entwicklungsstufen nur „eine sehr grobe, psychologisch gesehen wenig sensible Reaktionsform auf vorfindbare interindividuelle Differenzen der Schüler" (Weinert, 1975, 36) ermöglichen und daß dieses Problem differenzierter angegangen werden muß.
Gestützt wird dieser Trend durch die Entwicklung im Bereich der Lernpsychologie. Lange Zeit stand hier die Erforschung allgemeiner Gesetzlichkeiten im Zentrum.
Die Lernenden wurden reduziert auf einen „mittleren Durchschnittslerner", der höchstenfalls noch in grobe Entwicklungs- oder Begabungsstufen differenziert war. Zu Beginn der 50er Jahre trat eine Wende ein, die zu einer „Wiederentdekkung des Lernenden in der Lernforschung" führte (Weinert 1968, 18). Das Interesse galt jetzt mehr den individuellen kognitiven Strukturen als den kollektiven Gesetzlichkeiten. Damit rückte das Problem einer Individualisierung der Lernprozesse ins Zentrum lernpsychologischer und nachfolgend auch pädagogischer Überlegungen – etwa der Programmierten Instruktion.
Auch wenn sich alle Individualisierungsansätze auf den „individuellen" Lerner beziehen, so ist damit noch nicht festgelegt

- mit welcher Zielrichtung,
- auf welche Weise und
- in welchem Umfang

die Ausrichtung auf das Individuum erfolgt. Die jeweils konkrete Füllung der drei Bereiche führte zu einer Vielzahl von Varianten, so daß sich „Individualisierung" heute weniger denn je als klar umrissenes Modell darstellt. Im folgenden geht es um die wichtigsten Begründungen und Grundtypen einer Individualisierung.

2.2 Begründungen für eine Individualisierung von Unterricht

Die Forderung, *eine bestimmte* Unterrichtsform zu begründen, wirft eine grundsätzlichere Frage auf: Wie soll sich Lernen in unserer Gesellschaft vollziehen?
Um diesen Hintergrund für die Individualisierungsdiskussion deutlicher zu machen, soll der Begründungszusammenhang für die heutige Organisationsform des schulischen, d.h. gesellschaftlich organisierten Lernens in Gruppen skizziert werden. Was den ersten Aspekt, die *gesellschaftlich verbindliche Organisation* des Lernens betrifft, so hat Dohmen (1976) die Begründungen auf zwei Grundthesen zurückgeführt. Demnach wird ein geplantes und organisiertes Lernen notwendig,

- wenn die heranwachsende Generation die notwendigen Kenntnisse, Fertigkeiten etc. nicht mehr lückenlos durch unmittelbares Mitleben in der gegebenen Umwelt erlernen kann (pragmatischer Begründungszusammenhang) oder
- wenn die Heranwachsenden auf Werte und Leitvorstellungen hin ausgerichtet werden sollen, die sie im normalen Lebensvollzug nicht direkt erfahren können (idealistischer Begründungszusammenhang).

Dieser Aspekt aktualisiert sich derzeit in der Diskussion über geschlossene und offene Curricula bei der Frage Fremdbestimmung oder Selbststeuerung des Lernens.
Für das zweite Charakteristikum, das *Lernen in Gruppen,* findet sich nur eine ökonomische Begründung: Die hohen Kosten, die der Einsatz von Lehrpersonen mit sich bringt, verlangen eine rationelle Ausnutzung der Kapazitäten, was dazu führt, daß jedem Lehrer eine möglichst große und homogene Lernergruppe zugewiesen wird. Dieser Gruppe gegenüber übt der Lehrer zahlreiche Funktionen aus: Er ist nicht nur Informationsquelle, sondern auch Berater, Organisator, Kontrolleur, Erzieher, Rollenträger usw. Dieser Aspekt führt zu der Frage, inwieweit es möglich ist, in einer kollektiv organisierten Form von Unterricht die Bedürfnisse und Kenntnisse des einzelnen Lerners zu berücksichtigen. Im vorigen Abschnitt wurde gezeigt, wie bereits im heutigen Schulsystem durch eine Reihe von Maßnahmen versucht wird, individuelle Unterschiede zwischen den Lernern zu berücksichtigen. Warum aber kam es nun in den letzten Jahren zu einem Individualisierungsboom mit seiner Forderung, den Unterricht sehr viel weitergehend auf den einzelnen Lerner abzustimmen?
Es sind im wesentlichen zwei Entwicklungen innerhalb der Bildungssysteme, die den Forderungen nach einer Änderung zugrundeliegen:

- *Notwendig* war schulisches Lernen zunächst nur für den Bereich, in dem die notwendigen Erfahrungen nicht mehr im direkten Lebensvollzug gelernt werden konnten; Unterricht hatte also eine Ergänzungsfunktion. Wie andere Institutionen begann sich die Schule bald zu verselbständigen und die Organisation des Lernens über das notwendige Maß hinaus fortzutreiben. Sie hat inzwischen eine solche Monopolstellung, daß nur noch das geplante, kontrollierte und behördlich beglaubigte Lernen gesellschaftlich zählt. Gegen eine solche Reduzierung des Lernens auf einen formalisierten Akt haben sich zahlreiche Kritiker gewandt. Sie fordern, Lernen wieder zu einem für den einzelnen und seinen Lebenszusammenhang bedeutungsvollen Vorgang zu machen und die Schule auf ihre Ergänzungsfunktion zu beschränken.
- Besonders für weiterführende Schulen und den tertiären Bildungsbereich tritt hinzu, daß wir den Wandel von einem elitären zu einem massenorientierten Bildungssystem vollzogen haben. Das führte einerseits zu einem quantitativen Anwachsen der Schülerzahlen und andererseits zu einer stärkeren Heterogenität der Lerner. Das Resultat war, daß das traditionelle System nicht mehr zufriedenstellend funktioniert: Es ist nicht in der Lage, die größere Zahl von Lernern mit der gleichen Aussicht auf Erfolg auszubilden. Während früher nur solche Lerner zugelassen wurden, die über Eigenschaften verfügten, die ein „Überleben", d.h. einen systemimmanent definierten Erfolg, wahrscheinlich machten, ist eine solche Vorselektion heute weitgehend fortgefallen. Glaser (1973) sieht daher die Notwendigkeit, von diesem *selektiven* zu einem *adaptiven* Bildungssystem überzugehen, das die Lerner in ihrer Heterogenität akzeptiert und durch alternative Lernwege und Lernangebote einen größeren Erfolg zu sichern versucht.

In dieser Darstellung der beiden Entwicklungstrends deutet sich eine Lösung der aufgetretenen Probleme an, nämlich eine Änderung schulischen Unterrichtens hin zu offeneren Formen des Lernens, die den einzelnen Lerner in seiner Eigenheit stärker berücksichtigen.
Vor einer Darstellung der wichtigsten Begründungstypen sei daran erinnert, daß in diesem Beitrag „Individualisierung" als unabhängige und die „Medien" als abhängige Variable gesehen werden und daß es in diesem Abschnitt darum geht, die Variationsbreite der unabhängigen Variablen zu beschreiben.
In der Argumentation für eine Individualisierung lassen sich folgende Haupttypen unterscheiden:
- Die Individualisierung wird als wichtiger Trend im Bildungswesen konstatiert, der zu einer nicht genauer definierten Verbesserung des Schulsystems und des Unterrichts führen soll. So etwa Glogauer:

> „Ganz gleich welchen schulreformerischen Bestrebungen letztlich mehr Gewicht gegeben wird, in Zukunft wird keine von ihnen auf wirkungsvolle Konzeptionen für individualisierendes Lehren und Lernen verzichten können ..." (1976, 9).

- Ein offenes, auf den einzelnen bezogenes Lernen wird als Folge von oder Parallele zu allgemeinen gesellschaftlichen und technologischen Entwicklungstendenzen gesehen. So führt Dohmen als Grund für seine entsprechende Forderung die „schnelle Weiterentwicklung unserer komplexen Wirtschaft, Wissenschaft, Technik, Gesellschaft" (1976, 7) an. McBeath (1975) stellt die Individualisierung in ein kulturhistorisches Entwicklungsmodell. Für ihn vollzieht sich ganz allgemein die gesellschaftlich-technische Entwicklung in drei Phasen. Dabei ist die dritte technologische Phase, in die die industrialisierten Staaten heute eintreten, gekennzeichnet durch demokratische Grundprinzipien, die den einzelnen Lerner als aktiven Mitgestalter von Lehr/Lernprozessen in den Mittelpunkt unterrichtlicher Überlegungen stellen.
- Vom Gedanken einer stärkeren Demokratisierung des Lernens gehen auch die Konzepte eines emanzipatorischen Unterrichts aus, die den Lerner als eigenverantwortliches und mündiges Individuum akzeptieren. Hier führt die Forderung nach selbständigem, die eigenen Bedürfnisse berücksichtigendem Arbeiten des Schülers zu einer Individualisierung des Unterrichts.

Neben diesen Ansätzen stehen direkt auf den Lernprozeß bezogene Begründungen. Sie basieren auf lernpsychologischen Forschungsergebnissen.
Bei aller Unterschiedlichkeit liegen diesen Ansätzen doch die gleichen Annahmen zugrunde:

1. Kein Lerner ist völlig gleich einem anderen.
2. Manche individuelle Unterschiede beeinflussen Lernprozeß und Lernerfolg.
3. Wenn Unterricht auf diese lernrelevanten Unterschiede abgestimmt wird, läßt sich der Lernerfolg verbessern.

Dieses argumentative Grundmuster, das bei einigen Autoren nur zu der wenig differenzierten Folgerung führt: „Lernen ist ein ganz individueller Vorgang, folglich muß der Unterricht individuell sein" (Lindvall/Bolvin, 1976, 79), wird von anderen genauer ausgearbeitet.

- In behavioristischen Theorien wird Lernen als Verhaltensänderung verstanden. Die Kette von Reiz-Reaktion-Verstärkung, die es dabei aufzubauen gilt, wird in Programmen des Skinnerschen Typs dadurch hergestellt, daß durch eine Zerlegung des Lernstoffes in möglichst kleine Schritte dem einzelnen Lerner die richtige Antwort geradezu „in den Mund gelegt" wird. Dieser Ansatz führt zu Individualisierungsmaßnahmen, die Lernerfolg nur unter quantitativem Aspekt anstreben: ein höheres Maß an Stoffaufnahme, ein rationelleres, zeitökonomischeres Lernen.
- Im Gegensatz dazu stehen die Vertreter einer kompensatorischen Erziehung. Ausgelöst von Forschungsergebnissen zu sozio-kulturellen Unterschieden

wollen sie die durch Umwelteinflüsse bedingten individuellen Defizite ausgleichen, um möglichst gleiche Lernerfolgschancen für alle zu schaffen.

- Auf die Bedeutung der internen (vor allem der individuellen Vorkenntnisse) und der externen Bedingungen (der Lernsituation außerhalb des Lerners) für das Zustandekommen verschiedener Lernprozesse hat vor allem Gagné hingewiesen. Er unterscheidet je nach Bedingungsgefüge acht Arten von Lernprozessen, die hierarchisch geordnet sind. Es kommt für ihn darauf an, den Lerngegenstand im Hinblick auf die erforderlichen Lernprozesse auf die internen Bedingungen des einzelnen Lerners abzustimmen.
- Einen ähnlichen Zusammenhang von individueller kognitiver Struktur und der Struktur von Lerngegenständen postuliert Ausubel. Im Vordergrund steht bei ihm der Aspekt, daß Lernen ein sinnvoller Akt sein sollte. Unterricht muß darauf abzielen, Lerngegenstände für den Lerner sinnvoll zu machen. Sinnhaftigkeit läßt sich aber nur im Bezug auf den Einzelnen definieren, da Sinn erst durch die Einordnung eines Lerninhaltes in die individuelle kognitive Struktur konstituiert wird.

2.3 Definitionen und Differenzierungen

Um dieses Spektrum von Begründungsansätzen zu fassen, soll *Individualisierung* in Abwandlung einer Formulierung von Eigler (1971) definiert werden als „eine Organisation der externen Bedingungen des Lernens, die die individuellen Gegebenheiten des einzelnen Lerners möglichst weitgehend berücksichtigt". Diese Formulierung soll folgende Punkte klarstellen:

- Es handelt sich *nicht* um eine Individualisierung des *Lernens*. Das Lernen selbst ist schon immer eine Sache des Individuums gewesen. Es geht vielmehr um eine Individualisierung des *Unterrichts*, des *Lehrens* oder – nach Stolurow (1973) – der jeweiligen *Lernumwelt*.
- Die Autoren, die einer Individualisierung kritisch gegenüberstehen, beziehen sich in erster Linie auf eine bestimmte Ausprägung, in der Unterricht einseitig unter dem Gesichtspunkt des rationellen, zeitökonomischen Instruierens gesehen wird. Aus dieser Sicht bedeutet Individualisierung eine Isolierung des einzelnen Lerners, um unerwünschte Gruppenprozesse auszuschalten und die Lerngeschwindigkeit und Lernzielerreichung zu optimieren.
  Dieses Mißverständnis von Individualisierung als Einzellernen läßt sich ausräumen, wenn man sich klarmacht, daß einerseits auch bei affektiven, sozialen und psychomotorischen Lernzielen individuelle Gegebenheiten den Lernprozeß beeinflussen und andererseits auch kognitive Lernziele nichtkognitive Dispositionen umfassen. Individualisierung ist demnach mit „isoliertem Lernen" nicht identisch.

– Die Definition sagt nichts darüber, wer die externe Organisation vornimmt, insbesondere wer Ziele festlegt, Lernwege bestimmt und entscheidet, welche individuellen Gegebenheiten berücksichtigt werden.
  Einige Autoren setzen weiterhin eine externe Instanz voraus, die die Entscheidungen trifft – so etwa Tosti/Harmon (1972). Andere Autoren dagegen setzen voraus, daß eine Individualisierung des Unterrichts eine aktive Beteiligung des Lerners an den Entscheidungen über die Organisation der Lernprozesse impliziert. Auch wenn demnach Selbststeuerung keine zwingende Folge von Individualisierung ist, so besteht doch ein enger Zusammenhang: Eine Individualisierung ist eine notwendige, wenn auch nicht hinreichende Bedingung für Selbststeuerung. Selbstgesteuertes Lernen wäre somit als eine Spezialform der Individualisierung anzusehen.

In verschiedenen Beiträgen des Bandes wird darauf hingewiesen, daß Unterricht als Kontinuum zwischen Polen wie Geschlossenheit – Offenheit, hohe Komplexität – niedrige Komplexität etc. aufzufassen sei, auf dem sich die konkreten Ausformungen je nach der Ausprägung des betreffenden Merkmals einordnen lassen. Diese Aussage gilt auch für das Merkmal der Individualisierung: Die oben gegebene Definition, wonach die individuellen Gegebenheiten des einzelnen Lerners „möglichst weitgehend“ zu berücksichtigen seien, sollte deutlich machen, daß es sich nicht um eine „entweder/oder“-Qualität, sondern um eine Gradfrage handelt. Es gibt jedoch mehrere Dimensionen, auf denen konkreter Unterricht nach seinem Individualisierungsgrad variieren kann. Als wichtigste lassen sich unterscheiden:

– Die bisherige Diskussion hat sich in erster Linie konzentriert auf den *Grad der Individualisierung des Curriculums* als Zahl der Momente der Lehr-Lern-Situation, durch deren Variation die individuellen Differenzen zwischen den Lernern berücksichtigt werden können. Dabei beschränkt sich die Diskussion meist auf drei Haupttypen:
  a) unterschiedliches Lerntempo, d. h. zugestandene Lernzeit,
  b) unterschiedliche Lernwege bei gleichem Lernziel und
  c) unterschiedliche Lernziele.
  Eine Individualisierung der *Lernzeit* hat es in begrenztem Umfang immer gegeben – wenn nicht während des Unterrichts selbst, so doch in der „freien“ Phase der Hausaufgaben. Carroll und Bloom halten sogar die zugestandene Lernzeit für die Variable, die den Lernerfolg am entscheidensten beeinflußt. In ihren Modellen des „Lernerfolg für alle“ und des „Mastery Learning“ vertreten sie die Auffassung, daß bis zu 95% der Schüler einer Klasse die gesetzten Lernziele erreichen können, wenn man nur die individuell benötigte Lernzeit zugestehen würde. In der aktuellen Diskussion geht es darum, diese

Freigabe der Lernzeit nicht auf den außerschulischen Bereich zu beschränken, sondern innerschulisch vorzusehen.
Den Rahmen unserer herkömmlichen schulischen Lernorganisation sprengen würden dagegen *individuell unterschiedliche Lernzielsetzungen.* Vor allem die „Free School"-Bewegung liefert Beispiele dafür, daß eine konsequente Verwirklichung dieses Prinzips für den Primar- und Sekundarschulbereich im Rahmen des bestehenden Schulsystems nicht möglich und höchstenfalls als Ziel anstrebbar ist. In der Erwachsenenbildung und auch im Hochschulstudium ist dies allerdings heute schon möglich und z.T. verwirklicht.
Bei gleichem Lernziel *unterschiedliche Lernwege* für den einzelnen vorzusehen ist dagegen kein utopisches Ziel. Zahlreiche praktizierte Modelle einer inneren Differenzierung sind erste Schritte in dieser Richtung.
Übrigens stellen diese drei Stufen keine hierarchische Folge dar: Unterschiedliche Lernwege und selbst Lernziele sind durchaus in einem zeitlich rigiden Organisationsrahmen möglich.

– Eine zweite Dimension bildet die *organisatorische Ebene,* auf der Individualisierung ansetzt. Hier lassen sich innerhalb einer Schule etwa folgende Ebenen unterscheiden:
  a) Fach (z.B. Wahlmöglichkeiten im Kurssystem)
  b) Niveau innerhalb eines Kurses (z.B. Leistungs- oder Neigungsgruppen),
  c) thematisch bestimmte Unterrichtseinheit,
  d) Unterrichtsstunde,
  e) Phasen innerhalb einer Unterrichtsstunde.
– Eine dritte Dimension stellt Zahl und Art der individuellen Gegebenheiten dar, auf denen die Individualisierungsentscheidung basiert. Für die Individualisierungsentscheidung sind meist mehrere unterschiedliche Merkmale des kognitiven Bereichs heranzuziehen. Dieser Aspekt spielt jedoch bei konkreten Individualisierungsmaßnahmen keine wesentliche Rolle: Doch in der Praxis beschränken sich die meisten Programme auf einzelne globale Persönlichkeitsmerkmale.
– Der Grad der *Selbststeuerung* schließlich ist eine Funktion der Vorstrukturiertheit der Lernsituation und reicht von „völliger Fremdbestimmung aller Komponenten der Unterrichtssituation" über die „teilweise Beteiligung des Lerners" bis zur „freien Selbstentscheidung des Lerners über Ziel und Weg seines Lernens".

3. Medien im Unterricht

Auch der Begriff „Medium" hat in der Erziehungswissenschaft ein weites Bedeutungsspektrum und bezeichnet je nach Autor Geräte für die Ton- oder Bildwiedergabe, Vorlesungen und Kleingruppenarbeit, Exkursionen und Rol-

lenspiele, den Lehrer selbst oder überhaupt alle Reize, mit denen der Lerner in einer bestimmten Lernsituation konfrontiert wird. Daher soll eine Begriffsabgrenzung an den Anfang gestellt werden.
Ausgeklammert werden sollen:

- die direkte Erfahrung (z.B. authentische Realsituation),
- Organisationsformen des Unterrichts (z.B. Vorlesungen, Projektarbeit etc.),
- der häufig als „personales Medium" bezeichnete Lehrer sowie
- alle Unterrichtsobjekte, die nicht-medialen Charakter haben.

Der zuletzt genannte Punkt soll deutlich machen, daß ein Medium nicht aufgrund einer Objektqualität, sondern nur aufgrund einer sich aus dem unterrichtlichen Kommunikationskontext ergebenden Funktion ein Medium ist. Positiv ausgedrückt wird Medium also hier verstanden als „Unterrichtsmaterial in seiner Verwendung oder *hardware* (als das technische Gerät zur Speicherung und Wiedergabe auditiver und visueller Informationen) plus zugehöriger *software* (als die mit dieser *hardware* übermittelbare Information) in einem kommunikativen Kontext" (Heidt, 1976, 41).

3.1 Medien im herkömmlichen Unterricht

Sind Medien im Unterricht nun etwas so Neues, wie es die aktuelle Diskussion um „Mediendidaktik" oder „Unterrichtstechnologie" suggerieren? Sicher nicht – denn Medien im oben definierten Sinn sind in fast jedem Unterricht zu finden An erster Stelle sind hier zu nennen die schon klassischen Medien

- Wandtafel,
- Bildtafel,
- Landkarten oder
- illustrierte Lehr- und Arbeitsbücher.

Bei ihrer Verwendung werden die genannten Medien auch heute noch bezogen auf den konventionellen Klassen- und Gruppenunterricht. Sie sind Hilfsmittel für den Lehrer, der allein über ihren Einsatz entscheidet, um seinen Unterricht zu ergänzen und zu unterstützen. Dementsprechend werden Medien meist gesehen als Möglichkeit:

- der stofflichen Veranschaulichung komplexer oder abstrakter Sachverhalte („Anschauungsmittel")
- der Erweiterung des Erfahrungsraumes (z.B. Dokumentation historischer oder geographisch entfernter Ereignisse; Bewegungs- und Ablaufverdeutlichungen durch Zeitraffer und Lupe; Vergrößerungen etc.) oder

– des *Enrichment* (zur zusätzlichen Verdeutlichung oder als Belohnung mit einem Film in der letzten Stunde).

Trotz ihrer langen Geschichte haben die Medien aus sich heraus weder eine Individualisierung, geschweige denn eine Selbststeuerung im Unterricht bewirkt.
In den letzten Jahrzehnten sind nun zwei Entwicklungen eingetreten, die das Aufkommen einer eigenständigen mediendidaktischen Diskussion bewirkten:

– Eine rasche technologische Entwicklung eröffnete technische Möglichkeiten vor allem der Ton- und der Laufbildspeicherung und -wiedergabe und schuf die Voraussetzungen für neue Wege der Informationsvermittlung. Beispiele sind Schallplatte, Tonband und Tonkassette sowie der Film und die elektromagnetischen Videoaufzeichnungen. Hierher gehören aber auch Entwicklungen wie der Overhead-Projektor, der die herkömmlichen Wand- und Bildtafeln ergänzt.
– Aufgrund der Vervielfältigungs- und Distributionsmöglichkeiten haben sich diese technischen Neuentwicklungen rasch verbreitet und sind heute selbstverständlich Bestandteil der außerschulischen Umwelt. So gehören Schallplatte und Kassettenrecorder zum Normalbesitz eines Jugendlichen. Besondere Bedeutung kommt den elektronischen Medien als Massenmedien zu: Dem Hörfunk und dem Fernsehen. Die Ausbreitung dieser Massenmedien hat die gesellschaftlichen Kommunikationsstrukturen so verändert, daß man bereits von einem „elektronischen Zeitalter" (McLuhan) spricht. In den letzten Jahren mehren sich Kritiker, die auf die Gefahren hinweisen, die aus einem Überhandnehmen vermittelter Sekundärerfahrungen erwachsen, und die bereits von einem „Leben aus zweiter Hand" sprechen.
Die rasche Verbreiterung der technischen Medien führte schon früh zu Versuchen, das Darstellungspotential didaktisch zu nutzen. In Deutschland wurde 1924 die erste Schulfunksendung ausgestrahlt und 1934 mit der Gründung der Bildstellen die Voraussetzung für die Verbreitung des Films geschaffen. Dieses Angebot wurde von den Schulen nur relativ zögernd angenommen. Neue Impulse erhielt die Diskussion durch den Verweis auf eine allgemein gesellschaftliche und technologische Entwicklung, die sich auch im Unterricht zu spiegeln habe. Als Beispiel sei Peters zitiert, der darauf hinweist, daß die Wende von der vorindustriellen zur industrialisierten Phase endlich den Unterricht erreicht habe:

> „Dem Prinzip der Rationalisierung folgend, verlagert sich das Schwergewicht der Arbeit in der Schule vom personengebundenen Unterricht zum personenunabhängigen Unterricht. Die *Objektivierung von Lehrfunktionen* mit Hilfe der Medien wird dadurch zum zentralen Prinzip der Unterrichtstechnologie" (1971, 500).

Diese Begründung wird noch verstärkt durch Konsequenzen der zweiten beschriebenen Entwicklungstendenz. Denn wenn Medien Teil der außerschulischen Erfahrungswelt der Schüler sind, dann müssen sie notwendigerweise auch in schulischen Überlegungen stärker einbezogen werden. Dohmen (1976) sieht hier eine zeitgemäße Ergänzungsfunktion der Schule, Hilfen zu geben für die geistige Verarbeitung der durch außerschulische Medien vermittelten Sekundärerfahrungen. Das kann nicht allein durch verbale Erläuterungen geschehen, sondern erfordert die Verwendung dieser Medien im Unterricht selbst.

Ein rein personaler, nur auf kommunikatives Handeln zugeschnittener Unterricht

> „verfehlt heute bereits ein generelles Bildungsziel, weil die Schüler dabei nicht lernen, mit der „Daseinsapparatur" des Sekundären Systems in einer fortgeschrittenen Industriegesellschaft erfolgreich umzugehen" (Peters, 1973, 297).

Das gilt um so mehr, als Medien von vornherein als „Medien für das Lernen" erfahren werden. Schon Kinder lernen heute durch das Fernsehen: „Sesamstraße" ist dabei nur die bekannteste Serie. Lernen durch Massenmedien setzt sich fort in den zahlreichen Hobby- und Fremdsprachenkursen der Fernsehanstalten und in den populärwissenschaftlichen Sendungen.

3.2 Die Bedeutung der Medien für eine Individualisierung

Maßnahmen zur Berücksichtigung individueller Differenzen lassen sich grundsätzlich alle mit Hilfe von Lehrpersonal verwirklichen und zeigen, daß Medien keine *notwendige Bedingung* für eine Individualisierung sind. Die gerade beschriebene Praxis des Mediengebrauchs in den heutigen Schulen macht andererseits deutlich, daß Medien auch keine *hinreichende Bedingung* für die Individualisierung des Unterrichts darstellen. Was können Medien denn nun für einen Unterricht leisten, der die individuellen Gegebenheiten des einzelnen Lerners stärker berücksichtigt?

Es sind vor allem zwei Momente.

Das erste Moment läßt sich fassen mit dem Begriff der *„Objektivierung"* bzw. *„Lehrobjektivierung"*. Er bedeutet, daß Lehrfunktionen, „deren aktueller Vollzug in den traditionellen Unterrichtssystemen an die physische Anwesenheit eines menschlichen Lehrers gebunden ist, von eben dieser physischen Präsenz abgelöst" (Flechsig, 1976, 16) und an einen besonderen Funktionsträger, ein Medium, übertragen werden. Flechsig, der in diesem Sachverhalt „die technologische Wende der Didaktik" sieht, unterscheidet eine Folge von Wandlungsphasen, den der Unterricht aufgrund der Lehrobjektivierung durch-

läuft – beginnend mit der *Simulation des Lehrers durch ein Gerät,* der die *zweckrationale Konstruktion der Lehrfunktionen* und eine *Perfektionierung dieser Lehrfunktionen* folgt. Diese Entwicklung ist eine Konsequenz der Objektivierung der Lehrfunktionen, d. h. der Möglichkeit, den Lehrer in idealer Form beliebig oft zu kopieren. Hier liegt auch das Potential der Medien für eine Individualisierung des Unterrichts.
Zusammenfassend sei daran erinnert, daß Überlegungen zum Lernen in unserer Gesellschaft drei Prämissen zu berücksichtigen haben:

1. Die Komplexität unseres Gesellschaftssystems macht eine Organisation des Lernens unumgänglich. Eine Rückkehr zum Lernen des einzelnen durch einfaches Mitleben im Lebenszusammenhang ist nicht mehr möglich.
2. Die notwendige Vorstrukturierung des Lernens kann nicht in einer punktuellen Festlegung zu Beginn eines langfristigen Lernprozesses bestehen. Sie muß Raum für individuelle Entwicklungen lassen und dementsprechend eine Anpassung der Lernorganisation ermöglichen.
3. Im Zeitalter der Massenbildung kann diese Abstimmung der Organisation auf die individuellen Gegebenheit nicht mehr durch die Vermehrung des Lehrpersonals erreicht werden. Die hohen Kosten stehen der Verwirklichung eines allgemeinen individuellen Tutoren- oder Hauslehrer-Modells entgegen.

Akzeptiert man diese Prämissen, dann führt die Forderung nach einer Individualisierung schnell zu den „Unterrichtsmedien". Sie bilden ein Instrumentarium, mit dem sich der Rahmen des verschulten Gruppenlernens durchbrechen läßt, da sie die Chance bieten, den Lerner aus der Gebundenheit an den Lehrer zu lösen und Zeit, Art und Ort des Lernens freier bestimmbar zu machen. Zu diesem quantitativen Aspekt, der „Vervielfältigung" des Lehrers, tritt die Möglichkeit einer qualitativen Veränderung des Unterrichts. Flechsig hat darauf hingewiesen, daß sich bereits in der ersten Phase der Objektivierung, bei der Simulation des Lehrers durch ein Gerät, die Entwicklung von Unterrichtsmaterial und Medienprogrammen am Modell des Privatlehrers orientierte:

„(Es) sollte jener Lehrer simuliert werden, der sich nur an einen Schüler wendet und ihn geduldig und unter Eingehen auf dessen Fähigkeiten und Bedürfnisse unterrichtet" (1976, 20).

Ebenfalls unter dem Aspekt einer qualitativen Verbesserung des Unterrichts ist das zweite Moment zu sehen: Medien *erweitern das traditionelle Darstellungsrepertoire,* die Art der Informationsdarbietung. Durch eine unterschiedliche Materialgestaltung berücksichtigen sie individuelle Fähigkeiten und andere Persönlichkeitsmerkmale und ermöglichen so ein stärkeres Eingehen auf die

Eigenarten des einzelnen Lerners. Diese didaktische Nutzung ist kennzeichnend für die nächsten Phasen in Flechsigs Entwicklungsmodell, die zweckrationale Konstruktion und Perfektionierung der Lehrfunktionen. Es geht darum, genau umschriebene Einzelfunktionen, wie z.B. „die anschauliche Darstellung eines mathematischen Sachverhaltes", mit Hilfe von Medien über das dem Lehrer mögliche Maß hinaus zu optimieren. Das leitende Kriterium bei der Gestaltung, die Abstimmung auf unterschiedliche Persönlichkeitsmerkmale, verweist auf den grundlegenden Bereich der differentiellen Lernpsychologie.
Nun dürfte deutlicher geworden sein, daß Medien im Unterricht nicht automatisch Individualisierung und Selbststeuerung bedeuten. Medien können im Gegenteil überkommene Strukturen festschreiben. Auch wenn Medien die Möglichkeit bieten, neue Formen der Individualisierung zu realisieren, so muß dieses Potential doch erst durch eine Organisation des Lehr-/Lernprozesses – oder besser der Lernumwelt – und eine gezielte Gestaltung der *software* erschlossen werden.

3.3 Anforderungen an die Medien in unterschiedlichen Individualisierungskonzepten

Damit sind die Punkte genannt, in denen sich Individualisierungskonzepte im Hinblick auf den Medieneinsatz unterscheiden: Es sind die drei Komponenten der vorgeschlagenen Mediendefinition *„hardware* plus *software* in ihrem situativen unterrichtlichen *Kontext"*.
Die wesentlichsten Entscheidungen müssen auf der Ebene des situativen Unterrichtskontextes gefällt werden; denn die Grundvoraussetzungen für eine Individualisierung sind als allgemeine Prinzipien der Organisation des Lehr-/Lernprozesses zu formulieren. Diese Anforderungen sind medienrelevant, da hier die Verwendungssituation der Unterrichtsmaterialien vorstrukturiert wird. Wichtigstes Prinzip ist das Abgehen vom gleichzeitigen Lernen in der Jahrgangsklasse. Das kann dadurch geschehen, daß Maßnahmen zur äußeren und inneren Differenzierung durchgeführt werden, die Lernzeit in der Schule selbst stärker freigegeben und den Schülern der direkte Zugang zu allen Lernmitteln ermöglicht wird.
Für den Bereich der *hardware* gilt, daß die vorentworfene Anpassung der Lernsituation an die individuellen Gegebenheiten durch spezifische Geräteeigenschaften unterstützt werden muß. Für die Geräte bedeutet das:

- leichte Handhabbarkeit für die Schüler,
- Robustheit als geringe Reparaturanfälligkeit,
- niedriger Preis,

so daß sie in mehrfacher Ausführung angeschafft werden können. Damit sind Charakteristika genannt, die prinzipiell allen Individualisierungsmodellen entgegenkommen. Duncan (1969) hat folgende Medientaxonomie entworfen, in der die wichtigsten Geräte und Lehrmittel nach genannten Gesichtspunkten in eine hierarchische Ordnung gebracht sind (vgl. Tab. 1).

Zunehmende Primärkosten; Allgemeinheitsgrad; potentielle Größe d. Verwendungsgruppe ↓

individ.	Notizen des Zuhörers; vervielfältigte Notizen, Literaturangaben; vervielfältigte Bilder;	vollständig oder Lücken
Gruppe	Wandtafeln; reale Beispiele (Gegenstände); Arbeitsmodelle, formalis. Modelle;	
Repro.	Episkop; Lehr/Arbeitsbücher; Programmierte Bögen und Texte;	
	Tonbänder, Schallplatten; Sprachlabors;	
Reproduktion (Gruppe)	Dias, Filmstreifen, Overhead; Audio-visuelle Hilfsmittel; Stereogramme; Bewegliche Overhead-Projektion;	
	Stummfilme, spezielle Kassettenfilme Magnettonfilm (löschfähig); Lichttonfilm;	
	Programm, Texte i. Maschinenformat; Rundfunk u. Begleitmaterial; Videobandaufnahmen; Live-Fernsehen; Computer-unterstützte Instruktion; Radio-, Fernsehsender;	

↑ leichtere Verfügbarkeit; Spezifität; Preiswürdigkeit

Tabelle 1: Medientaxonomie in Anlehnung an Duncan (1969)

Spezifischer sind die Anforderungen an die *software;* das Lernmaterial ist inhaltlich und strukturell an die individuellen Gegebenheiten der Lerner anzupassen:

- Unter dem ersten Aspekt geht es vor allem um eine inhaltliche Abstimmung des Lernstoffes auf Vorkenntnisse und Interesse des Schülers. Hierfür haben Gagné und Ausubel neue Anstöße gegeben.

- In struktureller Hinsicht stehen zum einen typographische, bildnerische, filmische und andere Techniken zur Verfügung (Heidt, 1976). Zum anderen sollte das Material so aufgebaut sein, daß es durch Anleitungen didaktische Hinweise etc. Selbstinstruktionscharakter erhält und über Feedbackmechanismen den Lerner über seinen Fortschritt informiert.

Die Entscheidungen auf den drei Ebenen beeinflussen und bedingen sich gegenseitig. So kann z.B. das an einer Schule vorhandene Medien-Selbstlernzentrum eine Freigabe der Lernzeit und ein Aufbrechen geschlossener Klassenstrukturen bewirken.

4. Die Beschreibung individueller Unterschiede und ihre Berücksichtigung bei der Medienverwendung

Wie kann man die individuellen Unterschiede der Lerner fassen? Mit welchen Kategorien kann man sie beschreiben?

4.1 Kategorien zur Beschreibung individueller Unterschiede

Die Entwicklung eines diagnostischen Instrumentariums zur Erfassung der individuellen Unterschiede ist einer der wesentlichen Schritte, der das jeweilige Individualisierungsmodell entscheidend prägt. Die Beschreibung gerade dieser Komponente nimmt daher in den meisten Darstellungen einen wichtigen Platz ein (Lindvall/Bolvin, 1976; Koort, 1976; Gagné/Briggs, 1974). In den meisten Fällen werden die individuellen Differenzen als unterschiedliches Vorwissen im Sinne eines abfragbaren Stoffrepertoires definiert. Eine Beschreibung individueller Differenzen als unterschiedliche Grade der Stoffakkumulation ist für eine „möglichst weitgehende" Berücksichtigung der individuellen Gegebenheiten aber noch nicht hinreichend. Neue Impulse kamen vor allem aus dem Bereich der Lernpsychologie. Einige der wichtigsten Kategoriensysteme sollen im folgenden kurz vorgestellt werden:

- Bei einer ersten Gruppe von Lernpsychologen spielt der Bezug zum inhaltlich-thematisch definierten Lernstoff noch die wesentliche Rolle (Gagné u. Ausubel). Gagné, der ein hierarchisches System von Lerntypen entworfen hat, fordert eine Analyse unterrichtlicher Lerngegenstände in Kategorien der beteiligten Lernarten. Auf diese Weise entsteht „eine Karte des Lerngegenstandes, in der jeweils tieferliegende Leistungsformen die

Voraussetzung für das Erreichen höherer Lernleistungen bilden" (Mutschler/ Ott, 1975, 837). Es gilt nun festzustellen, welche der für den Lerngegenstand notwendigen Lernarten der Schüler beherrscht, um dann auf dem höchstmöglichen Niveau einzusetzen. Der Lerner wird also in Termini der beherrschten Lernarten für einen bestimmten Gegenstand beschrieben.

Ausubel faßt Lernen im kognitiven Bereich als Akt des Sinnverstehens auf. Daher muß der potentiellen Sinnhaftigkeit eines Lerngegenstandes eine sinnfähige kognitive Struktur des Lerners korrespondieren. Diese kognitive Struktur ist das Ergebnis bisheriger Lernprozesse und somit ein Sinngebungsraster, das die Bedeutung, die ein Lerngegenstand im Wissensbestand des einzelnen Lerners hat, bestimmt. Der Lernende muß daraufhin beschrieben werden, welche Anknüpfungspunkte („anchoring ideas") in seiner individuellen kognitiven Struktur für einen neuen Lerninhalt bestehen, unter die die neuen Informationen subsumierbar sind.

Gagné u. Ausubel erkennen zwar die Bedeutung der individuellen Lernvoraussetzungen an, gehen jedoch von einer objektiven vorgegebenen Struktur des Sachgegenstandes aus; diese gilt es, optimal zu vermitteln bzw. in individuelle Strukturen umzusetzen. Gegen eine solche Sichtweise ist Kritik lautgeworden, da diese Konzepte nur auf eine Anpassung des individuellen Verständnisses an die als objektiv definierte Auffassung des Sachgegenstandes abzielen und eigenständige Deutungen des Lerners als unerwünschte Abweichungen betrachten. Neuere Untersuchungen unterstützen diese Kritik, so etwa die von Fenker (1975), der vermutet, daß keine allgemeine optimale Struktur für ein Sachgebiet existiert, sondern daß diese je nach Informationsverarbeitungsstrategie für jeden Lerner anders aussieht. Ziel einer Individualisierung müßte dann sein, solche Lernbedingungen zu schaffen, die den Aufbau individueller Strukturen ermöglichen.

– Aufgrund seiner Forschungsergebnisse zur geistigen Entwicklung hat Piaget drei große Abschnitte der Entwicklung definiert.

Diese Klassifizierung ist bei der Planung von Unterrichtsmaßnahmen für Kinder verschiedener Altersstufen von großer Bedeutung. Inzwischen liegen allerdings Untersuchungen vor, die diese Auffassung einer festen Abfolge infrage stellen (Glaser, 1973).

Auf den Überlegungen Piaget's basierend hat Bruner seine Theorie der Repräsentationsmodi entwickelt. Er unterscheidet:

a) die enaktive,
b) die ikonische und
c) die symbolische Darstellungsmethode.

Er weist nach, daß eine Wechselwirkung aller drei Repräsentationsmodi auch „ein Hauptmerkmal des intellektuellen Lebens der Erwachsenen" ist. Ruprecht, der Bruners Ansatz im Kontext von Unterrichtsdifferenzierung und Mediendidaktik erörtert, folgert

„daß jeder Lernprozeß durch alle drei Repräsentationsformen bestimmt sein müßte. Adressatengerechtes Unterrichten meint in diesem Zusammenhang dann lediglich eine für den jeweils einzelnen günstige Mischung" (1975, 8).

Er sieht hier die Möglichkeit für individualisierenden, auf den jeweiligen Repräsentationstyp abgestimmten Medieneinsatz.

- Wohl die bekannteste Kategorie, mit der Persönlichkeitsunterschiede im kognitiven Bereich beschrieben werden, ist der Intelligenz-Quotient (IQ) oder das Intelligenz-Profil. Die Einsicht, daß Intelligenz keine geschlossene Größe darstellt, sondern aus einer Reihe unabhängiger Dimensionen besteht, führte zu Versuchen, diesen Bereich zu differenzieren und die verschiedenen intellektuellen Fähigkeiten zu klassifizieren (Wewetzer, 1975). Als Beispiel sei das Modell der Intelligenzstruktur von Guilford (1967) genannt, das 120 durch Tests definierte Intelligenzfaktoren der folgenden Art enthält: Visualisierungsfähigkeit, Leichtigkeit im Umgang mit Zahlen, Ausdrucksflüssigkeit, Originalität, Wahrnehmungsgeschwindigkeit usw....
- Die Erkenntnis, daß die unterschiedliche Ausprägung intellektueller Fähigkeiten nur *einen* Komplex von Einflußgrößen auf das Lernen darstellt, führt zu einer zunehmenden Berücksichtigung auch nichtintellektueller Merkmale. Neben relativ bekannten Variablen wie *Leistungsmotivation, Introversion/Extraversion* oder *Angst* ist es der Bereich der kognitiven Stile, der eine Grundlage für individualisierende Maßnahmen liefern könnte. Ein kognitiver Stil bezeichnet allgemein eine individuelle Fähigkeit für bestimmte Arten der Informationsbeachtung und -verarbeitung.
  Wie können nun unterschiedliche Ausprägungen dieser Merkmale in unterrichtliche Maßnahmen umgesetzt und bei Medienentscheidungen berücksichtigt werden?

4.2 Der Zusammenhang von Lerner-Merkmalen und Medienentscheidungen

Inzwischen hat sich unter der Bezeichnung „Aptitude-Treatment-Interaction" (ATI) bzw. „Trait-Treatment-Interaction" (TTI) eine Forschungsrichtung etabliert, die sich mit der Frage nach dem Zusammenhang zwischen Lernumweltgestaltung und individuellen Merkmalen des Lerners befaßt. Die Vertreter dieser Richtung erklären Lerneffekte als Ergebnis von *Wechselbeziehungen* zwischen Gestaltungsmomenten des Unterrichts (speziell der Medien) einerseits und bestimmten individuellen Persönlichkeitsmerkmalen des Lerners andererseits. Im Rahmen dieses Forschungsansatzes hat Salomon (1970) eine sowohl theoretisch tragfähige als auch praxisrelevante Hypothese darüber entwickelt, welche Funktion Medien im Hinblick auf beabsichtigte individuelle Lernprozesse übernehmen können.

Salomon geht davon aus, daß verschiedene Lehrer auf die „gleiche“ Information verschieden reagieren; d.h. sie nehmen den gleichen Stimulus auf verschiedene Weise wahr und codieren unterschiedlich. Als eine der wesentlichsten Funktionen, die Medien im Hinblick auf die Beeinflussung dieser internen Informationsverarbeitungsprozesse übernehmen können, definiert Salomon die *Supplantation,* d.h. die externe Simulation interner Lernprozesse. Die hinter diesem Konzept stehende Hypothese läßt sich im Anschluß an Piaget präzisieren: Wenn ein Lehrer eine Information so darbietet, daß ein bestimmter interner Verarbeitungsprozeß simuliert oder „supplantiert“ wird, ist zu erwarten, daß der Lerner den Prozeß imitierend internalisiert und seinem Repertoire verfügbarer Schemata einverleibt.
Lernprozesse lassen sich nun simulieren, indem man eine Person stellvertretend den gewünschten Lernprozeß durchlaufen läßt, wobei der eigentlich gemeinte Lerner durch Beobachtung teilnimmt. Eine andere Möglichkeit ist, die internen Operationen nach außen zu verlegen und explizit darzustellen. Hier finden die Medien ihren Platz; denn bestimmte Lernprozesse – vor allem im Bereich der Visualisierung – lassen sich nur mit ihrer Hilfe simulieren. Medien werden dementsprechend nicht mehr nur unter dem Aspekt der Wissensvermittlung als bloße Informationsträger gesehen, sondern „in ihrer Funktion als ‚Transformatoren‘... als ‚Codierer‘, die Wissen in die ‚Tonart‘ des Lernenden transportieren“ (Hofer, 1973, 56).

4.3 Alternative Entscheidungsmodelle

Es dürfte deutlich geworden sein, daß individuelle Gegebenheiten der Lerner nicht nur Eingangsgrößen, sondern auch Ergebnisse von Lernprozessen sind, d.h. Variablen, die durch Medien im Unterricht auch verändert werden. Wegen der zahlreichen existierenden Beispiele für ein falsches Verständnis des Zusammenhanges von erziehungswissenschaftlicher Forschung und unterrichtlicher Praxis soll eindeutig festgestellt werden, daß die Berücksichtigung interindividueller Unterschiede in der konkreten Unterrichtsgestaltung nicht einfach die Anpassung der Lernsituation an als gegeben akzeptierte individuelle Lernerunterschiede bedeuten darf. Eine daraus resultierende Festschreibung bestehender Differenzen ist problematisch, etwa wenn die individualisierende Unterrichtsgestaltung unerwünschte Verhaltensweisen verfestigt; so wenn Schüler mit dem Merkmal „Unselbständigkeit“ nur noch rigide durchstrukturierten audiovisuellen Lehrprogrammen ausgesetzt würden, weil sie dort die besten Lernergebnisse zeigen. Ein in vielen Fällen sinnvolleres Umsetzungsmodell versucht, die individuellen Unterschiede durch einen gezielten Ausgleich der Schwächen des einzelnen Lerners bei gleichzeitiger Berücksichtigung seiner Stärken abzubauen.

Salomon (1972b) hat sein Supplantationskonzept in verschiedene unterrichtliche Entscheidungsmodelle einmünden lassen:

- das Nachhilfemodell: Hier arbeitet der Lerner mit Medien, die gerade den Aufbau der Fähigkeiten unterstützen sollen, die in unzureichender Form vorhanden sind;
- das Verstärkungsmodell: Hier arbeitet der Lerner mit Unterrichtsmaterial, das optimal auf seine bestehende Fähigkeit zugeschnitten ist;
- das kompensatorische Modell: Hier arbeitet der Schüler mit Materialien, die seine Schwächen nur umgehen (und nicht auszugleichen versuchen).

Einen weiteren, bei Salomon nicht erwähnten Ansatz könnte man als Transfer-Modell bezeichnen: Hier lernt der Schüler die Umformulierung einer Lernsituation in die den eigenen Fähigkeiten angepaßten Kategorien.
Es schien wichtig, alternative Möglichkeiten der Unterrichtgestaltung für den gleichen individuellen Lerner aufzuzeigen, damit Untersuchungsergebnisse nicht – wie es naheliegt – im Sinne eines Verstärkungsmodells umgesetzt werden. Dem Lehrer als dem traditionellen Unterrichtsorganisator wird so klar, daß Forschungsergebnisse über Effekte von Individualisierungsmaßnahmen (mögen sie noch so positiv sein) nicht von der pädagogischen Entscheidung über die Art ihrer Umsetzung im Unterricht entbinden.

5. Lernen im Spannungsfeld von Selbst- und Fremdsteuerung

5.1 ATI und Selbststeuerung – ein Widerspruch?

Daß Individualisierung nicht gleichbedeutend mit Selbststeuerung ist, konnte gezeigt werden: In vielen Individualisierungsprogrammen steht zwar der Lerner im Mittelpunkt unterrichtlicher Überlegungen – aber nur als *Objekt.* Ein extremes Beispiel stellen bestimmte Formen computergesteuerter Lehrprogramme dar.
Medien können eine Individualisierung zwar erleichtern und weitreichendere Formen in unserer Gesellschaft überhaupt möglich machen; sie bieten aber keine Garantie für eine Individualisierung und erst recht nicht für eine Selbststeuerung. In bezug auf die *hardware* haben die Ausführungen im Gegenteil gezeigt, daß die Kompliziertheit des Gerätes einer stärkeren Selbststeuerung, die u.a. auch einen aktiven Umgang des Schülers mit den Geräten impliziert, entgegenstehen kann. Ähnliches gilt auch für die inhaltliche und strukturelle Gestaltung des Materials, der *software:*

„Je perfekter die Adaption des Lernverfahrens an die individuellen Eigenschaften des Lernenden erfolgt, desto größer ist die Wahrscheinlichkeit für eine optimale Erreichung der Ziele, desto geringer ist aber auch der Spielraum für spontane, nicht vorgesehene Wünsche des Lernenden“ (Issing, 1975, 17).

Damit drängt sich die Frage auf, ob diese Ansätze nur in fremdgesteuerten individualisierten Lernsystemen nutzbar zu machen sind oder ob sie sich auch in ein Modell selbstgesteuerten Lernens einbringen lassen. Wie zu erwarten, sehen einige der wenigen Autoren, die diesen Aspekt behandeln, in einem auf ATI-Grundlagen entworfenen Unterricht eine totale Fremddetermination, die vorab keinen Freiraum für eigene Entscheidungen läßt (Henk-Riethmüller, 1974; Merrill, 1975). Obwohl eine solche Bewertung naheliegt, eröffnet der ATI-Ansatz in den Augen anderer Autoren neue Möglichkeiten für den Lerner, selbststeuernd Einfluß auf seinen eigenen Lernprozeß zu nehmen. So stellen etwa Boutwell und Barton, in bezug auf die prozeßbezogene Definition der Lernermerkmale im ATI-Konzept fest:

„The old aptitudes were products of correlations and predictions based on aptitudes categories. The new aptitudes are not so static, but can be learned and in turn used by the student in improving future learning effectiveness and efficiency. The traditional definition of aptitude restricted the instructional designer to the placement of students into specific instructional treatments based on their aptitude level. The new aptitudes allow the student to enter any instructional treatment at any point, limited only by his entering cognitive processes. From that point on, the student would optimally learn the subtleties of many new cognitive processes in instructional systems which not only teach him these cognitive processes, but also make ongoing instructional adaptations to accommodate his newly-won capability to direct his own learning“ (1974, 16).

Das skizzierte Modell ist theoretisch einleuchtend, wenn damit auch noch nichts über die praktische Realisierbarkeit im Unterricht gesagt ist. Es scheint jedoch, als ob sich der Ansatz, dem Lerner innerhalb des ATI-Konzeptes eine aktive Entscheidungs- und Handlungskompetenz zuzuerkennen, auch in die Unterrichtspraxis umsetzen ließe: Garten berichtet in ihrem Forschungsbericht (1976) über einen entsprechenden Versuch mit zehnjährigen Schülern. Es ging dabei um Aneignungsprozesse neuer Informationen und ihre Beeinflussung durch Interaktionen zwischen unterschiedlichen Momenten der Unterrichtsgestaltung und überdauernden und situationsspezifischen Schülermerkmalen. Sie kommt zu dem Schluß, daß Differenzierungs- und Individualisierungsmaßnahmen im Unterricht nicht langfristig von externer Seite vorhergeplant werden, sondern in der jeweiligen Lernsituation flexibel unter Beteiligung der Schüler erfolgen sollten. Die Schüler könnten mit Hilfe der in dem Versuch verwendeten einfachen Verfahren ihren Lernstand und die Lernbedingungen selbst einschätzen und seien daher in der Lage, ihre Lernumwelten selbst aktiv mitzugestalten. Auch wenn es zu früh für eine abschließende Beurteilung ist, so zeigen die zuletzt genannten Beispiele doch, daß eine Selbststeuerung durch den Lehrer auch im Rahmen eines ATI-Konzeptes nicht auszuschließen ist. Hier liegt ein vielversprechender Ansatzpunkt für weitere praxisbezogene Forschungsprojekte.

5.2 Der Anspruch der Sachstruktur und die Entscheidungsfreiheit des Lerners

„Selbststeuerung" ist eine Dimension des Lehr-/Lernprozesses mit sehr unterschiedlichen Gradausprägungen. Während gegen eine vollständige Außendetermination des Lerners in einer demokratischen Gesellschaft eine Reihe von Gründen auf der Hand liegen, ist andererseits eine völlige Freigabe der Entscheidung über Lernziele, Lernwege etc. an den Schüler gesellschaftlich kaum zu verantworten, weil dann die Kenntnisse, Fertigkeiten, Verhaltensweisen etc., die der Einzelne erwirbt, dem Zufall überlassen blieben. Lernen vollzieht sich in einem Spannungsfeld, in dem es einerseits darauf ankommt, den Lernern die Fähigkeit zur eigenständigen Auseinandersetzung mit den unterschiedlichsten Problemen zu stärken, dabei aber andererseits der Notwendigkeit Rechnung zu tragen, einen gemeinsamen, sinnvoll zusammenhängenden Wissensbestand aufzubauen. Schulisches Lernen war zu lange auf den zweiten Aspekt ausgerichtet. So verständlich auch eine Überkompensation ist, die in der Schule nur noch völlig freies „entdeckendes Lernen" oder in der Hochschule „forschendes Lernen" zulassen will, so notwendig ist es, zu einer ausgewogeneren Bewertung des Verhältnisses von externer Vororganisation der Lernbedingungen und Selbststeuerungsfreiraum des einzelnen Lerners zu kommen.
Das Ziel des Unterrichts müßte darin bestehen „die Verbindlichkeit des Sachanspruches mit der Produktivität individueller Deutung zu verbinden" (Mutschler/Ott, 1976, 22). Im Rahmen der Schule kann die Autonomie des einzelnen Lerners daher immer nur eine relative sein. Die Frage nun, welcher Freiraum für eine Selbststeuerung von einem Lerner sinnvoll genutzt werden kann, ist nicht generell zu beantworten und hängt von seinen bisherigen Lernerfahrungen und der dabei erworbenen Kompetenz, selbständig zu lernen, ab.

5.3 Selbstgesteuertes Lernen als Methode und als Ziel

Die meisten Autoren tendieren aus diesem Grund dazu, selbstgesteuertes Lernen mit Medien erst im tertiären Bereich zu empfehlen. Die meisten der Individualisierungsmodelle, die auf eine stärkere Selbstbeteiligung des Lerners hinzielen, sind daher für den Hochschul- und Erwachsenenbildungsbereich

entwickelt worden, weil hier die notwendige Lernerfahrung vorausgesetzt wird, den eigenen Lernprozeß steuern zu können, und die einengende Jahrgangsklassenstruktur entfällt. Es sollte jedoch nicht übersehen werden, daß auch für den Primar- und Sekundarbereich eine Reihe erfolgreicher und ähnlich angelegter Individualisierungsprogramme existieren (Teschner, 1971; Glogauer, 1976).
Carroll (1972) hält eine Individualisierung nach dem „Mastery Learning"-Konzept, d.h. eine weitgehende Freigabe der zugestandenen Lernzeit, sogar für besonders angemessen für die Grundschule, da hier die für alle folgenden Lernprozesse grundlegenden Fertigkeiten erworben werden.
Die Kompetenz, den eigenen Lernprozeß selbständig zu steuern, ergibt sich nicht von selbst, sondern erfordert den gezielten Aufbau entsprechender Lerntechniken. Je früher Schüler das selbständige Lernen lernen, desto erfolgreicher werden sie die folgenden Lernsituationen unabhängig bewältigen. Glaser (1973) hat darauf hingewiesen, daß bereits sehr junge Schüler in einem entsprechend ausgerichteten Unterricht Selbststeuerungstechniken und -kompetenzen („self-management skills") in einem erstaunlichen Ausmaß entwikkeln können. Schließlich sollte man nicht vergessen, daß jeder Lerner *vor* und *außerhalb* der Schulzeit ohne organisierten (fremdgesteuerten) Unterricht wahrscheinlich mehr lernt als in der Schule selbst und daß es wichtig ist, den Schüler in die Lage zu versetzen, sich *nach* der Schulzeit, d.h. den größten Teil seines Lebens für die Lösung auftauchender Probleme benötigte Informationen selbständig zu beschaffen und zu verarbeiten. Diese Informationen wird er sich in der Regel nicht von Personen holen können, die den Stoff für ihn entsprechend seiner individuellen Gegebenheiten didaktisch aufbereiten. Er wird im Normalfall auf das Medienangebot der Rundfunk- und Fernsehanstalten, der öffentlichen oder privaten Bildungseinrichtungen oder last not least des Buchhandels zurückgreifen.
Auf diese Situation muß ihn die Schule vorbereiten. Am Anfang wird dabei in der Regel die Lernsituation in ihren wichtigen Komponenten für den Lerner vororganisiert werden müssen. Die strukturellen Hilfen und Lernanleitungen sollten dann allmählich zurückgenommen und abgebaut werden, um so eine Situation herbeizuführen, in der der Lerner imstande ist, die externen Bedingungen seines Lernens mit Hilfe von Materialien unterschiedlichster Herkunft weitgehend selbst zu organisieren. Eine anfängliche stärkere Vorstrukturierung mit erwachsenen Lernern (speziell bei der „Open University") hat gezeigt, daß Studenten ohne vorangehende strukturierende Lernphasen kaum in der Lage sind, die notwendige Selbststeuerungskompetenz für eigenverantwortlich zu organisierende Projektarbeit zu entwickeln (Bates/Pugh, 1975).
Die Dringlichkeit, Individualisierung in einen Zusammenhang mit dem Aufbau von Selbststeuerungskompetenzen des Lerners zu stellen und damit das Individuum als Organisator seines Lernens aufzuwerten, läßt sich auch aus

kognitions-psychologischer Sicht begründen. So äußert Flammer (1975) beim gegenwärtigen Kenntnisstand der Lernpsychologie Bedenken gegenüber didaktisch-technologischen Versuchen, das individuelle Lernen „von außen" zu optimieren.
Er sieht Lernen als einen subjektiv regulierten Vorgang im Sinne des kybernetischen Regelkreises und tritt daher für eine „Aufwertung des Individuums als Organisator seines Lernens" ein. Er plädiert dafür, diesen Aspekt sowohl in der Forschung als auch in der Unterrichtspraxis stärker zu berücksichtigen als bisher.

5.4 „Student-Teacher Contracting": Der Aufbau von Selbststeuerungskompetenz in einem konkreten Individualisierungsprogramm

Ein Verfahren, die angestrebte Selbststeuerung, d. h. eine aktive Beteiligung des Lerners an der Entscheidung, was und *wie er lernt, mit einer notwendigen Lenkung und Beratung zu verbinden, ist das Student-Teacher-Contracting.*
Dabei handelt es sich um eine Absprache zwischen dem Lehrer und dem einzelnen Lerner, die in Form einer kurzen schriftlichen Notiz, eben des Abkommens, festgehalten wird (Steward/Shank, 1973). Damit dieses Verfahren funktioniert, müssen in dem ausgehandelten Abkommen die folgenden Momente festgelegt werden:

- das Lernziel: Neben der Tatsache, daß hier das für alle Lerner verbindliche Basislernziel in einer Weise formuliert wird, die für den einzelnen verständlich ist, besteht die Möglichkeit, Zusatzlernziele festzulegen;
- der Lernweg: Bei dieser Bestimmung, auf welche Weise das Lernziel erreicht werden kann, besteht die Möglichkeit, eine ganze Reihe von Alternativen vorzusehen. Diese können sich beziehen auf methodische Verfahren (z. B. entdeckendes oder rezeptives Lernen), auf Medien, auf eine unterschiedliche Reihenfolge der Lernschritte etc.;
- Aufgaben, um das Gelernte anzuwenden und zu üben;
- die Evaluationsmethode, d. h. die Art und Weise, wie das Erreichen des Lernziels am Ende überprüft wird.

Die Richtlinie der auszuhandelnden Lernprozesse bleibt zwar „the teacher's knowledge of curriculum" (Stewart/Shank, 1973, 32), doch wird dem Lerner in diesem weiten Rahmen ein zunehmender Einfluß auf die einzelnen Momente des Kontrakts gegeben. Bei der Einführung des „Contracting"-Verfahrens wird das Abkommen in wesentlichen Momenten vom Lehrer vorbestimmt sein, wobei er möglichst viele Eigenarten des jeweiligen Lerners berücksichtigt. Die Optionen des Schülers werden sich dabei auf die zugestandene Lernzeit und die

Auswahl unter den vorgeschlagenen Wegalternativen beschränken. Sobald die Schüler Erfahrung mit diesem Verfahren gesammelt haben und zeigen, daß sie die Freiräume selbstverantwortlich nutzen können, werden weitere Entscheidungsrechte gegeben. Das kann dazu führen, daß die Lerner aufgrund von knappen Zielangaben des Lehrers das Abkommen in seinen Einzelheiten selbst entwerfen, wobei auch die zugestandene Lernfrist weiter ausgedehnt werden kann. Die praktischen Erfahrungen haben gezeigt, daß es selbst bei Schulkindern möglich ist, Lernabsprachen zu treffen, die selbständige Arbeitsphasen von ein bis zwei Wochen Dauer vorsehen. Dabei wird es notwendig, zwischenzeitliche Feedback-Mechanismen (etwa Schüler-Lehrer-Besprechungen oder Selbstkontrolltests) vorzuplanen, die dem Lerner Hinweise auf seinen Lernfortschritt geben. In einem recht verstandenen „Contracting"-Verfahren verliert auch die Evaluation ihren Schrecken: Der Schüler versucht hier nicht die Prüfung des Lehrers zu bestehen, sondern Lerner und Lehrer bemühen sich gemeinsam darum, daß der Schüler die geforderten Fähigkeiten und Fertigkeiten am Ende erfolgreich demonstrieren kann.
Es dürfte deutlich sein, daß sich dieses Verfahren nur mit Hilfe von Medien realisieren läßt. Auch hier wird der Weg von didaktisch aufbereiteten Materialien zu einer freieren Nutzung des gesamten Medienangebots gehen. Dieser Ansatz ermöglicht es sogar, passende Teile aus dem außerschulischen Medienangebot, etwa eine Fernsehsendung, in das Abkommen aufzunehmen und damit gleichzeitig die durch außerschulische Medien vermittelten Sekundärerfahrungen in einen gezielten Verarbeitungsprozeß einzubeziehen. Der häufig beschworenen Gefahr, Individualisierung führe zu isoliertem Einzellernen ohne Sozialkontakte, kann dadurch vorgebeugt werden, daß Gruppenarbeit und Diskussionsphasen mit anderen Lernern in den Kontrakt aufgenommen werden.
„Student-Teacher-Contracting" ist nicht nur ein theoretischer Modellentwurf, sondern wird in den USA schon seit einem Jahrzehnt im Unterricht praktiziert. Die berichteten Erfahrungen sind durchweg positiv und unterstützen die Argumentation dieses Aufsatzes: Im Laufe des „Contracting"-Verfahrens entwickeln Schüler eine völlig andere Einstellung zum Lernen und den gestellten Aufgaben. Was und wie sie lernen, wird ihnen nicht mehr nur von außen aufoktroyiert, sondern beginnt, sie selbst etwas anzugehen. Sie engagieren sich viel stärker in den ausgehandelten Lernaktivitäten, da sie ihnen persönlich als sinnvoll erscheinen.

Schluß

Wenn man die vorgetragene Argumentation akzeptiert, dann hätte die Schule und damit der Lehrer die Funktion, durch die Vorbereitung sinnvoller Lernschritte und entsprechender Materialien die äußeren Bedingungen dafür zu schaffen, daß der einzelne Lerner – unter Berücksichtigung der gesellschaftlichen Anforderungen – die seiner Lernweise, seinen Interessen und Bedürfnissen angepaßten Lernerfahrungen selbständig und eigenverantwortlich machen kann.

Literaturverzeichnis

Ausubel, D. P.: „A Cognitive-Structure Theory of School Learning". In: L. Siegel (Ed.): Instruction. Some Contemporary Viewpoints. Scranton 1967, 207–257

Bates, A. W. u. Pugh, A. K.: „Designing Multi-Media Courses for Individualized Study: The Open University Model and its Relevance to Conventional Universities". British Journal of Educational Technology, 3, 46–56, 1975

Boutwell, R. C. u. Barton, G. E.: „Toward an Adaptive Learner-Controlled Model of Instruction: A Place for the New Cognitive Aptitudes". Educational Technology, 5, 13–18, 1974

Bromage, D.: Das jahrgangsübergreifende Grundschulprogramm von Oakmont. In: W. Glogauer (Hrsg.): Neue Konzeptionen für individualisierendes Lehren und Lernen. Bad Heilbrunn 1976, 54–61

Carroll, J. B.: Lernerfolg für alle. Westermanns Pädagogische Beiträge, 1, 7–12, 1972

Dohmen, G./Ch. A. Wedemeyer/Kh. Rebel: Offenes Lernen und Fernstudium (Tübinger Beiträge zum Fernstudium, Bd. 9). Weinheim, Basel 1976a.

Dohmen, G.: Das Lernen mit Medien und seine Implikationen für eine Neubestimmung des Verhältnisses von schulischem und außerschulischem Lernen. Unterrichtswissenschaft, 1, 2–22, 1976b

Duncan, C. J.: A Survey of Audiovisual Equipment and Methods. In: D. Unwin (Ed.): Media and Methods: Instructional Technology in Higher Education. Maidenhead 1969, 13–68

Eigler, G.: Auf dem Weg zu einer audiovisuellen Schule. München 1971

Fenker, R. M.: The Organization of Conceptual Materials: A Methodology for Measuring Ideal and Actual Cognitive Structures. Instructional Science, 1, 33–57, 1975

Flammer, A.: Individuelle Unterschiede im Lernen. Weinheim, Basel 1975.

Flechsig, K. H.: Die technologische Wendung in der Didaktik. In: L. J. Issing/H. Knigge-Illner (Hrsg.): Unterrichtstechnologie und Mediendidaktik. Weinheim, Basel 1976, 15–38

Gagné, R. M.: Die Bedingungen des menschlichen Lernens. Hannover ^{2}1970a

Gagné, R. M.: Learning Theory, Educational Media and Individualized Instruction. Educational Broadcasting Review, 3, 49–62, 1970b

Gagné, R. M./Briggs, L. J.: Principles of Instructional Design. New York 1974

Garten, H. K.: Wechselwirkungen zwischen Schülermerkmalen und Lernbedingungen. Weinheim, Basel 1976

Glaser, R.: Intelligence, Learning and the New Aptitudes. In: Budgett, R./J. Leedham (Ed.): Aspects of Educational Technology VII. London 1973a, 29–45

Glaser, R.: Lernen und individuelle Unterschiede. In: W. Edelstein/D. Hopf (Hrsg.): Bedingungen des Bildungsprozesses. Stuttgart 1973b, 332–350

Glogauer, W. (Hrsg.): Neue Konzeptionen für individualisierendes Lehren und Lernen. Bad Heilbrunn 1976

Guilford, J. P.: The Nature of Human Intelligence. New York 1967

Heidt, E. U.: Medien und Lernprozesse. Weinheim, Basel 1976
Henk-Riethmüller, U.: Möglichkeiten der Individualisierung durch Medien. In: H. Dichanz u. a.: Medien im Unterrichtsprozeß. München 1974, 187–209
Hess, J. H./Lehman, C. R.: PSI and the Generic Method of Programmed Instruction. Programmed Learning and Educational Technology, 1, 13–22, 1976
Heinze, Th.: Zur Kritik an den Technologisierungstendenzen des Unterrichtsprozesses. Die Deutsche Schule, 6, 347–361, 1972
Hofer, M.: Lernen über Medien. In: Funkkolleg Pädagogische Psychologie, Studienbegleitbrief 11. Weinheim 1973, 37–64
Issing, L. J.: Individualisierung des Unterrichts mit modernen Lernmitteln. Berlin 1975
Issing, L. J./Knigge-Illner, H. (Hrsg.): Unterrichtstechnologie und Mediendidaktik. Weinheim, Basel 1976
Köck, P.: Didaktik der Medien. Donauwörth 1974
Koort, P.: Das ILU-System. Eine Individualisierungskonzeption für den Sachunterricht. In: W. Glogauer (Hrsg.): Neue Konzeptionen für individualisierendes Lehren und Lernen. Bad Heilbrunn 1976, 97–121
Krauth, G.: Kritisch-emanzipatorische Mediendidaktik und Medienpädagogik – Zielsetzung und Medienpraxis. In: L. J. Issing/H. Knigge-Illner (Hrsg.): Unterrichtstechnologie und Mediendidaktik. Weinheim, Basel 1976, 281–298
Lindvall, C. M./Bolvin, J.: Der individuell verschriebene Unterricht (Individually Prescribed Instruction = IPI-Methode). In: W. Glogauer (Hrsg.): Neue Konzeptionen für individualisierendes Lehren und Lernen. Bad Heilbrunn 1976
McBeath, R.: Towards a Definition of Resource-based Learning. Educational Media International, 4, 4–6, 1975
Merrill, M. D.: Learner Control: Beyond Aptitude-Treatment Interactions. AV Comm. Rev., 2, 1975, 217–226
Mutschler, D./Ott, E.: Über den Zusammenhang von Lehren und Lernen. Die Deutsche Schule, 12, 1975, 832–848 (I. Teil) und 1, 17–26 (II. Teil), 1976
Peters, O.: Was leistet das Konzept der Unterrichtstechnologie? Eine notwendige Begriffs- und Aufgabenbestimmung. aula, 6, 1971, 498–504
Peters, O.: Die didaktische Struktur des Fernunterrichts. (Tübinger Beiträge zum Fernstudium, Bd. 7). Weinheim u. Basel 1973
Rademacker, H.: Der qualifikationsorientierte Einsatz von Medien. Kursbuch 24, 168–179, 1971
Radick, W.: Emanzipatorische Aspekte beim Einsatz von Medien und Mediensystemen. Unterrichtswissenschaft, 1, 74–80, 1975
Rauch, M.: Planung und Durchführung von Unterricht unter Verwendung von Unterrichtstechnologien und AV-Medien. In: K. Frey (Hrsg.): Curriculum-Handbuch, Band II, 1975, 479–519
Ruprecht, H.: Zum Kontext von Unterrichtsdifferenzierung und Mediendidaktik. av-praxis, 9, 5–8, 1975
Salomon, G.: What Does It Do To Johnny? In: Viewpoints. Bulletin of the School of Education. Indiana University, 5, 33–62, 1970
Salomon, G.: Can We Affect Cognitive Skills Through Visual Media? An Hypothesis and Initial Findings. AV Comm. Rev., 4, 401–422, 1972a
Salomon, G.: Heuristic Model for the Generation of Aptitude-Treatment Interaction Hypotheses. Review of Educational Research, 3, 327–343, 1972b
Scheffer, W.: Erziehungswissenschaftliche Implikationen von didaktisch orientierten Konzepten der Unterrichtstechnologie. Z. f. Päd., 2, 211–236, 1974
Steimle, H. P.: Objektivierungstendenz. In: H. Heinrichs (Hrsg.): Lexikon der audio-visuellen Bildungsmittel. München 1971, 222

Stewart, J. W./Shank, J.: Student-Teacher-Contracting: A Vehicle for Individualizing Instruction. Audiovisual Instruction, 1, 31–34, 1973
Stolurow, L. M.: Lernumwelten oder Gelegenheiten zum Nachdenken. In: W. Edelstein/ D. Hopf (Hrsg.): Bedingungen des Bildungsprozesses. Stuttgart 1973, 351–398
Teschner, W. P.: Differenzierung und Individualisierung des Unterrichts. Göttingen 1971
Tosti, D. T./Harmon, N. P.: A Taxonomy for Decision-Making in Individualized Instruction. Educational Technology, 9, 76–80, 1972
Weinert, F.: Pädagogisch relevante Ergebnisse der neuen Lernforschung. In: W. Siersleben (Hrsg.): Lernen heute. Weinheim 1968, 15–30
Weinert, F. E.: Probleme der Unterrichtsdifferenzierung in psychologischer Sicht. Neue Sammlung 1975, 35–47
Wewetzer, K.-H.: Intelligenz und Intelligenzmessung. Darmstadt 1973

Norbert Groeben und Manfred Hofer

Textverständlichkeit als Konsequenz selbstgesteuerten Lernens

I. Selbstgesteuertes Lernen: Begriffserklärung

Der Begriff der Steuerung bzw. Selbststeuerung hat seine präziseste wissenschaftliche Fassung bisher sicherlich im kybernetischen Modell erfahren: zur Beschreibung bzw. Rekonstruktion technischer und biologischer Systeme werden dabei mehrere Größen in folgender Relation angesetzt: es gibt einen Soll-Wert (Regelgröße, z.B. Temperatur), der mit dem Ist-Wert (durch einen ‚Meßfühler' beobachtet/erhoben – im Beispiel ebenfalls Temperatur) verglichen wird. Bei Diskrepanz wird die Stellgröße verändert und das Stellwerk (mechanisch: z.B. Heizung; biologisch: z.B. Schweißabsonderung) tritt in Aktion und gleicht den Unterschied aus (vgl. Cube, 1974, 122f.). Von Steuerung spricht man bei einer offenen Wirkungskette (ohne Rückwirkung), von Selbst-Steuerung bei einem Regelkreis: wenn durch Rückwirkung (Rückkopplung) eine geschlossene Wirkungskette erreicht wird; d.h. das System berücksichtigt kontinuierlich potentielle Störgrößen (z.B. Außentemperaturen) und gleicht deren Wirkungen (auf den Ist-Wert) in der beschriebenen Weise aus (vgl. Cube, 1974, 25). Selbststeuerung ist also ein Spezialfall von Steuerung, und zwar der des Regelkreises. Die Übertragbarkeit des Modells von technischen und biologischen Prozessen auf den Bereich bewußten, kognitiven Handelns wird erleichtert, wenn man sich vergegenwärtigt, daß die Regel- oder Führungsgrößen grundsätzlich eine gewisse Variationsbreite aufweisen (können), die für bewußtes Handeln eine Ziel- und Kriterienfunktion ermöglicht (Krausser, 1972). Allerdings überspringt auch diese Variationsbreite der Ziel- bzw. Kriterienvariablen nicht die grundsätzliche Begrenzung des kybernetischen Modells, die darin besteht, daß die zielregulativen Führungsgrößen von außerhalb des selbststeuernden Systems vorgegeben sind. Und darin liegt ein zentraler Unterschied zum unmittelbaren Verständnis des Begriffs Selbststeuerung, wie er sich aus der alltäglichen ‚vernünftigen Rede' als auch der fachspezifisch-psychologischen Theorieperspektive in bezug auf kognitive Lernprozesse ergibt: denn Selbststeuerung im kybernetischen Sinn ist nicht gleich Selbstbestimmung! Diese Differenz markiert die Grenze der Anwendung des kybernetischen Modells im Lehr- und Erziehungsbereich. Die Lehrziele sind die Soll-Werte (Führungsgrößen) im kybernetischen Modell, die allerdings

durch Feststellung eines Ist-Wertes nicht verändert werden können (Cube, 1974, 138). Kybernetik rekonstruiert eben die Handlungen des Steuermanns (griech: *κυβερνήτης)* nicht des Kapitäns: die Abänderung von Zielen auf der Grundlage einer bestimmten Ausgangslage ist vom kybernetischen Modell nicht vorgesehen und entsprechend ist die Anwendung des Modells einzuschränken: „Sofern also die Ziele ... selbst einer Rückkoppelung unterliegen, läßt sich das Regelkreismodell nicht anwenden" (Cube, 1974, 139). Gerade diese Rückkoppelung im Zielbereich aber ist das zentrale Charakteristikum von Selbstbestimmung. Und Selbstbestimmung ist als notwendige Bedingung mitgedacht, wenn man selbstgesteuertes Lernen seinerseits als Lehrziel ansetzt. Will man selbstgesteuertes Lernen nicht nur als Mittel zur Erreichung bestimmter inhaltlicher *Lehr*ziele (z.B. Wissen etc. vgl. Klauer, 1973) und damit als Technologie konzipieren, sondern auch als eigenes Lehrziel zulassen, kann man daher nicht von dem kybernetisch präzisierten Steuerungsbegriff ausgehen: denn die Kapitänsfunktion, das selbständige Festlegen von (inhaltlichen) Lehrzielen, ist zentrales Merkmal des Lehrziels ‚selbstgesteuertes Lernen'. Aus dieser Ablehnung und ihrer Begründung erwächst aber (ex negativo) auch konsequent die sinnvolle Begriffskonzeptualisierung: Das Prinzip der Rückkoppelung ist herauszulösen (so daß es auch für die Zieldimension gilt) und auf einem Komplexitätsniveau anzusetzen, das auch die Erklärung sinnvoll-intentionalen Verhaltens ermöglicht.
Diese Anforderungen werden in Ansätzen zur Handlungsplanung bzw. -regulation erfüllt (vgl. Miller, Galanter & Pribram, 1960 mit dem Test-Operate-Test-Exit-Modell; vgl. auch Kossakowski, 1974; zusammenfassend Breuer, 1975). Dabei lassen sich verschiedene Prozeßteile der Handlung unterscheiden: Der Orientierungsteil der Handlung (umfaßt das ‚Was' der Ziele, das ‚Wie' der Realisierungsstrategien und das ‚Warum' der Begründungen), die Antriebsregulation (situationale Motivierung und dispositionale Motivation), die Ausführungsregulation (Handlungsdurchführung und -kontrolle; vgl. Kossakowski, 1971, 28f; 1973, 19f.). Hinsichtlich der Fremd- oder Selbststeuerung solcher Handlungsplanung und -regulation lassen sich Entwicklungsstufen von der Fremdbestimmung hin zu Selbstbestimmung konzipieren und behaupten (Kossakowski, 1973, 33f.); Kossakowski thematisiert diese Stufen in ihrer ontogenetischen Abfolge der Selbständigkeit der Handlungs-Entwicklung beim Kinde, sie lassen sich aber auch als anzustrebende Abfolge im Bereich der Lernprozesse konzipieren; wir formulieren sie hier (in Anlehnung an Breuer, 1975, 59f.) gleich als Phasen der Lernentwicklung vom ‚reproduktiven zum schöpferischen Lernen':

- die Phase des *reproduktiv-gelenkten* Lernens: Dabei werden die Lernprozesse des Lerners durch den Lehrenden sowohl orientiert und motiviert als auch die Lernausführung unmittelbar kontrolliert.

- die Phase des *reproduktiv-selbständigen* Lernens: Sie ist gekennzeichnet durch Vorgabe des Orientierungsteils (Lehrziel) durch den Lehrenden bei weitgehender Selbstregulation des Lernprozesses (Handlungsausführung) durch den Lernenden.
- die Phase des *schöpferisch-selbständigen* Lernens: In dieser Phase werden vom Lernenden selbständig die Lernmotive, die Ziele und die Lernstrategien erarbeitet, der Lernprozeß (Ausführung) reguliert und der Lernerfolg kontrolliert.

Die Übergänge zwischen fremd- und selbstgesteuertem Lernen sind als fließend aufzufassen, sie stellen ein Kontinuum dar. Bei Berücksichtigung der möglichen kontinuierlichen Zwischenstufen ist das Modell in der Lage, andere Dimensionen, die innerhalb dieses Sammelbandes zur Unterscheidung von fremd- und selbstgesteuertem Lernen herangezogen werden, zu integrieren:

- An der Phasenfolge ist unmittelbar abzulesen, daß sich mit Ansteigen der Selbststeuerung der Akzent vom Produkt- auf den Prozeßaspekt des Lernens verschiebt (vgl. Einsiedler, in diesem Band).
- Auch die Dimension der externen vs. internen Organisation kann subsumiert werden: in den reproduktiven Phasen ist die externe Organisation sicherlich sehr viel stärker als in der selbständig reproduktiven (vgl. Heidt, in diesem Band). Die Phasen stehen auch in Einklang mit Konzepten, die in der Instruktionspsychologie Beachtung finden:
  - die Auffassung eines Kontinuums vom sinnvoll-rezeptiven Lernen (Ausubel, 1974) über das entdeckende zum vollkommen-entdeckenden Lernen (Bruner, 1970),
  - sowie das Hunt'sche Phasenmodell über die Entwicklungsstadien des konzeptuellen Niveaus der Informationsverarbeitung (Hunt, 1975) lassen sich anhand des Vorschlags begrifflich fixieren.

In der zweiten Phase erfüllt das selbstgesteuerte Lernen (im Sinne der Selbstregulation des Lernprozesses) eindeutig die Funktion einer Lerntechnologie, eines Mittels für (anderweitig zu bestimmende) Ziele. Innerhalb der Phasenfolge kann diese durchaus auch (aber nicht notwendigerweise) als Mittel zur Erreichung der dritten Phase aufgefaßt werden, der Phase des schöpferischen Lernens, in der selbstgesteuertes Lernen (im umfassenden, alle Elemente des Handlungsprozesses einschließenden Sinn) selbst als Ziel anzusetzen ist. Insofern bildet die vorgeschlagene Begriffexplikation mit der Phasenstruktur sowohl den technologischen als auch den Zielaspekt des selbstgesteuerten Lernens ab.

Dem vorliegenden Beitrag ist durch seine Thematik (Lernen anhand vorgegebener Texte) eine Beschränkung auf selbstgesteuertes Lernen im engeren Sinne (vgl. Phase des reproduktiv-selbständigen Lernens) auferlegt. Er ist primär auf die Herausarbeitung von Hilfen zur Selbstregulierung des Lernprozesses zentriert.

II. Die Beziehung zwischen Lernumwelt und selbstgesteuertem Lernen

Die Beschränkung auf selbstgesteuertes Lernen als Technologie/Mittel für einen vorliegenden Zweck erfordert eine Diskussion über die dabei angestrebten Ziele. Wir entscheiden uns dafür, nicht selbst bereits Endziele zu präzisieren (wie etwa Wissen oder Anwendung), sondern das Konstrukt „Verständlichkeit“ als intervenierende (im Sinn von ‚mediative‘) Variable anzusetzen, das seinerseits Lernprodukte im o. a. Sinne vermittelt (vgl. Groeben, 1972).

Um die Beziehung zwischen Lernumwelt, selbstgesteuertem Lernen und Verständlichkeit herauszuarbeiten, setzen wir bei einer Betrachtung des Zusammenhangs Lernumwelt/selbstgesteuertes Lernen an. Dabei handelt es sich keineswegs um einen einsinnig-linearen Zusammenhang. Wie in vielen Bereichen kognitions-motivations-integrierter Prozesse muß eine inverse U-Funktion im Hinblick auf den Grad der Lernumweltstrukturierung und der Erleichterung selbstgesteuerten Lernens postuliert werden: man kann die externe Lernstofforganisation so maximal (vor)strukturieren, daß damit die interne Prozeß-Organisation des Lernens völlig festgelegt und fremdgesteuert ist. Das optimale Niveau der Informationsverarbeitung liegt bei einem mittleren Ausmaß von Umwelt-, hier Lernkomplexität (vgl. auch Hunt, 1975; Groeben, 1972).

Das jeweilige Problem muß eine Aufgabe für den Lernenden darstellen, die über seinen gegenwärtigen kognitiven Stand hinausgehende Anforderungen stellt, andererseits aber auch mit seinen bisherigen Lernstrategien zu bewältigen ist (Prinzip der Passung; Heckhausen, 1968).

Betrachtet man vor diesem Hintergrund das Lernen anhand von Unterrichtstexten, so wird an ihr die Kurvilinearität der Beziehung zwischen Textgestaltung und selbstgesteuertem Lernen deutlich: zum einen tendiert das Lernen aus nicht speziell aufgearbeiteten Texten schon von der Informationsmenge her über die Stufe des reproduktiv gelenkten Lernens hinaus; denn Lehrbücher implizieren in der Regel eine eigenständige Informationsverarbeitung ohne präzise externe Erfolgskontrolle. Andererseits führen optimal aufbereitete Texte zu einer Strukturierung der internen Prozeßorganisation beim Lernenden. Schließlich können zu wenig stark strukturierte und schlecht organisierte Texte durch Überforderung selbstgesteuertes Lernen verhindern.

Die Vorstellung von der Vorteilhaftigkeit eines nicht allzu hoch strukturierten Unterrichts reicht interessanterweise bis auf die Ursprünge der programmierten Instruktion zurück, einer Lehrform, die als Musterbeispiel fremdgesteuerten Lehrens gilt. Bei der Erforschung von Einzelvariablen wie Schrittgröße und Darbietungsreihenfolge stieß man auf erwartungswidrige Befunde. So zeigt nur eine von fünf Untersuchungen eine Überlegenheit geordneter Sequenzen gegenüber einer in zufälliger Reihenfolge dargebotenen Folge von Unterrichtsschritten (vgl. Wieczerkowski, 1973). Mager (1961) war der erste, der sich vom Dogma der operanten Konditionierung befreite und erfolgreich den Schülern die Wahl des Durchgangs durch das Lehrprogramm völlig freistellte. Inzwischen liegen einige Untersuchungen vor, die – analog etwa zu den Ergebnissen zum darbietenden versus entdecken-lassenden Lehrverfahren (vgl. Neber, 1973) – eine Überlegenheit schülergesteuerten über lehrergesteuerten Unterrichts, insbesondere in bezug auf den Anwendungserfolg, erkennen lassen (Eckert & Issing, 1971).

III. Textorganisation, selbstgesteuertes Lernen und Verständlichkeit: der Individualisierungsaspekt

Die zuletzt angeführten Untersuchungen führen zu einem zentralen Punkt unseres Anliegens: das frappierende Ergebnis der Überlegenheit zufällig angeordneter Lernschritte wird vor dem Hintergrund der Kurvilinearität zwischen Textkomplexität und selbstgesteuertem Lernen verständlich, unter der plausiblen Annahme, es habe sich um leichte und kurze Lehrinhalte und/oder um Versuchspersonen mit hoher kognitiver Verarbeitungskapazität gehandelt. Verständlichkeit als Sukzedenz-Variable selbstgesteuerten Lernens ergibt sich nicht allein aus der Strukturiertheit des Textes. Sie ergibt sich zusätzlich aus der Lernstoff-Kompexität und/oder den Verarbeitungsstrategien, über die der jeweilige Lerner verfügt. Das heißt, hochstrukturierte Texte haben eine Berechtigung dann, wenn die Stoffkomplexität sehr hoch und/oder die Informationsverarbeitungskapazität des Lesers ungenügend ausgeprägt sind. Komplementär dazu müssen unstrukturierte Texte selbstgesteuertes Lernen nicht unbedingt verhindern: sie müssen nur durch selbständige Lernstrategien aufgearbeitet werden können.

Die beiden eingeführten Variablen Stoffschwierigkeit und Verfügbarkeit von Lernstrategien sind nur begrifflich voneinander zu unterscheiden. Phänomenologisch sind sie zusammengefaßt: die Schwierigkeit eines Stoffes für einen Lernenden ist abhängig von dessen Aufnahmekapazität. Aus dieser Überlegung der internen Determination des Zusammenhangs zwischen Textkomplexität und selbstgesteuertem Lernen ergibt sich die individualisierende Perspektive:

für einen gegebenen Lehrstoff wären für unterschiedliche Leser unterschiedliche Textvarianten (von jeweils mittlerer Komplexität) zu erstellen. Eine solche Forderung ist allerdings u.E. ebenso unrealistisch wie unnötig. Unnötig dann, wenn Lerner Hilfen zur Transformation von Umweltkomplexität erhalten. Lerner mit geringerem kognitivem Potential können bei für sie schwierigen Stoffen *auch* bei Texten höherer Komplexität selbststeuernd lernen und zu Textverständnis gelangen. In solch einem Fall könnten unstrukturierte Texte (im Gegensatz zu strukturierten) für alle Lerner zu einem potentiellen Urheber für selbstgesteuertes Lernen werden. Dieser Ansatz eröffnet eine weitere Perspektive: Die Literatur zur Wechselwirkung zwischen Lehrmethode und Schülermerkmal (vgl. Flammer, 1973; englisch: *a*ptitude-*t*reatment-*i*nteraction: ATI-Forschungsprogramm) zeigt folgendes: Verschiedene Schüler profitieren von höchst unterschiedlichen Lernhilfen. Was für den einen eine Lernhilfe ist, kann für den anderen erschwerend wirken. Dazu drei Beispiele:

- sogenannte advanced organizer wirken bei Personen mit geringer verbaler Fähigkeit lernerleichternd, bei solchen mit hoher verbaler Fähigkeit nicht (stört höchstens; Ausubel & Fitzgerald, 1961; 1962). Das läßt sich erklären, wenn man annimmt, daß Lerner mit hohen verbalen Fähigkeiten von sich aus den Text (rückbezogen auf den eigenen Kenntnisstand) strukturieren, und diese kognitive Struktur dann mit der des advanced organizer in Interferenz tritt (die wiederum hemmt).
- bei Unterstreichungen der wichtigsten Konzepte in einem Text haben sich unterschiedliche Effekte ergeben: während bei Anderson & Faust (1966) durch Unterstreichungen eine Lernverbesserung erreicht wurde, konnten Gerlach & Hofer (1973) keinen solchen Effekt feststellen. Nach Klauer (1973) kann man versuchen, solche uneinheitlichen Ergebnisse als Wechselwirkungen interpretatorisch aufzulösen, hier am ehesten wieder als ATI-Effekt unter Heranziehung der verbalen Fähigkeiten des Lerners (die Erklärung wäre zu der für die advanced organizers gegebenen parallel).
- ordnungsstiftende Fragen erleichtern das Behalten eines Textes für Personen mit schwächerem assoziativen Gedächtnis, treten jedoch bei Lernern mit gutem Gedächtnis in Interferenz mit eigenen Memorierungsstrategien. Neber (1975) hat nachgewiesen, daß man Fragen als kurzgefaßte Pläne zur selbstgesteuerten Informationssuche ansehen und in dieser Funktion trainieren kann.

Die klassische Anwendung solcher Befunde hat sich auf Überlegungen zu einer diagnostisch-administrativen Schülergruppierung und Bereitstellung entsprechender angepaßter Lehrmittel beschränkt. Im Bereich der Selbststeuerung kann die Einstellung der Lernstrategie auf die je individuellen Lernvoraussetzungen natürlich nicht von außen (fremdgesteuert) erfolgen, sondern muß vom

Lernenden selbst (als Rückkoppelungsvorgang) geleistet werden. Wenn wir daher die vorgeschlagenen Textverarbeitungsstrategien unter dem Individualisierungsaspekt verstehen, so müssen wir davon ausgehen, daß die formal festgelegten Aufarbeitungsregeln nach den je individuellen Voraussetzungen konkret ausgefüllt werden. In der Berücksichtigung der eigenen, individuellen Lernvoraussetzungen (z.B. bisheriges Wissen, Konzeptstruktur etc.) könnten die Textaufarbeitungsstrategien qua selbstgesteuerte Lerntechnologie vom Lerner so ausgefüllt und genutzt werden, daß er sich dadurch selbst bei der Überwindung von Lücken im Vorwissen, Unklarheiten in der Konzeptstruktur etc. hilft; dies wird sicherlich nicht bei strukturellen Beeinträchtigungen der Lernfähigkeit etc. funktionieren (die nur durch kompensatorische Lernhilfen zu überwinden wären), man wird also von remedialer Selbsthilfe sprechen. Eine solche Auffassung der Textaufarbeitungsstrategien als Möglichkeit zur remedialen Selbsthilfe allerdings kann (und sollte) das Individualisierungspotential, das in dieser Technologieform des selbstgesteuerten Lernens liegt, zur Entfaltung bringen. Von hier aus sollte die Konzipierung des selbstgesteuerten Lernens unter dem Individualisierungsaspekt forciert werden, auch da wo die empirischen Evidenzen über einschlägige Interaktionseffekte noch nicht befriedigend sind. Denn Schüler scheinen durchaus in der Lage zu sein, nach kurzer Erfahrung mit den verfügbaren Lernbedingungen die für sie nützlichsten auszuwählen (Glaser, 1972).

Wenn man den Aspekt der Individualisierung beim Lernen aus Texten berücksichtigen will, folgt daraus beispielsweise, daß der Textautor auch unter dem Ziel einer optimalen Textgestaltung keine advanced organizer geben darf: denn er würde die Lerner mit hoher verbaler Kompetenz benachteiligen. Dasselbe gilt für das Beispiel der Unterstreichungen: sie sollen möglichst vom Lerner selbst vorgenommen werden und nicht bereits in der Textdarstellung vorgesehen werden. Und für das dritte Beispiel wäre zu fordern, daß anstelle eingestreuter Fragen der Leser selbst instand gesetzt wird, während des Lesens bzw. nach Abschnitten Fragen an sich, den Autor und den Stoff zu stellen, um im Sinne der Selbststeuerung nach Antworten darauf zu suchen.

Hierin liegt u.E. die wissenschaftliche Brisanz der Betrachtung von Textaufarbeitungsstrategien unter dem Selbststeuerungsaspekt: daß Wechselwirkungen zwischen Textmerkmalen und Lernereigenschaften zur Konsequenz führen müssen, diese Textmerkmale nicht vom Autor aus anzustreben, sondern sie vom Lerner in Form einer selbstgesteuerten Lernstrategie verwirklichen zu lassen.

Exkurs: Initiierung und Strukturierung

Da es bei dieser Konzipierung des selbstgesteuerten Lernens als technologische Lernstrategie im thematisierten Fall der reproduktiv-selbständigen Lernstufe um die Reduzierung der Komplexität (durch Gegenstandstransformation) geht, kann ein Aspekt in die angestrebten Handlungsanweisungen nicht aufgenommen werden: der der Motivierung. Denn die Motivierung zum Lesen bzw. Lernen anhand von Texten erfordert für die Textorganisation immer eine Komplexitätssteigerung, wie Untersuchungen übereinstimmend ergeben haben (vgl. z. B. Groeben, 1972; Langer et al., 1974; Groeben, 1976). Andererseits hat sich in der letzten Zeit (Hofer, 1976) unter der Perspektive der Schaffung von Leseinteresse besonders das Konzept des ‚mathemagenen Verhaltens' (Rothkopf, 1970; 1971; Frase, 1970) in den Vordergrund geschoben; danach sind zur Motivierung möglichst nicht zu direkte Fragen nach einem jeweiligen Textabschnitt einzuschieben (vgl. Zusammenfassung in Groeben, 1976, 137f.). Solche Fragen können als Strukturierungshilfen angesehen werden und können die Komplexität eines Textes verringern; nun hat allerdings Bull (1973) unter Rückgriff auf einen älteren und umfassenderen Ansatz, die Theorie der Neugiermotivation von Berlyne (1960), darauf hingewiesen, daß der Motivierungseffekt wesentlich vom Erregungspotential der Frage(n) abhängt. Und das Erregungspotential hängt vom kognitiven Konflikt, der mit der Frage evoziert wird, ab; die üblichen Rothkopf-Fragen zeigen aber normalerweise nur eine geringe bis mittlere kognitive Konflikt-Intensität; in einer Untersuchung zusammen mit Dizney (1973) hat Bull empirisch nachgewiesen, daß Konflikt und Neugier erzeugende Fragen (von hohem Erregungspotential sensu Berlyne) zu einem besseren Behaltenserfolg führen; dann ist es auch unwichtig, ob sie vor oder nach dem Textabschnitt stehen, wenn sie nur nicht zu spezifisch sind (Frick & Cofer, 1972). Die Untersuchung ging von einem Aufsatz von M. Mead aus (1943);

Beispiele aus der Bull/Dizney-Untersuchung für: Fragen mit geringem Erregungspotential: ‚Warum schicken Balinesen ihre Töchter zur Ausbildung als Lehrerin?'; hohes Erregungspotential: ‚Wenn Lehrer im allgemeinen als der mittleren Gesellschaftsklasse zugehörig angesehen werden, warum schicken trotzdem gerade Balinesen der höchsten Klasse ihre Töchter zur Ausbildung als Lehrerin?'

Generelle Charakteristika eines hohen Erregungspotentials und damit der Bedingungen zur Schaffung epistemischer Neugier sind: Darstellung neuer Konzepte an bekannten Gegenständen; möglichst viele alternative Problemlösungsmöglichkeiten; Alternativen möglichst gleich sinnvoll; Neuheit bei Eigenschaften von Konzepten und Überraschung innerhalb übergreifender Zusammenhänge; Inkongruenz von Konzepten (Zusammenstellung in Groeben, 1972, 38ff.). Diese Charakteristika tragen natürlich zur Komplexitätssteigerung von Texten bei, wobei als eindeutige Konsequenz aus der bisherigen Textforschung die Empfehlung an den Autor von Lehrtexten abzuleiten ist, daß der (motivierende) konzeptuelle Konflikt nicht die kognitive Strukturierung des Textes zerstören darf (vgl. Groeben, 1976, 135). Der hier von uns verfolgte Ansatz, Handlungsanweisungen für selbstgesteuerte Lernstrategien zur Reduktion von Text-Komplexität zu geben, muß daher notwendigerweise den (textmedialen) Motivierungsaspekt unberücksichtigt lassen und sich auf die kognitiv-interne Organisation/Strukturierung konzentrieren. Das entspricht aber weitgehend der vorgeschlagenen Begriffsexplikation von ,selbstgesteuertem Lernen', da hier sicherlich die intern-kognitive Organisation (Strukturierung) als notwendige und hinreichende Bedingung anzusehen ist, während das für den Motivierungs-/Initiierungs-Aspekt nicht gilt: auch bei von außen motivierten, aber kognitiv selbstregulierten Lernprozessen wird man von selbstgesteuertem Lernen (im Sinn von Phase 2) sprechen können, bei selbst initiiertem, aber gänzlich extern gesteuertem kognitiven Lernprozeß (im Gegensatz zu Phase 2) kaum.

IV. Textverständlichkeit durch Gegenstandstransformation

Unsere Absicht, Hilfen für die Selbststeuerung beim Lernen aus Texten zu geben, ist im Prinzip nicht neu. Sie läßt sich in eine Reihe anderer Versuche einordnen:

- Im englischsprachigen Raum ist z.B. die „SQ3R"-Methode (survey, question, read, recite, review) bekannt. Sie empfiehlt (Robinson, 1970) fünf Stufen des Lernens aus schriftlichem Material: survey (sich einen Überblick verschaffen), question (daraus Fragen an das Material ableiten), read (lesend die Fragen zu beantworten versuchen), recite (sich das Erarbeitete innerlich vergegenwärtigen) und review (wiederholen, üben, anwenden).
- In Deutschland hat Weltner (1976) sog. „integrierte Leitprogramme" geschaffen, die den Lehrtext mit Anleitungen zur Erschließung des Lehrtextes verbinden (d.s. Techniken für die autonome Lernphase, z.B. selektives/intensives Lesen, Selbstkontrolltechniken etc.).

In diesen Versuchen zeigt sich: selbstgesteuerte Lernstrategien brauchen nicht selbst erworben zu werden, der Leser kann Hilfen und Anregungen für eine selbständige Texterarbeitung von außen erhalten.
Insgesamt ist der Ansatz den generellen Bemühungen um die Vermittlung von Studientechniken unterzuordnen. Über verschiedene Methoden und deren Effektivität berichtet Entwisle (1960). Unser Ansatz hebt sich jedoch von den anderen darin ab, als die Transformationsregeln explizit aus den Ergebnissen empirischer Text-Forschung abgeleitet werden.
Die Textforschung hat mit verschiedenen Ansätzen (vgl. Teigeler, 1968; Groeben, 1972; Langer et al., 1974; zusammenfassende Überblicke in ,Unterrichtswissenschaft' 2/1976: Schulz von Thun; Groeben; Hofer) die Dimensionen/Merkmale der Verständlichkeit eines Textes und deren Beziehung zum Lernen aus Texten erforscht; dabei sind (neben der Motivierungs-Di-

mension) übereinstimmend die Ebenen der ‚sprachlichen Einfachheit', ‚kognitiven Gliederung/Ordnung' und ‚Kürze/Prägnanz' festgestellt worden, die auch den Lernerfolg erleichtern. Die Hamburger Gruppe (Langer et al., 1974) hat auf der Grundlage dieser Dimensionen (‚Verständlichkeits-Machern') ein Training zur Verbesserung von Textverständlichkeit durchgeführt, in dem z. B. Lehrer in der Tat gelernt haben, vorliegende Texte in Richtung auf größere Verständlichkeit zu verändern, also genau jene Strategien zur Komplexitätsreduktion einzusetzen, die für uns hier thematisch sind. Wir werden im folgenden versuchen, solche Strategien (in konkretisierter Form) als selbstgesteuerte Lehrtechnologien auch für den Lernenden vorzuschlagen und auszuarbeiten. Dabei hängt u. E. die Konkretheit und Wirksamkeit dieser Verarbeitungs-/Aufarbeitungsstrategien davon ab, wieviel objektive Textmerkmale als zu verändernde Mittel der Textgestaltung angegeben werden können (Groeben, 1976, 139); wir werden daher die (Rating-)Dimensionen des Hamburger Ansatzes, mit denen das genannte Training durchgeführt wurde, als Ausgangspunkt der Gliederung nehmen und die damit vorgegebenen Zielkategorien mit objektiven Textmerkmalen (an konkreten Beispielen) verbinden. Dieses Vorgehen stellt formal eine Anwendungsheuristik dar: es werden aus der bisherigen Forschung Konsequenzen zur Ableitung von Aufarbeitungsstrategien gezogen, deren Wirksamkeit noch nicht empirisch überprüft ist; aus diesem Grund basieren auch die abgeleiteten Vorschläge nicht auf einer vollständigen Forschungsübersicht, sondern heben nur beispielhaft einige konkrete, relativ eingeführte Aufarbeitungsmöglichkeiten heraus! Immerhin scheint es uns wichtig, solche Anwendung von Forschungsergebnissen nicht bis zu deren empirischer Überprüfung aufzuschieben, sondern als Heuristik zu wagen; die Frage der Wirksamkeit mag vom Lehrenden in seiner Unterrichtspraxis abgeschätzt – und natürlich gleichzeitig in methodisch kontrollierten Untersuchungen vom Wissenschaftler abgeklärt werden.
Entsprechend dieser Struktur der Anwendungsheuristik und der Notwendigkeit der Fremdsteuerung zum Erlernen dieser Selbststeuerungs-Verarbeitungsstrategien wollen wir die entsprechenden Textgestaltungs-Vorschläge als Regeln (im Sinn der beschreibenden Semantik) formulieren: dabei wird als innere Struktur der Regel und damit der Ziel-Mittel-Relation eine *indem*-Relation angesetzt (Heringer, 1974, 73). Diese indem-Formulierung macht die Struktur der angezielten Lernstrategien an mehreren Punkten transparenter:

– die indem-Relation gibt nicht zwei Handlungen an, sondern eine: jemand, der eine Notwehr vollzieht, indem er eine Person tötet, führt nicht zwei Handlungen durch, sondern eine (Heringer, 1974, 73). Ebenso werden in einer einzigen Handlung bestimmte Textdimensionen (der Verständlichkeit) erreicht, indem man bestimmte konkrete Textmerkmale verändert (z. B. konkrete Anschaulichkeit durch bestimmte Beispielgebung; s. u.)

– dementsprechend kann zwischen der linken und rechten Seite der indem-Struktur kein Folge- oder Ursache-Verhältnis vorliegen; es ist nur vom Ergebnis der Handlung zu sprechen, das im Unterschied des Zustands der (Lernum-)Welt vor und nach der Handlung besteht (Heringer, 1974). Das Ergebnis unserer Regeln ist die nach der Textveränderung erreichte Verständlichkeit; Verständlichkeit ist hier als Konsequenz selbstgesteuerter Lernprozesse angezielt.
– davon abgehoben sind alle ‚Tatsachen, die Folgen des Ergebnisses sind oder für die das Ergebnis die Ursache ist' (Heringer, 1974, 76). Als Folge der Steigerung von Textverständlichkeit ist nach dem Ergebnis des Text-Forschungsprogramms ein größerer inhaltlicher Lernerfolg (als Behaltenserfolg) zu erwarten; dieser ist das dahinterliegende Ziel, das aber nicht in die indem-Formulierung aufgenommen werden kann.

V. Allgemeine Strategien

Die im folgenden angeführten Strategien sind demnach als Hilfsangebote für die Selbststeuerung des Lernens anhand von Texten aufzufassen. Gemäß der obigen Ausführungen wird davon ausgegangen, daß günstigerweise eine komplexe Textstruktur vorliegen sollte. Sie ermöglicht Lesern mit mittel- bis hochpotenten Verarbeitungsstrategien bereits ein optimales Aufarbeiten des Textes. Leser mit niedrigem Strategienpotential können sich der Hilfen zur Erarbeitung bedienen. Und zwar ist ihnen je nach Präferenz bzw. internen Voraussetzungen die Verwendung auf sie zugeschnittener und von ihnen zur Selbststeuerung benötigter Techniken freigestellt. Die Transformationsregeln basieren jeweils auf speziellen empirischen Begründungen. Die Literatur dazu ist nicht einzeln aufgeführt. Wir beziehen uns dabei als wichtigste Quelle vor allem auf: Ausubel, 1974; Coleman, 1965; Groeben, 1972; Hofer, 1973; Klare, 1956; Langer et al., 1974.
A. Dimension sprachliche Einfachheit.
Die Dimension ‚sprachliche Einfachheit' setzt sich aus folgenden Unteraspekten zusammen (Langer et al., 1974, 13): geläufige Wörter/Fachwörter erklärt/kurze, einfach Sätze/konkret/anschaulich. Diesen Aspekten lassen sich – entsprechend ihrer Wichtigkeit – folgende Regeln zuordnen:

1. Sprachliche Einfachheit im Sinn von geläufigen Worten und Erklärung von Fachwörtern ist herzustellen,
– indem soweit möglich, d.h. nicht sinnverändernd, synonyme Ersetzungen eingeführt werden: für lange (mehrsilbige) Worte kürzere und für fachspezifische, besonders Fremdworte, bedeutungsgleiche deutsche. An den Leser

ergeht die Aufforderung, Fachworte und Fremdwörter durch geläufige zu ersetzen, indem er in Glossaren, Lexika und anderen Quellen nachschlägt.

Beispiel[1]:
Kybernetik: Lehre von ‚den Steuerungsprozessen'
Rekonstruktion: Herausarbeiten der Aufbau-, Entstehungs- etc.-Struktur, die vorliegenden Ereignissen, Sachverhalten, Prozessen usw. zugrunde liegt.
Regelkreis: Die Regelung ist ein Vorgang, bei dem der vorgegebene Wert einer Größe fortlaufend durch Eingriff auf Grund von Messungen dieser Größe hergestellt und aufrechterhalten wird.

2. Sprachliche Einfachheit im Sinn von kurzen, einfachen Sätzen ist herzustellen,
– indem möglichst kurze Satzteile mit aktiven Verben formuliert werden,
– indem Nominalisierungen (starke Ballung von substantivischen Inhaltsworten) aufgelöst werden, dadurch daß eine aktive Formulierung die Inhaltsworte auf zwei oder mehr Satzteile verteilt,
– indem Satzschachtelung herabgesetzt wird, dadurch daß man durch Konjunktion verbundene Satzteile trennt und unvollständige Satzteile zu vollständigen Sätzen erhebt.

An den Leser ergeht die Aufforderung, dunkle Passagen in eigenen Worten zu vereinfachen:

Beispiel: Die erste Seite dieses Aufsastzes läßt sich wie folgt vereinfachen:
„Die sog. Kybernetik, eine wissenschaftliche Richtung, hat sich am intensivsten mit der Frage befaßt, was Steuerung bzw. Selbststeuerung ist. Sie bezieht sich dabei vor allem auf technische und biologische Bereiche. Ein Beispiel dafür ist die Beschreibung des Thermostats, des Temperaturreglers. Dessen Funktionieren kann beschrieben werden durch einen Soll-Wert...
Die kybernetische Auffassung der Steuerung ist wohl geeignet, wenn man der Auffassung folgt, daß selbstgesteuertes Lernen ein geeigneter Weg ist, vorgegebenes Wissen zu erreichen. Sie ist dagegen ungeeignet für den Fall, daß man selbstgesteuertes Lernen als eigenständiges anzustrebendes Ziel des Unterrichts betrachtet... Denn niemand wird behaupten, daß der Steuermann den Kurs bestimmt. Dies ist Aufgabe des Kapitäns. Selbstgesteuertes Lernen heißt aber: der Lehrer wünscht sich als Erfolg seines Unterrichts, daß der Schüler imstande ist, eigenständig zu bestimmen, welchen Inhalten er sich zuwenden will. Mit der Vorstellung des selbstgesteuerten Lernens als Lehrziel

---

1 Um den oben (I–IV) vertretenen theoretischen und praktischen Anspruch auch selbst zu erfüllen, nehmen wir als Beispiele schwierige Passagen der Abschnitte I–IV und führen an diesen die vorgeschlagenen Strategien der Textaufarbeitung durch.

verbindet sich das Bild vom Schüler als Kapitän. Selbststeuerung ist dann nicht mehr vereinbar mit der kybernetischen Vorstellung. Folgt man dieser Begründung, dann ergibt sich folgendes: in einer sinnvollen Modellvorstellung muß es möglich sein, daß der Schüler nicht nur das Steuerrad drehen, sondern auch den Kurs bestimmen oder ändern kann. Denn Menschen müssen zwar fähig sein, selbständig vorgegebene Probleme zu lösen, sie müssen aber auch imstande sein, ihre Ziele und Absichten in sinnvoller Weise festzulegen."

B. Dimension Kürze/Prägnanz.

Die Dimension Kürze/Prägnanz ist gekennzeichnet durch die Unteraspekte: aufs Wesentliche beschränkt/gedrängt/knapp/jedes Wort ist notwendig/aufs Lehrziel konzentriert (Langer et al., 1974, 15f.). Diese Dimension ist aus mehreren Gründen für die Regelformulierung nicht sehr optimal: zum einen bezeichnen einige der Unteraspekte bereits Basishandlungen, zum anderen widersprechen die Unteraspekte z.T. den Regeln unter der Dimension Einfachheit (die Auflösung von Nominalisierungen macht z.B. aus einem sehr gedrängten Text einen einfacheren, aber eben auch längeren) und schließlich werden die Unteraspekte, wo sie nicht mit ‚Einfachheit' in Konflikt geraten, z.T. von den Regeln der Dimension Gliederung/Ordnung abgedeckt (s.u.); letzteres gilt besonders für die Aspekte ‚gedrängt, aufs Wesentliche beschränkt'. Im übrigen kann man das Ziel der Kürze, wie aus dem vorhergehenden schon ersichtlich, hinsichtlich der sprachlich-stilistischen als auch der kognitiv-semantischen Prägnanz verstehen; diese beiden Perspektiven sollen wenigstens kurz angesprochen werden:

3. Kürze/Prägnanz im Sinne der knappen, nur notwendige Worte heranziehenden Darstellung ist herzustellen,
- indem Wiederholungen, Füllwörter, umständliche, weitschweifige Formulierungen eliminiert werden,
- indem schon am Satzanfang eine thematische Festlegung durch kontextöffnende Inhaltsworte versucht wird.

Beispiel:

Für Seite 251 „dieses Vorgehen stellt formal ... abgeklärt werden". „Das Vorgehen beruht zwar auf Ergebnissen der bisherigen Forschung, kann selbst aber nicht als empirisch ausreichend abgesichert gelten. Es stellt lediglich einen (unseres Erachtens nicht verfrühten) Versuch dar, dessen Angemessenheit der Lehrer in seinem Unterricht abschätzen kann."

4. Kürze/Prägnanz im Sinn der Konzentrierung auf das Lehrziel ist herzustellen, indem man überflüssige Einzelheiten, Zusatzinformationen, breites Ausholen und Abschweifungen eliminiert.

Beispiel:

Exkurs: Initiierung und Strukturierung: „Da es ... Lernprozeß kann." „Der Beitrag beschäftigt sich nicht mit der Frage des Interesses am Lehrinhalt. Hier wird vorausgesetzt, daß der Schüler (von selbst oder von außen) zum Lernen motiviert ist. Da wir selbstgesteuertes Lernen nicht im weitesten Sinn verwenden, ist diese Einschränkung zulässig: wir konzentrieren uns auf die Frage nach möglichen Hilfen, die es den Schülern erleichtern, sich Texte, die für sie nicht leicht sind, selbständig zu erarbeiten und zu verstehen."

C. Dimension Gliederung/Ordnung

Die Dimension Gliederung/Ordnung ist durch die Unteraspekte: gegliedert/folgerichtig/übersichtlich/gute Unterscheidung von Wesentlichem-Unwesentlichem/alles kommt schön der Reihe nach/charakterisiert (Langer et al., 1974, 14f.). Diesen Aspekten entsprechend lassen sich besonders aus der kognitiven Lerntheorie (Ausubels) Regeln ableiten:

5. Gliederung/Ordnung im Sinne der Folgerichtigkeit und Übersichtlichkeit ist herzustellen,
- indem man Unterabschnitte absetzt, durch spezifische Überschriften kennzeichnet,
- indem man den Text mit Randbemerkungen versieht: etwa Numerierung wichtiger Punkte, oder Verweis auf andere Gedanken.

Beispiel: für Abschnitt I
a) das kybernetische Modell
b) das Modell der Handlungsplanung und -ausführung.

6. Gliederung/Ordnung im Sinn der strukturierten, folgerichtigen Reihenfolge ist herzustellen,
- indem man die Gedanken in eine logische Reihenfolge bringt.
- indem man abstrakte Darlegungen durch visuelle Schaubilder in ein geordnetes Konzept transformiert.

Beispiel:
Kurvilinearität der Beziehung zwischen Organisation der Lehrtexte und selbstgesteuertem Lernen:

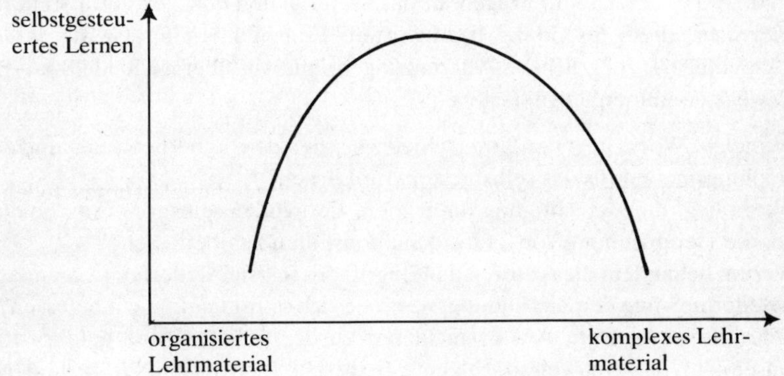

Wechselwirkung zwischen kognitivem Verarbeitungspotential und Textkomplexität im Hinblick auf das selbstgesteuerte Lernen:

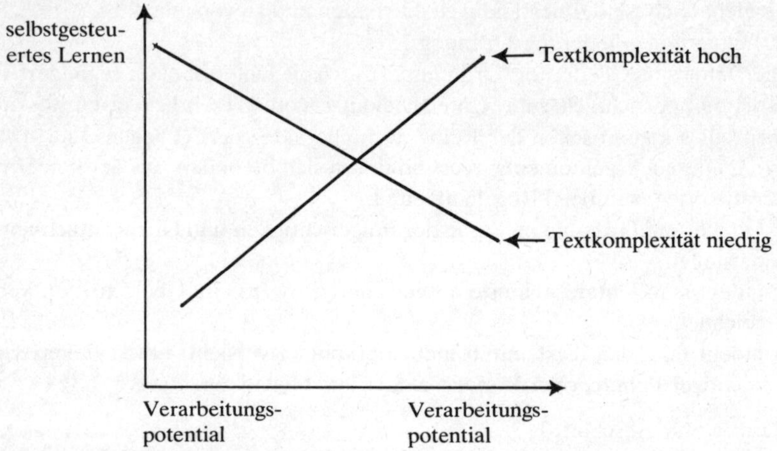

7. Gliederung/Ordnung unter dem Aspekt, daß der roten Faden sichtbar bleibt, ist herzustellen,
– indem man die von den kognitiven Konzepten her wichtigsten Sätze bzw. Worte hervorhebt, z.B. durch Unterstreichung.

Kein Beispiel, da *selbstevident!*

8. Gliederung/Ordnung als sinnvolle interne Repräsentation des Lernmaterials ist herzustellen,
– indem der Leser seine Fragen an das Material und den Textautor stellt und versucht, diese lesend zu beantworten. Fragen können sich auf interne Aspekte, z.B. begriffliche Abgrenzungen, und auf übergreifende Sinn- und Zweckzusammenhänge beziehen.

Beispiele: „Worin liegt der Unterschied zwischen dem kybernetischen und dem Handlungsmodell für das selbstgesteuerte Lernen?"
„Worin liegt die Berechtigung dafür, dem Lernenden selbst die Entscheidung über die Heranziehung von Transformationshilfen zu überlassen?"
„Warum behandeln die Autoren den Begriff des selbstgesteuerten Lernens auch im weiteren Sinne der Zielfindung, wenn sie sich selbst damit nicht befassen?"
„Führt der vorgelegte Ansatz nicht nur zu der trivialen (und gefährlichen) Konsequenz, daß Autoren so schlechte Texte schreiben dürfen, wie sie wollen?"

Antwortbeispiel (zur letzten Frage):
Nein, der Aufsatz soll keine Rechtfertigung fehlender (textueller) Didaktik sein. Zunächst einmal geht der Ansatz explizit von Texten mittlerer Schwierigkeit aus (wobei diese allerdings nur unter Bezug auf die kognitiven Verarbeitungsfähigkeiten des Lesers zu bestimmen ist). Außerdem ergibt sich als konstruktive Konsequenz, daß Lesern komplexitätsreduzierende, selbststeuerungsfördernde Verarbeitungsstrategien beigebracht werden sollen, z.B. durch den Lehrer in der Schule (die Techniken solchen Trainings und Übens konnten hier nicht mehr dargestellt werden, einerseits aus Raumgründen, andererseits weil die pädagogisch-psychologische Forschung dazu noch sehr wenige Ergebnisse erarbeitet hat).
Für bestimmte Strategien der Textaufarbeitung wird allerdings – abweichend von der bisherigen Anwendungsperspektive der Textforschung – unter ATI-Aspekten vorgeschlagen, sie dem Leser selbst zu überlassen, d.h. auch in optimal strukturierten Texten nicht vom Autor aus einzuführen (z.B. advanced organizers, Unterstreichungen, ordnungsstiftende Fragen); Voraussetzung dazu ist jedoch die Erfüllung des vorhergehenden Punktes: daß die Leser diese Verarbeitungsstrategien gelehrt bekommen!

Literaturverzeichnis

Anderson, R. C. & Faust, G. W.: The effects of formal strong prompts in programmed instruction. Urbana 1966

Ausubel, D. P.: Psychologie des Unterrichts, 2 Bände. Weinheim 1974

Ausubel, D. P. & Fitzgerald, D.: The role of discriminability in meaningful verbal learning and retention. J. educ. Psychology, 52, 266–274, 1961

dies.: Organizer, general background, and antecedent learning variables in sequential verbal learning. J. educ. Psychology, 53, 243–249, 1962

Berlyne, D. E.: Conflict, arousal, and curiosity. New York 1960

Breuer, F.: Aspekte der Handlungsregulation im Studium. In: Breuer, F. et al.: Psychologie des wissenschaftlichen Lernens. Münster 1975, 11–106

Bruner, J. S.: Der Prozeß der Erziehung. Düsseldorf 1970

Bull, S. G.: The role of questions in maintaining attention to textual material. Rev. educ. Research, 43, 83–87, 1973

dies. & Dizney, H. F.: Epistemic curiosity-arousing prequestions: Their effect on longterm retention. J. educ. Psychology, 65, 45–49, 1973

Coleman, E. B.: Learning of prose written in four grammatical transformations. J. appl. Psychology, 49, 332–341, 1965

Cube, F.: Kybernetische Grundlagen des Lernens und Lehrens. Stuttgart 1964

Eckert, A. & Issing, L. J.: Lehrergesteuerter versus schülergesteuerter Unterricht: eine Vergleichsuntersuchung. Programmiertes Lernen, Unterrichtstechnologie und Unterrichtsforschung, 8, 202–206, 1971

Entwisle, D. R.: Evaluation of study-skill courses: A review. Journal of Educational Research, 53, 243–251, 1960

Flammer, A.: Wechselwirkung zwischen Schülermerkmal und Unterrichtsmethode. Z. Entwicklungs- u. Päd. Psychologie, V, 130–147, 1973
Frase, L. T.: Boundary conditions for mathemagenic behavior. Rev. educ. Research, 40, 337–347, 1970
Frick, J. W. & Cofer, Ch. N.: Berlyne's demonstration of epistemic curiosity: An experimental re-evaluation, Brit. J. Psychology, 63, 221–228, 1972
Gerlach, A. & Hofer, M.: Der Einfluß von Strukturierungshilfen auf das Erlernen eines Studientextes. Zeitschrift für Entwicklungspsychologie und Pädagogische Psychologie, 5, 91–105, 1973
Glaser, R.: Individuals and learning: The new aptitudes. Educational Researcher, 1, 5–13, 1972
Groeben, N.: Die Verständlichkeit von Unterrichtstexten. Münster 1972
ders.: Verstehen, Behalten, Interesse. Unterrichtswissenschaft, 2, 128–142, 1976
Heckhausen, H.: Förderung der Lernmotivation und der intellektuellen Tüchtigkeit. In: Roth, H. (Hrsg.): Begabung und Lernen. Stuttgart 1968, 193–228
Heringer, H. J. (Hrsg.): Der Regelbegriff in der praktischen Semantik. Frankfurt 1974
Hofer, M.: Die Verbesserung von Lehrbüchern als hochschuldidaktische Notwendigkeit. In: Meyer, E. (Hrsg.): Hochschuldidaktische Projekte. Stuttgart 1972, 38–53
ders.: Textverständlichkeit: Zwischen Theorie und Praxeologie. Unterrichtswissenschaft, 2, 143–150, 1976
Hunt, D. E.: Person-Environment interaction, a challenge founded before it was tried. Review of Educational Research, 45, 209–230, 1975
Klare, G. R.: The measurement of readability. Amey 1963
Kossakowski, A.: Über persönlichkeitstheoretische Grundlagen der Pädagogischen Psychologie. In: Ders. & Lompscher, J. (Hrsg.): Ideologisch-theoretische und methodologische Probleme der Pädagogischen Psychologie. Berlin 1971, 13–70
ders.: Theoretische Voraussetzungen und experimentelle Untersuchungen zur Entwicklung der eigenständigen Handlungsregulation. In: Ders. & Ettrich, K. U. (Hrsg.): Psychologische Untersuchungen zur Entwicklung der eigenständigen Handlungsregulation. Berlin 1973, 11–90
ders.: Psychologische Fragen der Entwicklung selbständig handelnder sozialistischer Persönlichkeiten. In: Clauss, G. & Kossakowski, A. (Hrsg.): Pädagogisch-psychologische Beiträge zur Entwicklung sozialistischer Persönlichkeiten. Berlin 1974, 13–30
Klauer, K. J.: Revision des Erziehungsbegriffs. Düsseldorf 1973
Krausser, P.: Zu einer Systemtheorie rational selbstgesteuerter Handlungsprozesse. In: Riedel, M. (Hrsg.): Rehabilitation der praktischen Philosophie. Freiburg 1972, 537–557
Langer, K. et al.: Verständlichkeit in Schule, Verwaltung, Politik und Wissenschaft. München-Basel 1974
Mager, R. F.: On the sequencing of instructional content. Psychologica Reports, 9, 405–413, 1961
Mead, M.: Our educational emphasis in primitive perspective. Amer. J. Sociology, 48, 633–639, 1943
Miller, G. A., Galanter, E. & Pribram, K. H.: Plans and structure of behavior. London 1960 (dt. Stuttgart 1973)
Neber, H. (Hrsg.): Entdeckendes Lernen. Weinheim 1973
ders.: Fragen und kognitives Lernen. Bildung und Erziehung, 28, 297–305, 1975
Robinson, F. P.: Effective study. New York 1970, 4. Aufl.
Rothkopf, E. Z.: The concept of mathemagenic activities. Rev. educ. Research, 40, 325–336, 1970
ders.: Experiments on mathemagenic behavior and the technology of written instruction.

In: ders. & Johnson, P. E. (Eds.): Verbal learning research and the technology of written instruction. Columbia 1971, 284–303
Schulz von Thun, F.: Die Aneignung von Kenntnissen im Unterricht durch verständliche Lehrtexte. Unterrichtswissenschaft, 2, 101–113, 1976
Teigeler, P.: Verständlichkeit und Wirksamkeit von Sprache und Text. Karlsruhe 1968
Weltner, K.: Förderung des autonomen Lernens. Unterrichtswissenschaft, 2, 114–127, 1976
Wieczerkowski, W.: Lernpsychologische Grundlagen des Programmierten Unterrichts. In: H. Nickel & E. Langhorst (Hrsg.): Brennpunkte der Pädagogischen Psychologie. Bern u. Stuttgart 1973, 61–78

Teil 4
Soziale Aspekte selbstgesteuerten Lernens

Einleitung

Von W. Mischke und B. Neber

Um die Einordnung der folgenden Beiträge zu erleichtern, sollen hier kurz einige Entwicklungslinien der Erforschung sozialer Interaktionsprozesse im Unterricht aufgezeigt werden.
Frühere Studien zur Lehrer-Schülerbeziehung ermittelten entwicklungs-, lern- und motivationspsychologisch relevante Schülermerkmale (Nickel, 1976).
Durch die von Lewin u. a. (1939) in den USA durchgeführten Untersuchungen zum Führungsverhalten verschob sich der Schwerpunkt der Forschungsinteressen. Ausgangspunkt wurde nun die empirisch gestützte Auffassung, daß das Verhalten der Gruppenmitglieder mit dem der Gruppenleiter zusammenhängt und die Verhaltensänderung der Gruppenmitglieder nicht von der Person des Gruppenleiters abhängt, sondern vom Wechsel des Führungsstils.
Bedeutende Forschungsarbeiten zu diesem Problembereich mit weitreichenden Auswirkungen auf die Lehrerausbildung wurden von Tausch & Tausch (1973) vorgelegt. Es wurde versucht, geeignete Methoden zur Erfassung der Hauptdimensionen des Lehrerverhaltens zu entwickeln und empirisch festzustellen, welcher Ausprägungsgrad die günstigsten Auswirkungen auf Schülerverhalten und -erleben hat. Untersucht wurden Zusammenhänge mit dem Erleben von Schülern im Unterricht (z.B. in neuerer Zeit von Höder u.a., 1975) und mit konstruktivem Schülerverhalten wie das Ausmaß von Schülerentscheidungen und Eigeninitiative, selbständiges produktives Denken und Urteilen, Güte und Häufigkeit der Schülerbeiträge im Unterricht (Spanhel u.a., 1975). Dieser Ansatz wird in diesem Buch deshalb nicht weiter verfolgt, weil umfängliche und leicht zugängliche Literatur vorliegt, sich aber auch in neuerer Zeit andere Forschungsschwerpunkte ergeben haben.
Dieser Ansatz stellt zwar immer noch eine brauchbare Grundlage dar, die gesamte Komplexität der Lehrer-Schüler-Beziehung erfaßt er jedoch nicht. Es werden daher weitere Bedingungsvariablen aufgenommen. In der Persönlichkeit von Lehrer und Schüler sind z.B. Einstellungen, Erwartungen, implizite Theorien zu berücksichtigen, aber auch Einflüsse des soziokulturellen Kontextes.
Die in diesem Teil des Buches zusammengefaßten Beiträge folgen diesem Trend zur immer genaueren Analyse bis hin zur Erfassung person-interner kognitiver Prozesse (Vgl. den grundlegenden Beitrag Neber, Teil 2). Bei den Untersuchungen der Auswirkungen von Lehrererwartungen auf die Schülerleistungen (sog.

Pygmalion-Effekt; Timaeus, 1974; Rosenthal u. a., 1968) läßt sich ein ähnlicher Trend beobachten. Zunächst wurde relativ global die Erwartung als unabhängige Variable in Untersuchungen eingeführt und als abhängige Variable die Schülerleistung untersucht. Später trat die Untersuchung der Wechselwirkungen hinzu (Zanna u.a., 1975; Cronbach, 1975). In späteren Untersuchungen wurde auch gefragt, welche Verhaltensweisen des Lehrers zwischen Erwartungen und Auswirkungen als Vermittler auftreten (kritisch dazu Alpert, 1975). Durch zusätzliche Berücksichtigung kognitiver Zwischenprozesse ließ sich auch in diesem Bereich die Genauigkeit der Analysen erhöhen.

Am Endpunkt derartiger Entwicklungen setzen die hier vereinigten Beiträge an; es werden Wechselwirkungen und nicht einlinig kausale Abhängigkeiten postuliert, und es werden spezifische Verhaltensweisen und kognitive Zwischenprozesse untersucht und nicht globale Dimensionen.

Im Beitrag von Knörzer wird aus motivationstheoretischer Sicht unter Berücksichtigung kognitiver Zwischenprozesse das Lernsystem des Schülers in seiner Wechselwirkung mit dem Erwartungssystem der Bezugsperson dargestellt. Die Abhängigkeit der Selbststeuerung der Lernprozesse des Schülers von der Selbstbeurteilung und deren Verflechtung mit der in der Interaktion kommunizierten Leistungserwartung der Bezugsperson wird hervorgehoben. In pädagogisch brauchbarer Weise werden Fehlentwicklungen/Fehlhaltungen herausgearbeitet, die dem Erzieher sicherlich wertvolle Dienste leisten können.

Im Beitrag von Boteram wird aus diesem Bereich der Teilprozeß der Ursachenzuschreibung herausgegriffen und die Möglichkeit näher untersucht, wie durch Veränderung der Interaktion im Klassenzimmer (die vom Lehrer ausgeht) Veränderungen der Ursachenzuschreibung beim Schüler bewirkt werden können. Der Zusammenhang zwischen derartigen Veränderungen der Ursachenzuschreibung und der Selbststeuerung wird dargelegt. Die im Beitrag beschriebene Möglichkeit der Rückmeldung durch den Lehrer, die mit ausgesprochener Ursachenzuschreibung in der gewünschten Richtung verknüpft wurde, ist als empirisch prüfbarer Handlungsvorschlag für den Lehrer/Erzieher sehr anregend.

Laucken verfolgt in seinem Beitrag die Richtung der Ausdehnung der Analyse sozialen Geschehens auf kognitive Prozesse, wobei sich, auf die entwickelte Rahmenvorstellung bezogen, kritische Anmerkungen zum Begriff der Selbststeuerung ableiten lassen. Er gibt eine heuristische Darstellung davon, wie Informationen über andere Personen, durch „Persondefinitionen" beeinflußt, verarbeitet werden. Der Schwerpunkt liegt dabei auf der Betrachtung der aktuell in der Person ablaufenden Prozesse, erörtert wird aber auch der durch häufige Wiederkehr gleichartiger Situationen mögliche Umschlag vom aktuellen Funktionieren in Veränderungen der dispositionellen Ausstattung der Person. Neben der Berücksichtigung der Lehrer-Schüler-Interaktion tritt bei Laucken die Schüler-Schüler-Beziehung stärker in den Vordergrund.

Literaturverzeichnis

Alpert, J. L.: Teacher Behavior and Pupil Performance: Reconsideration of the Mediation of Pygmalion Effects, Journal of Educational Research, 69, 53–57, 1975

Cronbach, L. J.: Die Logik von Experimenten über Entdeckung. In: H. Neber: Entdeckendes Lernen. Weinheim 1975, 148–165, 2. Aufl.

Höder, J., Joost, H. u. Klyne, P.: Zusammenhänge zwischen Hauptdimensionen des Lehrerverhaltens und Merkmalen des Erlebens von Schülern im Unterricht. Psychol. in Erz. u. Unterricht, 22, 88–96, 1975

Lewin, K. u. Lippitt, R. u. White, R. K.: Patterns of aggressive behavior in experimentally created „social climates". Journ. Soc. Psychol., 10, 271–299, 1939

Nickel, H.: Die Lehrer-Schüler-Beziehung aus der Sicht neuerer Forschungsergebnisse. Psychol. i. Erz. u. Unterr., 153–173, 1976

Rosenthal, R. u. Jacobson, L.: Pygmalion in the classroom. New York 1968; (dt. Weinheim 1971)

Spanhel, D. u. Tausch, R. u. Tönnies, S.: Hauptdimensionen des Lehrerverhaltens und ihr Zusammenhang mit konstruktivem Schülerverhalten in 41 Unterrichtsstunden. Psychol. in Erz. u. Unterricht, 22, 343–350, 1975

Tausch, R. u. Tausch, A.: Erziehungspsychologie. Göttingen 1973[7]

Timaeus, E.: Experiment und Psychologie. Göttingen 1974

Zanna, M. P. u. Sheras, P. L. u. Cooper, J.: Pygmalion and Galatea: Interactive Effect of Teacher and Student Expectancies. Journal of experimental social Psychology, 11, 279–287, 1975

Wolfgang Knörzer

Motivation und soziale Interaktion beim selbstgesteuerten Lernen

Die Aufgaben eines Lehrers sind vielfältig. Fünf werden vom Deutschen Bildungsrat (1970) genannt: Lehren, Erziehen, Beurteilen, Beraten, Innovieren. Sicher ist das keine erschöpfende Aufzählung. So wird die Aufgabe nicht explizit genannt, den Schüler zu einem pädagogisch wünschenswerten Lernverhalten zu motivieren. Gerade dies ist aber – darauf hat schon H. Roth (1957) hingewiesen – ein sich stets neu stellendes Problem, das viele Lehrer für nur schwer lösbar halten.
Dieser Beitrag beschäftigt sich mit motivationalen Fragen. Sie sind zentral, denn der Lehrer muß eine adäquate Lernbereitschaft der Schüler erreichen, ohne die der Unterricht wenig effektiv ist. Sieht man den Kern der erzieherischen Aufgabe in einer Hilfe zur Selbstbestimmung, so kommt der motivationalen Bereitschaft des Schülers in mehrfacher Hinsicht Bedeutung zu: einmal schafft der Schulerfolg berufliche Möglichkeiten und damit Selbstbestimmungsvoraussetzungen; zum anderen sollten sich Schüler mit schulbezogenen Erwartungen von Eltern, Lehrern und Klassenkameraden auseinandersetzen und auf dieser Basis relativ eigenständig über eigene Ziele und Wege entscheiden.

I. Dilemma der Lehrer

Wenn nun aber Lehrer bei Sozialwissenschaftlern nachfragen, wie das Lernverhalten ihrer Schüler verbessert werden könnte, erfahren sie, daß es von einer Vielzahl von Bedingungen abhängt: von Motivationsgefügen, überdauernden Wertstrukturen, Zielsetzungsstrategien, Attribuierungsmustern, dem Begabungsselbstbild und der subjektiven Erfolgswahrscheinlichkeit; es sei abhängig von der bisherigen Lebensgeschichte, die überwiegend eine Erfolgs- oder Mißerfolgsbilanz aufweisen könne, von Arbeitstechniken und dergleichen mehr.
Diese Auskunft ist nicht ermutigend. Sie überfordert den Lehrer. Welche Möglichkeiten der Beeinflussung sollte es für ihn bei Motiv- und Einstellungsstrukturen geben, in denen sich die Erfahrungen von Jahren niederschlagen? Das Dilemma wird noch größer, wenn auf schulstrukturelle und gesellschaftliche

Bedingungen des Lernverhaltens von Schülern hingewiesen wird. Wie soll ein Lehrer schulstrukturelle Bedingungen ändern, etwa die Zusammenstellung von Schülergruppen, um einen „adaptiven Unterricht" unter Berücksichtigung verschiedener „Passungen" zu sichern? Wie soll er auf die Vergabe von Noten verzichten, die Inhalte von Lehrplänen ändern, Voraussetzungen für Epochalunterricht und Projektunterricht schaffen, um nur einige Hinweise aufzugreifen, die für eine Rekonstruktion des Unterrichts zur Optimierung motivationaler Lernvoraussetzungen nötig sind. Lehrer müssen das Scheitern solcher Bemühungen als eigenes Versagen kodieren. Die einsetzenden Defensivstrategien, die der Sicherung des eigenen Selbstbildes dienen, sind ihrerseits nicht geeignet, die Situation für Lehrer und Schüler zu verbessern.

Aber, gesetzt den Fall, Lehrer wären zu solchen Veränderungen in der Lage, wo sollten sie dann anfangen? Sind alle genannten Variablen gleich entscheidend? Gibt es strategisch zentrale Punkte für eine Beeinflussung?

Keine dieser Fragen kann befriedigend beantwortet werden. Es fehlt eine umfassende Theorie der Lernmotivation und des Lernverhaltens. Vorhanden sind Ansätze behavioristischer Art, Motivationskonzepte, sozialpsychologische Ansätze, sozialisationstheoretische Dimensionierungen und Ansätze der Curriculumtheorie. Eine Integration der von den verschiedenen Forschungsrichtungen ausgehenden Bemühungen ist nicht in Sicht. In der Zwischenzeit müssen Lehrer auf „Alltagswissen" und „Handwerkstraditionen", die hinter dem gesicherten sozialwissenschaftlichen Wissensstand zurückbleiben, zurückgreifen. Oder sie strecken schlicht die Waffen, resignieren angesichts dessen, was die Sozialwissenschaft ihnen als Hilfe anzubieten hat, und angesichts der Unwirksamkeit der eigenen Versuche.

Dem Dilemma des unbefriedigenden Theoriestandes der Lernmotivation kann verständlicherweise auch hier nicht abgeholfen werden. Wohl aber soll der Versuch unternommen werden, Schlüsselvariablen motivierten Verhaltens und des sozialpsychologischen Bedingungsgefüges zu identifizieren. Eine Diagnose zentraler Prozesse führt über das Pauschalurteil der Lernunwilligkeit und Faulheit hinaus und bietet Möglichkeiten einer gezielten pädagogischen Beeinflussung defizitären Lernverhaltens.

Der vorgetragene Ansatz ist durch die Annahme vom Systemcharakter des Lernprozesses bestimmt. Dieses System ist ein Rückkopplungssystem, sein Output, das Lernergebnis, hat also einen auf die Systemvariablen zurückwirkenden Einfluß. Diese Kreisförmigkeit des Prozeßablaufs gibt dem Lernverhalten den Charakter der Selbststeuerung, wobei hier Selbststeuerung nicht als autonome Einflußnahme des Lernenden auf Systemteile verstanden wird, sondern als sich selbst steuernder Prozeß, der den Entscheidungsspielraum des Lernenden durch die Verarbeitung des feedback einengt. Da es sich bei dem zu beschreibenden System um ein offenes System handelt, bei dem Informationen mit der Umwelt ausgetauscht werden, ist davon auszugehen, daß es weniger durch seinen Anfangszustand als durch die Natur des Prozesses determiniert ist. Das heißt, daß die durch das System mitbedingten und in dieses wieder eingehenden Informationen die Ausprägung von Systemvariablen verfestigen. Lernprozesse werden dabei als sich in zwei diametrale Richtungen aufschaukelnde Rückkopplungsprozesse, als „Erfolgsspiralen" und „Teufelskreise" verstanden. Sie lassen sich durch das Sprichwort charakterisieren: „Wer hat, dem wird gegeben; wer nicht hat, dem wird noch genommen, was er hat."

Zur Definition eines Systems ist der Begriff der Umwelt dieses Systems von zentraler Bedeutung. Nimmt man an, daß die Umwelt eines gegebenen Systems durch jene Objekte konstituiert wird, deren Veränderung das Lernverhalten des Systems beeinflußt und umgekehrt, so muß die den Schüler beeinflussende und von diesem beeinflußte Umwelt näher bestimmt werden. Wir werden hier die soziale Umwelt des Schülers, d.h. die sozialen Erwartungen relevanter Bezugspersonen, die sich auf Lernverhalten und Lernleistung des Schülers beziehen, näher bestimmen. Dieser Umweltausschnitt des Lernsystems Schüler soll mit Hilfe sozialpsychologischer oder sozialisationstheoretischer Konzepte untersucht werden. Dabei stellt sich die Frage, ob es berechtigt ist, vom Lernsystem Schüler und dessen Umwelt zu sprechen oder dieses Lernsystem als Teil eines umfassenderen sozialen Systems, einschließlich der Bezugspersonen zu verstehen. Um aber der Gefahr der Unüberschaubarkeit zu entgehen, muß von zwei miteinander verschachtelten Systemen, dem Lernsystem des Schülers und dem Erwartungssystem der Bezugspersonen ausgegangen werden.

Daraus entsteht ein für den Lehrer handhabbares Modell, das ihm sowohl als Suchschema für mögliche Defizite motivationaler Abläufe dienen, wie eine gezielte pädagogische Beeinflussung ermöglichen kann. Dazu werden zunächst Ergebnisse der Forschungsrichtungen, aus denen unser Modell hergeleitet wird, dargestellt. Danach soll das Modell vorgestellt werden. Anhand dieses Modells lassen sich Pathologien lernmotivationaler Abläufe aufzeigen und mögliche pädagogische Gegenmaßnahmen diskutieren.

II. Grundannahmen für eine Theorie der Lernmotivation

Der bisherige Stand auf dem Weg zu einer Theorie der Lernmotivation läßt sich mittels dreier Grundkonzeptionen kennzeichnen:

1. Die erste zentrale Annahme leitet sich aus Überlegungen Rosenfelds (1966), Heckhausens (1968), Fends (1971) und eigenen (Knörzer 1976) her, wonach Lernmotivation als Strukturzusammenhang verschiedener dynamischer Elemente zu verstehen ist. Wenn von Lernmotivation die Rede ist, handelt es sich um ein Bündel motivationaler Antriebe und Steuerungen, um einen „Struktur-

zusammenhang verschiedener (möglicherweise auch heterogener) dynamischer Elemente" (Rosenfeld 1966, S. 35).
So unterscheidet Rosenfeld (1966) zwischen zweckfreien und zweckgebundenen Motivinhalten. Zweckfrei ist ein Motivinhalt, wenn Lernanstrengungen aus Funktionslust, aufgrund des Reizes des Unbekannten, aus Lösungs- und Problemfreude unternommen werden. Bei den zweckgebundenen Motivinhalten unterscheidet er sieben heterogene Antriebe: Lernen zum Zweck persönlicher Vorteile (materieller Gewinn, soziale Vorrangstellung), Lernen aufgrund sozialer Identifikation, Lernen als Erfolgsantizipation und Mißerfolgsvermeidung (Steigerung des sozialen Ansehens bzw. Vermeidung von Blamagen), Lernen infolge von Zwang und Druck, Lernen aus Gewissenszwang, Lernen aufgrund lebenspraktischer Zielsetzungen (Beruf, Lebensstellung) und Lernen aus gesellschaftlichem Erfordernis (Identifikation mit gesellschaftlichen Normen und politischen Zielsetzungen).
Heckhausen (1968) unterscheidet zwischen Lernmotiven, die den Lernvorgang allein durch lernimmanente Verstärkungsbedingungen sichern (Leistungsmotiv, individuelle Hochschätzung bestimmter Fachgebiete, Interesse an Neuem) und sachfremden Lernmotiven: aus Bedürfnis nach Identifikation, nach Zustimmung, Abhängigkeit, Geltung und Strafvermeidung.
Fend (1971) versteht in seinem sozialisationstheoretischen Ansatz Motivationen als Adaptionsformen an institutionelle Anforderungen. Er unterscheidet eine „Compliance"-Orientierung an äußeren Zwangsmaßnahmen, instrumentelle Orientierungen an zu erwartenden Verstärkern, einer leistungsorientierten Steuerung als weitgehende Selbstkontrolle des Lernvorgangs (angefangen von der Zielsetzung bis zur Selbstadministration von Belohnung und Bestrafung) und einer intrinsischen Orientierung am Neuigkeitsgehalt einer Aufgabe. Der Ansatz wurde von mir (Knörzer 1976) weitergeführt. Danach lassen sich Lernmotive unterscheiden, bei denen es um die Sicherung eines positiven Selbstbildes, der Schul- und Berufskarriere, positiver Sozialbeziehungen und um Abwehr von Strafen geht.

2. Die zweite zentrale Annahme geht von kognitiven Prozessen im Rahmen motivationaler Abläufe aus.
Folgende fünf kognitive Bestimmungsstücke wurden bislang vor allem bei der Leistungsmotivation diskutiert, lassen sich aber auch auf andere, das Lernverhalten steuernde Motivationssysteme übertragen.
Das erste ist das *Selbstkonzept der eigenen Fähigkeit.* Es steht im Mittelpunkt so verschiedener Forschungsrichtungen wie der humanistischen Persönlichkeitstheorie (Erikson 1960, 1953; Allport 1961; Maslow 1954; Rogers 1959), der Theorie des sozialen Lernens (Rotter 1954, 1966), der „naiven Psychologie" Heider (1958), des Origin-Pawn Konzepts (de Charms 1968), der Leistungsmotivationsforschung (Heckhausen 1963, 1972), Attribuierungstheorie (Wei-

ner u. a. 1971) und soziologischer Ansätze zur Erklärung des Rollenverhaltens (Krappmann 1971).

Faßt man wichtige Ergebnisse verschiedener Richtungen zusammen und bezieht diese auf unser Konzept des Fähigkeitsselbstbildes, so läßt sich sagen: Personen mit positivem Fähigkeitsselbstbild sehen sich als wichtigen Ursachenfaktor, d.h. sie sind der Auffassung, sie könnten ihre Umwelt wirkungsvoll beeinflussen (Rotter u. a., 1962; Rotter, 1966). Leistungsthematischen Situationen weichen sie daher nicht aus (Weiner und Rosenbaum, 1965). Da sie der eigenen Anstrengung beim Erreichen eines Ziels hohe Bedeutung zumessen (Meyer 1973), wählen sie Ziele, die sich durch Anstrengung erreichen lassen, d.h. mittelschwere Aufgaben (Weiner u. a., 1972). Sie lassen sich durch Mißerfolg nicht rasch entmutigen, sondern reagieren mit gesteigerter Anstrengung (Weiner u. a. 1971). Sie stellen sich sozialen Erwartungen, ohne sich diesen anzupassen (Rotter, 1966; Krappmann, 1971), besitzen Selbstachtung und können sich selbst akzeptieren (Wylie, 1961; Rosenberg, 1965; Coopersmith, 1967). Negatives Gegenbild ist das Konzept der Machtlosigkeit (Seeman, 1959).

Fend u. a. (1976) sprechen von Anomia und verstehen darunter das Empfinden der Machtlosigkeit, der Regellosigkeit, des Unbeachtetseins und der verminderten Aussicht auf Erfolg.
Die überragende Bedeutung dieser Variablen für Schulerfolg folgt aus dem „Coleman-Report". Coleman (1966) konnte an 645000 Schülern nachweisen, daß für Schulleistungen das Empfinden, diese persönlich beeinflussen zu können und nicht einem blinden Schicksal ausgeliefert zu sein, bedeutsamer ist, als alle Variablen schulökologischer Art (Ausbildung der Lehrer, soziale Herkunft der Lehrer, Schüler-Lehrer-Relation, Ausstattung der Schule ...) zusammen. Negerkinder waren gegenüber Weißen nicht der Meinung, ihre Umwelt und ihre eigene Zukunft beeinflussen zu können, und wenn sie davon überzeugt waren, waren ihre Schulleistungen besser als solcher weißer Kinder, die dem Faktor „personal control" wenig Bedeutung zumaßen. Den entscheidenden Vorteil von integrierten Schulen für Negerkinder sahen Coleman u. a. (1966) entsprechend darin, daß mit steigendem Prozentsatz von Weißen an der Schule auch bei Negerkindern der Glaube an die Möglichkeit der „personal control" wuchs. Katz (1967) nimmt an, daß Negerkinder als Folge außerschulischer Lernprozesse nur eine ungenügende Vorstellung von der Wirksamkeit eigener Anstrengung haben und deshalb nicht entsprechend in der Lage sind, schulische Anstrengungen durchzustehen. Ähnlich fanden Gurin u. a. (1969) und Lao (1970) bei schwarzen Jugendlichen, daß die Ausprägung des Faktors „personal control" ein guter Prediktor für Schulnoten und Bildungsaspirationen darstellt. Wir räumen deswegen dem individuellen Fähigkeitsselbstbild des Schülers auch in unserem Modell eine überragende Bedeutung zu.

Das zweite kognitive Bestimmungsstück ist das Konzept der *Anspruchsniveausetzung* bzw. der *subjektiven Erfolgswahrscheinlichkeit*. Es war Atkinson (1958), der Ergebnisse der Utilitätstheorie der Entscheidung[1] (Edwards 1954) in die Theorie der Leistungsmotivation einführte. Danach ist die Stärke der Tendenz, eine Aufgabe in Angriff zu nehmen, das Produkt aus der Stärke des Erfolgsmotivs, der subjektiven Erfolgswahrscheinlichkeit und dem individuell bestimmten Wert der Zielerreichung. Zwischen subjektiver Erfolgswahrscheinlichkeit und Anreizwert der Zielerreichung besteht dabei nach Atkinson ein reziprokes Verhältnis: Je größer die subjektive Erfolgswahrscheinlichkeit, desto geringer ist der Anreizwert zur Zielerreichung; je geringer die subjektive Erfolgswahrscheinlichkeit, umso größer die Bedeutung einer Zielerreichung. Ähnliche Zusammenhänge werden für die Tendenz zur Mißerfolgsvermeidung postuliert. Sie ist das Produkt eines überdauernden Motivs, Mißerfolge zu vermeiden, der subjektiven Erfolgswahrscheinlichkeit und dem negativ wirkenden Inzentivwert der Zielverfehlung[2].

Aus der multiplikativen Verknüpfung der Variablen lassen sich unterschiedliche Präferenzen für Erfolgsmotivierte gegenüber überwiegend Mißerfolgsmotivierten vorhersagen. Danach müßten Erfolgsmotivierte bevorzugt Aufgaben mittleren Schwierigkeitsgrades wählen, während Personen, deren Mißerfolgsmotiv stärker als ihr Erfolgsmotiv ist, gerade diese Aufgaben meiden und zu schwere oder zu leichte Aufgaben wählen.

Nun wurde nachgewiesen (Atkinson u. a. 1960), daß überwiegend Erfolgsmotivierte tatsächlich Aufgaben mittleren Schwierigkeitsgrads bevorzugen. Mißerfolgsorientierte wählen entgegen den Modellvorhersagen ebenfalls ein mittleres Anspruchsniveau, jedoch weniger häufig als Erfolgsmotivierte. Die Streuung des gewählten Risikos ist also bei dieser Gruppe größer als bei den überwiegend Erfolgsmotivierten. Darüber hinaus konnte Schneider (1971) nachweisen, daß Mißerfolgsmotivierte, die sich nicht in Wettkampfsituationen befinden und wenn ihre *subjektive* Erfolgswahrscheinlichkeit berücksichtigt wird, sich in ihrem Risikoverhalten nicht von Erfolgsmotivierten unterscheiden.

Übertragen auf die Schulsituation ist dieses Konzept der Anspruchsniveausetzung vierfach zu konkretisieren:

1 Nach der Utilitätstheorie werden Entscheidungen zwischen Alternativen nach dem Prinzip des größtmöglichen Nutzens getroffen. Die Alternative mit dem größten Nutzen hat die größere Wahrscheinlichkeit, gewählt zu werden.

2 Die aktuelle Tendenz zu leistungsthematischen Verhalten bestimmt sich nach Atkinson (1958) wie folgt:

$T_A = (M_S \cdot P_S \cdot I_S) - (M_{AF} \cdot P_{AF} \cdot I_{AF})$

T_A ist die aktuelle Tendenz zu leistungsthematischem Verhalten, M_S und M_{AF} die Stärke des Motivs, Erfolge zu erringen bzw. Mißerfolge zu vermeiden, P_S bzw. P_{AF} die subjektive Erfolgswahrscheinlichkeit bzw. Wahrscheinlichkeit, Mißerfolge zu vermeiden und I_S bzw. I_{AF} der Inzentivwert der Zielerreichung bzw. der negative Inzentivwert eines Mißerfolges.

(1) Schüler befinden sich bei ihrer Leistungserbringung meist in einer Konkurrenzsituation. Daher werden mißerfolgsmotivierte Schüler eher zur Wahl von zu hohen oder zu tiefen Zielen neigen. Die Wahl eines zu niederen Ziels ist plausibel; daß es bei dieser Gruppe auch häufiger zur Wahl überhöhter Ziele kommt, führten Weiner u.a. (1971) auf die Ablehnung persönlicher Verantwortung zurück: wird das Ziel zu hoch gewählt, ist Mißerfolg leichter entschuldbar.

(2) Des weiteren ist auf den Unterschied zwischen Zielwahl im Experiment und Anspruchsniveau im schulischen Kontext hinzuweisen. Operationalisiert man das Anspruchsniveau in der Notenhöhe, die ein Schüler anstrebt, so muß die Möglichkeit, im schulischen Kontext ein individuelles Anspruchsniveau zu wählen, als äußerst begrenzt erscheinen, da externe Faktoren weitgehend bestimmen, welches Anspruchsniveau ein Schüler mindestens zu setzen hat, will er nicht ausflippen oder sich etwa hinsichtlich seiner weitreichenden Ziele grundsätzlich umorientieren. So kann etwa die Note 4 oder gar 5 für einen Schüler, gemessen an seinem Fähigkeitsstand, ein durchaus angemessenes, „mittleres" Anspruchsniveau darstellen. Wegen der allgemeinen Einschätzung dieser Note wird er dieses Anspruchsniveau nicht tatsächlich wählen.
Das Anspruchsniveau eines Schülers ist also weitgehend durch externe Bedingungen vorgegeben. Zentral dürfte demnach weniger die individuelle Anspruchsniveausetzung als die Einschätzung der Erfolgswahrscheinlichkeit sein. Von hier sind Rückwirkungen auf das Durchhaltevermögen während belastender und erfolgsunsicherer Arbeitsphasen bei der Bewältigung einer schulischen Aufgabe zu erwarten.

(3) Des weiteren ist das Konzept der Anspruchsniveausetzung bzw. der subjektiven Erfolgswahrscheinlichkeit aus dem Bezugsrahmen des Leistungsmotivs zu lösen und auch auf andere Lernmotive zu übertragen. So gibt es etwa ein Anspruchsniveau, wenn Schüler lernen, sich positive Sozialkontakte und Berufskarrieren zu sichern oder Strafen zu vermeiden.

(4) Endlich ist als Extremfall einer Anspruchsniveausetzung das Vermeiden leistungsthematischer Situationen zu nennen. Weiner und Rosenbaum (1965) konnten nachweisen, daß mißerfolgsorientierte Personen bevorzugt nicht-leistungsbezogene Aufgaben wählten. Schüler können sich leistungsthematischen Situationen gegenüber in verschiedener Weise verhalten: Sie können im Unterricht mitarbeiten oder nicht, sich melden oder nicht, Hausaufgaben erledigen oder nicht usw. Als Folge davon ist auch mit unterschiedlichem Lernzuwachs zu rechnen. Hier deutet sich bereits der Rückkopplungscharakter motivationaler Prozesse und die Gefahr sich selbst bestätigender Motivationszyklen an.

Das dritte kognitive Bestimmungsstück des lernmotivationalen Prozeßablaufs ist die *Anstrengungskalkulation.* Bereits Tolman (1955) führte die Variablen „Abneigung gegenüber Arbeit", „negative Valenz der erwarteten Arbeit" und „erwarteter Arbeitsaufwand" in seinem Verhaltensmodell auf. Meyer (1973) hat das Konzept der Anstrengungskalkulation in sein Leistungsmotivationsmodell übernommen. Er versteht darunter Nutzerwägungen des Individuums, ob durch hohe Anstrengung Informationen über die eigene Fähigkeit zu erhalten sind oder nicht. Wir modifizieren dieses Konzept und verstehen darunter Erwägungen, ob und unter welchem Anstrengungsaufwand ein gegebenes Ziel bei einer ebenfalls gegebenen subjektiven Aufgabenschwierigkeit zu erreichen ist. Daß in die Anstrengungskalkulation die perzipierte Kompetenz des Individuums und die perzipierte Aufgabenschwierigkeit eingeht, liegt auf der Hand. Doch auch die Relevanz der Zielerreichung dürfte für den Anstrengungsaufwand von Bedeutung sein. Desgleichen können Defensivstrategien den Anstrengungsaufwand bestimmen, etwa wenn ein Schüler sich nur wenig anstrengt; tritt der Mißerfolg ein, kann er diesen auf mangelnde Anstrengung zurückführen und den Schein „er könne, wenn er nur wolle" aufrechterhalten (Knörzer 1976).

Auch hier deuten sich mögliche Rückkopplungen an: Schüler, die wenig Hoffnung haben, Erfolg zu erzielen, werden u. U. auch weniger bereit sein, sich anzustrengen. Die Folgen werden in gehäuftem Mißerfolg und in gesteigerter Mißerfolgsorientierung zu suchen sein. Das vierte kognitive Bestimmungsstück sind *soziale Vergleichsprozesse* zur Beurteilung des Leistungsergebnisses. Hierzu hat die ‚Social Evaluation Theory' (Festinger 1954; Pettigrew 1967) bedeutsame Beiträge geliefert. Nicht nur die vielzitierte Notengebung anhand eines sozialen Gütemaßstabs, sondern auch die Definition des eigenen Leistungsergebnisses als Erfolg oder Mißerfolg ist abhängig von einer Vergleichsgruppe, etwa der Mitschüler. Die Zusammensetzung der Klasse im dreigliedrigen Schulsystem führt zu anderen Erfolgskriterien als in integrierten Gesamtschulen (Fend u.a. 1976). Die starke Betonung des sozialbezogenen Gütemaßstabes in der Schule stempelt dabei vor allem jene Schüler zu Dauerversagern, die zwar individuelle Lernfortschritte machen, aber zu den schlechteren Schülern gehören. Die Rückwirkung dieser Vergleichsprozesse auf das eigene Fähigkeitsselbstbild und die individuelle Erfolgsorientierung liegt auf der Hand.

Fünftes kognitives Bestimmungsstück sind Prozesse der *Kausalattribuierung,* die Ursachenerklärung eines Leistungsergebnisses. Das Konzept hat seinen Ursprung in Heiders (1958) Alltagspsychologie, wonach das Resultat einer Handlung auf zwei Faktoren zurückgeführt werden kann, auf personenabhängige und -unabhängige. Die personenabhängigen Faktoren gliedert Heider in Power factors (can) und Motivational factors (try), bei den personenunabhängigen unterscheidet er Schwierigkeit (difficulty) und Zufall (luck).

Weiner u.a. (1971) entwickelten das Konzept der Kausalattribuierung, wonach ein Leistungsergebnis auf Begabung, Anstrengung, Aufgabenschwierigkeit oder Zufall zurückgeführt werden kann. Die vier Faktoren lassen sich in zwei Dimensionen ordnen: nach Ort der Kontrolle (Individuum versus äußere Faktoren) und zeitlicher Stabilität (Stabilität versus Instabilität). Nun entwickeln Personen mit unterschiedlicher Ausprägung des Leistungsmotivs auch unterschiedliche Attribuierungsvorlieben. So führen Erfolgsmotivierte gute Leistungen auf Begabung und Anstrengung, also interne Faktoren, Mißerfolg auf mangelnde Anstrengung, also auf einen veränderbaren Faktor zurück. Bei Furcht vor Mißerfolg wird dagegen Erfolg als Zufall oder geringe Aufgabenschwierigkeit (externe Faktoren) attribuiert, und schlechte Leistung wird auf den stabilen Faktor ‚mangelnde Begabung' zurückgeführt. Diese Attribuierungsasymmetrie (Heckhausen, 1972) wirkt sich unterschiedlich auf das Begabungsselbstbild, die Bereitschaft leistungsthematische Situation aufzusuchen und die Ausdauer aus.

3. Die dritte Annahme sieht schulisches Lernen im Zusammenhang mit Erwartungen von Eltern, Lehrern und Klassenkameraden (Fend, 1971). In diesem sozialisationstheoretischen Ansatz wird Lernen als Ergebnis der Auseinandersetzung mit schulbezogenen Erwartungen gesehen (Knörzer, 1976). Denn schulisches Lernen steht im Mittelpunkt von Erwachsenenerwartungen Kindern gegenüber. Diese Erwartungen werden durch die verschiedenen gesellschaftlichen Instanzen unterstrichen und erhalten einen Nachdruck wie kaum andere vergleichbare elterliche Erwartungen.

Aus der individualpsychologisch orientierten Frage nach motivationalen Abläufen wird somit eine Frage nach der aktiven Auseinandersetzung eines Individuums mit gesellschaftlichen Erwartungen, wie sie Eltern und Lehrer vermitteln. Damit kommen Probleme des Rollenverhaltens, der Konformität und der Sicherung von Identität ins Spiel, wie sie etwa im Rahmen des interaktionistischen Rollenkonzepts diskutiert werden (Krappmann, 1971). Bei dieser Auseinandersetzung mit den Erwartungen anderer muß soziale und personale Identität erworben und verteidigt werden: soziale Identität als „Ausbalancierung synchroner heterogener sozialer Erwartungen" (Goffman, 1967) und personale Identität als Balanceakt zwischen der aufgrund der bisherigen Lebensgeschichte zustande gekommenen Einmaligkeit eines Individuums und den momentanen sozialen Erwartungen. Ein derartiger sozialisationstheoretischer Ansatz führt aus der individualpsychologischen Engführung der Motivationspsychologie heraus und sieht schulisches Lernen in der Dialektik zwischen gesellschaftlichen Erwartungen und Selbstbehauptung.

Diese sozialisationstheoretische Fragestellung verfolgen wir, indem wir das Selbstkonzept der eigenen Fähigkeit als das Ergebnis der individuellen Auseinandersetzung mit sozialen Definitionen und Erwartungen und individueller Erfolgserfahrung verstehen. So hat nach Smith (1968) das Selbstbild des

Individuums zwei Quellen: die kognitive Verarbeitung der perzipierten Wirkung des eigenen Verhaltens auf Objekte und das Bild, das „bedeutsame Andere" von ihm haben.
Die Untersuchungen Trudewinds (1975) verdeutlichen die Entstehung des Begabungsselbstbilds.
Nach Trudewind interagieren die Höhe des elterlichen Leistungsdrucks und der Anregungsgehalt der häuslichen Umwelt bei der Ausprägung der Richtung des Leistungsmotivs: überhöhtes elterliches Anspruchsniveau führt bei reichhaltiger häuslicher Umwelt zu stärkerer Furcht vor Mißerfolg als bei einer weniger reichhaltigen Umwelt. Dabei wird angenommen, daß das Kind die überhöhten Standards selbständig auf andere leistungsthematische Situationen überträgt. Die Folge ist eine kumulierte Mißerfolgserfahrung. Eine zweite Ursache sieht Trudewind in mangelnder emotionaler Zuwendung zu den Kindern, die sich unter anderem in einem Desinteresse an kindlichen Leistungen und entsprechend auch in einem Fehlen leistungsbezogener Erwartungen äußert. Solche Kinder entwickeln nur ein niederes Selbstwertgefühl. Dieses führt zu Angst, zu Meidungsverhalten und zu einer Mißerfolgsorientierung. Ein Leistungsmotiv, das durch Hoffnung auf Erfolg gekennzeichnet ist, entsteht dagegen dann, wenn die Eltern dem Kind gegenüber Leistungserwartungen äußern, das Kind aber nicht überfordern und die Übertragung des mittleren, am Maßstab der Eltern orientierten Anspruchsniveaus auf eine Vielzahl leistungsthematisch strukturierbarer Aufgaben möglich ist. Die Ausprägung der Motive Hoffnung auf Erfolg und Furcht vor Mißerfolg und eines positiven bzw. negativen Selbstbilds sind demnach das Ergebnis aktiver Verarbeitung der eigenen Erfahrung, wobei elterliche Erwartungen und Erfahrung mit leistungsthematisch strukturierten Aktivitäten kritische Variablen sind.
Ähnliche Zusammenhänge postulieren wir für die Beeinflussung des Fähigkeitsselbstkonzepts auch in der Schule.

III. Erfolgsspiralen und Teufelskreise

Nun sind wir in der Lage, ein einfaches Modell vorzustellen, das für Diagnose, Beratung von Schülern und Eltern, pädagogische Beeinflussung einzelner Schüler und Überprüfung des eigenen Unterrichts unter lernmotivationsrelevanten Gesichtspunkten Hilfe leisten soll.
Wir gehen von zwei, miteinander verschachtelten Prozeßzyklen aus. Der erste umfaßt Teile des sozialen Typisierungsprozesses, wie er *zwischen* Eltern und Kind bzw. Lehrer und Schüler stattfindet. Der zweite versucht zentrale kognitive Prozesse, die *im* Schüler beim Lernen ablaufen, darzustellen. Die beiden Prozeßzyklen sind mehrfach miteinander verbunden. Zwei Verschachtelungen

sollen erwähnt werden. Einmal – im Modell nicht dargestellt – beeinflußt das Leistungsergebnis des Schülers das System sozialer Erwartungen der Bezugspersonen. Zum andern – im Modell dargestellt – wird ein Zusammenhang zwischen individuellem Fähigkeitsselbstbild und Leistungserwartungen von Bezugspersonen postuliert.
Beide Prozeßzyklen werden als Rückkopplungsprozesse verstanden, wobei Informationen über Einwirkungen des Individuums auf Leistungsergebnisse rückgemeldet werden. Diese Informationen haben kontrollierende Funktion, indem sie das System der miteinander in Beziehung stehenden Prozesse stabilisieren oder verändern.
Dies geschieht einmal dadurch, daß die Zyklen in unterschiedlicher Weise objektiven Erfolg oder Mißerfolg vorstrukturieren. Es geschieht zum andern durch die subjektive Interpretation des Leistungsergebnisses.
Lernverhalten ist demnach als Selbststeuerungsprozeß zu verstehen. Die Prozeßzyklen werden zu *Erfolgsspiralen*, wenn das System der Einzelprozesse Erfolg bringt, zu Kompetenz führt und dabei die günstigen Einzelprozesse verstärkt. Zu *Teufelskreisen* werden sie, wenn sie zu Mißerfolg führen, nicht korrigiert, sondern verfestigt werden und sich der Schüler so zunehmend in Inkompetenz hineinmanövriert.
Beginnen wir mit dem ersten Rückkopplungsprozeß. Im Anschluß an Trudewind (1975) können zwei Sozialisationsbedingungen zu motivationalen Störungen führen:

(1) Kinder, die von Eltern oder Lehrern überfordert werden und die, entsprechend der Asymmetrie des Machtgefälles, im gegenseitigen Beeinflussungsprozeß nur wenig in der Lage sind, diese Erwartungen zurückzuweisen oder zu modifizieren, gewinnen zwar zunächst kurzfristig ein hohes Fähigkeitsselbstbild. Es wird ihnen ja so viel zugetraut! Das überhöhte Fähigkeitsselbstbild kann aber nicht lang aufrechterhalten werden. Die eigenen Leistungsergebnisse müssen angesichts der überhöhten Erwartungen und Zielsetzung als Mißerfolg kodiert werden. Das Kind fühlt sich als Versager. Dies umso mehr, wenn soziale Vergleichsprozesse mit anderen entfallen, die dieses Selbsturteil korrigieren könnten. Eine mißerfolgsgetönte Einstellung gegenüber leistungsbezogenen Aktivitäten ist die Folge. Im Lauf zunehmender Mißerfolgserfahrung wird sich aus Selbstschutz eine zunehmende Desensibilisierung gegenüber leistungsthematischen Anforderungen, ein gehäuftes Ausweichen vor ihnen, ein niederes Anspruchsniveau und Arbeitsscheu einstellen. Das wird auf das Verhalten der erwachsenen Bezugspersonen zurückwirken, die zunächst ihre Leistungserwartungen, in denen sich tief verwurzelte Hoffnungen niederschlagen, forcieren. Ihre Enttäuschung wird dem Kind kaum verborgen bleiben und dessen Inkompetenzgefühl noch steigern. Versagen wird zu einer moralischen Frage, wenn gelegentlicher Erfolg die Eltern zu der Meinung bringt, das Kind könne,

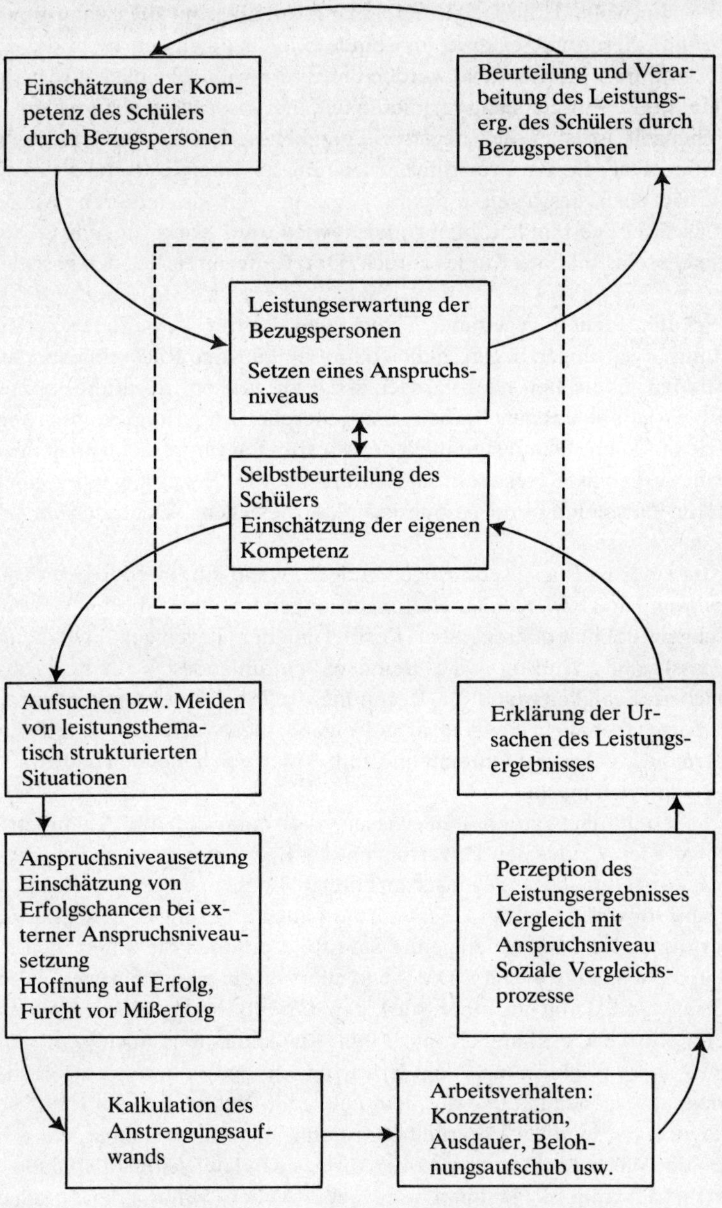

Abbildung: Modell von Rückkopplungsprozessen beim Leistungsverhalten des Schülers wenn es nur wolle. Hält der Mißerfolg lange an und sind alle Exhaustionsmöglichkeiten, diesen auf externe Umstände oder mangelnden Fleiß des Kindes zurückzuführen, erschöpft, so werden die Eltern wahrscheinlich ihre ursprünglich überhöhte Einschätzung revidieren und ihr Anspruchsniveau senken. In der Zwischenzeit ist aber das negative Fähigkeitsselbstbild des Kindes bereits verfestigt. Daß die Anspruchsniveausenkung zu einer Entlastung des Kindes führt, ist auch deswegen unwahrscheinlich, weil sie mit dem Makel der Enttäuschung verbunden bleibt. Dies wiederum wirkt ungünstig auf das Fähigkeitsselbstbild des Kindes zurück. Der Teufelskreis hat sich geschlossen.

(2) Schüler, denen gegenüber Eltern und Lehrer keine oder zu niedere Leistungserwartungen hegen, ziehen daraus ungünstige Rückschlüsse. Aus dem Empfinden, übersehen oder vernachlässigt zu werden, resultiert ein niederes Selbstwertgefühl, das den Aufbau einer generellen Mißerfolgsorientierung nach sich ziehen kann. Damit sind die Voraussetzungen für tatsächlich mangelhafte Leistungsergebnisse gegeben, die ihrerseits die Bezugspersonen nicht zu größerer Zuwendung und Aufmerksamkeit bewegen. Wiederum hat sich der Kreis geschlossen.
Günstig sind die Sozialisationsbedingungen, wenn Eltern oder Lehrer gegenüber ihrem Kind bzw. Schüler Haltungen aufgebaut haben, die ihm Leistungserwartungen dokumentieren, aber flexibel an den jeweiligen Fähigkeitsstand angepasst sind. Günstig wäre demnach einfühlendes Verhalten, das den kindlichen Fähigkeitsstand in Rechnung stellt, Erfolge freudig akzeptiert, Mißerfolge aber nicht als Angriff auf eigene Idealvorstellungen mißversteht, sondern diese gelassen hinnimmt und zum Anlaß von helfenden und ermutigenden Reaktionen macht.
Wir haben bereits darauf hingewiesen, daß aufgrund der Asymmetrie des Machtgefälles Kinder den Erwartungen der Bezugspersonen gegenüber kaum eigene Vorstellungen entgegensetzen können. Diese mangelnde soziale Kompetenz wird sowohl im Fall der Über- wie der Unterforderung festgeschrieben. Der Mißerfolg und das unbefriedigende Selbstbild erhöhen die Angst, den Erwartungen nicht zu entsprechen. Die Angst führt zu einem gesteigerten Anschlußbedürfnis und damit zu einer stärkeren Orientierung an den Erwartungen anderer, also zu erhöhter Konformität. Es kann aber auch sein, daß das Individuum die Hoffnung, den Erwartungen der anderen entsprechen zu können, aufgegeben hat und aus dem Feld geht. Neben der konformitätsorientierten und resignativen Verarbeitung ist eine aggressive denkbar, die sich aber wegen des Werts der Bezugspersonen für das Kind nur selten offen äußert, sich vielmehr auf andere Personen verschiebt (Miller, 1960) oder zu allgemein neurotischem Verhalten führt.
Der Sozialisand bleibt so auf einer infantilen Entwicklungsstufe, in der Erwartungen entweder übernommen oder zurückgewiesen werden, nicht aber,

wie bei höherer sozialer Kompetenz, modifiziert werden. Bei adäquaten elterlichen Erwartungen aber, die den Aufbau eines realistischen Selbstbildes möglich machen, werden Ichstärke und Selbstbewußtsein gefördert; dann wird das Individuum in den Erwartungskontext der andern eigene Vorstellungen einbringen und diesen Geltung verschaffen.

Im zweiten Zyklus, dem kognitive Prozesse des Schülers zugrundeliegen, betrachten wir im Anschluß an erwähnte Forschungen das Fähigkeitsselbstbild als Schlüsselvariable. Durch entsprechende Steuerung des Lernverhaltens wird dieses Fähigkeitsselbstbild in seiner Ausprägung verstärkt: Schüler mit positivem Fähigkeitsselbstbild behalten die positive Selbsteinschätzung bei bzw. verstärken sie; Schüler mit negativem Selbstbild geraten noch tiefer in die Auffassung hinein, sie seien wenig kompetent.

Besitzt ein Schüler ein positives Fähigkeitsselbstbild, so wird er leistungsthematische Situationen nicht meiden. Seine Erfolgszuversicht führt vielmehr dazu, solche aufzusuchen. Überzeugt, sein Leistungsergebnis selbst bestimmen zu können, wird ihm eine rationale Planung seines Verhaltens sinnvoll erscheinen. Dies betrifft die Wahl des Anspruchsniveaus oder, im schulischen Kontext, Anstrengungskalkulation und Planung seines Lernverhaltens. Er wird wissen, daß viele Ziele nur mit Anstrenung erreichbar sind, daß sie sich dann aber auch tatsächlich erreichen lassen. Das Konzept der Anstrengung impliziert ein Bündel z.T. hochgeneralisierter Verhaltensweisen wie umsichtige Arbeitsplanung, Abwehr von Störreizen (Konzentration), Verzicht auf unmittelbar zu erlangende Befriedigung zugunsten entfernterer Ziele (deferred gratification), vernünftiger Umgang mit der zur Verfügung stehenden Zeit, Inanspruchnahme von Ressourcen, Ausdauer während belastender Phasen usw. Die Wahrscheinlichkeit, bei derartiger Anstrengung Erfolg zu erzielen, ist relativ groß. Das positive Fähigkeitsselbstbild verhindert, daß ein positives Leistungsergebnis durch externe Ursachenerklärung „abgewertet" wird. Erfolgsmotivierte attribuieren ein positives Leistungsergebnis überwiegend nach internen Faktoren, nach Begabung und Anstrengung. Kommt es trotz rationaler Zielplanung und adäquatem Arbeitsverhalten zu Mißerfolg, so wird dieser nach dem habitualisierten Attribuierungsmuster auf den variablen Faktor ‚mangelnde Anstrengung' zurückgeführt. So bleibt das positive Fähigkeitsselbstbild in beiden Fällen erhalten, es kommt aber zu einer Revision der Anstrengungskalkulation oder zu einer Änderung des Arbeitsverhaltens bei Mißerfolg. Das führt seinerseits zu einer Optimierung der Lernstrategien.

Hat ein Schüler ein negatives Fähigkeitsselbstbild, wird er leistungsthematischen Situationen aus dem Weg gehen. Es ist aber damit zu rechnen, daß er sein Anspruchsniveau zu tief setzt oder sich überhöhte Ziele steckt. Ist das Anspruchsniveau extern vorgegeben, wird er wenig zuversichtlich und seine Anstrengungsbereitschaft gering sein. Beim Arbeitsprozeß muß er sie gegen Trägheitsimpulse und gegen die pessimistische Erfolgsprognose durchhalten.

Da er leistungsthematischen Tätigkeiten aus dem Weg geht, fallen leistungsbezogene Rückmeldungen aus und können die ungünstige Grundorientierung nicht korrigieren. Ist es aber nicht möglich, „aus dem Feld zu gehen", so kommt es wegen dieser Arbeitshaltung häufig zu Mißerfolg. Sollte sich wider Erwarten Erfolg einstellen, so wird bei geringem Anspruchsniveau das Fähigkeitsselbstbild doch nicht revidiert. Bei hohem Anspruchsniveau wird ein solcher Erfolg dem Zufall zugeschrieben. Das entspricht dem Attribuierungsmuster Mißerfolgsorientierter. So fand Katz (1967) bei Untersuchungen zum Leistungsdefizit von Negerkindern, daß Jungen mit regelmäßig schlechten Schulleistungen auch über ihre guten Leistungen enttäuscht sind. Diese Verarbeitung des Leistungsergebnisses führt nicht zur Revision des Fähigkeitsselbstbildes oder zu einer Änderung der defizienten Arbeitshaltungen. Die Folge ist gehäufter Mißerfolg, eine Fixierung der Mißerfolgsorientierung und der fatalistischen Grundeinstellung, wonach schulischer Erfolg eigener Kontrolle entzogen ist, Passivität und die Verringerung der Sensibilität gegenüber leistungsthematischen Hinweisreizen (Trudewind 1975). Endlich unterbleibt der Aufbau adäquater Arbeitshaltungen. Und wie in dem zuerst beschriebenen günstigen Zyklus die aktive Auseinandersetzung mit der Umwelt, die Kompetenz auf verschiedenen Gebieten steigert, so führt dieser ungünstige Verlauf längerfristig zu mangelnder Kompetenz.

IV. Einschätzungs- und Motivationspathologien

Im folgenden werden in heuristischer Weise Typen pathologischen Verhaltens der Bezugspersonen und Pathologien von Motivationsabläufen der Schüler dargestellt. Unterscheidungskriterien für die Typen sind dabei Primärdefizite innerhalb der beiden Regelkreise. Diese Primärdefizite beeinträchtigen dann andere Prozeßvariablen.

1. Wir beginnen mit fünf Fehlformen der Erwartungshaltung und Informationsverarbeitung von Leistungsergebnissen durch Eltern und Lehrer.
Erster pathologischer Erwartungstyp ist der des *Antreibers* bzw. des permanent Unzufriedenen. Dieser basiert auf einer Erwartungshaltung, die entweder von einer überhöhten Einschätzung der Kompetenz des Schülers ausgeht, oder wegen eigener ehrgeiziger Ziele auf eine Passung von Erwartungen und Möglichkeiten des Schülers keine Rücksicht nimmt. Wir erwarten diesen Typus vor allem bei aufstrebenden Eltern aus Mittel- oder Unterschichtskreisen, die die Bedeutung schulischen Erfolgs für Statusgewinnung und Statuserhaltung erkannt haben, im Interesse der Zukunft ihrer Kinder auf hohe Leistungen drängen und diese in den Mittelpunkt ihrer erzieherischen Bemühungen stellen.

Unter derartigen Bedingungen kann jeder Klassenarbeit „lebensgeschichtliche Bedeutung“ beigemessen werden. Es besteht zudem die Gefahr, daß elterliche Zuwendung ganz von Leistungsergebnissen abhängig gemacht wird. Die Kinder stehen hier unter hohem Leistungsdruck, der durch die Dramatisierung jedes einzelnen Leistungsergebnisses ein großes affektives Gewicht erhält. Die Situation verschärft sich, wenn der Schüler überfordert ist, ihm aufgrund elterlicher Erwartungen eine hohe Kompetenz zugeschrieben wird, er selbst aber hinsichtlich seiner Fähigkeiten unsicher ist. Der elterliche Druck verhindert so eine notwendige Revision des Fähigkeitsselbstbildes bzw. des Anspruchsniveaus und damit eine gelassene Haltung gegenüber möglichen Mißerfolgen.
Im Anschluß an Trudewind (1975) ist zu erwarten, daß bei diesen Schülern die Furcht vor Mißerfolg hoch ist und der Lernprozeß unter hohem Leistungsdruck abläuft. Mißerfolg wird auf mangelnde Anstrengung zurückgeführt. Erfolg wird die hohen Erwartungen der Eltern verstärken, da er als Zeichen dafür gewertet wird, ihr Kind könne, wenn es nur wolle. Erfolg wird demnach als mehr oder weniger selbstverständlich hingenommen, Mißerfolg gilt als selbstverschuldetes Versagen. Das wird die Mißerfolgsangst wiederum steigern, weil Lernerfolg jetzt zusätzlich eine moralische Qualität erhält. Die eigene Unsicherheit und die mit dem Aufstiegswillen notwendig verbundene Konkurrenzorientierung verleitet Schüler wie Eltern dazu, Erfolg nicht an einem sachbezogenen oder individuellen Gütemaßstab, sondern an den Leistungen der Mitschüler zu messen. Eine pädagogische Hilfe ist in solchen Fällen schwer zu leisten und kaum ohne Revision des entsprechenden Elternverhaltens möglich. Sie müßte in Richtung einer Entdramatisierung einzelner Leistungsergebnisse, einer Revision überzogener Erwartungen und einer stärkeren Betonung von personbezogenen Gütemaßstäben gehen. Lehrer sind hier rasch an Grenzen, die durch die verordnete Aufgabe der Selektion und Notenvergabe gezogen sind, und geraten in den individuell nicht auslösbaren Widerspruch zwischen Erziehen und Fördern einerseits und Selegieren andererseits.
Daß diese psychischen Kosten für einen gesellschaftlichen Aufstieg nicht für alle Bevölkerungsgruppen gleich sind, ergibt sich nicht nur aus unterschiedlichen Voraussetzungen des Lernstandes, der Wertstruktur, des Sprachverhaltens usw., die schulischen Erfolg unterschiedlich vorstrukturieren, sondern also auch aufgrund verschiedener Erwartungshaltungen der Eltern.
Dem Typ des „Antreibers“ läßt sich der des *gelassenen Anspruchsvollen* gegenüberstellen. Hier handelt es sich um eine positiv zu bewertende Einstellung, die nun ebenfalls eine hohe Fähigkeit des Kindes annimmt. Einzelnen Lernleistungen wird aber mit Gelassenheit begegnet. Diesen Typ trifft man vor allem bei Eltern, die in der Schule selbst Erfolg hatten und sich ein kritisches Urteil über sie zutrauen. Der Vater eines Kindes, der über den Hauptschulabschluß nicht hinauskam, wird seinem Kind kaum eröffnen, daß er ein schlechter Schüler war, und wenn, so hat dies einen anderen Informationsgehalt als bei

einem Vater mit akademischem Grad. Im ersten Fall wird das Kind eher verunsichert oder in seinem negativen Selbstbild fixiert, im zweiten Fall kann diese Information für das Kind entlastend wirken: zumindest einzelne Fehlschläge in der Schule verlieren dann das dramatische Gewicht. Schulischer Mißerfolg läßt sich verarbeiten, ohne das eigene Fähigkeitsselbstbild allzu sehr in Mitleidenschaft zu ziehen. Lernprozesse laufen so ohne störende affektive Belastung ab.

Zur Pathologie entartet diese elterliche Erwartungshaltung aber dann, wenn schulischem Mißerfolg gegenüber Immunisierungen aufgebaut werden, so daß dieser nur noch extern attribuiert wird und die Fähigkeit des eigenen Kindes unrealistisch überschätzt wird. Das erschwert eine realistische Selbsteinschätzung des Kindes, ein adäquates Anspruchsniveau und den Aufbau wünschenswerter Arbeitshaltungen. Dies ist der Typ des *unkritisch Überschätzenden.*

Die beiden genannten Typen gingen von der Annahme hoher Fähigkeit des Kindes aus. Die beiden nächsten Typen, der *Desinteressierte* und der *abwertend Unterschätzende,* gehen davon aus, daß das Kind für schulische Forderungen relativ unbegabt ist. Diese Erwartungshaltungen treten gehäuft bei Angehörigen niederer Sozialschichten als Ergebnis relativer „Schulferne“ und niederer Einschätzungen der eignen „Schulbegabung“ (naive Vererbungstheorie) auf. Die Gefahr der aus dieser Typisierung resultierenden Erwartungshaltung liegt in zu niederen Erwartungen und einem niederen Fähigkeitsselbstbild des Schülers. Er wird u. U. nur bescheidene Aspirationen entwickeln und wenig Möglichkeiten sehen, seinen Leistungsstand durch entsprechende Anstrengungen zu verbessern. So kommt es auch zum Aufbau entsprechender Arbeitshaltungen. Gute Leistungsergebnisse werden auf Zufall und schlechte auf niedere Begabung zurückgeführt oder, im Fall des Desinteressierten, gar nicht zur Kenntnis genommen. Eine positive Verstärkung guter Leistungen bleibt aus; ihr Anreizwert für den Schüler sinkt. Der Lernprozeß wird, was die Auseinandersetzung mit elterlichen Erwartungen betrifft, zwar wenig konfliktreich und belastend sein, der Schüler bleibt aber in einem ungünstigen Fähigkeitsselbstbild gefangen. Es ist anzunehmen, daß er mehr und mehr dazu übergehen wird, außerschulische Relevanzstrukturen für sein Selbstbild aufzubauen. Dazu bietet ihm die jugendliche Subkultur eine reiche Palette an. Für schulische Lernbereitschaft wird dieser Prozeß dann verhängnisvoll, wenn die Schule mehr und mehr an Relevanz verliert und schulische Anstrengung für den Schüler „uninteressant“ wird.

Die pädagogische Gegensteuerung müßte in einer Erwartungshaltung des Lehrers liegen, die durch optimistische, vom Schüler erfüllbare Leistungserwartungen gekennzeichnet ist. Über die Sicherung von Erfolgserlebnissen – etwa durch die Betonung eines personbezogenen Gütemaßstabs und die Minimierung der verheerenden Wirkung dessen, daß ein Schüler trotz individueller Lernfortschritte doch immer zu den schlechten Schülern der Klasse gehört (Individuali-

sierung der Anforderungen und Beurteilungen, fachspezifische Differenzierung, Diagnosebögen) – können das ungünstige Fähigkeitsselbstbild des Schülers abgebaut, seine Anstrengungsbereitschaft erhöht und seine Attribuierungsvorlieben im Sinne einer Rückführung von Mißerfolg auf grundsätzlich überwindbare Faktoren (ungenügende Anstrengung, defiziente Arbeitstechniken) verändert werden. Entsprechend sind die Eltern zu einem größeren Vertrauen in die Möglichkeiten ihres Kindes, zu größerem Interesse und zu positiven Reaktionen auf schulischen Erfolg ihres Kindes zu ermuntern. Vor allem muß der Lehrer darauf achten, daß er derartige Schüler nicht „abschreibt" und bei der Beurteilung ihrer Leistungen in die gleichen Attribuierungsfehler verfällt, wie wir das oben für den Schüler und seine Eltern dargelegt haben. An die Grenzen seiner Möglichkeiten wird er dort stoßen, wo durch entsprechende institutionelle Bedingungen diese Schüler von der Schule selbst „abgeschrieben" werden, indem ihnen etwa nur die minimalsten weiterführenden Chancen eingeräumt werden (Sonderschule, Hauptschule).
Endlich ist ein Typ zu nennen, der weniger durch eine entsprechende Erwartungshaltung, als durch eine bestimmte Form der Leistungsbeurteilung gekennzeichnet ist: der Typ des *Demütigenden.* Durch die Art der Prüfung (überhöhte Anforderungen, großes Pensum, unvorhergesagte Arbeiten, Prüfung von etwas, das im Unterricht nicht behandelt wurde), die Bewertung, die Ursachenerklärung des Leistungsergebnisses usw. wird der Schüler gedemütigt, an seine Grenzen gestoßen, seiner Unfähigkeit überführt. Eltern können durch hohe Erwartungen und abfällige Beurteilung auch guter Leistungen in ähnlicher Weise im Schüler das Gefühl der Machtlosigkeit und der Unmöglichkeit von Erfolgssicherung induzieren. Während bei entsprechendem Lehrerverhalten dann, wenn die restriktiven Maßnahmen die ganze Klasse treffen, mit entsprechenden Abwehrmechanismen kollektiver Art gerechnet werden kann, ist bei einer gezielten demütigenden Behandlung eines einzelnen Schülers durch den Lehrer oder bei entsprechendem elterlichen Verhalten kaum damit zu rechnen, daß der Schüler auf längere Zeit hin ein positives Fähigkeitsselbstbild und eine entsprechende Arbeitsmoral aufrechterhalten kann.

2. Die Reihe der Pathologietypen auf seiten der Schüler beginnen wir mit drei pathologischen Formen der Selbsteinschätzung.
Als *resigniert-fatalistisch* lassen sich jene Schüler kennzeichnen, die sich mit einem negativen Begabungsbild abgefunden haben. Sie gehen leistungsthematischen Aufgaben aus dem Weg. Ist dies nicht möglich, wählen sie ein niederes Anspruchsniveau bzw. rechnen sich, wenn dieses extern vorgegeben wird, nur wenige Erfolgschancen aus. Die resignative Grundannahme, sie könnten selbst für einen Erfolg nur wenig tun, verhindert den Aufbau von Anstrengungsbereitschaft und entsprechenden Arbeitstechniken. So werden sich diese Schüler leicht ablenken lassen, wenig Ausdauer haben, ihre Arbeit nicht genügend

planen und die ihnen zur Verfügung stehenden Ressourcen nicht nützen. Das beschriebene ungünstige Attribuierungsmuster der Mißerfolgsorientierten verhindert eine Revision des Fähigkeitsselbstbildes und des defizienten Arbeitsverhaltens. Der Leidensdruck, dem diese Schüler unterliegen, dürfte in dieser Endphase relativ gering sein; sie haben sich mit ihrem Schicksal abgefunden. Der Zwang, ein einigermaßen passables Selbstbild aufrechtzuerhalten, führt die Schüler zur Darstellung einer „schuldistanzierten Identität", die von Desinteressiertheit bis Aggression gegenüber schulischen Gegebenheiten reichen kann und zum Aufbau außerschulischer Relevanzstrukturen, zum Ausweichen in eine schulische Sub- oder gar Antikultur (Stinchcombe, 1964) führt. Damit lockert sich der Zusammenhang zwischen Schulleistung und Selbstbild.

Diesem Typ korrespondiert der Erwartungstyp des Desinteressierten und Überschätzenden.

Obwohl wir in dieser Arbeit schulstrukturellen Bedingungen für Motivationsabläufe nur am Rande nachgehen (vgl. Knörzer, 1976), sollen doch zwei erwähnt werden. Schulstrukturelle Bedingungen für den Aufbau der genannten Haltungen sind dort zu vermuten, wo einzelne Schüler den schulischen Leistungserwartungen nicht entsprechen können. Sie sind auch dort gegeben, wo sich nach vorhergegangener Selektion Schüler in einer Schulform mit niedrigem Gratifikationspotential befinden. Das könnte etwa in Hauptschulen der Fall sein, die Schüler keine weiterführenden Schulabschlüsse anbieten.

Der Chancenverlust, verbunden mit dem Bewußtsein, zu den negativ Ausgelesenen zu gehören, kann zu einer Selbstunterschätzung führen und entsprechend ungünstige Folgen für die Selbsteinschätzung haben. Die schulstrukturellen Bedingungen sind auch für soziale Vergleichsprozesse ein wichtiger Faktor; er kann zu einer resigniert-fatalistischen Einstellung führen. Wir kamen bereits auf die „Tragik" des Schülers zu sprechen, der trotz aller individueller Lernfortschritte immer zu den schwächeren Schülern seiner Klasse gehört. Als Opfer derartiger Bedingungen sind auch die Schüler in Gesamtschulen, die sich über längere Zeit hin in niederen Kursen befinden, zu nennen. Als soziale Vergleichsgruppe fungiert für diese Schüler der ganze Altersjahrgang, an dessen Ende sie sich in einem Leistungsvergleich befinden. Die Möglichkeit, in höhere Kurse aufsteigen zu können, ohne es tatsächlich zu schaffen, oder die Erfahrung, sukzessiv abgestuft worden zu sein, muß, verbunden mit der Auffassung, sich im chancenfreundlichsten Schulsystem zu befinden, zu erheblichen Selbstzweifeln führen. Ist einmal der besagte Endzustand erreicht, so kommt es diesen Schülern entgegen, wenn sie von seiten des Lehrers in Ruhe gelassen werden. Als uninteressiert, wenig begabt und faul abgeschrieben, haben sie sich mit ihrem Selbstbild abgefunden bzw. entsprechende Defensivstrategien und alternative Relevanzstrukturen aufgebaut. Eine pädagogische Gegensteuerung müßte schrittweise das Fähigkeitsselbstbild und damit den „sense of personal control" dieser Schüler erhöhen.

Durch Zielsetzungen, die einen Erfolg wahrscheinlich erscheinen lassen, Kontrolle und Rekonstruktion des Arbeitsverhaltens sowie das Zurückdrängen sozialer Vergleichsprozesse müßte bei dieser Schülergruppe das Fähigkeitsselbstbild revidiert und damit Erfolgszuversicht und Interesse an schulischen Aufgaben langsam zurückgewonnen werden. In diesem Fall sind Trainingskurse außerhalb des regulären Unterrichts unter Verwendung schulischer Aufgabenstellungen angemessen. Dabei müßten im Gegensatz zu den bisher bekannten Trainingskursen zur Erhöhung der Leistungsmotivation (Mc Clelland, Alschuler, 1971) oder zur Verbesserung des „sense of personal control" (de Charms) nicht nur *eine* Variablengruppe, sondern sämtliche Variablen des Regelkreises systematisch trainiert werden.
Eine andere Form pathologischer Selbsteinschätzung liegt bei Schülern vor, die hinsichtlich ihres Fähigkeitsselbstbildes unsicher sind und zur Reduzierung ihrer Unsicherheit immer wieder Erfolge benötigen, ohne letztlich selbstsicherer zu werden. Wir bezeichnen diese als *ängstlich-Strebsame.* Leistungsthematischen Situationen gegenüber erleben diese Schüler einen starken Ambivalenzkonflikt, da sie gleichermaßen zwischen dem Wunsch nach Selbstbestätigung durch Leistung und hoher Mißerfolgsangst hin und hergerissen werden. Der Lern- und Leistungsprozeß wird zum Leidensprozeß, da die Furcht vor Mißerfolg die Schüler nicht losläßt. Das führt zu rigidem Arbeitsverhalten und verhindert kreative Lernprozesse. Das schwankende Fähigkeitsselbstbild wird von schwankenden Attribuierungen begleitet, die ein stabiles Selbstvertrauen selbst nach Erfolg verhindern.
Alles, was die Unsicherheit erhöht, wird sich auf diese Schülergruppe ungünstig auswirken. Das gilt auch für das Lehrerverhalten. Hinweise, wie etwa, daß in Zukunft die Aufgabe schwerer würde und mehr verlangt würde, Unterrichts- und Prüfungstechniken, die dem Schüler die Grenzen seiner Fähigkeit vor Augen führen, „antreibende" Erwartungshaltungen des Lehrers, soziale Vergleichsprozesse, bei denen etwa der Eindruck entsteht, andere Schüler erzielten die guten Leistungen mühelos, werden die Pathologie dieser Schüler verstärken. Pädagogische Gegensteuerungsmaßnahmen sind die Maximierung von Erfolgen, Ermutigung ohne den Hinweis, daß der Schüler eigentlich noch mehr erreichen könnte, Aufgliederung von schwierigen Fernzielen in überschaubare Teilziele, sowie Hilfe, Mißerfolge nicht resignativ zu verarbeiten.
Schüler des dritten Typs, den wir als den *unkritisch-Selbstbewußten* bezeichnen, sind durch *überhöhte Selbsteinschätzung* gekennzeichnet. Das meist im Lauf der primären Sozialisation gewonnene und durch elterliche Bestätigung aufrechterhaltene hohe Fähigkeitsselbstbild bewirkt, daß sie leistungsthematischen Situationen nicht aus dem Weg gehen, den Lernprozeß ohne belastende affektive Begleiterscheinungen durchstehen, schulischen Erfolg ihrer Begabung zuschreiben, Mißerfolg aber extern auf schlechte Lehrer, die Banalität der schulischen Inhalte oder Zufall zurückführen oder die Bedeutung schulischer

Leistung tendenziell abwerten. Eine derartige Informationsverarbeitung wird u. U. durch ähnliche Attribuierungsmuster der Eltern verstärkt. Wir vermuten, daß dieser Typ vor allem in höheren Schulen bei Angehörigen höherer Sozialschichten anzutreffen ist. Auf die entsprechenden Elterneinstellungen haben wir bereits im Zusammenhang mit dem Erwartungstyp des „unkritisch-Überschätzenden" hingewiesen.

Neben der Gefahr der unrealistischen Selbsteinschätzung ist bei diesem Typ vor allem mit ungünstigen Rückwirkungen auf das Arbeitsverhalten zu rechnen. Das überhöhte Fähigkeitsselbstbild kann dazu führen, die Bedeutung individueller Anstrengung zu unterschätzen, ja es kann zu einer Defensivstrategie zur Sicherung des überhöhten Begabungsselbstbildes kommen, so daß sich diese Schüler einen hohen Anstrengungsaufwand gar nicht leisten können, weil der mögliche Mißerfolg auf mangelnde Fähigkeit zurückgeführt werden müßte. Tritt dennoch Erfolg ein, so ist bei niederem Arbeitsaufwand dieser umso mehr eine Bestätigung der hohen Fähigkeit. Eine Variante dieses Typs ist der Schüler, der heimlich lernt, aber den Anschein zu erwecken versucht, er habe kaum etwas getan.

Solche Schüler können in ihrem ungünstigen Motivationsablauf von Lehrern dadurch bestätigt werden, daß diese ebenfalls das schmeichelnde Etikett „begabt aber faul" verwenden. Dabei können sie leicht durch das entsprechende Verhalten des Schülers zu einer Fehlattribuierung verführt werden, vor allem dann, wenn das sichere Auftreten solcher Schüler den Eindruck von „Souveränität" erweckt. Für eine pädagogische Beeinflussung müßte die Anstrengungskomponente neu eingeschätzt werden.

Die vierte Gruppe sind Schüler, deren Hauptdefizite weniger in der Fähigkeitsselbsteinschätzung als in *defizienten Arbeitshaltungen* liegen. Daß dies auf die Dauer zu einer veränderten Selbsteinschätzung führt, legt das Rückkopplungsmodell nahe. Es sind Schüler, die an Konzentrationsschwäche, geringem Durchhaltevermögen, mangelnder Fähigkeit zum Belohnungsaufschub leiden, oder Schüler, die ihre Arbeit nicht richtig planen können. Es ist anzunehmen, daß häusliche Arbeitsbedingungen und entsprechende Gewohnheiten hier eine besondere Rolle spielen. Der Lehrer sollte hier über das globale Urteil „faul" hinaus zu einer differenzierteren Diagnose finden. Die genannten Defizite müßten dem Schüler bewußt werden, so daß er sich selbst gezielt beobachten und Gegensteuerungen einleiten könnte. Hierzu könnten Beratung, das Aufstellen individueller Programme zum Selbsttraining, die Verbesserung häuslicher und schulischer Arbeitsbedingungen (Ganztagsschule) und bei jüngeren Schülern die Sicherung adäquater Arbeitstechniken durch deren Einübung unter Kontrolle des Lehrers eine Rolle spielen.

Die beiden letzten Schülergruppen bezeichne ich als *ehrgeizig* und *genügsam-untertauchend.* Das entscheidende Fehlverhalten dieser Gruppen ist die Art, wie sie sich mit anderen vergleichen.

Die als „ehrgeizig“ apostrophierten Schüler bestimmen ihre Zielsetzung und kalkulieren ihren Anstrengungsaufwand so, daß sie im Vergleich zu den anderen gut abschneiden. Der sozialbezogene Gütemaßstab hat gegenüber dem individuellen und sachbezogenen ein solches Gewicht, daß neben dem Wunsch, die eigenen Leistungen zu steigern, der nach Versagen der Mitschüler tritt. Neid, Mißgunst und Falschheit untergraben dabei nicht nur das soziale Klima in der Schulklasse, sie belasten auch den individuellen Lernprozeß. Die Frage nach der Ursache dieses Syndroms führt wieder auf Unsicherheit im Fähigkeitsselbstbild zurück, kann aber dadurch nicht hinreichend erklärt werden.
Die relative Deprivationstheorie (vgl. Stouffer, 1949; Pettigrew, 1967) läßt die Hypothese zu, daß vor allem bei einer Gruppierung der Schüler nach homogenem Fähigkeitsstand und bei häufiger Höherstufung (Gesamtschule) bzw. Auszeichnung (Preise) für derartige Haltungen günstige Bedingungen gegeben sind.
Bei den „genügsamen“ Schülern sind soziale Vergleichsprozesse für die Steuerung motivationaler Abläufe ebenfalls entscheidend. Solche Schüler finden es aber beruhigend, im Mittelfeld der Klasse zu liegen, d.h. nicht zu den Schlechten zu gehören. Anstrengung und Zielsetzung werden nach diesem Kriterium kalkuliert. In beiden Fällen muß es sich als ungünstig auswirken, wenn der soziale Vergleich durch entsprechende Maßnahmen des Lehrers (öffentliche Notenbekanntgabe, Verteilen von Rangplätzen u. dgl.) gefördert wird. Statt dessen müßten sach- und personenbezogene Gütemaßstäbe forciert werden.
Die dargestellten Einschätzungs- und Motivationspathologien bilden natürlich nur ein grobes, doch handhabbares Raster, das sich im einzelnen ergänzen läßt. Für weitere Überlegungen läßt sich eine These formulieren; sie lautet:
Autonome Steuerung des Lernprozesses wird in dem Maße eingeschränkt, in dem das Lernverhalten durch solche Pathologien sowohl in den Erwartungen relevanter Bezugspersonen, als auch im Ablauf des individuellen Lernprozesses beeinflußt wird. Autonome Steuerung des Lernverhaltens, selbstgesteuertes Lernen wird in dem Maß möglich, in dem sowohl das Erwartungssystem der Bezugspersonen, wie das Lernmotivationssystem des Schülers an den realen Leistungsmöglichkeiten orientiert ist, entsprechende Lernleistungen aber auch zuversichtlich angestrebt werden. Daß außer den hier erörterten sozialen und motivationalen Bedingungen eine Reihe schulischer Bedingungen hierfür Voraussetzung sind, sei als Ausblick und Hinweis auf die Komplexität schulischen Lernens erwähnt.

Literaturverzeichnis

Allport, G. W.: Personality – A psychological interpretation. London 1957
Deutsch: Persönlichkeit, Meisenheim 1959

Alschuler, A. S.: Four experiments in maximizing the yields of achievement motivation in training for adolescents. In: Mc Clelland, D. S., Alschuler, A. S. (Eds.): Achievement Motivation Development Project. Cambridge 1971

Atkinson, J. W.: Towards experimental analysis of human motivation in terms of motives, expectancies and incentives. In: Atkinson, J. W. (Ed.): Motives in Fantasy, Action and Society, Princeton, N. J. 462–473, 1958

Atkinson, J. W., Earl, R. W., Litwin, G. H.: The achieving motive, goal setting, and probability preferences. Journal of Abnormal and Social Psychology, 60, 27–36, 1960

Barron, F.: Creativity and psychological health, Princeton, N. J. 1963

Berlyne, D. E.: Conflict, arousal, and curiosity, New York 1960
Deutsch: Stuttgart 1974

Clinard, M. B.: Anomie and deviant behavior. New York 1964

Coleman, J. S.: Equality of Educational Opportunity. U. S. Office of Education. Washington D. C. 1966

Coopersmith, S.: The Antecedents of Self-Esteem. San Francisco/London 1967

de Charms, R.: Personal Causation, New York 1968

Deutscher Bildungsrat: Strukturplan für das Bildungswesen, Stuttgart 1970

Erikson, E.: Identity and the life cycle, Psychological Issues, 1, No 1, 1958
Deutsch: Frankfurt 1966

Edwards, W.: The theory of decision making. Psychological Bulletin, 51, 380–417, 1954

Fend, H.: Konformität und Selbstbestimmung, Weinheim und Basel 1971

Fend, H., Knörzer, W., Nagl, W., Specht, W., Väth-Szusdziara, R.: Sozialisationseffekte der Schule, Weinheim und Basel 1976

Festinger, L.: A theory of social comparison processes. Human Relations, 7, 117–140, 1954

Goffman, I.: Stigma. Notes on the management of spoiled identity. Englewood Cliffs, 1965 (3. Aufl.).
Deutsch: Stigma. Über Techniken der Bewältigung beschädigter Identität, Ffm 1967

Gurin, P. u.a.: Internal-external control in the motivational dynamics of Negro youth, Journal of Social Issues, 25, 29–53, 1969

Heckhausen, H.: Hoffnung und Furcht in der Leistungsmotivation. Meisenheim 1963

Heckhausen, H.: Förderung der Lernmotivierung und der intellektuellen Tüchtigkeiten. In: Deutscher Bildungsrat (Hrsg.): Gutachten und Studien der Bildungskommission. 4. Begabung und Lernen. 193–223, Stuttgart 1968

Heckhausen, H.: Die Interaktion der Sozialisationsvariablen in der Genese des Leistungsmotivs. In: Graumann, C. F. (Hrsg.): Handbuch der Psychologie. Band 7(2). 955–1019. Göttingen 1972a

Heckhausen, H.: Intervening cognitions in motivation. Paper presented at the Nato Symposium on „Pleasure, Reward, Preference" at Korsör, Denmark. June 5–9, 1972b

Heider, F.: The psychology of interpersonal relations, New York 1958

Katz, I.: The socialization of academic motivation in minority group children. In: Levine, D. (Ed.): Nebraska Symposium on Motivation, Lincoln, 133–191, 1967

Knörzer, W.: Lernmotivation. Weinheim und Basel 1976

Krappmann, L.: Soziologische Dimensionen der Identität. Stuttgart 1971

Lao, R. C.: Internal-external control and competent and innovative behavior among Negro college students, Journal of Personality and Social Psychology, 14, 263–270, 1970

Lewin, K., Dembo, T., Festinger, L., Sears, P.: Level of aspiration. In: Hunt, J., Mc V., (Ed.): Personality and the behavior disorders. Vol. 1. New York, 333–378, 1944
Lind, G.: Über den Begriff und die Methodik der sachbezogenen Motivation, Bildung und Erziehung, 29 (2), 92–105, 1976
Maslow, A. H.: Motivation and personality. New York 1953
Mead, G. H.: Mind, Self and Society. Chicago 1934
Deutsch: Geist, Identität und Gesellschaft, Ffm 1968
Meyer, W. U.: Leistungsmotiv und Ursachenerklärung für Erfolg und Mißerfolg, Stuttgart 1973
Mc Clelland, D. C., Alschuler, A. S. (Eds.): Achievement Motivation Development Project, Cambridge 1971
Merton, R.: Social structure and anomie. In: Merton, R.: Social theory and social structure, New York 1957
Miller, D. R., Swanson, G. E.: Inner conflict and defense, New York 1960
Parsons, T.: The social system, New York 1951
Pettigrew, Th. F.: Social Evaluation Theory: Convergencies and applications, Nebraska Symposium on Motivation. 241–315, 1967
Rogers, C. R.: A theory of therapy and interpersonal relationship as developed in the client-centered framework. In: Koch, S. (Ed.): Psychology: A study of sience. Vol. 3, New York, 184–256, 1959
Rosenberg, M.: Society and the Adolescent Self-Image, Princeton 1965
Rosenfeld, G.: Theorie und Praxis der Lernmotivation. Ein Beitrag zur pädagogischen Psychologie, Berlin 1966
Rosenthal, R., Jacobson, L.: Pygmalion in the classroom, New York 1968
Deutsch: Pygmalion im Unterricht. Weinheim und Basel 1971
Roth, H.: Pädagogische Psychologie des Lehrens und Lernens. Hannover 1957, 1971 (13. Aufl.)
Rotter, J. B.: Social learning and clinical psychology, New York 1954
Rotter, J. B. u.a.: Internal versus external control of reinforcement: A major variable in behavior theory. In: Washburne, N. F. (Ed.): Decisions, values, and groups. Bd. 2, London, 473–516, 1962
Rotter, J. B.: Generalized expectancies for internal versus external control of reinforcement. Psychological Monographs. 80. No 1 (Whole No 609), 1–28, 1966
Schneider, K.: Leistungs- und Risikoverhalten in Abhängigkeit von situativen und überdauernden Komponenten der Leistungsmotivation: Kritische Untersuchungen zu einem Verhaltensmodell. Unveröffentlichte Dissertation. Ruhruniversität. Bochum 1971
Seeman, M.: On the meaning of alienation. American Sociological Review 24, 782–791, 1959
Smith, M. B.: Competence and Socialization. In: Clausen, J. u.a. (Eds.): Socialization and Society. Boston 1968
Spiro, M. E.: Social systems, personality and functional analysis. In: Kaplan, B. (Ed.): Studying Personality Cross-Culturally, New York, London 93–127, 1961
Stinchcombe, A. L.: Rebellion in a high school. Chicago 1964
Stouffer, S. A. u.a.: The american soldier. Vol 2. Combat and its aftermath, Princeton 1949
Stryker, S.: Theorie des symbolischen Interaktionismus: eine Darstellung und einige Vorschläge für die vergleichende Familienforschung. In: Löschen, G., Lupri, E. (Hrsg.): Soziologie der Familie. Sonderheft 14 der Kölner Zeitschrift für Soziologie und Sozialpsychologie, 49–67, 1970
Tolman, E. C.: Principles of performance, Psychological Review, 62, 315–326, 1955

Trudewind, C.: Häusliche Umwelt und Motiventwicklung, Göttingen 1975

Watzlawick, P. et. al.: Menschliche Kommunikation. Bern 1969

Weiner, B.: Theories of motivation: from mechanism to cognition, Chicago 1972 Deutsch: Theorien der Motivation, Stuttgart 1976

Weiner, B., Rosenbaum, R. M.: Determinants of choice between achievement and nonachievement-related activities, Journal of Experimental Research of Personality, 1, 114–121, 1965

Weiner, B. u. a.: Perceiving the causes of success and failure. In: Jones, E. E. u. a. (Eds.): Attribution: Perceiving the causes of behavior, New York 1971

Weiner, B., Heckhausen, H., Meyer, W. U., Cook, R. E.: Causal ascriptions and achievement motivation: A conceptual analysis of effort and reanalysis of locus of control, Journal of Personality and Social Psychology, 21, 238–248, 1972

Wellendorf, F.: Schulische Sozialisation und Identität, Weinheim und Basel 1973

White, R. W.: Motivation reconsidered: the concept of competence, Psychological Review, 66, 287–333, 1959

White, R. W.: Competence and the psychosexual stages of development. In: Jones, M. (Ed.): Nebraska Symposion on Motivation, Lincoln, 97–141, 1960

Wylie, R. C.: The self concept, Lincoln 1961

Norbert Boteram

Förderung selbstgesteuerten Lernens durch den Lehrer

1. Hilfe zur Selbsthilfe – eine Beziehungsfalle?

„Wir können eine andere Person nicht direkt etwas lehren; wir können nur ihr Lernen fördern" (Rogers 1973, S. 338)

Diese in Psychotherapie und Schule gleicherweise angewandte Grundannahme geht davon aus, daß eine Person viel stärker persönlich „dabei" ist, wenn sie allein ohne Mithilfe von außen auf die Lösung eines schwierigen Problems gekommen ist. Hier gehen positive Gefühle der Freude, des Stolzes, der Befriedigung mit ein, während auf der anderen Seite eine bloße Belehrung auf den Adressaten als Einschränkung und Bedrohung wirken kann.

Selbstgesteuertes Lernen fassen wir als einen Prozeß auf, den der Lernende nicht in passiver Weise über sich ergehen läßt, vielmehr dingliche und soziale Umwelt aktiv strukturiert. In dieser kommt es zu einer Verhaltensänderung, die eine kognitive Kontrolle wechselseitigen Agierens und Reagierens impliziert.

Förderung selbstgesteuerten Lernens kann auch als Widerspruch aufgefaßt werden: Eine erste Annahme geht davon aus, daß Schüler selbstregulierendes Lernverhalten noch nicht gelernt oder schon wieder verlernt haben. Implizit wird dabei die Ansicht vertreten, daß es Endziel schulischen Unterrichtens sei, daß der Schüler überhaupt etwas lernt.

In einer zweiten Bedeutung kann selbstgesteuertes Lernen auch so aufgefaßt werden, daß der Lehrer bei dieser Art Lernen in den Hintergrund zu treten habe und in wohlwollender Distanz zuschauen möge, was nun eigentlich passieren wird. Die Rolle des Lehrers wird dabei als eine betont passive umschrieben.

In der Vergangenheit gab es einige Versuche, den Unterricht ganz an den Interessen der Schüler zu orientieren und sich ganz auf die Planungs- und Selbstregulierungsfähigkeit der Schüler zu verlassen. Man ging von der richtigen Annahme aus, daß viele Inhalte und Formen schulischen Lernens die eigentlichen Bedürfnisse der Schüler nicht träfen. Weiterhin wurde kritisiert, daß das Schulleben mit all seinen Vorschriften und Reglementierungen die vielen Bedürfnisse der Schüler einschränke. Es wurde bei diesen Versuchen außer Acht gelassen, daß eine Zufälligkeit die Verwirklichung emanzipatorischer Lern- und Verhaltensziele erschweren oder gar unmöglich machen kann.

Interessen konnten oft nur vage akzentuiert, geschweige denn planmäßig durchgesetzt werden. Anstelle der alten traten neue Zwänge auf. Man erkannte, daß Schüler auch Anleitung, Beeinflussung oder ein Modell brauchten, das sie befähigte, ihre Bedürfnisse und Interessen einzubringen.
Diese Erkenntnis konzentrierte Pädagogen zusehends auf die Forderung nach Hilfe zur Selbsthilfe.
Diese negiert die besondere Lage des Schülers mit speziellen Bedürfnissen nicht, sondern bejaht sie und damit auch die Verantwortung des Lehrenden für die Verwirklung der Person des Schülers. Hilfen zum selbstgesteuerten Lernen können dabei allerdings zu einer gewissen Beziehungsfalle (Watzlawik u. a., 1969) ausarten: „Arrangiere Deinen eigenen Lernprozeß!" und „Warum nimmst Du meine Hilfe zum Lernen nicht an?" können die konträren Äußerungen lauten, die eine Doppelbindung an verschiedene Erwartungen verdeutlichen. Die Gefahr einer solchen Verstrickung innerhalb zweier entgegengesetzter Aufforderungen macht die Schwierigkeit vieler Lehrer deutlich, sich aus traditionellen Rollenerwartungen herauszulösen und dem Schüler Vertrauen entgegenzubringen, was mehr bedeutet, als lediglich hohe Erwartungen zu hegen.
Im folgenden soll versucht werden, einige theoretische Ansätze selbstgesteuerten Lernens zu analysieren und auf ihre Anwendbarkeit im Schulalltag hin zu überprüfen. Hierbei soll der Schüler in den Vordergrund gerückt werden und untersucht werden, wie die Interaktion zwischen ihm, seinen Lehrern und Eltern so gestaltet werden kann, daß er fähig wird, selbstregulativ in Lernprozesse einzutreten und durch sie aktiv zur Findung eigener personaler und sozialer Identität beizutragen.

2. Aspekte der Lern- und Leistungsmotivation

Motivation zum Lernen ist im schulischen Bereich eng mit dem Leistungsmotiv verbunden. Lern- und Leistungsmotivation sind aber nicht als unabhängige Kräfte zu sehen, die Verhalten in Gang bringen und es eine Zeit lang aufrechterhalten. Vielmehr sind die verschiedenen Momente der Situationen und des Umfeldes zu betrachten, in denen Lernen stattfindet. Für die Leistungsmotivation bedeutet dies, daß der Schüler die Gelegenheit des Gelingens oder des Mißlingens bei der betreffenden Tätigkeit hat, daß also ein bestimmter Maßstab seiner Leistung zugrundeliegt.
Wie eng sind nun Lernen und Leistung miteinander verbunden? Beim etwa 3- bis 4jährigen Kind sind das Erleben der eigenen Verursachung und des ungewissen Ausgangs bei einer aufgabenbezogenen Tätigkeit Indizien für das Vorhandensein einer leistungsbezogenen Tätigkeit. So wird Leistung eines der

wirksamsten Motive zum Lernen, ebenso wie Lernanreize sich wiederum auf Leistung auswirken können.
Diese mit steigendem Lebensalter enger werdende Verzahnung zwischen Lernen und Leisten zeigt sich besonders im Schulleben, wenn etwa durch familiäre oder schulische Sozialisationseinflüsse auf Vergleiche eigener Lernprozesse und -ergebnisse mit denen von Bezugsgruppenmitgliedern abgehoben wird. Diese interpersonellen Vergleiche vermögen den Schüler, der mit Lernschwierigkeiten zu kämpfen hat, zu Vermeidungsaktionen und in die soziale Isolierung zu treiben oder veranlassen ihn – als Flucht nach vorn – leistungsorientiertes Verhalten in anderen Bereichen zu zeigen, die vom Lehrer als nicht zielrelevant und somit auch als nicht erwünscht oder störend aufgefaßt werden.
Erziehungspersonen können – zumeist unreflektiert – Verhaltensweisen von Schülern, die Lernsituationen zu meiden lernen, noch verstärken, indem sie Mißerfolge negativ bewerten und Erfolge als zufällig auffassen und übergehen. Den Schülern wird somit wenig zugetraut, entsprechend niedrig fallen dann auch die Ansprüche an zu erbringende Lernleistungen aus. Die Forschungen zur Genese des Leistungsmotivs haben den Zusammenhang zwischen den skizzierten Erzieherhaltungen und der Ausprägung mißerfolgsorientierter Leistungsmotivation aufgezeigt (vgl. Heckhausen, 1972).
Jede pessimistische Grundhaltung gegenüber der eigenen Leistung bedingt umso größere Schulschwierigkeiten, je höher die Leistungsanforderungen sind. So ist es auch zu verstehen, daß mißerfolgsmotivierte Schüler häufig unrealistische Ziele wählen, d.h. für sie zu schwere und zu leichte Aufgaben. Diese und die folgenden Kennzeichnungen des Leistungsverhaltens mißerfolgsorientierter Personen stammen von Heckhausen (1965). Viele dieser Ergebnisse scheinen auch für die komplexe Klassenzimmersituation relevant zu sein:
So fallen Mißerfolgsmotivierte dadurch auf, daß sie eine nur begrenzte Zukunftsperspektive haben, was sich darin äußert, daß sie sich sehr stark an terminnahen Aufgaben orientieren und nicht fähig sind, die Zeit so durchzustrukturieren, daß sie sich Teilaufgaben setzen. Damit hängt auch eine geringere Fähigkeit mißerfolgsmotivierter Schüler zusammen, Zeitdruck bei terminnahen Aufgaben auszuhalten. Erfolgsmotivierte dagegen können komplexere Problemaufgaben, die vorausplanenden Überblick erfordern, rascher erledigen, während mißerfolgsmotivierte Schüler sich eher auf voreiliges Probierverhalten einlassen. Anders ist das Verhalten mißerfolgsmotivierter Schüler bei einfachen, mechanischen und überlernten Aufgaben: Hier setzen sie viel Kraft ein und erreichen – auch über eine längere Zeitspanne – hohe Leistungen. Gerade bei diesen Aufgaben setzen Erfolgsmotivierte wenig ein, so daß ihre Leistungen absinken: Sie fühlen sich durch solche Aufgaben unterfordert, die nicht den Ansprüchen an die eigene Leistungsfähigkeit zu genügen scheinen, sie setzen sich realistischere Ziele (Wasna, 1972).

Die Forschungen im Bereich der Lern- und Leistungsmotivation hatten bisher einige Hinweise für die Umsetzung in pädagogische Interaktionen gegeben. Besonders wichtig ist eine Aufgabenstellung durch den Lehrer, die Schüler weder unter- noch überforderten, die zu dem erworbenen „sachstrukturellen Entwicklungsstand" eines Schülers „paßten" (im didaktischen Bereich wurden diese Erkenntnisse in den vielfältigen Formen der inneren und äußeren Leistungsdifferenzierung angewandt). Weiterhin wurde besonders für mißerfolgsängstliche Schüler gefordert, daß Leistungssituationen in einer entspannten Atmosphäre stattfinden mögen. Diese wird auch dadurch erreicht, daß die Aufgaben, mit denen sie in einer Leistungssituation konfrontiert werden, bekannt sind. Zur entspannten Situation gehört auch eine besondere Gestaltung der Interaktion: Positive Bekräftigungen von Teilerfolgen bei gleichzeitiger Nichtbeachtung von Fehlschlägen können die Lernmotivation von mißerfolgsängstlichen Schülern fördern.

3. Die Rolle kognitiver Verarbeitungsprozesse beim selbstgesteuerten Lernen

Doch erst eine neuere Forschungsrichtung, die den kognitiven Aspekt der Motivation betont, scheint Lehrern wie Schülern für die Gestaltung von Lernprozessen effektivere Aufschlüsse zu geben. Waren bisher die positiven und negativen Gefühlszustände nach erlebtem Erfolg oder Mißerfolg als zentrale Bestimmungsstücke des Leistungsmotivs gesehen worden, so wird nun das Vorhandensein kognitiver Zwischenprozesse beachtet, um zu einem größeren Erklärungswert menschlichen Lern- und Leistungsverhaltens zu gelangen.

Gefühlszuständlichkeiten sind dabei Begleit- oder Folgeerscheinungen kognitiver Bewertungsprozesse, sie verlieren also ihre zentrale Stellung im Leistungsmotivationskonzept. Wie eng sie jedoch mit der aktiven Tätigkeit des Individuums zur Informationsgewinnung verknüpft sind, und wie wichtig diese Verknüpfung für die pädagogischen Folgerungen sind, soll bei der Darstellung dieses neuen Ansatzes und seiner Bedeutung für selbstreguliertes Lernen verdeutlicht werden.

Bei der Wahrnehmung von Personen und ihrer Handlungen werden ständig Annahmen über die Gründe, die zu diesem beobachteten Verhalten führen, gemacht. Im pädagogischen Bereich wird dieses sehr deutlich, wenn es unter den Interaktionspartnern Schüler, Lehrer und Eltern unterschiedliche Ansichten über die Ursachen von Schülerverhalten und deren Leistungen gibt. Man betätigt sich also als ‚naiver Psychologe', wenn man Verhalten erklärt. Dabei geht es nicht um ‚objektive', ‚reale' Ursachen für ein Verhalten, sondern um das, was als Ursache *angesehen* wird: Es sind also Schlußfolgerungen, Annahmen oder Zuschreibungen von Ursachen. Mit solchen „Attribuierungen" beschäftigen sich die „Attribuierungstheorien", deren differenzierte Annahmen besonders auf Heiders ‚Psychologie zwischenmenschlicher Beziehungen' (1958) zurückgehen. Danach ist der Ausgang einer Handlung als Zusammenwirken von personen- und umweltbezogenen Faktoren zu erklären. Bei den personenbezogenen Faktoren nimmt Heider einen eher dispositionellen Faktor an (z. B. Fähigkeiten, Einstellungen, Selbstvertrauen) und einen eher motivationalen Faktor (etwa Versuch, eine Aufgabe zu bewältigen). Indikatoren des Umweltbezugs in der Wahrnehmung sind Annahmen über Einstellungen der Umwelt zu dem Handelnden, über Zufälligkeiten oder besondere Aufgabenschwierigkeiten.

Die personspezifischen Beurteilungsmöglichkeiten läßt Rotter (1966) durch Fragebogen ermitteln. Er kommt aufgrund seiner Untersuchungen zu dem Schluß, daß der Mensch eine generalisierte Erwartung gelernt habe, die nicht auf bestimmte Situationsfelder oder Tätigkeitsbereiche beschränkt ist. So gibt es nach ihm Menschen, deren Kontrollinstanz mehr in ihnen selbst liegt, sie sind „internal kontrolliert" und andere, die Ereignisse nicht als durch sie zustande gekommen interpretieren. Jene sind „external kontrolliert", was man mit „von außen gesteuert" umschreiben kann.

DeCharms (1968) formuliert aus einer anderen Orientierung heraus, daß der Mensch kein Stein sei, der nur reagiere, aber nicht agiere, der keine eigenen Energiekräfte habe, die richtungsweisend seien. Auch ist er keine Maschine. Manche Maschinen scheinen – wenn sie einmal laufen – von innen gesteuert. Der Roboter hat aber keine Chance, aus seinem vorherbestimmten Aufgabenbereich auszubrechen. Vielmehr mache es den Menschen aus, realer ‚Urheber' oder ‚Verursacher' (‚origin') seines Verhaltens zu sein. Der Autor betont jedoch, daß verschiedene Personen sich in ihrem Erleben der Kausalität von Ereignissen unterscheiden. Als ‚Pawns'* erleben sich Menschen, die sich wie Schachfiguren hin- und hergestoßen fühlen, die ihr Schicksal als von außen her bestimmt und es als nicht kontrollierbar und beeinflußbar auffassen.

Während Rotter eine generalisierte Auffassung hinsichtlich internaler und externaler Kontrolle annimmt, unterscheidet deCharmes für jede Person verschiedene Bereiche und Situationen, in denen sie sich einmal als Verursacher und das andere Mal als fremdbestimmt auffaßt. So sind schlechtere Schulleistungen und geringere Leistungsmotivation von Kindern aus Minderheitengruppen durch solche kollektiven Gefühle der Ohnmacht und der Resignation zu erklären.

Wie Menschen unerwarteten Ereignissen gegenüberstehen, haben Seligman (1975) und Brehm (1966) herausgestellt. Seligman postuliert eine gelernte

* Pawn = Bauer beim Schachspiel

Hilflosigkeit (‚learned helplessness'): Wenn häufiger unkontrollierte Ergebnisse vorkommen, vermindert sich dadurch der Lernerfolg. Demgegenüber vertritt Brehm die Ansicht, daß Individuen durch den Verlust der Kontrolle über Ereignisse zu neuen Anstrengungen bei der Beeinflussung der Umwelt angestachelt werden: Eine solche Motivationssteigerung ist eine Rückwirkung (‚reactance'), die den Menschen befähigen sollte, seine verlorengegangene Freiheit wieder zu erlangen. Wortman und Brehm (1975) entwickelten ein ‚integratives Modell' aus beiden Theorien. Dabei spielt die Bedeutung eine Rolle, die eine Person einem Ereignis zumißt: Ist ein Ereignis für eine Person sehr bedeutsam, so kann sich ‚gelernte Hilflosigkeit' zum Erlebnis des vollkommenen Ausgeliefertseins ausweiten. Bei unwichtigen Ereignissen erlebt sich diese Person weniger hilflos. Umgekehrt verstärkt sich bei Personen, die hohe Einflußnahmen auf ihre Umwelt erwarten, dieses Erlebnis, je wichtiger für sie ein Vorhaben angesehen wird. Die Autoren führen empirische Belege für dieses Integrationsmodell an (Wortman & Brehm, 1975).
Dieser Modellansatz dürfte affektive Konsequenzen beim Erleben von Leistungsausgängen von Schülern haben: Erfolg wie Mißerfolg bei einer vom Schüler als für sein weiteres Fortkommen als wichtig erachteten Klassenarbeit werden mit mehr Freude und Stolz bzw. Ärger und Beschämung einhergehen als wenn diese Arbeit unwichtig ist. Weiner (1973) ist es in der Folgezeit gelungen, diese verschiedenen aufgezeigten kognitiven Motivationsaspekte in einem Modell zu vereinigen, das bestimmte Anwendungen für das Ingangbringen selbstinitiierter Lernprozesse durch Lehrer und Schüler selbst verspricht.
Weiner entwickelt ein Klassifikationsschema, in dem zwei Dimensionen „Personabhängigkeit" und „Stabilität über Zeit" die wahrgenommenen Bedingungen des Ergebnisses einer Handlungsfolge beschreiben sollen.

Tabelle 1: Klassifikationsschema wahrgenommener Determinanten leistungsbezogenen Verhaltens (Weiner, 1976)

Stabilität über Zeit	Personabhängigkeit internal	external
stabil	Begabung	Aufgabenschwierigkeit
instabil	Anstrengung	Zufall

Weiner betont, daß beide Dimensionen (Personenabhängigkeit und Stabilität) voneinander abhängig seien und als komplementär oder reziprok aufgefaßt werden sollten. In der Wahrnehmung von Personen gilt Begabung (oder Fähigkeit) als ein stabiler internaler Faktor. Anstrengung kann sich in verschiedenen Situationen ändern; sie ist damit ein variabler, internaler Faktor. Dem externalen Bereich gehören als stabiler Faktor Schwierigkeit der Aufgabe und als variabler Faktor Zufall (Glück oder Pech) an. Weiner nimmt noch

weitere Ursachen für Erfolg und Mißerfolg an, wie Ermüdung, Stimmungslage, Einfluß durch den Lehrer. Er betont aber, daß die in dem Schema aufgeführten Faktoren die am häufigsten wahrgenommenen Ursachen leistungsbezogener Handlungsgänge sind.
Neuere Arbeiten lassen nach Weiner (1976) vermuten, daß noch weitere Dimensionen wie Intentionalität und interpersonale Stabilität bei der Ursachenfindung eine Rolle spielen mögen.
Individuelle Voreingenommenheiten in der Bevorzugung einzelner Faktoren bei der Erklärung eigener oder fremder Leistungsausgänge resultieren – wie bereits erwähnt – aus der Lerngeschichte einer Person. Weiner (1973) und Meyer (1973) konnten in vielen Studien nachweisen, daß Erfolgs- und Mißerfolgsmotivierte individuelle Differenzen in bevorzugten Ursachenerklärungen aufweisen. So führen Erfolgsmotivierte Erfolge vornehmlich auf internale Ursachen (Fähigkeit, Anstrengung) zurück, während sich mißerfolgsmotivierte Personen nicht so eindeutig für ihre Erfolge verantwortlich fühlen. Versagen wird von diesen mit nicht vorhandener Begabung erklärt: Weitere Anstrengungen erscheinen nutzlos, da ja mangelnde Fähigkeit eine deutliche Einschränkung bildet. Versagen kommt bei Erfolgsmotivierten vornehmlich durch mangelnden Einsatz zustande: das Fehlverhalten erscheint also korrigierbar.
Heider betonte den Zusammenhang verschiedener Faktoren bei der Interpretation eines Leistungsausgangs. Nach Weiner kann jede Ursache für sich allein genommen einen Effekt hervorrufen. So kann man einen Erfolg so interpretieren, daß *entweder* hohe Begabung *oder* hohe Anstrengung ausschlaggebend waren. Andererseits kann man der Meinung sein, daß zu einem Erfolg nur das Zusammenwirken von vorhandener Begabung *und* Anstrengung gehöre.
Die Annahme eines oder mehrerer Faktoren und deren Zusammenwirken kann etwas über die Differenziertheit der Wahrnehmung und deren Verarbeitung bei dem Interpretierenden aussagen.

4. Ursachenzuschreibungen von Leistungsergebnissen im Unterricht

Lehrer unterscheiden sich wahrscheinlich in der Art und Weise ihrer Kausalerklärungen. ‚Naive Theorien' über Begabung, Motivierung usw. lassen Kausalfaktoren verschiedenes Gewicht gewinnen. Ein Lehrer kann alles auf Begabung, ein anderer alles auf Anstrengung zurückführen. Manche Lehrer benutzen ein weiteres Feld von Attributionen als andere.
Die Unterrichtssituation scheint für die Art und Weise, wie Kausalinterpretationen vermittelt werden, eine gewichtige Rolle zu spielen: ein „öffentlicher" Unterricht mit hospitierenden Beobachtern kann für viele Lehrer Veranlassung

sein, mit Kausalerklärungen zurückhaltender zu sein als es eine „intime" Klassenzimmersituation ohne Beobachter ist (Boteram, 1976).
Unklar ist bisher, inwieweit Erklärungsmuster von Lehrern durch Schüler übernommen werden. Gegenseitige persönliche Sympathie macht eine Übernahme ebenso wahrscheinlich wie eine bestimmte Kongruenz zwischen Attribuierungen von Eltern, Lehrern und Klassenkameraden. Eine Diskrepanz in den Erklärungen dieser Interaktionspartner kann die Selbstwahrnehmung eines Schülers sensibilisieren. Mit zunehmender kritischer Auseinandersetzung mit sich selbst und der Umwelt dürften unterschiedliche Ansichten über Leistungserfolge oder -versagen des Jugendlichen wahrscheinlicher werden. So sind auch Übernahmen von Kausalerklärungsmustern der Klassenkameraden durch den Schüler selbst vorstellbar, vor allem wenn er sich von Autoritäten (Eltern, Lehrer) ablöst.

Innerhalb der Lehrer-Schüler-Interaktion kann das Rollenverhalten eines Partners durch allgemeine und spezifische Rollenerwartungen des anderen bestimmt werden. So gehen vom Rollensystem Unterricht Kräfte aus, die die Übernahme von Kausalerklärungen der Lehrer durch Schüler durchsetzen können, wobei die genannten Situationsvariablen mitberücksichtigt werden sollten.

Dies gelingt umso eher, je mehr die Schule wettbewerbsorientiert ist und fremdgesetzte Ziele zu erreichen sind. Der Lehrer kann somit „Machtmittel" einsetzen, seine persönliche Kausalattribuierung dem Schüler transparent machen und so die Übernahme durch die Schüler nahelegen. Dabei ist es entscheidend, inwieweit sich Eltern und Peers durch das „System" Schule einspannen lassen. Dieser Prozeß kann für den Unterrichtenden eine Gefahr und eine Chance zugleich darstellen; eine Gefahr, wenn ein Lehrer das negative Selbstbild eines schulleistungsschwachen Schülers verfestigt, wenn er dessen Leistungsversagen einseitig mangelnder Begabung oder einer persistierenden negativen Arbeitshaltung zuschreibt. Der nun einsetzende Kreisprozeß kann z.B. darin bestehen, daß nach Meinung des Schülers erhöhter Einsatz zur Überwindung seiner Lernprobleme nutzlos sei. Diese resignative Einstellung kann zu schlechten Schulleistungen führen, die den Lehrer in seinen wenig positiven Kausalerklärungen wiederum bestätigen. Versuche, den Schüler durch persönliche Ansprache oder Attraktivmachen des Unterrichts zu motivieren, scheitern an der Stabilität dieses Teufelskreises, zu der der Lehrer – ohne es zu wollen – beigetragen hat.

Eine Chance kann sich dem Lehrer eröffnen, wenn es ihm gelingt, diesen Kreisprozeß zu durchbrechen. Eine Änderung bekanntzumachender Ursachenerklärungen könnte auf der Seite des Schülers Uminterpretationen seiner Leistungsbemühungen und -ergebnisse in Gang setzen und sich förderlich auf sein Selbstkonzept eigener Leistungsfähigkeit auswirken.

Von diesen Überlegungen gingen einige Maßnahmen zur Förderung selbstgesteuerten Lernens aus. So gelang Scherer (zit. bei Heckhausen, 1973) sowie Krug und Hanel (1976) eine Änderung von vorherrschenden „unglücklichen" Ursachenzuschreibungen mißerfolgsängstlicher schulleistungsschwacher Schüler, deren Intelligenztestwerte in deutlicher Diskrepanz zu den niedrigen Schulleistungen im mittleren Normbereich lagen. In der erstgenannten Untersuchung gab es noch einen ‚Ausbreitungseffekt' des veränderten Interpretationsverhaltens auf andere nicht besonders geförderte Schüler der Klasse. Ebenso stiegen die Intelligenztestwerte bei allen Schülern an, und Ängstlichkeitswerte fielen ab.
In der zweiten genannten Untersuchung wurden realistische Zielsetzungen geübt und zwar zuerst in ‚schulfernen' Tätigkeiten und erst später innerhalb des Unterrichts. Der Grundgedanke war, daß Schüler nur in einem mittleren subjektiv empfundenen Schwierigkeitsgrad die Abhängigkeit eigener Leistung vom Arbeitseinsatz und Tüchtigkeit erfahren und so nach erlebtem Erfolg Zufriedenheit erleben können. Es wurden auch Techniken aus dem klinischen Bereich zur Unterstützung der Zielerreichung genutzt, wie Verhaltenstraining durch wiederholtes Einüben der erwünschten Verhaltensweisen, Bekräftigungslernen durch Lob und Vorbildlernen durch Beobachtung der Trainingsleiter. Schließlich wurden auch Verbalisierung („innere Sprache") und Protokollierung aller Kognitionen und Verhaltensweisen im Sinne einer Selbstbeobachtung und Selbstkontrolle eingesetzt.
Schon zuvor war deCharms in einem innerhalb des Schulunterrichts durchgeführten Training von der Vorstellung ausgegangen, „daß man anderen Personen dazu verhelfen kann, sich als kausal wirksam zu erleben, wenn man sie als Origins behandelt" (deCharms 1973, S. 62). Indem er Lehrern durch Selbsterfahrung eigene Verursacher-Erlebnisse vermittelte, wollte er sie befähigen, diese neuen Erfahrungen auch an ihre Schüler weiterzugeben. Die Beeinflussung hatte einen positiven Einfluß auf realistischeres Zielsetzungsverhalten und auf Schulleistungen der Schüler. Im Gegensatz zu diesen Ergebnissen waren wegen der kurzen Zeit die Trainingsmaßnahmen von Scherer und Krug und Hanel weniger verhaltenswirksam: Sie hatten keinen Einfluß auf die Schulleistungen der Trainierten.

5. Einflußnahme auf Interaktionen im Klassenzimmer

Der Hinweis auf diese Untersuchungen sollte deutlich machen, wie praxisnah pädagogische Psychologen im Unterricht arbeiten können, und wie wirksam klinische Methoden im Unterricht angewandt werden können. Die Durchführung solcher Programme im Unterricht stößt oft auf Schwierigkeiten, weil nicht

jeder Lehrer ein Forschungsteam zur Verfügung hat, das ihn bei der Realisierung berät und unterstützt.
Die folgende Skizze stellt einen Versuch dar, Förderung selbstgesteuerter Lernprozesse in einer realen Klassenzimmersituation vorzunehmen. Der Versuch wurde von der Klassenlehrerin und Studenten während eines Schulpraktikums unter der Beratung des Verfassers in vierten Grundschulklassen durchgeführt und ausgewertet (Mangel u. Methfessel, 1976). Er basiert auf den dargestellten theoretischen Konzepten, nimmt aber noch andere Elemente der pädagogischen Förderung mit hinein.
Auch hier war die Annahme, daß unzweckmäßige Ursachenerklärungen korrigierbar seien, und daß eine so veränderte Sichtweise der eigenen Leistungsfähigkeit im Hinblick auf Selbststeuerung von Lernprozessen verhaltenswirksam werden könnte.
Wir wandten uns mit dem Förderungsprogramm an mißerfolgsängstliche und schulleistungsschwache Schüler mit ungünstigen Voreingenommenheiten bei der Kausalerklärung („Zielgruppe“). Es war so angelegt, daß jeder „Zielschüler“ während des Unterrichtsverlaufes sowohl nach Erfolg als auch nach Mißerfolg sachliche Rückmeldung von den Unterrichtenden erhielt. Teilerfolge, Annäherungen an Teilziele und Lösungsbemühungen wurden positiv verstärkt. Etwa jede dritte Rückmeldung war gekoppelt mit Ursachenerklärungen, die klare Aussagen in Richtung der beabsichtigten Attribuierungsänderungen machten.
Wirksam erschien die Hinführung auf vermehrte Anstrengung bei künftigen Anforderungen. So sollte bei den zu beeinflussenden Schülern das Bewußtsein gestärkt werden, daß sie sich als Verursacher fühlen und so eigenverantwortlich künftige Lern- und Leistungssituationen zu strukturieren vermögen. Dies sollte auch für die Veränderung der Ursachenerklärungsmuster nach erlebtem Erfolg gelten: der Schüler sollte Erfolg vorwiegend auf internale Faktoren wie hoher Arbeitseinsatz und zureichende Begabung zurückführen, so daß er sich für das Ergebnis seiner Leistungsbemühungen voll verantwortlich fühlen kann. In der folgenden Übersicht sind einige Beispiele für solche Ursachenerklärungen zusammengestellt. Diese als Trainingsmaterialien konzipierten Aussagen sollten Hilfen für den Lehrer darstellen. Es wurden noch andere Ursachenerklärungen verwendet als die in dem Vierfelder-Schema von Weiner niedergelegten. Anregungen für die Verbalisierung erhielten wir aus dem „entfalteten Schema zur Erklärung eines Leistungsergebnisses“ nach Heckhausen (1973, S. 64). In einem simulierten Situationstraining übten die Lehrer, diese Anregungen sehr flexibel zu nutzen.
Die beabsichtigte Änderung vorherrschender unzweckmäßiger Ursachenzuschreibungen mißerfolgsorientierter schulleistungsschwacher Schüler wurde durch flankierende Maßnahmen unterstützt. Sie betrafen alle Schüler der Klassen. Ihre Grundlagen sollen im folgenden reflektiert werden:

Tabelle 2: Trainungshilfen für eine beabsichtigte Änderung von Ursachenerklärungen bei Schülern

Nach Mißerfolg:
- Wenn du dranbleibst, schaffst du es schon.
- Anscheinend hast du das noch zu wenig geübt.
- Vielleicht hast du dich bei der letzten Arbeit unsicher/ängstlich gefühlt.
- Anscheinend habe ich dir noch nicht genügend Übungsmöglichkeiten gegeben.
- Gestern war wohl irgendetwas Außergewöhnliches, das die Lösung beeinflußt hat.
- Die Aufgabe, die ich ausgesucht habe, war zu schwer. Das war mein Fehler.
- Heute hat es nicht so geklappt. Das war Pech. Das nächste Mal klappt es besser.
- Solche Fehler passieren jedem einmal.

Nach Erfolg:
- Du hast jetzt den Beweis, daß du auch solch schwierige Aufgaben lösen kannst.
- Diese Note hast du dir wirklich verdient.
- Mit dieser Leistung kannst du zufrieden sein. Du kannst das jetzt. Ich glaube, damit geht es jetzt bergauf. Mach weiter so.
- Du hast weniger Fehler, weil du die Sache richtig geübt hast. An dieser Arbeit sieht man, wie sehr du dich angestrengt hast.
- Diesmal hattest du nicht mehr solche Angst. Deshalb ist auch die Arbeit gut/besser gelaufen.
- Ich weiß nicht, ob ich das so geschickt/hervorragend gelöst hätte.
- Wahrscheinlich konntest du in letzter Zeit zu Hause gut üben.
- Du hast die Aufgabe richtig gelöst, obwohl sie recht schwer war.
- Du hast die schwere Aufgabe richtig gelöst. Du kannst damit hoch zufrieden sein.

Es ist wichtig, daß den Schülern ein ihren Lernvoraussetzungen gemäßer Schwierigkeitsgrad von Anforderungen vorgestellt wird, der sie nur leicht überfordert („Prinzip der Passung“). Hierbei hat es sich als günstig erwiesen, wenn Schüler Aufgaben selbst auswählen. Sie können so zu einer realistischen Zielsetzung angeleitet werden.

Dennoch macht das schulische Benotungssystem Schüler immer wieder eindringlich auf einen sozialen Vergleich aufmerksam. Für leistungsschwache Schüler bedeutet dies, daß sie sich ihrer Unzulänglichkeit im schulischen Leistungsbereich bewußt werden und wenig Möglichkeiten sehen, freiwillig schulische Leistungsanforderungen zu akzeptieren. Dennoch kann der Lehrer im Unterrichtsgeschehen sehr stark auf den individuellen Vergleich vorangegangener und jetzt gezeigter gesteigerter Leistungen Wert legen und dies auch dem Schüler kommunizieren. Hier sind die Rückmeldungen mit vornehmlich anstrengungsorientierter Ursachenzuschreibung zu koppeln. Dem Schüler wird klar gemacht, daß der Abstand zu leistungsfähigeren Schülern immer kleiner wird und daß er imstande ist, in bestimmten selbstgewählten Bereichen mehr zu

lernen. Künftige Erreichung von oder Annäherung an Teillernziele können für schwächere Schüler Anreize bieten, Anstrengung als Mittel zur Realisierung schulischer Lernvorhaben einzusetzen.
So kann die Sensibilisierung für individuelle und soziale Vergleiche im Lern- und Leistungsgeschehen günstige Voraussetzungen für den Aufbau der Fähigkeit schaffen, eigenes Lernen selbsttätig zu regulieren.
Bei der Planung des Förderungsprogramms waren wir weiterhin der Ansicht, daß eine auch für die schwächeren Schüler nicht als bedrohlich empfundene Lernumgebung eine Umwandlung vorherrschender negativer Ursachenerklärungen in eine lernmotivationsfreundliche erleichtern kann. Ein als positiv empfundenes und von Schülern akzeptiertes Klassenklima würde nach unseren Erwartungen eine positive Selbstbewertungsstrategie ermöglichen. Wir bemühten uns daher, ein Klima gegenseitigen Vertrauens zu realisieren.
Die Realisierung des akzeptierenden und fördernden Verhaltens beim Lehrer findet seine Grenzen in der Echtheit seiner eigenen Einstellungen. Fällt es dem Lehrer schwer, die Akzeptierung des Schülers zu finden, so ist es wenig wahrscheinlich, daß er den Interaktionsprozeß fördert. Wir stoßen hier an die Grenzen von manchen Lehrertrainingsmethoden, die sich darauf verlassen, Techniken und Tricks für eine „wirksame“ Verhaltensänderung zu vermitteln und schöne neue Hoffnungen zu wecken. Daher ist eine Selbsterfahrung und Selbsterziehung des Lehrers sicher förderlich für eine weitere Beeinflussung seiner Schüler. Lehrer können großen Nutzen aus ihnen ziehen, wenn sie sich nicht als passive Konsumenten, sondern als selbstverantwortliche Mitarbeiter verstehen (vgl. Rogers, 1973, Perls, 1974, Cohn, 1975).
Aktive selbstverantwortliche Mitarbeit kann ein Lehrer fördern, der es versteht, ein Klima zu schaffen, in dem Verhaltensweisen akzeptiert und gefördert werden. In diesem Zusammenhang ist darauf hinzuweisen, daß Bewertungen einen Lernprozeß, der noch nicht abgeschlossen ist, in empfindlichem Maße stören können: Sie erzeugen Spannungen und Ängste, die ein freies ungezwungenes Verhalten dem Problem und dem Lehrer gegenüber erschweren. Eine Überprüfung der Erreichung von Lernzielen ist daher nur nach einer längeren Übungsphase sinnvoll. Holfort (1975) schlägt vor, im Unterricht Lern- und Prüfungsphasen überhaupt gänzlich voneinander zu trennen und letztere zu entkrampfen und durchsichtiger zu machen. Bei der Ausgabe von Noten und Zeugnissen sollte mehr die pädagogische als die Auslesefunktion beachtet werden. Ein Fortschritt in diese Richtung stellt der Wegfall der Ziffernbenotung zugunsten einer verbalen Beurteilung dar. Der Lehrer sollte hier den individuellen Bezugsrahmen und eine ermutigende Ursachenzuschreibung beachten.
Selbstgesteuertes Lernen kann auch gefördert werden, wenn Schülern Gelegenheit gegeben wird, Fragen zu stellen. Die Erzeugung von begrifflichen Konflikten (wie Überraschung, Zweifel, Widerspruch) ist hier wesentlich (vgl. Berlyne, 1973). Damit Kinder Fragen haben, muß der Unterrichtsgegenstand in

einer konfliktprovozierenden unfertigen Form vorgestellt werden. Mutschler (1976) trägt einige didaktische Prinzipien zusammen, die stellenweise bereits in der pädagogischen Reformbewegung und im Kreis um Bruner und Berlyne diskutiert und angewandt wurden: *Provokation* ist die Infragestellung von Selbstverständlichkeiten, das Aufbrechen von Eingeschliffenem und Gewohntem. Sie dürfte Verwirrung auslösen und zur intensiven Diskussion über den Gegenstand, den Begriff usw. führen. *Verfremdung* eines Gegenstandes oder einer Situation vermögen die Beziehungen des Schülers zur Sache oder Situation bewußter und erlebbarer zu machen. *Verblüffung* kann bei Schülern dann eintreten, wenn sehr originelle noch nie dagewesene Wege zur Lösung eines Problems vorgestellt werden. Schließlich kann das didaktische Prinzip der *Lücke* den Schüler veranlassen, unvollständige Teilstücke im Kenntnis- oder Verhaltensbereich durch produktive Lern- und Denkakte zu vervollständigen.
Wie lassen sich die Effekte einer solchen Förderung kontrollieren? Die folgende Skizze soll anregen, ähnliche Versuche zu wiederholen.
Der Versuch wurde während 4 Monaten in zwei vierten Schuljahren im Fach Mathematik durchgeführt. Eine direkte Beeinflussung im Sinne einer Änderung vorherrschender Ursachenerklärungen erhielten zehn Schüler der Experimentalklasse. Diese „Zielschüler" hatten in der Kontrollklasse jeweils ‚Zwillinge' mit gleichen relevanten Ausgangsdaten im Vortest: Die Ausprägung der Leistungsmotivation aller Schüler war durch das „Leistungsmotivations-Gitter" (Schmalt, 1976) ermittelt worden, die Art der Ursachenerklärungen durch einen Fragebogen (vgl. Tabelle 3).
Die Schüler wurden aufgefordert, den Ausprägungsgrad vermeintlicher Gründe in Kästchen zu schreiben. Eine Addition der Zahlen erlaubte die Berechnung der relativen Ausprägung der Art der Ursachenzuschreibungen.
Am Ende des Versuchs wurden alle Tests und der Fragebogen noch einmal von allen Schülern als Nachtest wiederholt. Der Vergleich der Ergebnisse im Vor- und Nachtest erlaubte die Ermittlung von Beeinflussungseffekten bei den ‚Zielschülern' (vgl. Tabelle 4).

Einige wichtige Ergebnisse in Kürze:

1. Nach Mißerfolg führten mißerfolgsmotivierte Zielschüler im Nachtest weniger mangelnde Begabung als Ursache für ihr Versagen an als sie es vorher taten. Sie machten außerschulische Faktoren im Nachtest eher für ihr Versagen verantwortlich. Bei den ‚Zwillingen' der Kontrollklasse war keine Änderung festzustellen.
2. Wider Erwarten wurden Erfolge von den ‚Zielschülern' weiterhin auf externale Faktoren zurückgeführt. Nur wenige Schüler fühlten sich im Nachtest für ihre Erfolge verantwortlich.
3. Die Motivausprägung änderte sich zugunsten einer mehr erfolgsorientierten Ausprägung bei den Zielschülern.

Tabelle 3: Fragebogen zur Ermittlung von Ursachenzuschreibungen durch Schüler (Auszug)

Fragen:
Ich habe in dieser Arbeit nicht so gut abgeschnitten:

1. B As	+ □□ 5	weil ich in diesem Fach schlecht bin weil ich mich auf Arbeiten nie vorbereite
2. SF Z	+ □□ 5	weil mein Nebensitzer nicht so gut war weil ich Pech hatte
3. SF AV	+ □□ 5	weil ich mich auf Arbeiten nie vorbereite weil ich mich für diese Arbeit nicht so gut vorbereitet habe
4. SF AF	+ □□ 5	weil ich während der Arbeit gestört wurde weil ich nicht belohnt werde
5. AV L	+ □□ 5	weil ich für diese Arbeit wenig gelernt habe weil ich nicht gut aufpassen konnte
6. S AF	+ □□ 5	weil ich zu wenig Zeit hatte weil ich nicht belohnt werde
7. L S	+ □□ 5	weil ich nicht gut aufpassen konnte weil ich mit der Arbeit nicht so gut zurechtkam

Tabelle 4: Durchführung des Versuchs (Schema)

Experimentalklasse		Kontrollklasse	
1. Vortest (LM-Gitter, Schulleistungstests, Intelligenztests, Fragebogen)			
2. 〈„Zielschüler"〉	〈übr. Schüler〉	〈„Zwillinge"〉	〈übrige Schüler〉
3. Nachtest (gleiche Verfahren wie im Vortest)			

4. Stellvertretende Verstärkungen scheinen sich auf die „übrigen Schüler" der Experimentalklasse nicht ausgewirkt zu haben. Die Kausalerklärungsgewohnheiten der untersuchten Schüler änderten sich nicht.
5. Es ist unklar, ob die wenigstens in einigen Punkten veränderte Art der Ursachenzuschreibungen verhaltenswirksam auf die Schulleistung Einfluß genommen hat. Positive Eindrücke hinsichtlich einer verstärkten Mitarbeit

einiger Zielschüler im Unterricht lassen Erwartungs- und Hawthorne-Effekte nicht ausschließen.

Zusammenfassung und Ausblick

Abschließend einige zusammenfassende Gesichtspunkte für eine Förderung selbstgesteuerter Lernprozesse bei Schülern durch ihre Lehrer: Nur wenige Lehrer haben in Schule und Hochschule selbst erfahren, wie sie sich als eigentätige Arrangeure von Lernprozessen einbringen konnten. Statt dessen erlebten sie, wie durch den in der Institution Schule vorhandenen Notendruck, durch übernommene Unterrichtsformen und -inhalte Leistungen erwartet werden, die nur durch Anpassung an fremdgesetzte Normen erbracht werden konnten. Durch schulische Sozialisation erworbene Vorstellungen, daß Lernen mit Mühe verbunden sei und nur unter Zwang geschehe, hemmen die Realisation der Idee des selbstgesteuerten Lernens im Unterricht. Die Tendenz, sämtlichen schulischen Lern- und Tätigkeitsanforderungen aus dem Wege zu gehen, ist bei vielen Schülern so tief verwurzelt, daß viele Bemühungen von Lehrern, Schülern Eigenverantwortlichkeit bei der Gestaltung ihrer Lernaktivitäten zu übertragen, zum Scheitern verurteilt sind. Die vorstehenden Überlegungen und Beispiele haben versucht, auf eine vernachlässigte Komponente in der Beurteilung lernerischer Aktivitäten hinzuweisen:
Sie gingen von dem Gedanken aus, daß kognitive Zwischenprozesse für das Wirksamwerden von Motivationen einen bedeutenden Faktor darstellen. Für das praktische Handeln ist es von Wichtigkeit, ob sich Personen als mehr fremd- oder als mehr selbstgesteuert erleben. Sozialisationseinflüsse haben darüber hinaus bewirkt, daß dieses Erleben eigener Verursachung bzw. fremder Beeinflussung in verschiedenen Person-Umwelt-Bezügen unterschiedlich stark ausgeprägt ist. Das vorgestellte Konzept der Gestaltung von Lernaktivitäten in der Schule nutzt die hypothetisch angenommene Veränderbarkeit erworbener Einstellungen und Verhaltensweisen. Es versucht, den Schüler dahingehend zu beeinflussen, daß er verlorengegangene Erfahrungen eigenen Einwirkens auf seine Umgebung wiederentdeckt und sie zur Bewältigung der Umweltanforderungen einsetzt.
Mit der Realisierung dieser Intentionen sollte Hand in Hand eine Veränderung äußerer restriktiver Faktoren in unserem Schulleben gehen. Eine solche Veränderung scheint aufgrund übermächtiger äußerer Zwänge nicht möglich und zusehends in weite Ferne zu rücken. Dennoch haben Klassenlehrer und kooperativ zusammenarbeitende Lehrer die Möglichkeit einer – wenn auch als begrenzt erlebten – Einflußnahme auf die Gestaltung wirksamerer Lernaktivitäten von Schülern.

Literaturverzeichnis

Berlyne, D. E.: Neugier und Erziehung. In: Neber, H. (Hrsg.): Entdeckendes Lernen. Weinheim, 89–106, 1973

Boteram, N.: Pygmalions Medium. Lehrererwartungen, Ursachenerklärungen, Interaktionen im Unterricht. Karlsruhe – Rheinstetten 1976

Brehm, J.: A theory of psychological reactance. New York 1966

Cohn, R.: Von der Psychoanalyse zur themenzentrierten Interaktion. Stuttgart 1975

deCharms, R.: Personal Causation. New York/London: Academic Press 1968 – Ein schulisches Trainingsprogramm zum Erleben eigener Verursachung. In: Edelstein, W./Hopf, D.: (Hrsg.): Bedingungen des Bildungsprozesses, Stuttgart 60–78, 1973

Heckhausen, H.: Leistungsmotivation. In: Thomae, H. (Hrsg.): Handbuch der Psychologie Bd. 2, Göttingen 602–702, 1965

ders: Die Interaktion der Sozialisationsvariablen in der Genese des Leistungsmotivs. In: Graumann, C. F. (Hrsg.): Sozialpsychologie Bd. 7/2 des Handbuches der Psychologie. Göttingen, 955–1019, 1972

ders.: Wie Lehrer und Schüler interagieren. Studienbegleitbrief (7) zur 16. Kollegstunde des Funkkollegs „Päd. Psychologie", Weinheim, 34–71, 1973

Heider, F.: The psychology of interpersonal relations. New York 1958

Holfort, F.: Angstreduktion im Schulalltag. In: Guss, K.: Gestalttheorie und Erziehung. Darmstadt, 161–176, 1975

Krug, S. u. Hanel, J.: Motivänderung: Erprobung eines theoriegeleiteten Trainingsprogrammes, Zeitschrift f. Entwicklungspsychologie und Päd. Psychologie 8, 274–287, 1976

Mangel, R. und Methfessel, S.: Darstellung eines Versuchs zur Förderung der Lernmotivation in der Grundschule, Unveröffentlichte Zulassungsarbeit zur 1. Lehrerprüfung. PH Reutlingen 1976

Meyer, W.-U.: Leistungsmotiv und Ursachenerklärung von Erfolg und Mißerfolg, Stuttgart 1973

Neber, H.: Fragen und kognitives Lernen, Bildung und Erziehung, 296–305, 1975

Perls, F.: Gestalt-Therapie in Aktion, Stuttgart 1974

Rogers, C. R.: Die klientbezogene Gesprächstherapie. München 1973

Rotter, J. B.: Generalized expectancies for internal vs. external control of reinforcement. Psychological Monographs *80*, (1, Whole No. 609), 1966

Schmalt, H.: Das LM-Gitter. Ein objektives Verfahren zur Messung des Leistungsmotivs bei Kindern – Handanweisung. Göttingen 1976

Seeman, M.: Alienation. A map of its principal territories. Psychology Today, *5*, 82–84, 94–95, 1971

Seligman, M. E. P.: Helplessness. San Francisco 1975

Wasna, M.: Motivation, Intelligenz und Lernerfolg. München 1972

Watzlawick, P. u. a.: Menschliche Kommunikation. Bern 1969

Weiner, B.: Die subjektiven Ursachen von Erfolg und Mißerfolg. Anwendung der Attributionstheorie auf das Leistungsverhalten in der Schule. In: Edelstein, W./Hopf, D. (Hrsg.): Bedingungen des Bildungsprozesses. Stuttgart 79–93, 1973

ders.: Attributionstheoretische Analyse von Erwartung Nutzen – Theorien. In: Schmalt, H.-D./Meyer, W.-U.: Leistungsmotivation und Verhalten. Stuttgart 81–100, 1976

Wortman, C. B. u. Brehm, J. W.: Responses to uncontrollable outcomes: An integration of reactance theory and the learned helplessness model. In: Berkowitz, L. (Ed.): Experimental Social Psychology. Vol. 8, New York 277–336, 1975

Uwe Laucken

Soziale Beeinflussung des Verhaltens von Schülern im Unterricht

Die Vorstellung von einem Schüler, der sein Lernen im Unterricht selbst steuert, soll der Kristallisationskern für die verschiedenen Beiträge zu diesem Buch sein. Der dabei mir zugedachte Part ist die Erörterung sozialer Einflüsse. Folgerichtig lautete der zuerst vereinbarte Arbeitstitel: Soziale Determinanten des selbstgesteuerten Lernens im Unterricht. Im Verlaufe meiner Überlegungen dazu empfand ich jedoch alsbald die mir durch die Begriffe „Lernen" und „Selbststeuerung" aufgetragenen Eingrenzungen als unfruchtbar. Ich werde diese Einschätzung im folgenden relativ ausführlich begründen, da die dabei explizierten theoretischen Leitideen die Grundlage für die Erörterung sozialer Beeinflussung sind.

1. Theoretisches Denkgerüst

Was man unter „Lernen" und „Selbststeuerung" zu verstehen hat, darüber gehen die Auffassungen unter Psychologen auseinander. Es gibt wohl ein durch den alltäglichen Sprachgebrauch umrissenes, gemeinsames Vorverständnis, sobald dies aber präzisiert wird, wandelt sich der Bedeutungsgehalt in verschiedene Richtungen. Richtungsweisend ist das jeweils zugrundegelegte theoretische Denkgerüst. Ich lasse mich von folgenden theoretischen Ideen leiten:

I. Leitidee:
Um das aktuelle Verhalten von Menschen in bestimmten Situationen zu erklären oder vorherzusagen, ist es sinnvoll zu unterstellen, daß sich „in diesen Menschen" bestimmte *Vorgänge* abspielen.

II. Leitidee:
Das, was sich da abspielt, läßt sich am besten als ein geordnetes Gefüge von *Informationsverarbeitungsprozessen* (IV-Prozesse) begreifen.

III. Leitidee:
Die von den IV-Prozessen verarbeiteten Informationen sind *kognitiver* Natur

(und nicht etwa neuraler). Die Informationen werden also als begrifflich kodiert gedacht.

IV. Leitidee:
Welche Prozeß-Einheiten unterschieden und in welche Ablauffolge diese gebracht werden, wird entscheidend von der Annahme bestimmt, es sei explanativ sinnvoll, menschliches Verhalten so aufzufassen, als sei es stets auf die Bewältigung jeweils besonderer *Aufgaben* hin ausgerichtet.

V. Leitidee:
Menschen verarbeiten nicht nur Informationen, sie verfügen auch über solche. Hier seien drei Arten von *Verfügbarem* unterschieden: Wissen, Können und Wertvorstellungen.

VI. Leitidee:
Das Verhalten eines Menschen läßt sich unmittelbar nur aus der Analyse des aktuellen IV-Geschehens erklären. Das *aktuelle IV-Geschehen* besitzt das Erklärungsprimat.

Anhand des folgenden Strukturdiagramms seien einige wesentlich IV-Prozesse und deren Verknüpfung erläutert:

Ein Mensch, der etwas tut, hat ein Ziel, und von dem, was er tut, meint er, es bringe ihn diesem Ziel näher. Anders gewendet, menschliches Handeln ist planvoll. Bevor ein Mensch aber das, was er plant, auch tut, wägt er i. d. R. ab: Vor- gegen Nachteile (Bewerten).
Ist ein Plan für gut befunden und werden Alternativen nicht oder nicht mehr bedacht, so wird, falls der Plan operabel ist, gehandelt (Abruf von Fertigkeiten). Was dabei herauskommt (Realgeschehen) wird aufgenommen (Daten) und zu einem Bild von der gegebenen Lage zusammenkomponiert (Situationskonzept). Entsprechen die Folgen des Tuns dem erstrebten Ziel, so ist diese Handlungsepisode beendet. Ist das Ziel nicht oder noch nicht erreicht, so gilt es sich neu zu orientieren, d.h., den Plan den Umständen anzupassen, um von neuem den IV-Zyklus zu durchlaufen.
Für die Analysezwecke dieser Arbeit reicht diese sehr grobe *Theorieskizze* hin. Eine ausgearbeitete Fassung gibt es andernorts (Laucken, 1977).

2. Lernen und Selbststeuerung

Wird Lernen, wie im Titel dieses Buches, durch das Merkmal „selbstgesteuert" qualifiziert, so ist damit bereits ein bestimmtes Vorverständnis geschaffen. Lernen ist ein *Verhalten,* das unterschiedlich, zumindest selbstgesteuert oder

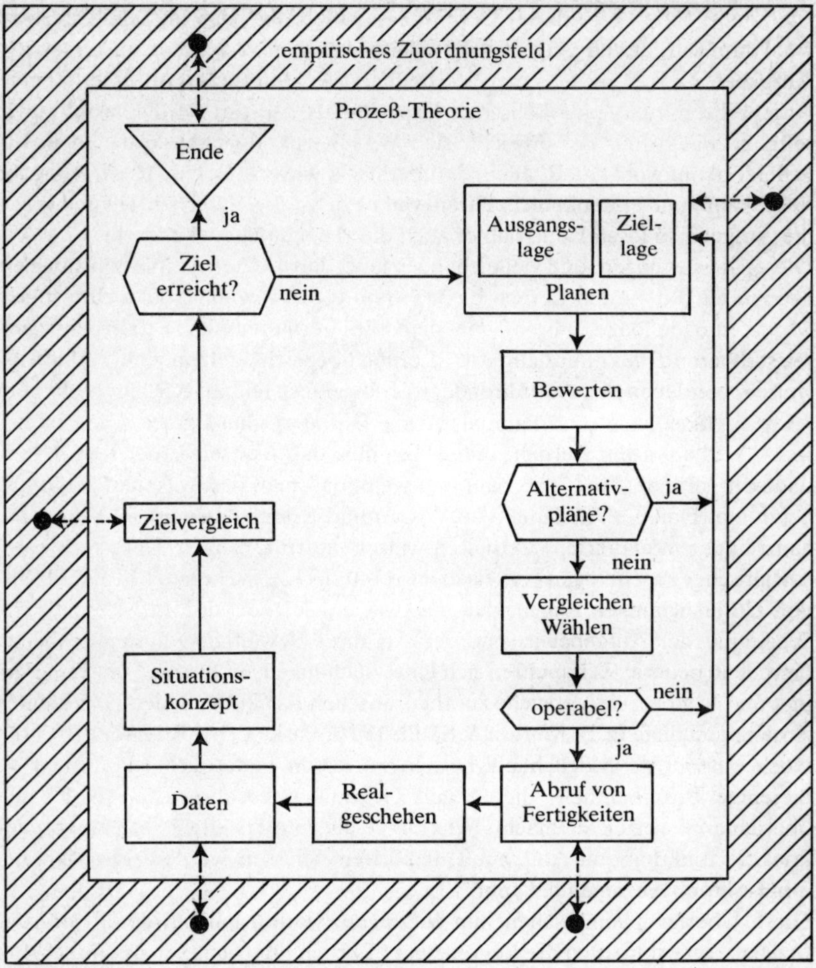

nicht selbstgesteuert, vollzogen werden kann. So gesehen, müßte die skizzierte Theorie sich auch auf das Verhalten „Lernen" anwenden lassen, und es stellt sich dann die Frage, wie sich jenes Verhalten, das ich „Lernen" nenne, von anderen Verhaltensweisen unterscheidet. Eine naheliegende Unterscheidung bezieht als definierendes Merkmal das *intendierte Verhaltensziel* mit ein. „Lernen" bezeichnet dann eine Gruppe von Verhaltensweisen, die ausgeführt werden mit der Absicht sich Wissen oder Können anzueignen.

Faßt man Lernen so auf, so mag es Lernhandlungen geben, die man als selbstgesteuert qualifiziert, und solche, denen man dieses Merkmal nicht zuerkennt. Eine Folge dieser Definition ist allerdings, daß im Schulunterricht wohl nur sehr selten gelernt wird. Denn, bearbeiten Schüler im Unterricht Aufgaben (z.B. Lösung einer Rechenaufgabe, Interpretation eines Textes, Durchführen eines physikalischen Experiments), so tun sie dies wohl nur in seltenen Fällen mit der Absicht, sich Wissen oder Können anzueignen. Ein Schüler denkt wohl i. d. R. allein darüber nach, wie er z.B. eine Rechenaufgabe lösen kann, und er denkt nicht daran, was er sich dabei aneignen will und wie er die Aufgabe so lösen kann, daß er auch das Aneignungsziel erreicht.

Diese Überlegungen, und vielleicht noch jene, daß im eben definierten Sinne ein Lernen auch dann ein Lernen bleibt, wenn das Aneignungsziel nicht erreicht wurde, mögen dazu führen, daß man die Verhaltensklasse „Lernen“ vom feststellbaren *Effekt* her definiert. „Lernen“ bezeichnet dann jene Verhaltensweisen, bei denen der Ausführende, irgendwie feststellbar, nachher mehr oder etwas anderes weiß oder kann als zuvor. Definiert man Lernen so, so ist fast jedes Verhalten ein Lernen, und sei es nur, daß man hinterher sein Wissen dadurch verändert hat, daß man nun weiß, daß man das, was man getan hat, getan hat. Daß ein Aneignen von Wissen und Können zumeist im Verein mit ganz andersintendierten Verhaltensweisen auftritt, zeigen Untersuchungen sowjetischer Psychologen (vgl. dazu Parreren, 1972). Sie konnten in einer Reihe von Untersuchungen zeigen, daß das, was angeeignet wird, in systematischer Weise mit der Aufgabenart und der Art ihrer Bewältigung zusammenhängt. Gerade in neuerer Zeit mehren sich Untersuchungen auf diesem Forschungsgebiet und es gibt erste Versuche zur theoretischen Artikulation der festgestellten Zusammenhänge (z.B. Marton & Säljö, 1976; Pask, 1976; Rothkopf, 1970).

Noch eine dritte Möglichkeit Lernen zu fassen bietet sich an: Lernen als diejenige Prozeßeinheit, die aktuell Gehandhabtes *abspeichert* und damit überdauernd verfügbar macht. Wie ein solcher unterstellter Speichervorgang konkret funktionieren soll, muß hier offen gelassen werden. Mir sind nur input-output-Aussagen bekannt.

Diese Überlegungen reichen, um zu zeigen, warum mir bei der Erörterung sozialer Determinanten die Begrenzung „Lernen“ unfruchtbar zu sein scheint: Entweder (1. Lernauffassung) dürfte ich dann nur Ausnahmeverhalten im Unterricht betrachten, oder aber (2. Lernauffassung) es fällt fast jedes Verhalten, zumindest aber eine noch unbestimmte Menge von Verhaltensweisen unter die Kategorie „Lernen“. Faßt man schließlich Lernen als Speicherakt (3. Lernauffassung) auf, so findet das Merkmal „selbstgesteuert“ zumindest derzeit noch keinen Gegenstand.

Als zweite thematische Begrenzung wurde der Begriff „Selbststeuerung“ vorgegeben. Wie theorieabhängig die Definition auch dieses Begriffs ist, wurde bereits mehrfach demonstriert (z.B. Halisch u.a., 1976; Lopatto & Williams, 1976). Einhellig zeigen diese Analysen, daß sich ein Definitionswandel vollzogen hat: weg von verhaltensbeschreibenden, hin zu theorieimmanenten

Definitionen. Ich will diese Entwicklungslinie hier nicht abermals nachzeichnen, sondern zeigen, wie sich im Kontext der hier unterstellten Theorie bestimmte Selbststeuerungs-Konzeptionen darstellen:

- *Selbststeuerung als Loslösung von externaler Verhaltenskontrolle* (z.B. Kanfer, 1975): Nicht einmal „echte Reflexe" (z.B. Lidschlußreflex) sind allein external determiniert, viel weniger noch unterrichtrelevante Verhaltensweisen von Schülern (vgl. Leitidee VI). D.h., eine so verstandene Selbststeuerung differenziert nicht.
- *Selbststeuerung als Gegensatz zu Fremdsteuerung* (z.B. Goldfried & Merbaum, 1973): Ein Verhalten ist selbstgesteuert, wenn eine Person das Ziel und den Plan ihres Handelns eigenständig konzipiert hat. Auch diese Definition differenziert nicht. Angenommen, ein Lehrer setzt einen Schüler unter Druck. Er kündigt ihm eine Strafe an, für den Fall, daß er nicht tut, was der Lehrer wünscht. Sicherlich wird der Schüler diese Strafandrohung in sein Handlungskalkül als erwartete Folge einer bestimmten Handlungsalternative einbeziehen. Wie er das aber tut, bestimmt er. Auch der unter Druck oder Zwang Handelnde handelt „selbstgesteuert".
- *Selbststeuerung als Selbstbekräftigung* (z.B. Heckhausen, 1972): Ein Verhalten ist dann selbstgesteuert, wenn der Handelnde für sein Vorhaben ein Gütemaß setzt, anhand dessen er das Ge- oder Mißlingen seines Tuns mißt. Die gelingens- oder mißlingensbezogenen Affekte wirken positiv oder negativ bekräftigend. Auch nach dieser Definition ist jedes Verhalten selbstgesteuert. Nach der hier zugrundegelegten Theorie ist jedes Verhalten zielgerichtet. Ziele lassen sich beschreiben als Gefüge von Merkmalsausprägungen (vgl. Kaminski, 1977). Jede einzelne Merkmalsausprägung liefert ein *Gütemaß*, das es gestattet zu beurteilen, ob ein Handlungsergebnis zielkonform ist oder nicht. Ist ein Handlungsergebnis zielkonform, so ist das Tun gelungen und korrespondierende Affekte stellen sich ein. Und umgekehrt. Dies gilt für jedes Verhalten.
- *Selbststeuerung als Metakognition* (z.B. Ellis, 1958; Laucken, 1976): Selbststeuerung liegt vor, wenn man eigenes Tun, Meinen, Denken usw. zum Gegenstand des Nachdenkens macht. So mag man an sich selbst bestimmte situationgebundene Denk- und Verhaltensweisen beobachten, analysieren und zielgerichtet zu ändern versuchen (vgl. z.B. Meichenbaum, 1971). Diese Definition erscheint mir interessant und differenzierungsfähig, doch ist der dadurch herausgeschnittene Verhaltensbereich zu eng und spezifisch um allein im Blick auf ihn soziale Determinanten einzuführen, wiewohl in einem anderen Zusammenhang dies Thema sicher interessant wäre.

Abschließend sei nochmals betont, daß die vorausgegangenen Betrachtungen *theoriegeleitet* sind. Aus der Sicht einer anderen Theorie mag alles ganz anders aussehen.

3. Thema – neu gefaßt

Was ich nicht will, habe ich gesagt, was ich will, noch nicht. Ich möchte den Leser mit einer bestimmten *Betrachtungs- und Analyseweise*, von der ich meine, daß sie zur Strukturierung und Bewältigung von Problemen im Unterrichtsalltag taugt, vertraut machen. Das Vertrautmachen geschah über die Darstellung einiger Leitideen und über die Analyse der Begriffe „Lernen“ und „Selbststeuerung“. Den Tauglichkeitsnachweis möchte ich nun führen. Zuvor sei allerdings der Bereich abgesteckt, in dem der Nachweis geführt werden soll.

Das, womit Lehrer tagtäglich konfrontiert sind, das, was sie begreifen und beeinflussen wollen, das, worüber alles Lehren und Erziehen vermittelt wird, ist das hier und jetzt stattfindende Denken und Handeln von Schülern. Auch wenn Erziehungsziele in der Sprache überdauernder Eigenarten formuliert sind, so darf dies nicht darüber hinwegtäuschen, daß sich diese nicht unvermittelt, sondern nur über das Medium des aktuellen Kontakts erreichen lassen. Diese Sicht des theoretischen, wie praktischen Primats des *„aktuellen Funktionierens“* begründet meine Schwerpunktsetzung in eben diesem Bereich.

Weiter eingeschränkt wird das Thema durch den Aspekt „soziale Beeinflussung“. Die Informationen, die ein Handelnder beim Bedenken seines Tuns verarbeitet, lassen sich unterschiedlich, je nach Merkmalswahl, kategorisieren. Ein Merkmal, das die Informationsmenge zweiteilt, ist das Merkmal „sozial“. Als „sozial“ werden hier solche Informationen betrachtet, die sich *aus der Sicht des Handelnden* auf andere Menschen – real anwesend oder gedacht – beziehen. Denkt also ein Handelnder im Zusammenhang mit seinem Tun an andere Menschen und richtet er sein Tun daraufhin ein, so ist er sozial beeinflußt. Wichtig ist, der Handelnde definiert, ob und wie er sozial beeinflußt wird.

Also: Es geht im folgenden um die Analyse der Einflusses personbezogener (sozialer) Informationen auf das aktuelle, verhaltensbestimmende Informationsverarbeitungsgeschehen.

4. Taxonomie aktueller Persondefinitionen

Das Denken und Handeln von Menschen bezieht in mannigfacher Weise Informationen, die andere Menschen betreffen, mit ein. Um in diesem Wald der Möglichkeiten nicht richtungslos umherzuirren, ist es notwendig Orientierungspunkte zu markieren. Ich gehe hier von der Theorieskizze und einer schlichten, sich darauf beziehenden Frage aus: Im Rahmen welcher IV-Prozesse denkt jemand an einen anderen Menschen? Denkt er z. B. an einen Anderen weil er bei diesem etwas erreichen will (z. B.: Er soll sich freuen) oder denkt er an ihn als „nützlichen Idioten“. In beiden Fällen spielt der Andere im *„kognitiven Milieu“* des Handelnden eine andere Rolle und das Denken und Tun des Handelnden wird in typischer Weise unterschiedlich beeinflußt (vgl. Jones & Thibaut, 1958). Eine Rolle, die ein Anderer im aktuellen Nachdenken eines Handelnden spielt, nenne ich „*(aktuelle) Persondefinition*".

Das Konzept der Persondefinition und die folgenden Unterscheidungen gehen noch mit einer, derzeit nur phänographisch stützbaren Annahme einher (vgl. Kisker, 1969). Es wird unterstellt, daß die aktuelle Blickrichtung, aus der ein Handelnder einen Anderen sieht, die Gesamtperson umfaßt. Antizipiert jemand bei der Planung eines Vorhabens, daß ein Anderer ihm Schwierigkeiten machen werde, so denkt er an den Anderen nicht nur als Träger dieser oder jener Verhaltensweise, vielmehr betrachtet er ihn als *Funktionseinheit*, mit der man so oder so umgehen muß.

Aktuelle Persondefinitionen können sich sehr rasch wandeln. Wen man eben noch als Gegner erlebte, kann man nun als Partner sehen und umgekehrt. Auch mag es typische Abfolgen von Persondefinitionen ein und desselben Anderen geben. Definiert man jemanden als Gegner, so mag dies zur Folge haben, daß man ihn sich daraufhin als Zielperson für bestimmte Änderungsversuche vornimmt. Aktuelle Persondefinitionen sind also *kurzlebige, aufgabenbezogene Sichtweisen eines Anderen.* Sie sind zu unterscheiden von überdauernden Charaktertypisierungen, wie: Der ist ein Egoist!

Die nun folgenden Persondefinitionen erheben nicht den Anspruch das Arsenal von Denkmöglichkeiten ausgeschöpft zu haben. Sie sollen zum einen das *Analyseprinzip* und seine *Tauglichkeit* belegen und zum anderen empirische Befunde zu ordnen helfen.

4.1. Der Andere als Beteiligter

Die verschiedenen Persondefinitionen, die ich im folgenden darstellen werde, lassen sich ihrerseits wieder in Gruppen zusammenfassen und auch in Unterformen zergliedern. Zwei Gruppen seien hier unterschieden. Eine Person, die etwas vorhat, kann in zweierlei Weise an einen Anderen denken. (a) Sie kann ihn als direkt am Vorhaben Beteiligten sehen, der Andere ist Teil des Vorhabens. Die gleich folgenden Persondefinitionen gehen von verschiedenen Formen der Teilhabe aus. (b) Ein Anderer kann nicht nur als Beteiligter handlungsrelevant werden, das Vorhaben einer Person läßt sich auch durch Ratschläge beeinflussen. Wird jemand als Berater definiert, so gilt er nicht als Teil des Handlungsplanes selbst, auch wenn er an der Konstruktion des Planes mitwirkte, er ist also unbeteiligt im hier dargelegten Sinne.

4.1.1. Der Andere als Zielperson

Der Andere erscheint dem Handelnden hier als die Person, an der er etwas *verändern* will. Das Nachdenken über das Handlungsziel ist ein Nachdenken über den erstrebten Zustand eines Anderen. Ein Beispiel: Schüler A möchte dem Schüler B imponieren. D.h., er möchte das vermutete Bild, das B von ihm hat, in bestimmter Weise verändern. Schüler B wird von Schüler A als Zielperson definiert. Das Vorhandensein und das Einwirken solcher *Selbstdarstellungswünsche* auf das Verhalten in der Schulklasse wurde zwar gelegentlich als Thema aufgegriffen (vgl. z.B. King, 1972), doch ist es einer systematischen Untersuchung m. W. noch nicht unterzogen worden. Es liegt nahe, zu vermuten, daß die zumeist allein auf Sachunterricht hin orientierten Lehrpläne bedingen, daß ein Schülerverhalten, das auf einen anderen als Zielperson ausgerichtet ist, i. d. R. „unterrichtstörend" ist. Das Ziel einen Mitschüler zu beeindrucken ist häufig mit dem vom Lehrer nahegelegten Unterrichtsziel nicht vereinbar.

Unterrichts- und Beeindruckungsziel können freilich auch auf gleicher Linie liegen. Ein Lehrer, der es verstand sich bei seinen Schülern beliebt zu machen, wird von den Schülern häufig als Zielperson definiert werden. Die Schüler tun, was der Lehrer will, weil sie bei ihm einen „guten Eindruck" erzeugen wollen. Sie lösen bestimmte Unterrichtsaufgaben nicht, weil sie an der Lösung interessiert sind, sondern weil sie meinen, daß das Lösen der Aufgabe das geeignetste Mittel ist, um die Zielperson „Lehrer" in gewünschter Weise zu verändern.

Eine solche *Lehrerzentrierung* des Schülerverhaltens läßt sich freilich auch auf andere Weise erzeugen, etwa über Strafandrohungen. Das Schülerverhalten ist dann daraufhin ausgerichtet, beim Lehrer keinen Eindruck zu erwecken, der Strafen zur Folge hat (Schlenker u.a., 1976).

Für Lehrer ist es häufig schwierig zu diagnostizieren, ob die Schüler „sachmotiviert" oder allein auf ihn hin ausgerichtet sind. Es gibt einen guten „Test". Ein Lehrer, der im Zweifel ist, sollte einmal eine „interesante Aufgabe" stellen und dann die Klasse verlassen. Sollte daraufhin der Geräuschpegel in dem Klassenzimmer eklatant ansteigen und sollte er feststellen, daß die Lösung der „interessanten Aufgabe" etwa zeitgleich mit seinem Verlassen des Klassenzimmers unterbrochen wurde, so ist dies zumindest ein Indiz, daß seine Anwesenheit stark „motivierend" wirkt (vgl. hierzu Thibaut & Riecken, 1955).

Zu beachten ist hier wohl, daß eine Aufgabenbewältigung im Blick auf einen Lehrer als Zielperson ganz anders aussehen mag als eine allein aufgabenorientierte Bewältigung. Abgesehen einmal von Nebeneffekten, wie dem demonstrativen Hilfeersuchen, wird eine beeindruckungsorientierte Aufgabenbewältigung ggf. dazu führen, daß sich die Schüler sehr eng an vermeintlich vom Lehrer geschätzte Lösungswege halten. Dies mag das Auftauchen origineller und ungewöhnlicher Bewältigungsformen unterbinden. Aber dies hängt wohl ganz davon ab, wovon ein Lehrer sich beeindrucken läßt.

4.1.2. Der Andere als Mitwirkender

Wird ein Anderer als Zielperson definiert, so denkt man an ihn bei der Formulierung der Handlungsabsicht, wird ein Anderer als Mitwirkender

definiert, so denkt man an ihn bei der Reflexion der *geeigneten Mittel* zur Erlangung eines bestimmten Zieles. Dies Ziel kann eine Sache oder eine Person betreffen. Der Andere wird gesehen als jemand, der an der Bewirkung des Zieles Anteil hat. Je nach erwarteter Mitwirkungsart lassen sich verschiedene Unterformen dieser Definitionsklasse trennen: *Gegner, Partner und Werkzeug.*
Zwei-Personen-Interaktionen, in denen sich beide entweder wechselseitig als Partner oder wechselseitig als Gegner definieren, sind eine häufig untersuchte Interaktionsform. Es gibt einen besonders darauf zugeschnittenen theoretischen Ansatz, der die sozialpsychologische Interaktionsforschung über Jahre hinweg bestimmte. Gemeint ist die *Theorie des „sozialen Austauschs"* (vgl. Swensen, 1973; Thibaut & Kelley, 1959). Dieser Ansatz geht davon aus, daß sich das ökonomische Warentauschmodell auf die Analyse sozialen Interagierens übertragen läßt. Nutzen und Kosten sind Kernbegriffe. Jede an einer Interaktion beteiligte Person strebt danach, die Interaktion so zu beeinflussen, daß ihr Nutzen (auch „ein gutes Gewissen haben" gilt als Nutzen) maximalisiert wird und ihre Kosten minimalisiert werden.

Ich werde hier nicht auf einzelne Untersuchungen eingehen. Es gibt ausgezeichnete Überblicke (z.B. Jones & Gerard, 1967).
Für die Absicht, die die Abfassung dieses Beitrags leitet, ist es sinnvoller die einzelnen Persondefinitionen etwas näher zu erläutern.

Der Andere als Gegner: Wird jemand als Gegner definiert, so unterstellt der Definierende, daß das, was der Andere will, mit dem, was er selbst will, in Teilen oder ganz *unvereinbar* ist. Beispiele aus dem Unterrichtsalltag für diesen Definitionstyp lassen sich zuhauf finden. Ein in älteren Lehrerhandbüchern für den Grundschulrechenunterricht noch zu findendes „Spiel" besteht darin, daß Aufgaben zum „Kopfrechnen" an alle Schüler gestellt werden. Wer die jeweilige Aufgabe als erster löst, erhält in irgendeiner Weise einen Pluspunkt. Wer am Ende die meisten Pluspunkte hat, der hat gewonnen. Es versteht sich, daß solche Situationen dazu angetan sind, daß sich die Schüler untereinander als Gegner definieren.

Die hier spielerisch und vorübergehend geschaffene Wettbewerbsatmosphäre mit den sie konstituierenden Persondefinitionen wird, so meinen manche Ärzte, Erziehungs- und Sozialwissenschaftler, durch den derzeitigen numerus-clausus-bedingten Abiturnotendruck zum Dauermerkmal schulischer Unterrichtsaufgaben (vgl. z.B. Lempp, 1976). – Ich komme auf den Definitionstyp „Gegner", wie auch auch den nächstfolgenden später nochmals zurück.

Der Andere als Partner: Partner- und Gegnerdefinition haben gemein, daß in beiden Fällen der Andere als eine Person gesehen wird, von deren Verhalten es abhängt, ob ein Ziel erreicht wird oder nicht. Dem Partner wird unterstellt, daß sein Handlungsvorhaben das des ihn Definierenden nicht nur nicht stört, sondern daß ein abgestimmtes Agieren die Vorhabenrealisierung beider *erleichtert* oder gar erst möglich macht. Beide Vorhaben werden als zueinander passend gesehen.

Handlungsvorhaben können in unterschiedlicher Weise zueinander passen. Hier sei allein die *Zielkonstellation* betrachtet. (a) Die Handlungsziele zweier Personen können zueinander passen, weil sie *ähnlich oder gleich* sind (vgl. Newcomb, 1961). Die Partner unterstellen sich dann wechselseitig, daß sie Gleiches oder Ähnliches anstreben. Beispiel: Beide haben sich vorgenommen einen Dritten von einem Handlungsvorhaben abzubringen und sie überlegen sich nun, wie sie in einer Diskussion mit ihm aufeinander abgestimmt argumentieren werden. (b) Eine andere Form des Zusammenpassens ist die *Komplementarität* (vgl. Winch, 1958). Zwar wollen beide etwas anderes, aber das eine steht dem anderen nicht im Wege, das eine kann vielmehr ohne das andere nicht existieren. Beispiel: Partner A hat das Ziel, sich einer anderen Person gegenüber überlegen zu fühlen, Partner B schätzt es, beschützt und geführt zu werden. Winch meint, bei Ehepartnern diese komplementäre Zielkonstellation öfter angetroffen zu haben.

Der Andere als Werkzeug: Ein Anderer läßt sich noch in einer dritten Variante als Mitwirkender definieren – als Werkzeug. In diesem Falle bezieht der Handelnde einen Anderen so in sein Vorhaben ein, daß dieser – unwissentlich, wie der Handelnde unterstellt – etwas tut, was jenen seinem Ziel näher bringt. Beispiel: Person A stachelt Person B an, der Person C einmal gehörig die Meinung zu sagen. Person A hofft dabei, die Person C werde dadurch für bestimmte Beeinflussungsabsichten gefügiger. In diesem Falle definierte Person A die Person B als Werkzeug.

4.1.3. Der Andere als Betroffener

Zumal im Rahmen der *Bewertung* geplanter Handlungsvorhaben wird man *Nebeneffekte* einer Verwirklichung bedenken. Beziehen sich so bedachte Nebeneffekte auf andere Personen, so wird an Andere als Betroffene gedacht. Im Gegensatz zum Mitwirkenden ist der Betroffene aus der Sicht des Handelnden nicht Glied, sei es störend oder fördernd, der Bewirkungskette, die die Ausgangslage in die Ziellage überführt, der Betroffene wird als diesbezüglich randständig definiert. Denkt eine Person an jemanden als Betroffenen, so vermutet sie, dieser werde durch ihr Vorhaben in ursprünglich nicht intendierter Weise verändert. Je nach Betroffenheitsart und Bewertungsmaßstab werden solche Änderungsprognosen positiv, negativ oder neutral bewertet. Wird ein Betroffensein stark negativ bewertet, so mag dies zum Verzicht auf die Ausführung eines ansonsten geeignet erscheinenden Handlungsvorhabens führen.

Ein Beispiel: Ein Lehrer stellt dem Schüler A eine Frage. Dieser kann sie nicht beantworten. Daraufhin richtet der Lehrer die Frage an Schüler B. Schüler B könnte die Frage beantworten und täte es auch gerne. Unterstellt nun, Schüler B dächte daran, daß sein rasches Beantworten den Schüler A bloßstellte. In diesem Falle dächte Schüler B an Schüler A als Betroffenen.

Ob und wie eine Person bei einer Tat an Andere als Betroffene gedacht hat, ob sie einen Anderen wirklich als Betroffenen und nicht als Zielperson definiert hatte, wie eine Person das Bedachte in ihre Vorhabenbewertung einbezog, all dies sind Grundlagen dafür, ob man das Handeln einer Person als *„moralisch"* oder *„unmoralisch"* beurteilt (vgl. z. B. Kay, 1975; Kohlberg, 1968). Interessante entwicklungspsychologische Theorien und Untersuchungen zeigen, daß das Denken an Andere als Betroffene ja zumindest voraussetzt, daß man sich in die Rolle des Betroffenen hineinversetzen kann. Diese Art der *kognitiven Rollenübernahme* setzt nun aber voraus, daß ein bestimmtes kognitives *Operationsniveau* erreicht ist. Dies wiederum variiert in einem bestimmten Zuordnungszusammenhang mit dem Lebensalter (vgl. Keller, 1976). Daraus ergibt sich, daß das Einüben „moralischen Sozialverhaltens" bei Kindern bestimmter Altersstufen ein reines Dressieren bleiben muß.

4.1.4. Der Andere als Umstand

Beim Bedenken eines Handlungsvorhabens läßt sich an Andere denken, so wie man an einen Zaun denkt, der einem den geraden Weg in Nachbars Obstgarten verwehrt. Der Andere ist nicht Gegner, nicht Partner, auch ist er nicht betroffen, er ist schlicht ein Umstand, den man in Rechnung stellt.

Anonyme Befragungen von Personen, die in einer Menschenmenge an Lynch-Geschehnissen teilhatten, widerlegten zum einen die im Psychologie-Journalismus nicht ausrottbare Le Bon'sche Massenpsychologie, doch das ist nicht unser Thema, zum Thema gehört aber ein Befundaspekt. Es zeigte sich, daß die einzelnen Teilnehmer die Anwesenheit der anderen Teilnehmer als einen Umstand bedachten, der verhindert, daß sie selbst strafrechtlich belangt werden können. Ein durchaus rationales Kalkül also.

4.2. Der Andere als Unbeteiligter

Bei den bislang besprochenen Persondefinitionen ist der Andere beteiligt und damit, zumindest der Voraussetzung nach, handlungsbeeinflussend. Er übt sozialen Einfluß aus. Auch die nun folgenden Persondefinitionen sind handlungsrelevant, wenn auch auf andere Weise. Sie wirken auf die Vorhabenplanung und -bewertung nicht als zu bedenkende Teile derselben ein, sondern gleichsam „von außen" durch das Liefern von Daten und Ratschlägen.

4.2.1. Der Andere als Datenlieferant

Wie schon die Bezeichnung sagt, wird eine als Datenlieferant definierte Person allein unter dem Aspekt gesehen, was sie an handlungsrelevanten Daten liefert.

Die Art und Weise, wie ein Anderer für einen Handelnden zum Datenlieferanten werden kann, kann mannigfach variieren. Im einfachsten Falle sind es schlicht *mündlich mitgeteilte Informationen* über handlungsrelevante Dinge oder Personen. Diese Art der sozialen Beeinflussung, so wirksam und verbreitet sie ist, ist uns wohl so selbstverständlich, daß sie gesonderter Erforschung nicht bedürftig erschien. Die Forschung nahm sich eher der indirekteren Formen der sozialen Beeinflussung an. Die Daten liegen dann nicht offen zutage, der Handelnde muß sie sich vielmehr über mehr oder weniger *komplizierte Folgerungen erschließen.* – Ich möchte dafür drei Beispiele geben:

a) Ein Anderer kann mit seinem Verhalten in einer bestimmten Situation dadurch handlungsrelevante Daten liefern, daß sein Verhalten den Spielraum der *Deutung einer Situation* verengt.
Latané & Darley (1970) interessierten sich dafür, wie das Verhalten einer Versuchsperson (Vp) in einer besonderen Situation durch das Verhalten von Mit-Anwesenden beeinflußt wird. Diese Mit-Anwesenden waren Mitarbeiter des Versuchsleiters, die Vp wußte dies allerdings nicht. Ein Beispiel: Die Vp saß in einem Raum und füllte einen Fragebogen aus, als plötzlich Rauch durch den Belüftungsschacht in den Raum strömte. Befand sich die Vp allein im Raum, so verließ sie ihn in der Regel umgehend und verständigte den Versuchsleiter. Saß die Vp dagegen zusammen mit anderen Personen in dem Raum und unternahmen diese nichts, so verhielt sich auch die Vp ruhig.
Eine denkbare Interpretation dieses Befunds wäre, daß das Einströmen von Rauch für die Vp ein zunächst mehrdeutiges Indiz ist. Der Rauch kann auf Feuer hinweisen, er kann durch ungünstige Windverhältnisse vom Schornstein aus in den Belüftungsschacht gedrückt worden sein, vielleicht wird die Belüftungsanlage getestet und der Rauch wurde absichtlich eingeblasen um die Luftzirkulation sichtbar zu machen usw. Ist die Person alleine, so erscheint ihr die Möglichkeit, es sei Feuer, durchaus real und sie verständigt den Versuchsleiter. Sind andere Personen im Raum und tun diese so, als geschähe nichts besonderes, so mag die Versuchsperson dies als Hinweis nehmen, daß ihre „Feuer-Deutung" offensichtlich falsch ist.
Es fällt nicht schwer, diese Art sozialer Beeinflussung im Schulalltag wiederzufinden. Für jeden einzelnen Schüler kann das Verhalten seiner Mitschüler eine wesentliche Information zur Vereindeutigung bestimmter Situationen sein. Ob eine Lehreräußerung spaßig gemeint war oder nicht, ob das Verhalten des Schülers X hingenommen werden muß oder nicht, ob es riskant ist Hausaufgaben schlampig zu erledigen usw., in all solchen Fällen, die für einen Schüler als noch mehrdeutig erlebt werden, ist das Verhalten der Mitschüler ein wesentliches Datum.

b) Auf einen Handelnden kann ein Anderer dadurch beeinflussend wirken, daß er als *Vergleichsmaß* gesehen wird. Bei Festinger (1954) taucht dieser Gedanke in ganz grundsätzlicher Form auf. Festinger meint, daß es für sehr viele tägliche Verrichtungen keine „objektiv vorgegebenen" Gütemaßstäbe gibt. Ob eine Aufgabe gut oder schlecht bewältigt wurde, wird dann im Vergleich zur Art der Aufgabenbewältigung durch andere festgestellt. Ob eine schulische Leistung, etwa ein Diktat, gut war oder nicht, mag ein Schüler daran bemessen, wie andere Schüler, die er als Vergleichsmaß akzeptiert, abgeschnitten haben. Solchen Vergleichen entlehnte Daten berühren nicht nur die Bewertung einer vergangenen Tat, sondern sie gehen in die *Planung zukünftigen Tuns* ein. D.h., Daten, die man dadurch gewinnt, daß man sich mit anderen Personen vergleicht, wirken auf ganz fundamentale Weise in die Steuerung zukünftigen Verhaltens hinein. Dies besonders da, wo es keine quasi-objektiven Normen gibt, sondern wo die Bewertungsmaße jeweils aktuell und aufgabenspezifisch elaboriert werden müssen. In vielen schulischen Leistungsbereichen ist dies m. E. der Fall, so daß der soziale Einfluß, den die Schüler als Datenlieferanten aufeinander ausüben, von großer Bedeutung ist.

Untersuchungen, die dieses Thema direkt im schulischen Bereich erforschen, kenne ich nicht, doch gibt es eine Fülle einschlägiger Arbeiten aus dem Bereich der betrieblichen Organisationspsychologie (vgl. z.B. Smith, 1976).

Eigentlich müßte die Erörterung der Frage, wie andere dadurch zu Datenlieferanten werden, daß sie als Vergleichsmaß gesehen werden, noch in eine Richtung fortgesetzt werden, die mit den Stichworten „Vorbild", „Modell" usw. angedeutet ist. Ich muß mich hier, wie an anderen Stellen, beschränken und lasse es daher bei dem Hinweis.

c) Ein Lieferant ganz wesentlicher Daten für das Verhalten eines Schülers im Unterricht ist der Lehrer. Nehmen wir an, ein Lehrer stellt eine interessante, aber schwierige Aufgabe und fragt, wer bereit sei sich an sie heranzuwagen. Angenommen Schüler X ist unsicher, ob er sich melden soll oder nicht. Er hebt zaghaft die Hand. Der Lehrer schaut ihn daraufhin kurz erstaunt an, runzelt die Stirn und läßt seinen Blick nochmals über die Klasse schweifen. Schüler X läßt seinen Arm sinken und bemüht sich nicht weiter um die Lösung der Aufgabe. Die Reaktion des Lehrers hat ihm ja gezeigt, daß dieser meine, die Aufgabe sei für ihn zu schwierig.

Es gibt eine Fülle *nicht-verbaler Ausdrucksmöglichkeiten,* durch die ein Lehrer einem Schüler kundtun kann, was er von ihm erwartet bzw. nicht erwartet (z.B. Shea & Rosenfeld, 1976). Brophy & Good (1976) nennen in ihrem Resümee über einige Dutzend Untersuchungen u.a. folgende Verhaltensweisen, durch die Lehrer zwischen Schülern, die sie für *leistungsstark* halten, und solchen, die sie für *leistungsschwach* halten, differenzieren: bei Leistungsschwachen wartet der Lehrer nach einer Frage nur kurze Zeit auf eine Antwort; Leistungsschwache belohnt er auch für unangemessene Leistungen; Leistungsschwache werden nur bei leichten Aufgaben aufgerufen; und so weiter. Über die Angemessenheit oder Unangemessenheit solcher Behandlungsunterschiede sei hier nichts gesagt, doch fest steht, daß Schüler solche Unterschiede erkennen, deuten und als Daten für das Planen ihres eigenen Unterrichtsverhaltens nutzen.

4.2.2. Der Andere als Berater

Akzeptiert und definiert eine Person einen Anderen als Berater, so sieht sie ihn als jemanden, der über handlungsrelevante Kenntnisse verfügt, die ihr nicht gegeben sind, von denen sie aber meint, sie für die Bewältigung der Aufgabe zu benötigen. Je nach dem Ort, an dem eine Aufgabenbewältigung schwierig wurde, kann ein Berater in unterschiedlicher Weise definiert werden. Als jemand, der es schafft ein diffuses Problem faßbar zu machen, als jemand, der Mittel und Wege zu einem Ziel weiß, als jemand, dem man Autorität bei moralischem Beurteilen zugesteht usw.
All diesen Beratungsmöglichkeiten gemein ist, daß der Handelnde dem Berater sein Vorhaben, und sei dies zunächst auch noch so vage, *offenbaren* muß. Dadurch unterscheidet sich der Berater vom reinen Datenlieferanten. An der Offenbarungsvoraussetzung scheitert wohl so manches Bemühen von Lehrern, von den Schülern nicht nur als Unterweiser, sondern auch als Berater akzeptiert zu werden. Offenbaren wird sich in der Regel nur der, der nicht befürchtet, daß die Offenbarung unerwünschte Nebeneffekte haben kann. Da aber der Lehrer alltägliches Interaktionsgegenüber ist und zudem Gratifikationsvollmachten besitzt, ist die Aussicht, daß eine bestimmte Offenbarung irgendwann einmal anderen Vorhaben mißdienlich sein könnte, durchaus real. Wenn Offenbarungen gemacht werden, dann wohl eher aus solchen Lebensbereichen, die nicht das unmittelbare Lehrer-Schüler-Interaktionsfeld betreffen. Auch bei solchen Inanspruchnahmen bleibt freilich jeweils zu prüfen, ob ein Lehrer wirklich als Berater und nicht als Zielperson definiert wurde. Schüler können herausfinden, daß Lehrer es mögen und danken, wenn man sie zu Beraterdiensten heranzieht. Dann mag der Dank und nicht die Beratung das Handlungsziel gewesen sein.
In einer Reihe interessanter Arbeiten untersucht Werbik (1974, 1976) eine besondere Variante der Beratung: Es gibt zwei *Konfliktparteien,* die sich wechselseitig als Gegner definieren, und es ist die Aufgabe des Beraters diese Definitionen zu ändern. Es werden dabei einmal Voraussetzungen für das Akzeptiertwerden als Berater und zum anderen Beratungsstrategien erörtert.

5. Personendefinition als Komponente des „kognitiven Handlungsmileus“

Eine aktuelle Persondefinition ist kein losgelöster Teil des handlungsvorbereitenden und -begleitenden Nachdenkens, sie ist vielmehr eine Komponente und wird als solche von anderen Komponenten beeinflußt und beeinflußt diese. Ohne diese Annahme ließe sich über die Analyse von Persondefinitionen nichts zur Klärung des Funktionierens sozialer Beeinflussung sagen. Im folgenden sei dies nochmals, d.h., über die besprochenen Beispiele und Hinweise auf experimentelle Arbeiten hinaus, an einer Persondefinition herausgearbeitet.

Persondefinitionen werden bedingt: Eine inzwischen recht ansehnliche Zahl von Untersuchungen (z.B. Johnson & Johnson, 1974; Crockenberg u.a., 1976) belegt, daß die Persondefinitionen der Schüler untereinander abhängig sind von der *Unterrichtsaufgabe,* die der Lehrer stellt. Verteilt der Lehrer, um ein Beispiel zu geben, gleiche Aufgaben an alle Schüler und bewertet er die Lösungsqualitäten individuell durch interpersonalen Vergleich, so entsteht dadurch, falls die Schüler die Aufgabe in der gestellten Form übernehmen, zwangsläufig eine *„Konkurrenzatmosphäre".* D.h., die Aufgabe bedingt, daß die Schüler sich bei der Aufgabenlösung wechselseitig als Gegner definieren.
Einen verwandten Bedingungszusammenhang haben Jones und Mitarbeiter (z.B. Jones & de Charms, 1958) untersucht. Sie zeigten, daß es in einer Gesellschaft für bestimmte soziale Interaktion übliche *Rollenfestlegungen* gibt (z.B. Schaffner und Fahrgast), die bestimmen, was jeder vom anderen zu erwarten hat und was man demgemäß selbst zu tun hat. Solche das eigene Handeln beeinflussende, soziale Erwartungsstrukturen werden hier Persondefinitionen genannt. D.h., es gibt in einer Gesellschaft für bestimmte soziale Interaktionen vorgeschriebene wechselseitige Persondefinitionen.

Persondefinitionen bedingen: Zieht eine Person beim Bedenken eines Handlungsvorhabens einen Anderen mit ein, so lassen sich an dem Anderen prinzipiell unendlich viele Merkmale ablesen und bedenken. Nicht alle Merkmale sind *vorhabenrelevant,* welche dies sind ergibt sich aus der Art der Einordnung des Anderen in das Vorhaben, d.h., als Selektionskriterien fungieren die jeweiligen Persondefinitionen. Sie legen fest, welche Information über den Anderen für einen effektiven Umgang mit ihm nötig sind (vgl. Frandsen & Rosenfeld, 1973). Aber nicht nur dies ist definitionsabhängig, sondern auch wie der Handelnde die Informationen weiterverarbeitet. Das bedeutet, daß auch bei gleichartigen Ausgangsinformationen über einen Anderen, je nach Persondefinition, daraus *unterschiedliche Folgerungen* abgeleitet werden (vgl. z.B. Carlson, 1961). Zahlreiche Untersuchungsbefunde aus dem Gebiet der sozialen Kognitionsforschung (vgl. Kaminski, 1963; Carroll & Payne, 1977) sind hier einschlägig, insbesondere jene Arbeiten, die an das Konzept der *„Folgerungseinstellung"* (Jones & Thibaut, 1958) anknüpfen.
Daß das definitionsabhängig unterschiedliche Aufnehmen und Verarbeiten von Informationen über einen Anderen nicht allein „Gedankenspiel" bleibt, sondern das Verhalten dem Anderen gegenüber bestimmt, belegen Experimen-

te, die als Wirkgröße die Persondefinitionen Gegner und Partner variierten (vgl. Cook & Stingle, 1974). Zwei Beispiele: Kinder, die für die Lösung einer Wettbewerbsaufgabe belohnt werden, behalten die Belohnungen, verglichen mit Andersentlohnten, eher für sich, und wenn sie etwas abgeben, dann eher an Nichtbeteiligte, als an Kinder, mit denen sie im Wettstreit standen (Masters, 1971). In einer anderen Untersuchung zeigten Bryant & Crockenberg (1974) in einem Vergleich einer eher auf Wettbewerb und einer eher auf Zusammenarbeit angelegten „Klassenatmosphäre", daß die Wettbewerbsorientierung zu einer Abnahme wechselseitiger Hilfeleistungen führt.
Wenn man den Blick nicht nur auf den Schüler und die soziale Beeinflussung seines Verhaltens lenkt, sondern auch die soziale Beeinflussung des Lehrerverhaltens einbezieht, dann ließe sich hier die gesamte Diskussion um den sog. „Pygmalion im Unterricht" (Rosenthal & Jacobson, 1971) aufrollen. Ich will dies hier unterlassen, zumal die in diesem Umkreis anzusiedelnden Untersuchungen selten die Analyseebene aktueller Persondefinitionen einbezogen haben. Vielleicht erklärt dies die große Inkonsistenz der Befunde (vgl. dazu Brophy & Good, 1976; Erlemeier, 1973).

6. Aktuelles Funktionieren und dispositionale Ausstattung

Wie jemand aktuell funktioniert, was er sich vornimmt, woran er denkt, wie er etwas deutet, welche Wertungen er vornimmt, was er letztlich tut, wie er das Getane sieht usw., um all dies zu erklären, muß man mit beachten, worüber an Wissen, Können und Wertvorstellungen ein Mensch verfügt (vgl. Leitidee V). Diese *dispositionale Ausstattung* bedingt mit, wie jemand aktuell funktioniert, die Art des aktuellen Funktionierens seinerseits bestimmt, ob und ggf. wie sich die dispositionale Ausstattung verändert. Zwischen Aktuellem und Dispositionalem besteht somit eine enge Wechselbeziehung.
Wie schon bei der Themenfixierung gesagt, liegt der Schwerpunkt dieser Arbeit auf der Analyse aktueller IV-Prozesse, doch möchte ich hier an einem spekulativen Beispiel verdeutlichen, wie aktuelles Funktionieren dispositionale Auswirkungen hinterlassen kann: Nehmen wir einmal an, es stimme, daß die von bestimmten Selektionsstationen (z. B. Versetzung, Kurszuweisung, Orientierungsstufe, Studiumzulassung) ausgehende Hervorhebung der Bedeutung von Leistungsnoten bedinge, daß im Schulalltag relativ häufig Konkurrenzsituationen entstehen. Situationen also, in denen sich die Schüler wechselseitig als Gegner definieren. Welche „dispositionalen Folgen" könnte das haben?
– Wenn die besagte Persondefinition häufig in sonst unterschiedlichen Aufgabenzusammenhängen erzeugt wird, dann kann die Persondefinition „Gegner" zum gleichsam *generellen Merkmal von Aufgaben* werden. D. h., Schüler lernen

Aufgaben immer auch unter dem Konkurrenzgesichtspunkt zu sehen, zu einer guten Aufgabenlösung gehört es dann auch, daß sie irgendwie besser ist als eine vergleichbare Aufgabenlösung eines Anderen. Man könnte vom Lernen einer generellen Konkurrenzthematisierung von Aufgaben sprechen.

– *Gütebewertungen* mit dem Ziel interpersoneller Differenzierung sind Voraussetzung für ein Konkurrenzdenken, das seinerseits nun wieder den Akt der Gütebewertung so bedeutsam macht. Zur Gütebewertung braucht man einen Satz von Merkmalen, die als güterelevant erachtet werden. Da sich Aufgaben unüberschaubar merkmalsreich beschreiben lassen, müssen aus dieser Merkmalsmenge irgendwelche als güterelevant ausgewählt werden, damit werden andere – ausgesprochen oder nicht – als nicht güterelevant gesehen. Schüler werden sich die so getroffene Merkmalsauswahl für die Bewertung eigener und fremder Leistungen zueigen machen. Sicher werden alle Menschen zur Bewertung ihrer selbst und anderer sozial vergleichen (siehe Abschnitt 4.2.1.), worin sich Menschen allerdings unterscheiden können, ist (a) die Universalität und subjektive Bedeutung, die sie solchem Vergleichen zumessen, und (b) die Art der als relevant erachteten Vergleichsmerkmale. Zum einen: Kann man eine Schulkarriere nur dann machen, wenn man besser ist als die Mitschüler, gewinnt das Vergleichen existentielle Bedeutung. Zum anderen: Die dem Lehrer gestellte Daueraufgabe vergleichend zu bewerten, gestattet es nicht, diagnostisch komplizierte und variantenreiche Merkmalsgefüge zu handhaben. Folge ist, das Vergleichen wird von einigen wenigen, Grobkodierungen ermöglichenden Merkmalen geleitet.

– Merkmale, an denen tagtäglich das, was man tut, und das, was andere tun, bemessen wird, bleiben nicht Merkmale, die nur für aktuell erbrachte Leistungen maßgeblich sind, sie werden den Leistungserbringern bald als *Adjektive* anhaften (vgl. Graumann, 1960).

– In der Schule werden grundlegende *Regeln* (i. S. v. Keller, 1974) und *Fertigkeiten* der sozialen Interaktion gelernt. Im Schulalltag als vorrangig und als aufgabenangemessen erfahrene Typen von Persondefinitionen mögen dazu führen, einen bestimmten Umgangsstil mit Menschen für allgemein angemessen zu halten.
Ich hoffe, daß diese knappe Langzeitperspektive, zusammen mit der Erkenntnis, daß alles, was jemand weiß und kann, irgendwann einmal im Kontext aktueller Aufgabenbewältigung thematisch war, dem Leser verständlich macht, warum ich soviel Wert auf die Erörterung aktueller sozialer Beeinflussung gelegt habe, denn allein das aktuelle Geschehen ist das Betätigungsfeld und Wirkmedium des Lehrers.

Literaturverzeichnis

Brophy, J. E. u. Good, T. L.: Die Lehrer – Schüler – Interaktion. München 1976
Bryant, B. u. Crockenberg, S.: Cooperative and competitive classroom environments. JSAS Catalog of Selected Documents in Psychology, 4, 53, 1974
Carlson, E. R.: Motivation and set in acquiring information about persons. Journal of Personality, 29, 285–293, 1961
Carroll, J. S. u. Payne, J. W. (Hrsg.): Cognition and social behavior. Carnegie 1977
Cook, H. u. Stingle, S.: Cooperative behavior in children. Psychological Bulletin, 81, 918–933, 1974
Crockenberg, S., Bryant, B. u. Wilce, L. S.: The effects of cooperatively and competitively structured learning environment on inter- and intrapersonal behavior. Child Development, 47, 386–396, 1976
Ellis, A.: Rational psychotherapy, Journal of General Psychology, 59, 35–49, 1958
Erlemeier, N.: Zur Frage der Wirkungen von Lehrererwartungen auf das Schülerverhalten. Zeitschrift für Pädagogik, 19, 537–552, 1973
Festinger, L.: A theory of social comparison processes. Human Relations, 7, 117–140, 1954
Frandsen, K. D. u. Rosenfeld, L. B.: Fundamental interpersonal relations orientation in dyads: An empirical analysis of Schultz's Firo – B as an index of compatibility. Speech Monographs, 40, 113–122, 1973
Goldfried, M. R. u. Merbaum, M.: A perspective on self-control. In: Goldfried, M. R. & Merbaum, M. (Hrsg.): Behavior change through self-control, New York, 3–34, 1973
Graumann, C.-F.: Eigenschaften als Problem der Persönlichkeitsforschung. In: Lersch, Ph. & Thomae, H. (Hrsg.) Handbuch der Psychologie. Bd. 4. Persönlichkeitsforschung und Persönlichkeitstheorie. Göttingen 87–154, 1960
Halisch, F., Butzkamm, J. u. Posse, N.: Selbstbekräftigung. I. Theorieansätze und experimentelle Erfordernisse. Zeitschrift für Entwicklungspsychologie und Pädagogische Psychologie, 8, 145–164, 1976
Heckhausen, H.: Die Interaktion der Sozialisationsvariablen in der Genese des Leistungsmotivs. In: Graumann, C.-F. (Hrsg.): Handbuch der Psychologie. Bd. 7. Sozialpsychologie. 2. Halbbd. Forschungsbereiche, 955–1019, 1972
Johnson, D. u. Johnson, R.: Instructional goal structure: cooperative, competitive, or individualistic, Review of Educational Research, 44, 213–240, 1974
Jones, E. E. u. deCharms, R.: The organizing function of interaction roles in person perception. Journal of Abnormal and Social Psychology, 57, 155–164, 1958
Jones, E. E. u. Gerard, H. B.: Foundations of social psychology, New York, 1967
Jones, E. E. u. Thibaut, J. W.: Interaction goals as bases of inference in interpersonal perception, In: Tagiuri, R. & Petrullo, L. (Hrsg.) Person perception and interpersonal behavior. Stanford 151–178, 1958
Kaminski, G.: Die Beurteilung unserer Mitmenschen als Prozeß. In: Lienert, G. (Hrsg.) Bericht über den 23. Kongreß der Deutschen Gesellschaft für Psychologie. 1962. Göttingen 51–67, 1963
Kaminski, G.: Studieren als Handeln und Trauern. In: Laucken, U. & Schick, A. (Hrsg.) Didaktik der Psychologie. Stuttgart 1977
Kanfer, F. H.: Self-management methods, In: Kanfer, F. H. & Goldstein, A. P. (Hrsg.) Helping people change, New York 309–355, (deutsch: München, 1977), 1975
Kay, W.: Die moralische Entwicklung des Kindes. Düsseldorf, 1975
Keller, M.: Kognitive Entwicklung und soziale Kompetenz. Stuttgart 1976
Keller, R.: Zum Begriffe Regel, In: Heringer, H. J. (Hrsg.) Seminar: Der Regelbegriff in der praktischen Semantik. Frankfurt 10–24, 1974

King, E. W.: The presentation of self in the classroom. An application of Erving Goffman's theories of primary education, Educational Review, 25, 201–209, 1972
Kisker, K. P.: Phänomenologie der Intersubjektivität, In: Graumann, C.-F. (Hrsg.) Handbuch der Psychologie. Bd. 7. Sozialpsychologie, 1. Halbbd., Theorien und Methoden, Göttingen 81–107, 1969
Kohlberg, L.: Moral development. In: International Encyclopedia of the Social Sciences, New York 489–494, 1968
Latané, B. u. Darley, J. M.: The unresponsive bystander, New York 1970
Laucken, U.: Alltagswissen und Denknormen. Grenzen mentaler Selbstregulation. Bildung und Erziehung, 29, 205–215, 1976
Laucken, U.: Psychologisches Wissen und ... z. B. Curriculum-Konstruktion, In: Laucken, U. & Schick, A. (Hrsg.) Didaktik der Psychologie, Stuttgart 1977
Lempp, R.: Diskussion zum Thema: Lernziel Abitur. Gute Noten kranke Kinder, Bild der Wissenschaft, April, S. 100–126, 1976
Lopatto, d. & Williams, J. L. (1976): Self-control: A critical review and an alternative interpretation. The Psychological Record, 26, 3–12
Marton, F. & Säljö, R.: On quantitative differences in learning: I – Outcome and process, British Journal of Educational Psychology, 46, 4 –11, 1976
Masters, J. C.: Effects of social comparison upon children's self-reinforcement and altruism toward competitors and friends. Developmental Psychology, 5, 64–72, 1971
Meichenbaum, D.: The nature and modification of impulsive children: Training impulsive children to talk to themselves. Waterloo: Research Report No. 23, University of Waterloo, Department of Psychology, 1971
Newcomb, M.: The acquaintance process, New York 1961
Parreren, C. F. von (1972): Lernprozeß und Lernerfolg. Braunschweig. (1. Aufl. 1966)
Pask, G.: Styles and strategies of learning, British Journal of Educational Psychology, 46, 128–148, 1976
Rosenthal, R. u. Jacobson, L.: Pygmalion im Unterricht. Weinheim 1971
Rothkopf, E. Z.: The concept of mathemagenic activities. Review of Educational Research, 40, 325–336, 1970
Schlenker, B. R. u. a.: Reactions to coersive and reward power: The effects of switching influence modes on target compliance, Sociometry, 39, 316–323, 1976
Shea, M. u. Rosenfeld, H. M.: Fundamental employment of nonverbal social reinforcers in dyadic learning, Journal of Personality and Social Psychology, 34, 228–233, 1976
Smith, P. B.: Kleingruppen in Organisationen. Stuttgart 1976
Swensen, C. H.: Introduction to interpersonal relations, Glenview 1973
Thibaut, J. W. u. Kelley, H.: The social psychology of groups. New York 1959
Thibaut, J. W. u. Riecken, H. W.: Some determinants and consequences of the perception of social causality. Journal of Personality, 24, 113–133, 1955
Werbik, H.: Grundlagen einer Theorie sozialen Handelns. Teil I: Aufbau der handlungstheoretischen Terminologie, Zeitschrift für Sozialpsychologie, 7, 1976
Winch, R. F.: Mate-selection: A study of complementary needs, New York 1958

Namenregister